소셜온난화

**더 많은 사람들이 연결될수록
세상이 나아진다는 착각**

소셜 온난화

더 많은 사람들이 연결될수록
세상이 나아진다는 착각

찰스 아서 지음 | 이승연 옮김

Social Warming

The Dangerous and Polarising Effects of Social Media

위즈덤하우스

사스키아, 해리, 로키에게

일러두기

- 단행본, 학술논문은 《 》, 신문, 잡지, TV 프로그램, 보고서, 비평 등은 〈 〉로 표기했다.
- 원문에서 이탤릭체로 강조한 부분은 고딕체로, 대문자로 강조한 부분은 볼드체로 나타냈다.
- 2021년 6월에 출간된 원서를 기준으로, 페이스북의 회사명은 새로 변경된 '메타 플랫폼스'가 아닌 이전의 '페이스북'으로 했다.

추천의 글

로잰 보일랜드Rosanne Boyland는 미국 조지아주에서 자란 평범한 서른네 살 여성이었다. 고등학교 때 시작했던 마약 때문에 약물중독으로 고생했지만 오랜 노력으로 거의 극복한 상태였다. 고등학교를 졸업한 후 변변한 직업을 갖지 못해 부모님과 함께 살았는데 21세기 미국에서 이런 경우는 드물지 않다. 특별할 게 없는 보일랜드가 미국 언론에 오르내리게 된 건 2021년 1월 6일, 도널드 트럼프 지지자들이 국회의사당에 난입하는 과정에서 사망한 몇 사람 중 하나가 되었기 때문이다.

그날의 시위대는 의사당 건물로 몰려가기 직전 의사당에서 멀지 않은 백악관 앞에서 "의회로 가서 도난당한 선거 결과가 승인되는 걸 막으라"는 트럼프의 연설을 들었다. 따라서 미국 뉴스 매체와 국민들은 시위대가 트럼프의 열렬한 지지자들이라고 생각했고 대부분은 트럼프의 오랜 지지자들이었던 게 사실이다. 하지만 보일랜드는 달랐다. 그녀의 가족은 트럼프 지지자들이 많은 남부 조지아주에 살았지만 트럼프 지지자가 아니었고, 보일랜드 역시 사건이 발생하기 몇 달 전까지만 해도 트럼프를 좋아하지 않았던 사람이다. 그런 그녀가 왜 트럼프의 지시를 따라 의사당으로 갔고 난입 과정에서 사망하게 되었는지는 수수께끼에 가까웠다.

그런데 미국의 한 방송사가 탐사 취재를 하는 과정에서 그 실마리가 조금씩 풀리기 시작했다. 보일랜드의 가족은 그녀가 어느 날 가족 모임에서 뜬금없는 이야기를 꺼낸 것을 기억했다. 그녀의 언니에 따르면 그날 보일랜드는 "웨이페어Wayfair(미국의 유명한 온라인 가구 매장)에서 비밀리에 어린아이들을 팔고 있다는 얘기를 들었느냐"라고 물었다고 한다. 그 매장 웹사이트에는 간혹 평범한 캐비닛 같은 가구가 1만 달러(약 1200만 원)가 넘는 가격에 나왔다 사라지는데 그런 가구들에 이상하게 여자아이의 이름이 붙어 있다는 거였다. 보일랜드가 소셜미디어에서 읽은 글에 따르면 할리우드 갑부들과 고위 민주당원들이 어린아이들의 피에서 환각 물질을 뽑아내는데 이를 위해 아이들을 웹사이트에서 거래하고 있다고 했다. 바로 큐어논QAnon이라는 악명 높은 음모론 단체의 주장이었다.

큐어논은 일부 할리우드 유명인들이 이런 '행각'을 벌이다 사살되었고 지금 미디어에 나오는 사람들은 대역일 뿐이라는, 정상인이 믿기 힘든 음모론을 퍼뜨리고 있었다. 그런데 가족에 따르면 보일랜드가 그 이야기를 온라인에서 읽으면서 갑자기 다른 사람이 되었다고 한다. 가족 모임이 있던 날 휴대폰에서 처음 그 이야기를 읽은 그녀는 밤을 꼬박 새워가며 관련된 음모론 동영상과 웹사이트를 섭렵했고, 다음 날 아침 일찍 흥분한 목소리로 언니에게 전화를 걸었을 때는 완전히 다른 사람이 되어 있었다. 그날 일을 되짚어보니 보일랜드가 가구 이야기를 처음 읽은 시점부터 큐어논 신봉자가 되기까지 걸린 시간은 약 열네 시간에 불과했다.

로잰 보일랜드를 바꾼 열네 시간

큐어논의 주장을 따르는 사람들은 아이들을 납치해서 피를 뽑는 진보 세력을 저지하라고 신이 보낸 사람이 트럼프이고, 따라서 어떤 일이 있어도 그를 대통령으로 만들어야 한다고 믿는다. 큐어논의 일원이 된 보일랜드가 목숨을 잃으면서까지 트럼프가 패배한 선거의 결과가 승인되는 걸 막으려고 했던 이유다. IS 같은 이슬람과격단체의 주장을 온라인에서 접한 뒤 급진화하는 서구 청년들을 보며 신기하게 생각했던 미국인들은 보일랜드의 사연을 들으면서 똑같은 일이 미국에서 일어나고 있다는 사실을 깨달았다.

보일랜드는 남을 돕기를 좋아하고 불의를 참지 못하는 성격인 데다가 특히 조카들을 포함해 아이들을 유난히 아끼고 좋아했다고 한다. 큐어논은 그런 성격의 사람들을 끌어들이기 좋게 설계된 음모론이다. 하지만 전혀 몰랐던 가짜 뉴스를 처음 접한 후 소셜미디어가 끊임없이 권하는 콘텐츠를 보고 읽다가 다른 사람이 되기까지 열네 시간밖에 걸리지 않았다는 건, 소셜미디어를 단순히 피하기 힘든 일상의 소음 정도로 생각하던 대부분의 사람들에게는 '불쾌하고 놀라운 깨달음^{rude awakening}'이었다.

저자 찰스 아서가 이 책의 제목을 《소셜온난화^{Social Warming}》로 정한 것은 그런 의미에서 아주 적절한 선택이었다. 지난 10년 동안 소셜미디어가 만들어낸 문제들이 지구온난화(혹은 기후위기)와 더불어 21세기 인류의 생존을 위협하는 가장 심각한 이슈라는 점에서 이 둘을 결합한 건 영리한 명명命名이다. 하지만 '소셜온난화'라는 표현에는 저자의 재치 있는 말솜씨 이상의 중요한 의미가 있다.

2021년 12월 말 미국의 고산지대로 유명한 콜로라도주는 역사상 유례를 찾기 힘든 산불을 경험했다. 단순한 아웃라이어outlier 현상을 두고 기후위기와 연결시키는 걸 조심스러워하는 신중한 기후학자들도 콜로라도주의 지난 산불은 기후위기와 분리해서 생각하기 힘들다고 진단을 내렸다. 2021년 봄에 예년과 다르게 유난히 많이 내린 눈 때문에 평소보다 많은 풀과 잡목이 자랐고, 그것이 여름에 극심한 가뭄으로 바짝 말라서 산불의 '연료'가 되었는데 이게 12월에 초대형 산불이라는 결과를 낳았다.

지난 몇 년 동안 극심한 이상기후를 겪고 있는 미국에서는 지구온난화를 의심하거나 부정하는 목소리가 눈에 띄게 줄어들었다. 보지 않으면 믿지 않겠다던 사람들이 막대한 피해를 목격하면서 비로소 문제의 심각성을 깨달은 것이다. 캘리포니아와 콜로라도의 산불이 지구온난화의 피할 수 없는 증거라면, 평범했던 30대 여성 보일랜드를 단 열네 시간 만에 과격분자로 바꿔놓은 일은 소셜온난화가 얼마나 심각한 상황에 이르렀는지 보여주는 증거다.

두 개의 온난화

소셜온난화는 지구온난화와 눈에 띄는 공통점들을 갖고 있다. 첫째, 두 개의 온난화 모두 단순한 공해의 문제가 아니다. 인류는 오래전부터 대기오염을 겪어왔다. 한국과 중국이 미세먼지로 겨울마다 큰 고통을 겪고 있지만 이는 서구 선진국들이 전부 겪었던 문제다. 런던은 1952년에 '그레이트 스모그Great Smog'라고 이름 붙은 대형 스모그 현상이 닷새간 이어져 무려 1만 명이 사망하는 환경 참사를 겪었다. 캘리포니아주에서 1970년 대 발생한 극심한 대기오염은 미국에서 가장 강력한 환경법이 탄생한 계기가 되었다. 그 결과, 이 두 지역 모두 대기 상황이 크게 개선되었다.

하지만 기후변화는 눈에 보이는 그날의 대기 상태가 아니라 눈에 보이지 않는 온실가스가 오랜 세월 쌓여 만들어내는 되돌리기 힘든 재난이다. 소셜미디어가 불러일으키는 피해도 이와 비슷해서, 우리가 매일 사용하는 페이스북, 트위터 같은 서비스는 당장 사용자 개인에게 별다른 피해를 주는 것 같지 않다. 물론 기후변화와 마찬가지로 이 문제의 심각성을 경고해온 전문가들은 있었지만, 대중이 문제를 체감하게 된 건 필리핀에서 로드리고 두테르테, 미국에서 트럼프가 대통령에 당선되고 영국에서 국민투표를 통해 브렉시트가 확정된 2016년이었다. 이 세 개의 결과 모두 그 이면에 소셜미디어가 중요한 역할을 했음이 밝혀지기까지 그리 오랜 시간이 걸리지 않았다.

전혀 다른 지역에서 세 개의 사건이 한 해에 일어났다는 사실도 기후변화와 닮았다. 지구의 평균기온이 올라가는 건 사람의 피부로 느끼지 못하지만 일정 수준에 도달하면 일시에 전 지구적으로 대형산불과 태풍, 홍수가 발생하는 것처럼, 소셜온난화 역시 전 지구적인 현상이다.

2009년에 페이스북 CEO 마크 저커버그는 "페이스북이 국가라면 세계 인구 6위의 나라일 것"이라고 자랑했다. 그 후로 페이스북 가입자는 열일곱 배로 성장했고 2021년 기준으로 페이스북 사용자는 세계 인구의 약 36퍼센트에 달한다. 따라서 페이스북 알고리듬의 문제가 사회적 현상으로 나타난다면 이를 피할 수 있는 곳은 많지 않다. 게다가 (본문에서 저자가 이야기하는 것처럼) 이런 문제는 페이스북 사용자 비율이 높지 않은 나라에서도 발생한다.

정작 온난화에 덜 기여한 가난한 나라들이 더 큰 피해를 입고 있다는 점에서도 소셜온난화는 지구온난화와 닮았다. 지구의 평균기온을 현재 수준으로 올려놓은 건 산업화를 주도하면서 온실가스를 펑펑 쏟아낸 선진국들이지만, 이 나라들은 그렇게 발전한 결과로 기후위기에 대응할 수 있는 여력이 상대적으로 많다. 하지만 필리핀이나 케냐, 스리랑카 같은 나라들은 선진국들이 만들어놓은 기후변화로 인한 위험에 선진국보다 더 크게 노출되어 있다. 소셜온난화도 다르지 않아서 본문에서 예로 드는 미얀마와 필리핀 같은 나라들은 테크 산업이 발달하지 않았는데도 미국의 소셜미디어 기업들이 만들어낸 '증폭의 알고리듬'에 속수무책으로 노출되어 있다. 궁극적으로 두 개의 온난화는 '돈 버는 사람 따로 있고, 대가를 치르는 사람 따로 있는' 불공평한 재난이다.

그렇다고 해서 선진국이 안전지대라고 장담할 수 없다는 점도 비슷하다. 산불에 시달리는 미국 서부와 허리케인이나 홍수에 시달리는 동남부 지역에서는 앞으로 수십 년 동안 막대한 재산 피해를 피하기 힘든 상황이라 보험회사들도 이들 지역에서 철수할 준비를 하고 있다. 후진국보다 형편이 나을 수는 있겠지만 치러야 하는 사회경제적 비용은 훨씬 더 크다.

소셜온난화로 인한 사회적 재난도 다르지 않아서 지난 4~5년 동안 전 세계는 민주주의 선진국이라 불리던 서구 국가들, 특히 소셜미디어의 발생지인 미국에서 국론 분열로 민주주의 제도 자체가 위협받는 모습을 똑똑히 지켜봤다. 당장 미얀마처럼 인종 갈등으로 많은 사람들이 죽임을 당하지는 않았을지 모르지만 앞으로 상황이 어떻게 변할지는 아무도 모른다.

되풀이되는 라듐 걸스의 악몽

두 개의 온난화가 특별한 잘못의 결과로 만들어졌다고 보기는 어렵다. 인류는 생존에 불리한 환경을 개선하기 위해 끊임없이 발명을 해왔다. 페니실린 같은 항생제나 질소비료처럼 수많은 생명을 구하는 발명품도 나왔지만, 동시에 많은 사람의 목숨을 빼앗는 핵무기도 만들어냈다.

하지만 대부분의 발명품은 페니실린과 핵폭탄처럼 그 유익 혹은 해악을 분명하게 판단하기 어렵다. 자동차는 교통사고라는 비극을 낳고 궁극적으로 지구온난화를 만들어낸 주범 중 하나가 되었지만, 지난 100년의 인류 역사에서 자동차가 없었다면 우리는 완전히 다른 세상에 살고 있을 것이다. 이는 자동차 같은 복잡한 발명품이 아니라 인류 최초의 발견 중 하나인 불에도 똑같이 적용된다. 유용한 것을 창조한 후에 미처 몰랐던 대가를 치르는 과정이 인류 성장사라 해도 과언이 아니다.

그런 발명품 가운데 대표적인 것이 라듐이다. 퀴리 부부가 발견한 원소인 라듐은 방사성물질의 대명사였는데, 그들이 찾아낸 건 라듐의 유용성이었지 잠재적 피해가 아니었다. 퀴리 부부는 보호 장구도 없이 라듐을 취급하면서 열과 방사선에 고스란히 노출되었고 라돈가스를 들이마셨다. 마리 퀴리는 50대에 이미 심각한 방사능 피폭으로 각종 질병을 얻어 10년 넘게 고생하다가 세상을 떠났다.

그런데 라듐의 효용은 위험보다 더 빨리 알려졌고 1910년대 미국에서는 시계판에 라듐을 발라 야광 효과를 내는 공장이 생겼다. 이 공장에 취직한 여성들은 라듐을 다루면서 피부에 방사능 피폭을 당했을 뿐 아니라 라듐을 붓으로 시계판에 바르는 과정에서 붓끝을 뾰족하게 모으기 위해 입술과 혓바닥을 사용하면서 치사량에 이르는 라듐이 몸에 들어가게 되었다. 훗날 '라듐 걸스Radium Girls'라고 불리게 된 이 여성들은 심각한 질병을 얻어 끝내 사망했지만, 회사가 그들의 피해를 인정하기까지 길고 긴 법정 싸움이 이어졌다.

물론 그 후 방사성물질을 다루는 엄격한 기준이 생긴 덕분에 우리는 '혹시 내가 방사성물질을 손목에 차고 다니는 게 아닐까' 하는 걱정 없이 살고 있다. 하지만 소셜미디어라는, 세상에 나온 지 얼마 되지 않은 발명품과 관련해서는 아직 그 단계에 들어서지 못했다. 라듐에 비유하면 이제 막 피해자, 즉 라듐 걸스가 나오기 시작한 시점이고, 무책임한 공정관리로 그들에게 피해를 입힌 공장, 즉 페이스북은 "우리는 잘못이 없다"라며 버티고 있는 단계에 해당한다. 당시 문제의 라듐 시계 공장은 관련 연구자들의 연구 결과를 공개하지 않고 버텼는데, 이는 페이스북이 자신들의 알고리듬이 사용자와 사회에 피해를 입히고 있다는 연구 결과를 숨기고 있다가 내부 고발자에 의해 드러난 것과 너무나 닮았다.

그렇다면 인류는 이 새로운 위기도 궁극적으로 극복할 수 있을까? 그렇게 믿고 싶다. 하지만 "비행기를 만드는 사람은 사고를 감수해야 한다"라는 저커버그식의 자세로는 안 된다. 라이트형제는 자신들이 만든 비행기를 직접 타고 실험했지만, 소셜미디어 기업들은 이윤만 챙기고 그들의 '실험'에 들어가는 비용은 사회와 사용자들이 대신 지불하고 있기 때문이다.

무엇보다 '온난화'는 되돌릴 수 없는irreversible 피해를 만들어내는 재난임을 기억해야 한다. 지구는 일정 온도를 넘어서면 과거 상태로 돌아갈 수 없다는 점을 과학자들이 누누이 강조하고 있고, 사회를 지탱하는 제도와 구성원 사이의 신뢰 역시 한번 무너지면 다시 일으켜 세우는 게 불가능에 가깝다는 사실을 인류 역사가 잘 보여주고 있기 때문이다.

박상현

(디지털 칼럼니스트, 오터레터 발행인)

한국 독자들에게

누구를 신뢰할 수 있습니까? 누구를 신뢰하고 있으며, 누구를 신뢰해야 할까요? 우리는 어려서부터 이 문제들을 해결하려고 줄곧 애써왔습니다. 아이였을 때에는 절대적으로 부모님을 믿습니다. 그다음에는 돌봐주는 사람을 믿고 그다음에는—대개는 좀 더 신중하게—선생님들을 믿습니다. 성인이 되고 나면 신뢰를 어디에 두어야 하는지가 더욱더 중요해지는 반면, 그 대답을 찾는 일의 복잡성은 한층 심화되는 것 같습니다.

이론적으로는, 소셜미디어가 이 문제들을 쉽게 해결해주어야 합니다. 이제는 선거를 앞두고 우리의 표를 얻기 위해 경쟁하는 정치인들의 인터뷰를 신문이나 라디오나 TV에서 보여주기를 기다릴 필요가 없습니다. mRNA 백신이 무엇이며 어떤 원리로 작동하는지 설명해줄 의사나 과학자를 어디에서 찾을 수 있을지 궁금해할 필요도 없고, 백신접종과 발병 통계를 어떻게 해석해야 할지 궁금해할 필요도 없습니다. 소셜미디어는 이런 사람들 모두를 우리 손안에서 바로바로 만나볼 수 있다는 약속을 내세웁니다. 검색만 하면, 사실을 알아낼 거라고요. 읽고 듣기만 하면, 알게 되고 이해하게 될 거라고 말입니다.

이제 다들 알아차렸겠지만, 실제 현실은 많이 다릅니다. 우리는 전문성이나 명성보다는 우리를 즐겁게 해줄 사람, 우리가 아는 사람을 찾아 소셜네트워크에서 관계를 맺습니다. 오프라인 관계에서와 마찬가지로, 연결된 사람들을 통해 다양한 재미를 누립니다. 이 책에서 설명할 테지만, 소셜네트워크들은 우리가 더 나은 정보를 얻는 경우보다는 즐거워하거나 신나 하거나 어쩌면 심지어 화내는 경우를 훨씬 더 반깁니다.

그래서 소셜미디어를 따라가다 보면 쉽게 길을 잃고 맙니다. 명목상 여러 정당이 있는 국가에서 정치는 반드시 양당제로 귀결되는 경향이 나타나는데, 이쪽 아니면 저쪽 정당이 핵심 유권자층과 부동층에 힘입어 다수당이 됩니다. 상대 진영과 공유할 수 없는 극단적인 입장을 취할 경우 소중한 부동표를 놓칠 테니 정당 간의 정치적 입장 차이가 좁혀지리라 기대할지도 모릅니다. 하지만 이 책에서 드러나듯이, 소셜네트워크의 영향력이 그런 셈법을 바꾸고 있습니다. 우리가 살고 있는 세상에서는 휴대폰, PC, TV를 들여다보는 사람들의 주목을 끄는 능력이 정치적 숙련도나 때로는 효과적인 정책보다도 더 중요합니다. 선거에 나선 후보자들이 유튜브나 기타 소셜미디어에서 출마를 선언하고 정치적 견해를 발표하는 걸 보게 되는 이유입니다. 소셜미디어는 그들이 하고 있는 일에 상호 소통이라는 광택을 입힙니다. 유튜브 동영상에 댓글을 달 수도 있고 소셜네트워크에 올라온 글에 답글을 쓸 수도 있습니다. 하지만 그렇다고 그들이 당신이 말하는 내용에 주의를 기울일 거란 뜻은 아닙니다. 그들이 말하는 내용이 사실이란 뜻도 아니고요. 그들에게 반응하는 모두가 어떤 것이 사실이라 주장한다 해서 그것이 사실이 되는 건 아닙니다. 소셜미디어가 정치가 작동하는 방식에 어떻게 영향을 주고 있는지, 앞으로 설명해드릴 겁니다.

소셜미디어는 실제 세상과 닮았습니다. 눈에 보이는 것에 담겨 있는 왜곡을 우리는 보려 하지 않습니다. 인터넷 콘텐츠와 댓글들을 다루는 일을 하는 사람들 사이에서는 이미 진부해져버린 측정값이 있는데요, 1:9:90 법칙으로 알려져 있습니다. 한 명이 콘텐츠를 만들고 아홉 명이 거기에 댓글을 달면 아흔 명은 보기만 합니다. 댓글만 다는 사람들의 비율이 실제로는 더 높지만(1:9:9990에 좀 더 가깝습니다) 우리가 온라인에서 목격하는 논의들이 얼마나 한쪽으로 치우쳐 있는지 생각하게 하는 수치입니다. 뭔가를 읽거나 본 사람들 모두가 저마다 댓글을 단다면 모든 사이트가 엄청나게 많은 댓글을 감당하지 못할 겁니다. 하지만 댓글들은 대개 시시한 견해 아니면 극단적인 견해로 채워지고 사람들은 시시한 댓글은 대충 보고 넘어갑니다. 그 결과 우리 눈앞에는 극단적인 내용이 한가득 펼쳐집니다.

그리고 우리는 극단적인 것을 아주 좋아합니다. 이 책에서 설명하겠지만, 극적인 내용에 끌리는 것도, 그런 콘텐츠가 실제 세상보다 온라인에 훨씬 더 흔해 보이는 것도 다 그럴 만한 이유가 있습니다.

마찬가지로 의학적인 주제들—백신접종은 최근에 가장 중요한 이슈죠—에서도 우린 너무 쉽게 게시물의 양을 가치와 혼동해버립니다. 진실을 찾아보기가 더욱 어려워졌어요. 그리고 의료는 목소리 큰 사람들이 좌우하는 게 아니라 조용하고 공정한 데이터로 결정되는 것이죠. 의사들은 전문가이고 시험을 통과해야만 이 일을 할 수 있으며 그건 소셜미디어에

게시물을 올리고 싶어 하는 사람들이 겪는 어려움보다 당연히 훨씬 더 엄청나게 어렵습니다. 〈뉴요커〉의 카툰 가운데 그 전문성의 차이를 압축해서 재미있게 보여준 작품이 있었죠. 자기 집에서 컴퓨터 앞에 앉아 있는 한 남성이 목을 길게 빼서 무관심한 아내에게 소리칩니다. "여보, 와서 봐요! 전 세계 최고 과학자들과 의사들이 놓친 사실을 내가 알아냈다고요." 물론 카툰과 현실은 다릅니다. 그냥 농담일 뿐이에요. 너무 흔하게, 특히나 우리의 결단이 정말 중요한 주제에 대해서, 애써 얻어낸 진실을 알아보는 능력을, 가장 목소리가 크고 가장 허황된 약속을 일삼고 가장 많은 팔로워들을 거느리고 가장 환한 웃음을 지어 보이는 이들에게 아무렇지도 않게 넘겨주고 있다면 위험합니다. 제가 여러분에게 보여드리려고 한 건 그런 이들을 신뢰하지 말라는 겁니다. 그런 이들을 떠받드는 소셜네트워크들도 믿지 마세요.

2021년 11월

찰스 아서

차례

1장

2장

3장

4장

5장

서문

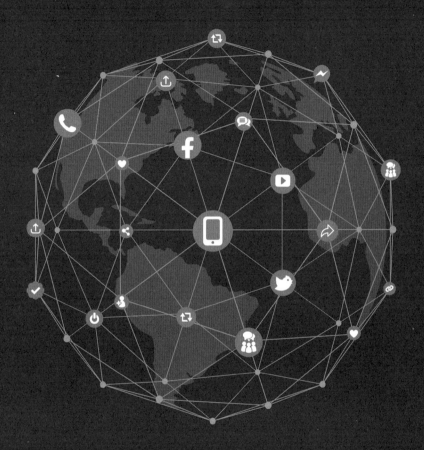

문제 구체화하기

Social Warming

The Dangerous and Polarising Effects of Social Media

누구도 이런 일이 일어나게 하려 하지 않았다. 모든 것이 더 좋아지기를 바랐지, 나빠지게 하려던 게 아니었다.

2007년 1월, 당시 애플 CEO였던 스티브 잡스는 손에 든 자그마한 기기를 높이 들어 올렸다. "이건 최고의 혁명입니다. 여러분의 휴대폰 안에 진짜 인터넷을 정말로 가져오는 거니까요." 그는 단언했다.[1] 당시만 해도 인터넷은 대개 컴퓨터에 갇혀 있었고 인터넷을 사용할 수 있는 휴대폰을 갖고 있었던 사람들도 몇백만 명에 불과했다. 그리고 그런 휴대폰이 있다 해도 온라인 콘텐츠를 시청하거나 서로 교류하기에는 용량이 충분하지 않았다.

소셜네트워크는 걸음마 단계였다. 페이스북은 2006년 여름에 미국 대학생이 아닌 사람들에게 문호를 막 개방했고 사용자가 1200만 명이었다. 비슷한 시기에 페이스북은 '뉴스피드'라는 소프트웨어에 특허 등록을 완료했다. 이는 페이스북 친구들이 올린 가장 흥미로운 상태 업데이트를 골라주는 서비스였다. 트위터는 서비스를 시작한 지 1년도 채 안 되었고 사용자는 몇만 명 정도였다.[2] 유튜브는 2006년 10월, 구글에 16억 5000만 달러(약 1조 8700억 원)에 팔렸다. 유튜브 월간 사용자가 7000만 명으로 추정되긴 했지만 그럼에도 입이 떡 벌어질 만한 가격이었다.

페이스북 설립자 마크 저커버그는 애초에 "사람들에게 공유할 권한을 부여해서 더욱 개방되고 더욱 연결된 세상을 만드는 것"이 페이스북의 목적이라고 정의했다. 몇 년 뒤에 그는 이것을 "사람들에게 커뮤니티를 만들 권한을 부여해서 세상을 더 가까워지게 하는 것"[3]으로 바꾸었다. 개괄해보면 명확했다. 사람들이 더 쉽게 더 직접적으로 서로 소통하도록 하겠다는 것이었다.

불과 10년 만에 이 세상은 스마트폰을 가진 사람이 거의 없던 시대에서 전 세계 76억 인구 중 40억 명 이상이 스마트폰을 보유한 시대로 바뀌었다. 그리고 스마트폰 사용자 대부분은 소셜네트워크에 연결되었다.[4] 오늘날 거리를 걸으면서, 건설 현장을 지날 때, 카페를 지나갈 때, 유아차를 끄는 부모를 지나칠 때면 같은 장면을 보게 된다. 사람들은 스마트폰을 들여다보면서 텍스트, 사진, 동영상, 댓글이 뜨는 화면을 휙휙 넘긴다. 스마트폰은 열차나 식사나 친구를 기다리는 동안 틈틈이 빈 시간을 채우는 용도 면에서 담배를 완벽히 대체했다. 그것을 주머니에서 꺼내 들고, 그것에 불이 들어오는 것을 지켜보고, 그것을 빨아들이면서 긴장을 푼다.

흡연자들이 담배를 몇 갑이나 피우는지 셀 수 있는 것과 마찬가지로 화면에 띄운 소셜미디어 사용량도 측정할 수 있다. 2017년 한 페이스북 임원에 따르면, 사람들은 휴대폰에서 하루 평균 300개의 피드를 스크롤한다. 이는 약 750개의 화면에 해당하며 하루 평균 두 시간 이상을 쓰는 셈이다.

소셜미디어에 지나치게 의존하게 되는 현상은 흡연과 흡사하다. 손을 써서 하는 일이면서 마음을 진정시키는 일이기도 하다. 하지만 누적된 효과는 지구온난화와 훨씬 더 유사하다. 곳곳에 퍼져 있고, 감지하기 어렵고, 수그러들 줄 모르고, 게다가 무엇보다 우리 자신의 성향과 행동 때문에 벌어지는 일이다.

소셜미디어를 이용하며 자투리 시간을 보내는 일 자체가 문제는 아니다. 그런 시간에 소설《전쟁과 평화》를 읽으려는 사람은 거의 없을 것이다. 하지만 소셜미디어 이용은 밀착 감시되며 그 경험은 개인에 맞춰 달라진다. 해로운 건 바로 이 지점이다.

소셜네트워크가 널리 사용되면서 페이스북은 집단학살에 연루되었고, 트위터는 여성 혐오 캠페인을 위한 전쟁터가 되면서 현실 세계에서도 심각한 위협과 공격이 이어졌으며, 유튜브는 처음에는 무슬림 무장 조직들을 과격해지게 했다는 비난을, 나중에는 우파 백인 남성들이 계속해서 살인을 저지르게 했다는 비난을 받았다. 여성들은 지폐 속 인물에 여성을 넣자는 캠페인을 벌였다는 이유로 살해 및 강간 위협을 받았다. 익명의 열두 살짜리들이 유명 축구선수들을 인종차별의 표적으로 삼았다. 또한 같은 주제에 관심이 있다고 파악한 알고리듬 덕분에 의기투합한 두 남성이 페이스북 그룹에서 소통하기 시작했고 행동에 나서기로 결심했다.[5,6] 그들의 관심 주제는 내전을 일으키자는 것이었고 그들의 행동은 경찰관을 살해하자는 것이었다.

이들이 유별난 게 아니다. 의도된 대로, 설계된 대로 이용될 경우 소셜네트워크들은 이런 결과로 이어진다. 결국 생각이 비슷한 사람들끼리 연결되기 마련이다.

소셜네트워크와 연관된 비슷한 유형의 사건들이 계속해서 발생한다. 작은 차이가 더 큰 의견 충돌로 증폭되며, 상반되는 입장을 취하는 사람들은 극단적인 신념이나 극단적인 행위로 치닫는다. 이들 소셜네트워크는 우리의 주목을 끄는 데 최적화되어 있고 분노와 양극화를 추구하는 타고난 성향을 이용하려는 소프트웨어로부터 동력을 얻는다.

소셜네트워크들이 현재의 설계 방침을 유지하는 한 이런 사건들은 계속해서 일어날 것이며 소셜네트워크 사용자 수가 증가할수록 더 악화될 것이다. 그리고 5년 후면 스마트폰 사용자가 10억 명 더 늘어날 것이다.[7]

우리는 '소셜온난화social warming'의 시대를 살아가고 있다. 소셜온난화는 인간의 삶을 보다 편리하게 하려는 기술이 진보하면서 의도와 다르게 나타난 부작용이다.

'온난화'라고 부르는 이유는, 이것이 점진적이기 때문이다. 점진적이라는 건, 상황이 악화되는 순간을 알아차리지 못한다는 뜻이다.

사회변동은 갑작스러운 전환으로 나타나지 않는다. 행동이나 습관의 미세한 변화는 대부분 돌이켜 생각해볼 때에만 분명해진다. 사소한 예를 들어보자. 1940년대 영화나 사진을 보면 거의 모든 남성이 외출할 때 격식을 차리느라 모자를 썼고 (여성을 마주치면 모자를 들어 올렸다) 누구나 담배를 피운 것 같다. 요즘에는 남성이 격식을 차리느라 모자를 쓰지 않으며, 담배를 피우는 사람도 별로 없다. 하지만 한날한시에 남성들이 갑자기 모자를 그만 쓰기로 한 건 절대 아니었다. 자동차를 타는 사람들이 많아지면서 모자가 불편해졌고 모자를 쓰는 일이 점점 드물어졌을 뿐이다. 그러면서 한 번도 모자를 써본 적 없었던 존 F. 케네디 같은 젊은 공인이나 모자를 쓴다는 생각을 해본 적도 없는 비틀스가 엄청난 유명세를 얻었다. (또한 남성이 추운 날씨에 머리를 감쌀 필요도 없어졌다. 정장 모자 산업은 야구 모자나 비니 산업으로 바뀌었다.) 소셜온난화는 컴퓨터와 스마트폰을 갖고자 하는 마음에서 생겨나며, 정보에 대한 갈망이나 더욱더 많은 사람들과 연결되고자 하는 마음과도 한데 묶여 있다. 소셜네트워크와 스마트폰의 수용도와 영향력이 아주 커져서 사람들의 행동을 상당 수준 바꾸기 시작하면 그제야 그 효과가 눈에 띈다.

소셜온난화가 일어나는 건, 지리적으로 멀리 떨어져 있어 서로 눈에 잘 띄지 않았던 사람들 사이에 상호 교류가 더 빈번해지면서, 또한 그들의 관심을 사로잡고 중독성 있는 경험을 창출하는 주제의 영향권 안에 놓이면서부터다.

돌이켜 보아야 비로소 변화는 분명해진다. 그렇지만 그 영향은 줄곧 발생하고 있다. 정치권, 민주주의, 미디어, 일반인들, 모두가 영향을 받고 있다.

소셜온난화는 세 가지가 상호 작용하면서 생겨난다. 첫째, 스마트폰 이용 가능성과 소셜네트워크 접속 가능성이 나란히 증가한다. 둘째, 각 플랫폼이 사람들의 주목을 끄는 것이 뭔지 알아내서 이를 증폭할 수 있기 때문에 더 자주 로그인하게 하고 더 오래 그 상태에 머물게 한다. 셋째, 이런 증폭에 규제나 제약이 없다. 한편으로는 시스템을 이용하는 사람들이 비즈니스에 유리해지도록 설계되어 있기 때문이며, 또 한편으로는 '검열' 금지라는 관리 방침 때문이다.

이렇듯 편재성, 증폭, 무신경의 과정이 반복되고 이어지면서 소셜온난화가 그 모습을 분명히 드러냈다. 플랫폼이 없었다면 소셜온난화는 일어나지 않았을 것이다. 증폭이 없었다면 소셜온난화는 가시화되지 않았을 것이다. 그 효과에 무신경하지 않았다면 소셜온난화에 노출되지 않았을 것이다. 그래서 이 과정이 계속되지 않았다면 그리 걱정할 일도 없었을 것이다.

하지만 더 많은 대중이 무슨 일이 벌어지고 있는지 알아차렸다는 신호들이 있다. 물론 곁눈질로 얼핏 보았을 뿐이다. 우리는 그런 신호들이 있다는 정도는 알고 있지만 제대로 찾아내지는 못했다.

영국인 전부를 연결시키려는 목표로 활동하는 비정부기구NGO 닷에브리원Doteveryone은 사람들이 테크놀로지를 대하는 태도를 연구한 〈디지털 수용 태도 보고서Digital Attitudes Report〉를 2020년 5월에 발간했다. 연구 조사 결과 중에는 다음과 같은 이상한 사실도 있었다. 사람들은 인터넷이 사회 전체보다는 개인으로서 자신들에게 더 좋다고 생각했는데, 그 격차가 상당히 컸다. 응답자 중 80퍼센트가 인터넷 덕분에 자신들의 생활이 약간 또는 많이 더 좋아졌다고 생각했지만, 사회에 긍정적인 영향을 미쳤다고 생각한 사람은 58퍼센트에 불과했다. 이 같은 태도 격차는 2년 전에 있었던 첫 연구 조사 때와 다르지 않았다. 여기서 어떤 사실을 알 수 있을까? "사람들은 이렇게 말합니다. '편리하게 온라인쇼핑을 할 수 있어서 좋아요. 하지만 자주 다니던 상점가가 어려워진 건 걱정이네요.'" 당시 닷에브리원의 임시 대표였던 캐서린 밀러Catherine Miller는 말했다. "사람들은 테크놀로지를 기반으로 한 이런 서비스에 개인적으로 즉각 만족감을 느끼지만 사회에 미치는 영향도 알고 있는 것 같습니다. 새벽 2시에 잠옷 바람으로 하는 쇼핑과, 자주 다니던 상점가가 힘들게 망해가는 모습을 지켜보는 일 사이에 직접적인 연결고리가 있는 건 아닙니다. 하지만 어떤 의미에서는 개인들에게 미치는 부정적인 영향보다 사회에 누적된 충격이 더 분명해 보인다고 생각합니다."

밀러는 우리가 소셜미디어에 대해서도 이런 갈등을 얼마나 겪는지 지적한다. "이건 우리 사회의 기본 인프라죠. 페이스북을 해보다가 지울 수는 있습니다. 하지만 지워버리고 나면 이번 주말에 애들 축구 시합을 어디에서 하는지 알 수 없겠죠. 제 파트너는 왓츠앱(전 세계적으로 가장 많이 이용하는, 사용자 수가 20억 명이 넘는 메신저 앱이다. 2014년 페이스북에 인수되었다―옮긴이) 사용을 거부해요. 정말 짜증이 치밀죠. 축구 시합을 어디에서 하는지 메시지를 제가 다 받아야만 하고 그걸 복사해서 그이에게 문자로 보내줘야만 어느 경기장으로 가야 할지 알 테니까요." 파트너의 보이콧은 그가 세운 원칙이라고 했다. "그이는 이런 비즈니스를 좋아하지 않아요. 페이스북을 좋아하지 않고 저커버그를 좋아하지 않습니다. 페이스북을 하고 싶어 하지 않아요. 하지만." 밀러는 이렇게 덧붙였다. "요즘 같은 때에 너무 편협한 시각이라고 생각합니다. (중략) 현재의 소셜미디어라는 측면에 초점을 맞춘다면, 의미 있는 선택이 불가능하다는 사실을 인정하는 것도 정말 중요하다고 생각해요."

일리노이대학교 교수이자 예술가인 벤 그로서Ben Grosser는 소셜미디어 기업들이 사람들을 낚는 데에만 치중한다고 지적한다. 그러지 못하면 사업을 접어야 할 테니 말이다. "사람들이 개인 시간과 개인 미디어를 이 시스템에 갖다 바치지 않는다면 소셜미디어 회사들은 가치가 없습니다. 그러니 결국 페이스북에 중요한 것, 트위터에 중요한 것, 적어도 이 회사들의 주주들에게 중요한 것은 사용자가 끊임없이 흘러 들어오고, 이상적으로는 언제까지나 사용자 수가 늘어나고, 이 사용자들이 가능한 한 오랫동안 플랫폼에 머물러 있으면서, 플랫폼에 콘텐츠를 보태는 겁니다. 그렇게 콘텐츠가 추가되면 광고에 활용할 수 있는 데이터가 생성되는 셈이고요."

벗어나고 싶어도 벗어날 수 없다. 당신이 소셜온난화에 직접 기여하지 않는다 해도 주변의 모든 사람이 그렇게 하고 있다.

1890년대에 고틀리프 다임러와 루돌프 디젤에게 100년쯤 지나면 그들이 설계한 연료로 움직이는 엔진이 해수면 상승, 최악의 허리케인, 수백만 명의 강제 이민 등을 책임져야 할 거라고 말했다면 믿기 어려워했을 것이다. 그들의 의도는 단순하고 솔직했다. 그들은 사람들의 생활을 개선하는 데 쓸 만한 효율적인 기계를 만들고자 했다. 그 당시의 증기기관은 끔찍할 정도로 낭비가 심했다. 석탄을 태워서 연기를 내뿜었고 연료 효율이 10퍼센트도 되지 않았다. 휘발유와 경유가 두 배 이상 효율이 좋았다. 연료를 덜 쓰는 게 뭐가 나쁘단 말인가? 교통수단을 대중화하고 더 많은 사람들이 이용할 수 있도록 하는 게 어떻게 잘못일 수 있지? "자동차 엔진이 나올 겁니다. 그때가 되면 제 일생일대의 과업이 완성되겠지요"라고 디젤은 말했다.[8]

현대판 내연 엔진, 즉 소셜네트워크를 발명한 이들은 이에 못지않을 만큼 지나치게 낙관적인 목표를 세웠다. 페이스북의 목표는 '모든 사람을 연결하자'였다. 유튜브는 '당신을 방송'하게 해주겠다고 약속했다. 트위터는 '아이디어를 내고 공유할 권한을 모두에게 부여'하고자 했다. 하지만 각각이 내건 구호 뒤에 감춰진 시스템에는 관심을 사로잡고 분노를 끌어내고 결국에는 적대감을 불러일으키는 작동 원리가 내재되어 있었다.

제3자 효과가 중요하다. 정치적으로든 문화적으로든, 소셜온난화는 양극화의 형태로 나타난다. 그것은 모르는 사람들과든 아는 사람들끼리든, 대면으로든 온라인에서 만나든(하지만 온라인에서 특히 더), 교류하는 중에 마찰 가능성을 일으키는 일종의 소셜 '열기heat'다. 친척이 페이스북에서 매우 기꺼이 인종차별주의자가 되거나, 직접 만나서 입 밖에 낼 거라고 상상조차 할 수 없는 거짓 정보를 쏟아내는 것을 알게 되는 경우를 많은 사람들이 겪어봤을 것이다. 대표적인 사례로 2020년에 코로나19 감염 가능성을 줄이려는 방역 조치에 대한 미국 내 반응을 들 수 있다. 공중보건 논의가 정당 노선에 따라 양극화되었기 때문에 특정 지역과 집단은 록다운lockdown과 마스크 착용에 대한 보건 권고를 무시해버렸다. 그러지 않았다면 살 수도 있었던 사람들이 목숨을 잃고 말았다.

하지만 비방 발언이나 불만 가득한 제목의 기사를 리트윗하는 행위와, 한 나라 인구의 절반이 공중보건 대책인 마스크 착용을 하지 않으려는 흐름 사이에서 연관성을 직감하기란 어렵다. 1~2킬로미터 떨어진 매장에 차를 몰고 쇼핑 가는 일과 그린란드 빙상이 녹아내리는 일을 연관 짓기 어려운 것과 마찬가지다.

사람들을 한데 모으는 공동 목표가 있을 때 사회는 가장 잘 작동한다. 자연재해와 전쟁은 파괴적인 영향력에도 불구하고 공동 목표를 제시함으로써 차이를 제쳐놓게 만든다. 하지만 소셜네트워크는 분열을 중심에 두고 구축되었다. 소셜네트워크는 신념이나 관심사에 있어 사소한 변형을 모조리 허용함으로써 차이를 증폭하며, 결국 각각의 규모를 키워 나간다. 스스로 선택한 온라인 그룹이라는 심리로 인해 자신의 관점과 조금이라도 다른 견해를 보이는 그룹과의 공통분모에서는 점점 더 멀어질 것이다. 소셜네트워크는 사회를 통합하려는 중간점을 제시하기보다는 저마다의 차이점을 찾아낼 방법을 모두에게 쥐어주면서, 실제로 통합과는 반대 방향으로 작동한다. 이것이 소셜온난화다. 즉 끊임없이 미묘하게 점진적으로 사람들을 공통점보다는 차이점에 집중하게 만드는 이면 효과 background effect다.

하지만 언제나 그랬던 건 아니잖은가? 온라인에서의 상호작용이 언제나 현실보다 더 강한 열기로 달아오르는 건 아니잖나? 아무 일도 없지 않은가? 대개는 그렇다. 사람들이 국회의원을 살해하겠다고 협박하거나, 사이트를 작동시키는 소프트웨어가 골라준 대로 동영상을 연속 시청하다가 과격해진 누군가가—인종, 종교, 그 외 무엇으로든—적으로 규정한 사람들에게 총기 난사를 벌이는 경우만 제외한다면 말이다. 그 순간, 뭔가가 분명히 바뀌었다. 그리고 '뭐든 별로 대수롭지 않고' '모든 게 그저 화면 위의 말들일 뿐'인 그런 온라인 세상이, 실제로 발등에 물건을 떨어뜨릴 수도 있는 오프라인 세상을 피로 물들이고 있다.

우리가 가진 스마트폰과 소셜미디어에서 내세우는 정체성은 가상의 집처럼 되어버렸다. 가상의 집단 공격이 당신을 목표 대상으로 삼기 시작한다면 그 효과는 축구 경기장에서 벌어지는 일과는 다르다. 그건 잘 알아들을 수도 없는 욕설들에 둘러싸이는 게 아니다. 소셜미디어에서 당하는 모욕은 모두 개별적이다. 마치 집단 공격에 나선 사람들 하나하나가 귓속말로 속삭이는 것과 같다. '계정을 삭제해버려'라든지 '그냥 무시해버려'라고 하는 건 이사하거나 집 안에만 틀어박혀 있으라고 하는 말과 똑같다.

소셜온난화의 효과를 무시해버릴 수는 없다. 이것들은 자정되지 못할 것이기 때문이다. 페이스북과 구글은 선거 결과를 바꾸는 데 이용될 수 있다. 페이스북은 선거인 등록을 하고 투표에 참여하도록 수백만 명의 유권자를 설득할 수 있다고 자랑한다. 하지만 페이스북 임원 케이티 하배스Katie Harbath는 2016년 초에 필리핀 대통령 선거에서 로드리고 두테르테가 당선된 건 소셜미디어의 악랄한 거짓 정보 공세와 상대 후보에 대한 인신공격의 결과였고, 소셜미디어를 통한 선거 개입에서 필리핀이 '최초 감염 국가'였다는 점을 순순히 인정했다. (하배스는 영국의 브렉시트 국민투표와 2016년 미국 대통령 선거를 또 다른 사례로 꼽았다.)

소셜네트워크의 부작용은 네트워크 자체의 성장 속도보다 더 빠르게 기하급수적으로 커져가고 있다. 반면 소셜네트워크가 효과적으로 포섭해버린 입법 체계는 같은 속도로 대응하지 못한다. 국회의원들은 몇 년에 걸쳐 일을 하지만, 소셜네트워크는 몇 주 또는 몇 달 만에도 신규 업데이트를 내놓을 수 있다. 영국 의회의 한 위원회가 '가짜 뉴스' 문제를 다루었던 2017년 1월 즈음, 이를 시급한 안건으로 올리게 했던 2016년 미국 대통령 선거와 브렉시트 국민투표는 이미 끝난 지 오래였고 페이스북과 구글이 소프트웨어를 수정하면서 이 문제는 대부분의 사람들 눈에 띄지 않게 되었다. 이에 따라 이 위원회는 투표에 의해 해산되었고 최종 보고서는 2018년 7월에야 발표되었다. 물론 아무런 법안도 통과되지 않았다.

하지만 소셜네트워크 기업들은 스스로의 선택에 따른 결과를 책임지려 하지 않는다. 자연재해 직후에 사람들이 생존을 알리기 위해 페이스북에 '체크인'할 수 있다든지, 활동가들이 트위터를 이용해서 부당한 체포를 알릴 수 있다든지, 유튜브에서 잔디 깎는 기계를 수리하는 동영상을 찾을 수 있다든지 하는 긍정적인 효과에 대해서는 기꺼이 공을 인정받으려 하면서도 말이다.

그러나 나치와 선동가들이 비공개 그룹을 조직하게 거들거나, 괴롭힘을 방조하거나, 쉽게 속는 사람들을 음모론이라는 토끼굴에 처박아버리고 나서, 소셜네트워크 기업들은 변명하거나 곤혹스럽다는 반응을 보인다. "어떻게 그런 일이 일어났을까요?"라고 그들은 묻는다. 처음에는 소프트웨어가 주도하는 분노의 증폭과 교류가 그런 효과를 불러일으켰다 해도, 경제학자들이 '부정적 외부효과negative externalities'라고 부르는 이런 부정적인 면들은 이제 대응하고 배상해야 하는 사회문제가 되어가고 있다.

소셜네트워크들이 그런 결과를 직접 책임지도록 외부에서 압박을 가할 방법이 명확히 없기는 하다. 페이스북과 구글은 기업 구조상 임원들과 설립자들이 의결권의 대부분을 차지하고 있어서 주주들의 분노로부터 보호받는다. 그야말로 저커버그를 자기 회사의 최고위직에서 해임할 수 있는 사람은 저커버그 자신밖에 없다. 구글이나 유튜브에서 래리 페이지와 세르게이 브린이 해명해야 하는 주주는 오로지 그들 자신뿐이다. 이들이 의결권이 있는 주식의 약 80퍼센트를 소유하고 있기 때문이다(2021년 하반기 기준 두 사람은 구글의 모회사인 알파벳의 의결권이 있는 주식을 51퍼센트 확보하고 있다―편집자). (트위터의 소유 구조는 훨씬 더 단순해서 일반 주주들이 설립자들과 동등한 의결권을 갖는다.)

향후 5년 사이에 새롭게 모바일 인터넷이 연결되고 스마트폰이 보급될 곳을 전망하자면, 대부분 사하라사막 이남 아프리카나 라틴아메리카 같은 지역의 저개발 국가들일 것이다. 이런 곳들은 민주주의나 미디어 시스템이 취약하여 무차별적인 허위와 왜곡의 공격을 이겨내기가 몹시 어려울 것이다. 그렇다면 민주주의에는 어떤 일이 벌어질까? 진실에는 어떤 일이 벌어질까? 하루 전 또는 한 달 전에 벌어진 일에 대해, 또는 누가 선거에서 당선되었는지에 대해 국민들이 받아들이지 못하고, 그런 의견 충돌이 손안의 기기를 들여다볼 때마다 심화된다면 어떤 일이 벌어질까? 거짓 정보를 얻는 일이 사실을 확인하기보다 훨씬 쉽고 저렴하다면 어떻게 될까? 이동통신사들이 페이스북이나 왓츠앱에는 공짜로 접근할 수 있게 하면서도 검색엔진이나 뉴스 사이트에는 요금을 부과하는 여러 나라처럼 말이다. 그야말로 비상사태다. 해로운 영향을 깨닫고 이를 가능케 하는 요인들을 없애서 해결에 나설 필요가 있다. 분노를 조장한다든지, 알고리듬을 이용해 원하는 방향으로 살살 몰고 간다든지, 모두를 하나의 거대한 방에 던져 넣고 서로 고함을 내지르게 또는 서로 입에 발린 말을 하게 부추기면 사람들이 장기적으로 더 행복해질 거라고 주장한다든지 하는 일들 말이다.

페이스북에서 일하는 동안 광고 수입 증대에 가장 기여한 안토니오 가르시아 마르티네스Antonio García Martínez는《카오스 멍키》라는 저서에서 네트워크가 충분히 큰 규모라면 아주 사소한 차이도 유의미하다고 밝혔다. 페이스북의 개별 광고가 큰돈을 벌어들이지 못했다는 비판을 듣고 그는 이렇게 답했다. "어떤 숫자가 되었든 거기에 수십억을 곱하면 어마어마한 숫자가 된다." 우리는 이런 어마어마한 숫자를 지금보다 훨씬 더 깊이 걱정해야만 한다. 그렇게 해야 뭘 해야 할지 알아낼 가망이 있다.

2장

초기

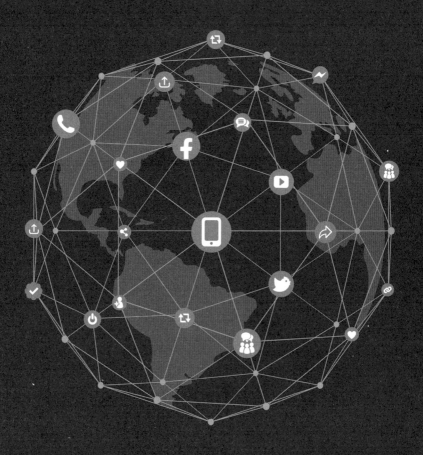

장밋빛 약속과 파워

Social Warming

The Dangerous and Polarising Effects of Social Media

나는 엄청나게 많은 대중이 타는 차를 만들 것이다. (중략) 월급을 웬만큼 버는 사람이라면 누구나 한 대씩 소유할 수 있고 신이 마련한 광활한 공간에서 가족과 함께 즐거운 시간을 누릴 수 있도록.

—헨리 포드, 1903년[1]

일반 대중이 컴퓨터를 사용할 수 있게 된 순간부터 사람들은 온라인에 소셜 공간을 만들기 시작했다. 보통 '게시판'이나 BBS^{bulletin board system}라고 불렸는데, 사무실에서 쓰는 공용 보드를 흉내 낸 형식이었기 때문이다. 누군가 공지를 게시하면 사람들이 와서 읽고 그에 대해 뭔가 쓰고 다른 사람들이 대답했다. BBS에서는 온라인 교류가 실제와는 상당히 다를 수 있다는 특정한 양상이 빠르게 나타났다. 특히 별다른 제재 없이 실생활에서보다 훨씬 더 무례해지거나 거짓말을 할 수 있었다.

가장 오래된 게시판 중 하나는 미국 캘리포니아 소살리토에서 1985년에 시작된 더웰The WELL이다. 이 이름은 Whole Earth 'Lectronic Link(전 지구 전자 링크)의 머리글자를 딴 것으로, 사이트를 만든 사람 가운데 한 명이 〈홀 어스 카탈로그Whole Earth Catalog〉라는 종이 잡지를 만들었기 때문에 붙여진 이름이었다. 이 게시판은 인터넷 유토피아의 선구자들을 불러모았다. 더웰은 돈벌이를 위한 기업이 되겠다기보다는 온라인의 대규모 그룹에서 사람들이 별다른 중재 없이 교류할 경우 어떤 일이 벌어질지 실험하려는 의도에서 시작되었다.[2] 공동 설립자 중 한 명인 스튜어트 브랜드는 이용자들에게 대면 모임을 독려하고 싶어 했지만 의무 사항은 아니었다. 다만 핵심 결정 사항으로 익명을 금지하고 실명 쓰기를 고집했다. '자기만의 의견을 갖는다'라는 사이트의 모토가 이를 대변한다. 스튜어트 브랜드Stewart Brand는 그런 공간에서 뭔가 나쁜 일이 벌어질지도 모른다고 예견해서 미연에 방지하려 했다고 나중에 말했다. "사람들이 더웰에서 말한 내용을 두고 우리가 비난받을 수도 있다는 게 그중 하나였죠." 1997년 〈와이어드〉와의 인터뷰에서 그는 기억을 떠올렸다. "그 문제를 해결하려고 고안해낸 방법이 개개인에게 책임을 묻는 것이었습니다."

더웰에 접속하려면 돈을 내야 했다. 하지만 브랜드와 공동 창업자 래리 브릴리언트Larry Brilliant는 최대한 낮은 가격을 유지하려 한동안 애썼고 월 회비 8달러와 시간당 사용료 2달러를 부과했다. 지금 보면 터무니없이 비싼 것 같지만 당시로서는 아주 헐값이었다.

더웰의 토론 시스템 가운데 몇 가지는 나중에 생겨날 거의 모든 시스템에서 두루 쓰이게 되었다. 일명 '토론방conferences'에 글을 올리면 따로 기한 만료가 없었다. 전체 공개 글이라면 누구나 답을 달 수 있었다. 몇몇 토론방은 비공개로 개설되어 초대받은 사람들만 볼 수 있었지만 말이다. 그

리고 일단 올라간 글은 지우기가 어려웠다. (글을 삭제해도 개체틀placeholder
이 남아 있어서 누가 그 글을 작성했는지, 또 지워버렸는지 표시가 되었다.) 게시
판 소프트웨어는 가파른 학습 곡선을 탔고 전문 지식 분야에 따라 자동으
로 사용자를 구분했는데, 전문 지식에 숙달한 사람들을 타이핑 속도를 기
준으로 판단했다. 20세기 말까지만 해도 타이핑은 흔한 기술이 아니었다.
한편으로는 그런 이유로, 다른 한편으로는 거주 지역 때문에 초기 사용자
들은 대다수가 직업상 자판을 두드리는 일을 하고 컴퓨터를 갖고 있을 가
능성이 높았던 기자 또는 컴퓨터 기술자들이었다.

더웰의 커뮤니티에 매혹된 기자들 중에 하워드 라인골드Howard Rheingold
도 있었다. 그는 자신이 올린 첫 번째 글(타란툴라(세계에서 가장 큰 거미류
의 하나―편집자)의 섹스에 관한 내용이었다)에 대한 열광적인 반응을 접하
고 난 후 커뮤니티에 빠져들었다. "자기 행동이 신교도적인 관점에서는
어느 정도 망상이나 금기라는 걸 누구라도 알 테지만 그냥 그런 행동을
하게 됩니다. (중략) 그러다가 그 행동이 사교적이라는 것을 알아차리고
나면 다른 사람들과 그것을 함께하게 됩니다." 〈와이어드〉에 실린 그의
말이다.

하지만 낙원을 건설하는 일에는 언제나 말썽이 따른다. 1986년에 더웰
에서 닉네임이 마크 이선 스미스Mark Ethan Smith였지만 실제로는 여성이었
던 한 신규 이용자가 페미니스트 역사에 관한 자신의 주장―대부분이 명
백하게 틀린 내용이었다―에 동의하지 않는 사람들을 가상공간에서 모
욕하고 소란을 피운 사건이 벌어졌다.

어쨌든 그녀는 이 사이트에서 쫓겨나지 않았다. 그 대신에 스튜어트
브랜드가 더웰 책임자로 고용한 매슈 매클루어Matthew McClure는 '스미스'의

행동이 사이트 이용자들의 문화가 기대하는 바에 부응했다고 결론을 내렸다. 그녀는 어떻게 하면 사람들이 더 많은 반응을 얻을지 이해했고 "악기를 연주하듯이 행동했을 뿐"이라고 했다.

스미스는 다른 이용자들로부터 크게 주목받았고 수많은 언쟁을 일으켰다. 그로 인해 이용자들의 로그인 시간이 길어졌고 더웰의 수익 또한 늘어났다. 적자 상태였던 더웰에는 중요한 분기점이었다. 그래도 결국 스미스는 지나친 말썽꾼이 되어버렸다. 그녀가 벌게 해준 추가 수입도 그녀가 불러일으킨 분노를 상쇄하지는 못했다. 그래서 그녀의 계정은 1986년 말에 정지되었다. 스미스는 자신이 온라인에서 글을 써온 오랜 역사에서 이번 일은 '사이버 검열'에 해당한다고 평했다. 자신이 더웰에서 쫓겨난 최초의 인물이라고 자임하면서 이 같은 금지 조치가 "악랄하고 부당한 검열 행위"이며 "내 표현의 자유를 침해"했다고 평했다.[3] 남들이 언어 공격으로 받아들였던 표현은 그들의 엄연한 공격에, 특히 여성 대명사 사용에 맞서 개인적으로 대응했던 것뿐이라고 주장했다. 스미스는 업무와 관련한 문제를 여러 번 겪은 끝에 사실상 젠더 구분을 포기했으며, 남성들을 '그녀'라고 부르는 식으로 응수하여 짜증 나게 했다.

스미스와 더웰 사건은 내재된 갈등이 초기에 드러난 사례였다. 그 후로 수많은 소셜네트워크에서 비슷한 일이 전개되었다. 남들을 짜증 나게 하는 사람들이 있으면 순조롭게 참여도가 높아진다. 사람들이 사이트에서 많은 시간을 보낼수록 더 많은 돈을 벌어들이는 경우라면 더더욱 그렇다. (더웰은 접속 시간에 따라 요금을 매겼고 나중에 생겨난 소셜네트워크들은 광고 수입을 벌어들였다.) 타인을 격분시켜서 계속 대꾸하게 만들면서도 그 서비스를 단호하게 끊어버리게 할 정도는 아닌 사용자들이 있다면, 아주 효과적인 비즈니스 모델이라 할 수 있다. 쫓겨난 사용자의 불평조차도 익숙하다: 자신들은 검열당하고 있다; 자신들의 표현의 자유가 방해받고 있다. 누군가가 사람들이 발언할 수 있는 플랫폼을 만든다면 플랫폼 소유주가 아닌 사용자들이 원하는 방식대로 그것을 이용할 권리가 모든 사용자에게 자동으로 부여된다는 신념이 은연중에 드러나는 대목이다.

소셜네트워크 발전에서 가장 중요했던 순간은 기술적 진보가 아니라 1995년의 소송 사건이었다. 1991년에 또 다른 소셜네트워크 컴퓨서브CompuServe는 엄청나게 많은 게시판을 운영했는데, 그중 하나에 올라온 명예훼손 여지가 있는 글 때문에 소송에 휘말렸다. (그 게시판에서 발행하는 일간 뉴스레터에서 경쟁사를 '신종 스타트업 사기'라고 했다는 이유였다.) 컴퓨서브는 게시판에 올라온 글들을 직접 관리하지 않는다고 끈질기게 주장함으로써, 자신들이 신문 발행 주체가 아니라 서점이나 전화 회사처럼 '유통업자'라는 점을 분명히 하는 데 성공했고 법에 의해 보호받았다. 1991년의 판결은 인터넷 사업에 대한 판례로 남았다.

그 직후에 미국의 인터넷 서비스 제공자ISP, internet service provider 프로디지Prodigy의 여러 게시판 중 하나에서 나온 익명의 허위 주장에 대해 한 투자 금융회사가 소송을 제기했다. 프로디지는 컴퓨서브와 똑같은 방어 논리를 펼쳤지만 패소했다. 결정적인 이유는 사람들과 소프트웨어가 그 게시판에 올라온 콘텐츠를 관리했기 때문이었다. 프로디지는 소매점이 아니라 신문에 더 가깝다는 의미였다.[4] 이 소송에서 패소하여 물게 된 법적 책임은 수백만 달러에 달했다. 이 사건이 시사하는 바는 분명했다. 게시판을 관리하지 말라. 그러지 않으면 법적 책임을 떠안을 것이다. 그러나 법적 책임을 두려워한 나머지 게시물을 삭제할 수 없다면 게시판들이 불법 게시물—스팸, 비방 글, 불법 소프트웨어—로 뒤덮일 수도 있었다. 그러면 정상적인 이용자들이 떨어져 나갈 것이고, 부정적인 문제들이 엄청나게 일어나서 급성장하는 인터넷 사업을 망칠 것이었다.

인터넷 서비스 사업자들은 미국 상원의원들을 대상으로 로비를 벌였다. 1996년에 통과된 통신품위법Communications Decency Act이라는, 신임 빌 클린턴 정부가 추진 중이던 중대한 신규 법안을 검토하던 의원들이었다. 이 법안은 포르노가 새로운 유통 경로(이 경우에는 인터넷)를 찾을 가능성을 염두에 두고 미국 국민 정서에서 발작처럼 주기적으로 나타나는 청교도주의에서 비롯되었다. 이 통신품위법의 초안은 청소년에게 음란하거나 외설적인 자료를 '알면서도' 보내는 일을 범죄로 규정했다. 이 법안이 통과될 경우, 인터넷 사업자들은 게시물에서 특정 내용을 걸러내야만 할 것이었다. 게다가 프로디지 판결을 근거로 고객들이 저지른 명예훼손이나 기타 법규 위반에 대한 책임도 져야 할 것이었다. 변호사가 판치는 미국에서 이 같은 이중 구속이 적용된다면 아무도 인터넷 사업을 하려 하지 않을 것이었다.

인터넷에 대한 논의는, 적어도 미국에서만큼은, 양당의 두 상원의원, 즉 민주당의 론 와이든과 공화당의 크리스 콕스 덕분에 기사회생했다. 이들은 통신품위법에 추가할 법 조항, 즉 제230조를 발의했다. 이 추가 법 조항 덕분에 게시물에 대한 기업의 즉각적인 책임을 면제해주면서 동시에 그들이 원하는 대로 게시물을 관리할 수 있게 해주는, 불가능하게만 보였던 일이 성사되었다. "이건 한 입으로 두 말 하는 거나 마찬가지라서 기본적으로 '감옥 탈출 카드'(보드게임 모노폴리에서 따온 말이다. 게임 참가자가 이 카드를 들고 있는 경우 코인을 내지 않고도 감옥 칸에서 빠져나올 수 있다—옮긴이)인 셈입니다."《간략한 미래의 역사: 인터넷의 기원A Brief History of the Future: The Origins of the Internet》의 저자인 케임브리지대학교 교수 존 너턴 John Naughton의 설명이다. "사이트를 운영하는 주체라 해도 사람들이 그 사이트에서 하는 일은 책임지지 않는다는 뜻입니다. 그야말로 결정적인 순간이었죠. 그 덕분에 이 거대 기업들이 성장해왔으니까요. 자기들 플랫폼에서 어떤 일이 벌어지든 책임지지 않는다는 게 기본이 되었죠. 이들은 법적으로 책임이 없어요. 그게 핵심입니다."

1년 후에 미국 대법원은 표현의 자유를 위배한다는 이유로 음란물과 관련된 통신품위법의 일부를 뒤엎음으로써 이 법률의 '품위' 부분을 사실상 파괴했다. 하지만 제230조는 살아남았고 인터넷 회사들이 미리 적법성을 확인할 의무를 다하지 않고도 사람들이 원하는 글을 올릴 수 있게 해주는 토대가 되었다.

제230조가 없었다면, 페이스북도 트위터도 유튜브도 없었을 것이다. 아마도 수없이 많은 소송이 이어졌을 테고, 웹은 최초에는 연결을 위해 설계되었다 해도 대부분 학술논문들로 채워졌을 것이다. 그리고 단조로운 기업 사이트들 정도가 남았을 것이다. (그리고 분명히, 포르노는 미국 내에서 사라졌을 것이다.)

그렇지만 제230조에 따르면 게시물의 주인은 글쓴이지 사이트 운영 주체가 아니었다. 인터넷 사이트들은 마음만 먹으면 콘텐츠를 삭제할 수 있었는데도, 자신들이 남긴 글에 책임지지 않아도 되었다. '선한 사마리아인' 법 조항인 제230조(c)에 따르면 "사업자나 사용자가 음란하고 선정적이고 외설스럽고 추잡하고 과도하게 폭력적이고 남을 괴롭히고 그 밖에도 불쾌하다고 판단되는 글에 대해 접근이나 사용을 제한하는 선의의 행동은, 그 같은 글이 헌법에 따라 보호받아야 하는 것과는 별개로" 법적 면책을 부여받는다.[5] (선정적이라는 말에 집착하여 유의어 사전 수준으로 단어를 늘어놓은 대목은 통신품위법에서 해당 조항의 기원에 대해 많은 것을 시사한다.)

이 법에 관해 중요한 점이 두 가지 있다. 첫째로 사업자들은 관리의 의무가 없다. 그들이 "선정적이고 외설스럽고 추잡하"거나 "과도하게 폭력적"인 콘텐츠를 관리하고자 한다면 그렇게 할 수 있을 뿐이다. (아동학대를 비롯한 불법 음란물은 절대 허용되지 않기는 한다.) 둘째로 "헌법에 따라 보호받"는 사안이라는 마지막 절이 추가되는 바람에, 관리자 역할을 하는 플랫폼 사업자들이 미국의 수정헌법 제1조—정부가 표현을 막지 못하도록 금하고 시민에게 광범위한 표현의 권리를 부여한다—를 침해하고 있다는 어떤 항의도 차단된다. 그 대신에 인터넷 플랫폼이 이를 운영하는 기업의 자산임을 확고히 함으로써 기업의 입맛대로 문제를 처리할 수 있게 되었다. 앞으로 마크 이선 스미스의 계승자들이 검열에 맞서 아무리 항변한다 한들 원조 주창자가 당했듯이 헛된 일이 될 거라는 게 제230조 (c)의 의미였다. "이건 그때 이후로 벌어진 모든 일을 결정짓게 된 법안입니다"라고 너턴은 말했다. "와이든과 콕스 의원이 그렇게 생각한 이유는 아실 테지요. 그 두 사람은 이렇게 이중 의미를 담은 조항이 없다면 일이 꼬여버릴 거라고 생각했겠지요. 이 나라의 망할 변호사들이 그쪽으로 몰려들 테니 사업이 성장할 수 없을 것이고 아무도 아무것도 할 수 없을 거라고요. 알다시피 당시로서는 그게 현명한 결정이었습니다. 하지만 아무도 예측하지 못했던 방향으로 흘러가 버리고 말았죠. 우리는 이제 그 결과를 감수하면서 살아가고 있습니다."

　인터넷 초창기에는 온라인상의 '사회적' 논의가 이메일 명단 내에서 벌어졌다. 그다음에는 의견을 제시하는 '게시물'을 쓸 수 있는 게시판 내 웹페이지로 토론장이 옮겨 갔다. 게시판은 어떤 주제로 논의할 때 가장 오래된 글을 처음에 놓고 뒤이은 모든 글을 순서에 따라 배치하여 구조화하는 단순한 소프트웨어를 사용했다. 따라서 모든 반응과 댓글이 게시 순서에 따라 정렬되었다. 그렇지만 게시판의 모든 글을 검색하는 페이지는 시간 역순으로 구조화되었고 가장 최근에 업데이트된 주제와 토론이 상단에 표시되었다.

　블로그는 이런 아이디어를 파기해버렸다. 하나의 블로그―웹에 존재하는 기록^{log}, 줄여서 '웹로그^{weblog}'라고도 한다―에서는 한 명 또는 그 이상의 사람들이 뭐든 좋아하는 것을 정기적으로 업데이트하고자 했다. 하지만 새로운 볼거리를 찾기 위해 게시판 스타일의 오래된 글 무더기를 힘겹게 뒤지고 싶어 하는 사람은 아무도 없었다. 따라서 블로그는 가장 최근 글을 먼저 보여주는 방식으로 구조화되었고 단단히 마음먹은 사람들만이 오래된 자료를 찾아내려 스크롤을 계속할 것이었다. 지나간 것은 딴 세상, 선택의 영역이 되어버렸다. 오로지 현재만이 중요했다. 블로그는 또한 대부분의 이전 웹과 달랐다. 대개는 아주 개인적이었고, 공식적인 어투가 아닌 일상적인 대화체로 기록되었다.

　초창기 블로그는 1994년에 등장했고 1999년에 파이라랩스$^{Pyra Labs}$라는 회사가 공개한 템플릿이 블로거^{Blogger}라고 알려지게 되었다. 난해한 전문 기술이 없는 사람들도 금세 블로그를 만들 수 있었고, 웹사이트에 접속하여 내용을 쓰고 나서 '발행' 버튼을 누르기만 하면 블로그 게시물을 작성할 수 있었다. 누구라도 목소리를 낼 수 있는 진정한 인터넷 민주주의 시대가 열렸다.

2003년에 구글은 파이라랩스를 인수했고, 블로거 사이트에서 공짜 블로그를 제공하면서 각 게시물의 내용에 따라 알맞은 페이지에 광고를 끼워 넣어 수익을 창출했다. 같은 해에 블로그 운영에 필요한 무료 코드를 포괄하는 패키지인 워드프레스가 출시되었다.

무료 소프트웨어와 무료 블로그가 조합되면서 캄브리아기 대폭발에 견줄 만한 수준으로 자기표현이 폭발적으로 늘어났다. 이 새롭고 흥미로운 공간에서의 움직임을 따라가며 정리한 테크노라티Technorati라는 블로그 검색 서비스에 따르면, 블로그 개수는 1999년에 스무 개 정도였던 것이 2006년 중반쯤에는 5000만 개 이상이 될 정도로 급속히 늘었다.[6] 지수 성장(처음에는 서서히 증가하다가 어느 순간 폭발적으로 커지는 형태. 복리를 적용하는 은행 이자나 동물 세계에서의 개체수 증가가 대표적인 사례다—옮긴이) 상태가 유지되었다. 3년 동안 블로그 개수는 6개월마다 두 배씩 증가했고 한계는 없어 보였다.

게시판과 달리 블로그는 민주적이지 않았다. 블로그에서는 자기 목소리를 낼 수 있는 완전한 지배권이 글쓴이에게 부여되었다. 블로그는 개인의 자아를 중심축에 두었다는 점에서 집단의 목소리가 패권을 차지했던 게시판과는 달랐다. (레딧은 기본적으로 주제를 중심으로 한 게시판이다. 참여자들은 특정 인물과 대화를 나눈다기보다는 어떤 주제를 두고 논의하는 토론에 가담한다. 그런 점에서 레딧은 소셜네트워크가 아니므로, 거기에서 벌어지는 토의 가운데 다수가 트위터나 페이스북으로 번져 나가기는 해도 이 책에서는 다루지 않기로 한다. 레딧은 거대하긴 하지만 개인이 아닌 주제에 주로 집중하기 때문이다.)

블로그가 출현하면서 인터넷에는 또다시 토론 낙원이 건설되는 듯했다. 그리고 또다시 뱀이 모습을 드러냈다. 더웰과는 달리 이번 원죄는 분노가 아닌 질투였다. 많은 사람들이 대략 비슷한 시기에 블로그 활동을 시작했는데도 비교적 소수의 블로거들이 주목과 구독의 대부분을 차지하는 것 같았다. 어떤 종류의 불공정한 시스템이 작동하는 걸까? 무엇이 조작되고 있길래 극소수만 유명해지는 걸까?

〈뉴요커〉에 실린 장문의 기사 덕분에 '블로그'란 단어가 대도시 독자들의 주목을 끌었던 2000년 11월 당시에, 이미 가시성 면에서 격차가 충분히 벌어져 있었고 'A급' 블로그를 비난하는 짜증 섞인 게시물들이 넘쳐났다.[7] "황금기를 그리워하는 것이 아니다. 극히 일부에게만 황금기가 펼쳐지고 있다는 것이다." 토론토에서 주로 활동하는 조 클라크Joe Clark 기자는 〈뉴요커〉 기사에서 이렇게 쓰며 상하 위계와 상위 블로거 패거리를 기정사실화했다.[8] "게다가 경계선을 넘어갈 방법이 없다. A급 블로거가 아니라면 영영 그 명단에 들 일이 없을 것이다. (중략) A급으로 등장한 신예들이 실제로 얼마간 더 영리하다거나 웹 디자인이 조금이라도 더 좋다거나 다른 신인들과 비교해서 특별히 글을 더 잘 쓴다거나 하지 않아서 괴롭다. 그들의 유명세를 설명할 길이 없는데도 그들은 유명하고, 그래서 잘 꾸려나갈 수 있다."

블로그 개수가 폭발적으로 증가했을 때에도 A급 효과는 여전히 남아 있었다. 가장 많이 읽은 블로그들을 찾는 독자 수가 아래 등급 블로그를 찾는 독자들보다 훨씬 더 많았고 아래 등급 블로그보다 훨씬 더 인기 있었고, 이런 식으로 내려가다 보면 대부분 게시물 몇 개만 달랑 올려놓고 아무 참여도 하지 않고 내버려둔 수백만 개의 블로그들이 롱테일을 이루면서 블로그 세계에서 일종의 장대한 배경소음을 형성하는 주인 없는 페이지들로 남았다.

A급 블로거는 뭐가 그리도 달랐을까?

실제로는 새로운 힘이 작동하고 있었다. 네트워크들이 사실상 제한 없이, 그리고 사실상 비용 발생 없이 확산될 수 있게 되자—6년 만에 0에서 5000만 개까지 블로그가 늘어난 것이 전형적인 경우였다—다른 힘이 더 커졌다. 일상에서 '정규분포'라고도 알려져 있는 '종형 곡선'을 들어보았을 것이다. 국민의 키 분포, 신생아의 몸무게, 반응 속도 등등. 그것들을 잊으라. "이 테크놀로지 어디에도 정규분포는 없습니다"라고 너턴은 말한다. "눈에 띄는 현상은 거의 모든 게 멱법칙에 좌우된다는 겁니다."

'지프의 법칙Zipf's Law'이라고도 알려진 멱법칙은 살벌하기 그지없다. 학교에서는 별로 가르쳐주지 않지만 일상에서는 의외로 흔하다. 멱법칙은 종종 80 대 20 법칙으로도 알려져 있다: 80퍼센트의 사람들이 20퍼센트의 부를 가지며 20퍼센트의 사람들이 80퍼센트의 부를 차지하고 있다. 멱법칙에 따라 생성된 집합에서는 N번째 위치에 있는 항목의 값이 $1/N$이다. 항목이 수입이고 첫 번째 위치에 있는 사람이 100만 달러를 번다면, 두 번째 사람은 50만 달러를 벌고 세 번째 사람은 33만 3333달러를 벌고 이런 식으로 계속된다. 100번째까지 가면 그 사람은 1만 달러를 번다. 현실에서는 멱법칙의 사례가 널려 있다. 시골 마을과 도시의 개수 분포(시골 마을은 많고 도시는 별로 없다), 개인별 보험금 청구액, 단어 사용 빈도, 모래

입자 크기, 미국의 소득 분포, 데이팅 앱 틴더에서의 인기 등이 모두 그런 사례다. 틴더는 80퍼센트의 여성들이 가장 이상적인 상위 20퍼센트의 남성들을 두고 다투는 구조다.[9]

블로그들이 확산되던 초기에 깊이 관여했던 뉴욕대학교 교수 클레이 셔키Clay Shirky는 2013년에 개인 블로그에 '먹법칙, 웹로그, 그리고 불평등 Power Laws, Weblogs, and Inequality'이라는 글을 올렸다. 그는 블로거들이 'A급'에 관해 불평하는 건 더웰을 비롯한 신규 소셜네트워크 서비스가 출시될 때마다 예전부터 계속했던 이야기라고 지적했다. 그는 다음과 같이 썼다. "소셜네트워크 서비스가 새로 등장하면 기존의 엘리트주의나 당파성이 없어 좋아 보인다. 그러다가 신규 시스템이 성장하다 보면 (중략) 일부 핵심 세력이 나머지 사람들보다 훨씬 강하게 결속되는 것 같다. 이런 일이 계속 벌어진다."

인기를 겨루는 게임에서 최상위권에 있는 사람들이 부정행위를 저질렀거나 원칙을 저버렸다는 식의 설명이나 불평은 옳지 않다고 셔키는 설명했다. "중요한 건 이것이다. 다양성에 선택의 자유가 더해지면 불평등이 생겨난다. 그리고 다양성이 커질수록 불평등은 더욱더 심화된다."

셔키는 수많은 메일링 리스트 대비 구독자 수나 블로그들 간의 연결과 마찬가지로, 당시 인기 블로그 433개가 연결되는 패턴도 먹법칙을 따르고 있음을 보여주었다. "다수의 사람들이 다수의 선택지들 중에서 각자의 선호에 따라 움직이는 소셜시스템에서는 먹법칙 분포가 발생하기 쉽다. (중략) [그리고] 선택의 가짓수가 늘어날수록 분포 곡선은 더욱 극단적이 되고 만다." 이는 직관에 반하는 것처럼 보일지도 모른다. 선택의 가짓수가 늘어나면 사람들이 더 널리 퍼져 있어야 하지 않을까? 하지만 분명히 그렇지 않았다. "시스템의 규모가 커질수록 1등과 중간값 사이의 간격은 더욱 넓어진다." 즉 (절대적인 의미에서) 불평등은 악화된다.

이는 두 가지 연쇄반응을 일으켰다. 첫 번째, 멱법칙 분포에서 대다수 항목은 평균에 못 미친다. 최상위층에 위치한 항목들이 수치를 심하게 왜곡하기 때문이다. (종형 곡선 분포에서는 절반이 평균 이상이고 절반은 평균 이하다.) 셔키가 예로 든 433개 블로그 사이의 연결 패턴에서 3분의 2는 유입되는 링크의 수가 평균보다 적었다. 중간 지점 또는 중간값에 해당하는 217번째 블로그에 유입되는 링크 수는 전체 평균값의 절반 수준이었다. (정규분포에서라면 중간값이 곧 평균값이다.)

두 번째, 멱법칙 분포를 무너뜨리기는 상당히 어렵다. 영향력 있는 위치에 도달하려면 반드시 올라야만 하는 산 같은 것이 있기 때문이다. 신규 블로거일수록 어떻게든 주목을 끌어야 하는데, 이를 위해서라도 아마 인기 블로그 중 하나에 링크를 걸지 않을까? 그 결과 인기 블로그의 지위는 더 강화되고, 몰아내고자 할수록 그 자리는 굳건해질 것이다. A급 블로거들은 더욱더 공고해질 수밖에 없다.

셔키가 지적했듯이 "이런 분포를 바꾼다는 건 수십만 명의 블로거가 어떤 블로그에는 연결을 하고 어떤 블로그와는 연결을 끊는다는 뜻이다. 이는 포괄적인 관리 감독과 외력이 둘 다 있어야만 가능하다. '스타' 시스템을 뒤집는다는 건 마을을 구하기 위해 마을을 파괴한다는 뜻이다." 그는 블로그에 기대를 거는 사람들에게 아무런 희소식도 전하지 않았다. "좋은 블로그를 새로 시작해서 많은 사람들에게 퍼뜨리는 일이 불가능한 건 아닙니다. 하지만 작년보다는 더 어려워졌고 내년에는 훨씬 더 어려워질 거예요."

다양한 기업과 정부에서 대중에게 메시지를 전달하기 위해 이 같은 블로그 형식을 채택하는 일이 점점 늘어났지만 불과 몇 년 만에 블로거와 워드프레스로 시작되었던 개인 블로그의 폭발적 증가는 사그라들었다. 이론상 인터넷은 평평한 운동장이었다. 상대방을 내게 연결할 수 있고 나도 상대방에게 연결할 수 있고, 우리는 세 번째, 네 번째, 다섯 번째, 또는 200번째나 2000번째 블로그에도 연결할 수 있다. 그렇지만 현실은 기울어진 운동장이었다. 소수의 몇몇이 수많은 사람들과 연결되었고, 수많은 사람들은 소수의 몇몇과만 연결되었다.

그렇다고 사람들이 인터넷 사용에 흥미를 잃지는 않았다. 그저 채워지지 않는 격차가 남았을 뿐, 인터넷에는 패배할 수밖에 없는 인기 경쟁이 되지 않도록, 사람들이 더 쉽게 자기표현을 할 수 있도록 해주는 뭔가가 있었다.

그 격차를 해소하는 뭔가가 바로 '소셜소프트웨어social software'였다. 이제는 우리가 소셜네트워크라고 부르는 것 말이다.

'소셜소프트웨어'라는 표현은 포사이트 연구소Foresight Institute의 에릭 드렉슬러Eric Drexler가 쓴 논문에서 1987년에 처음 사용되었던 것 같다. 이 논문에서 그는 무엇이 하이퍼텍스트 출판 시스템을 가능하게 할지 살폈다. (지금은 다들 인터넷을 알고 있지만 당시로서는 4년 뒤에나 등장할 일이었다.) "소셜소프트웨어는 집단적 참여와 행동 (중략) 등을 용이하게 할 것이다. 하이퍼텍스트 기반의 소셜소프트웨어의 가능성은 광범위해 보인다."[10]

1990년대 말에 사람들을 연결하고자 하는 목적을 분명히 내세우는 사이트들이 처음 생겨나기 시작했다. 주로 이성 교제 사이트였다. 하지만 좀 더 일반적인 사이트도 등장하기 시작했다. 많은 사람들이 여전히 전화로 접속하고 있었지만 미국 서부 해안 지역에서는 더 빠른 속도로 상시 접속되는 광대역 연결을 이용하는 사람들이 점점 더 많아지고 있었다. 그러자 사람들이 인터넷을 대하는 태도가 바뀌었다. 인터넷은 끼익 소리를 내는 모뎀, 사용 시간에 따라 째깍째깍 올라가는 통신비 등 특별한 접속 방식이 요구되는 특별한 공간이라기보다는, 전기나 수돗물처럼 일상적인 것이 되었다. 그렇지만 유일한 스마트폰은 말도 안 되게 투박한 기기였던 탓에, 전화 접속보다도 더 느려서 기다리기 괴로울 정도였던 모바일 네트워크로부터 데이터를 조금씩 힘겹게 모아야만 했다.

소셜소프트웨어는 사람들이 그룹을 이루어서 '소통하고 협업하게' 해주는 앱들을 가리키는 말이었다. 그룹은 중요한 요소였다. 이전에 있었던 시스템들은 대개 일대일 또는 일대다 형태였다.

소셜네트워크의 작동 방식에 대해서는 셔키가 강조했듯 수많은 수학 이론이 있었다. 또 사람들이 왜 소셜네트워크를 좋아하는지, 가입 기회가 생겼을 때 사람들은 어떻게 행동하는지에 대한 사회학 이론도 있었다. 프랑스의 사회사상가 르네 지라르는 인간은 모방하는 동물이라고 주장하는 이론의 토대를 구축했다. 유아기에 어른들을 관찰하는 것으로부터 시작된 과정을 겪고 난 후 사람들은 자신이 받드는 타자들이 욕구하는 대상들을 평생 추구한다. 가장 단순화된 버전으로, 당신이 숭배하는 유명인이 있다고 하자. 그 유명인이 특정 브랜드의 화장품을 공개적으로 욕망하(고 쓰)고 있다면 그 화장품이 갖고 싶어지기 마련이다. 하지만 그 결과는 경쟁으로 귀결된다. 다른 사람들도 같은 이유로 그 화장품을 쓴다. 그렇다면 자신이 다른 이들보다 그 화장품 사용에 걸맞은 사람이라는 걸, 어쩌

면 그 유명인보다도 그 화장품에 더 잘 어울리는 사람이라는 걸 입증해야
한다. 잇따른 경쟁은 파괴적이거나 소모적일 수 있다. 남들이 갖고 싶어
한다는 사실을 알게 된 것만으로도, 안 그랬다면 아무 쓸모도 없었을 대
상이 갖고 싶어진다는 점에서, 지라르의 아이디어는 금융버블을 설명하
는 데 활용되었다. (튤립(17세기 네덜란드에서 튤립이 막대한 부를 창출할 수
있다는 소문이 퍼지면서 튤립 가격이 어마어마하게 치솟고 네덜란드 전역과 인
접한 영국, 프랑스까지 투기 열풍이 불었다—옮긴이)이나 비트코인을 생각해보
라.) 이것이 바로 '모방mimetic'—따라 하기—행동이다.

　　남들이 소셜네트워크에 가입했다는 사실을 알게 되면, 지라르의 이론
이 예측한 대로 우리도 또한 가입하고 싶어진다. 소셜네트워크를 쓰면 남
들을 관찰할 수도 있고 남들이 갖고 싶어 하는 것을 알아낼 수도 있기 때
문에 소셜네트워크 사용 경험은 갈수록 만족스러워진다.

　　미국에서 널리 이용된 초기 소셜네트워크 중에 프렌드스터라는 게 있
었다. 2003년에 출시된 프렌드스터는 곧 300만 명의 사용자를 확보했고
대부분 미국 내 사용자였다. 프렌드스터와 뒤이어 생겨난 여러 소셜네트
워크 덕분에 게시물을 많이 올리지 않는 사람들도 블로그를 운영할 수 있
게 되었다. 기존에 교류하는 친구들이나 팬들이 있기만 하면 구독자를 발
굴하거나 유지하려고 특별히 수고할 필요가 없었다. "프렌드스터를 사용
하면 새로운 데이트 상대를 만날 수 있습니다. 친구들과 친구의 친구들을
통해서요." 프렌드스터 첫 페이지에는 이런 문구가 걸려 있었고 그 옆에
는 소셜그래프 안에 연결된 수많은 사람들의 얼굴을 보여주는 이미지가
있었다. 사용자는 '새로운 친구를 만날' 수도 있고 '친구들이 새로운 사람

을 만나도록 도와줄' 수도 있었다.

프렌드스터의 급속한 성장을 관찰한 데이비드 커크패트릭David Kirkpatrick
은 2013년 10월 〈포천〉 인터넷판에 이렇게 썼다. "새로운 종류의 인터넷
이 등장하고 있는 것일지도 모른다. 사람들을 인터넷 사이트에 연결하는
게 아니라 사람들을 사람들에게 연결하는 인터넷 말이다. (중략) 소셜네
트워크의 폭발적인 성장에서, 인터넷으로 사람들을 연결하여 신뢰와 우
정—그리고 어쩌면 섹스—으로 결속시키는 미래가 확실히 보인다."[11]

프렌드스터는 또 다른 경쟁자 마이스페이스로 빠르게 대체되었다. 마
이스페이스도 2003년에 출시되었다. 제2의 구글—하지만 인터넷 사이
트들이 아니라 사람들을 검색하는—을 찾아 헤매던 벤처 자본이 소셜네
트워킹이라는 새롭게 급부상하는 인기 섹터에 몰리면서 링고Ringo, 베보
Bebo, 패스Path, 오르컷Orkut, 포스퀘어Foursquare, 파운스Pownce, 자이쿠Jaiku, 콰
이쿠Qaiku, 트라이브Tribe, 그 밖에도 수많은 경쟁사들이 빠르게 추격해왔
다. 2004년 2월에 당시 열아홉 살이었던 마크 저커버그라는 하버드대학
교 2학년생이 더페이스북TheFacebook이라는 사이트를 열었다. 하버드대학
교 재학생들과 졸업생들이 신상 정보를 올리고 메시지를 보낼 수 있는 온
라인 인명부를 만들어서 서로 연락을 주고받을 수 있게 하자는 취지였다.
학교 내에서 사이트의 인기가 걷잡을 수 없이 커지자 그는 이 아이디어가
훨씬 더 확장될 수 있겠다는 사실을 갑자기 깨달았다. "저는 생각했죠. '그
래, 누군가는 세상을 위해 이런 서비스를 만들 필요가 있잖아'라고요." 나
중에 그는 이렇게 회상했다.[12]

페이스북 초기 투자자 중 한 명은 지라르의 연구에 열광하는 사람이
었는데, 그는 이 프로젝트가 지라르의 아이디어를 입증한다고 생각했다.

"페이스북은 먼저 입소문으로 전파되고 그 자체가 입소문을 일으키는 사이트입니다. 그러니 이중 모방인 셈이죠"라고 그는 말했다.[13] "입증되었다시피 소셜미디어는 보기보다 더 중요합니다. 그게 우리의 본성이니까요." 이 투자자가 바로 피터 틸이었다. 초기에 그가 투자한 10만 달러는 페이스북이 주식시장에 상장된 시점에는 1만 배로 불어나서 10억 달러 이상이 되었다.

이 사이트는 곧 페이스북으로 이름을 바꾸고 미국 대학생들을 공략했다. 페이스북의 인기가 급증하고 '소셜네트워크'에 대한 보다 광범위한 수요가 분명해지면서 2006년에는 모두에게 사이트가 개방되었다. 같은 해에 실리콘밸리의 3인조—블로거의 원조가 된 파이라랩스의 창업자 에번 윌리엄스와 비즈 스톤, 잭 도시—는 팟캐스트 스타트업이라는 자신들의 아이디어를 포기하는 대신에 AOL 인스턴트 메신저(2000년대 초반 한때 사용자가 1억 명이 넘었을 정도로 북미 지역을 중심으로 널리 쓰이던 PC용 메신저 서비스—옮긴이)에서 상태 메시지 비슷한 것을 가져와서 소셜네트워크를 만드는 쪽으로 방향을 전환했는데 이것은 전화망을 기반으로 했다. 문자메시지 길이인 140자로 메시지를 제한했지만 단어 스무 개쯤 쓸 정도는 되었다. 2006년 3월 21일 도시는 첫 공개 메시지로 "방금 내 트위터 계정 설정함 just setting up my twttr"이라고 썼다.[14] 같은 해 10월에 구글은 유튜브라는 신생 동영상 사이트를 낚아채려고 덤벼들었다. 유튜브는 결혼 상대를 만나려는 사람들이 자신의 동영상을 올릴 수 있는 만남 사이트로 2005년에 시작되었다. 트위터 3인조와 마찬가지로, 유튜브 설립자들은 애초의 구상에서 빠르게 방향을 바꿨고 사람들이 무엇이든 올릴 수 있게 했다. 구글은 유튜브에 16억 5000만 달러를 지불했고 휘청대던 자사 동영상 사이트는 폐기했다.

미국의 인터넷 조사 회사 컴스코어에 따르면 2009년 5월에 페이스북 이용량이 마이스페이스를 넘어섰다.[15] 같은 해 말에 페이스북은 이용자가 3억 명을 넘었다고 발표했다. 당시 마이스페이스 이용자는 1억 명에 그쳤다.[16]

페이스북이 규모 면에서 마이스페이스를 앞지르고 대적할 상대 없는 선두로 올라서자 경쟁자로 나섰던 업체들이 우수수 나가떨어졌다. 페이스북의 사용자 기반 확대는 네트워크효과 현상을 보여주는 강력한 실증 사례가 되었다. 더 많은 사람들이 전화기를 소유하게 되면 전화가 점점 더 유용해지는 것과 마찬가지로, 더 많은 사람들이 페이스북을 쓰게 되자 사용자가 아니었던 사람들도 연락하려는 사람들을 찾으려 가입했고 그들을 찾을 가능성도 높아졌다. 이런 사실은 페이스북에 유리하게 작용했다.

극소수의 경쟁자들만이 살아남았다. 눈에 띄는 예는 트위터다. 2008년 10월에 저커버그는 5억 달러―페이스북의 개인주 4억 달러와 현금 1억 달러―에 트위터를 인수하겠다고 제안했다. 당시 트위터는 여전히 '마이크로블로그' 서비스로 알려져 있었다. '블로그'란 말을 쓰지 않고서는 인터넷상에 남기는 짤막한 개인 기록을 설명할 도리가 없었기 때문이었다. 트위터에는 600만 명의 사용자가 있었고 이는 전년 대비 일곱 배 늘어난 수치였다. 그달 초에 잭 도시의 뒤를 이어 새 CEO가 된 에번 윌리엄스는 투자 라운드에 근거한 페이스북의 가치 평가액이 부풀려졌다는 이유를 들어 저커버그의 제안을 거절했다. 트위터는 2013년 11월에 가치 평가액 240억 달러로 상장했다.

소셜네트워크의 선택지는 점점 줄어들었지만, 소셜네트워크라는 새로운 초연결 세상이 어떤 의미인지에 대한 대중의 관심은 고조되었다. 사방에 예측이 넘쳐났다. "전혀 상상하지 못했던 방식으로 서로를 발견하고 서로 소통할 수 있게 될 것이다"라고 리사 후버Lisa Hoover 기자는 〈PC월드〉 2009년 4월 호에 썼다.[17] "소셜네트워크는 사람들을 신나는 곳으로 데려가주며 (중략) 기회가 닿으면 만날 수도 있는 사람들의 범위가 거의 무한대로 넓어졌다."

베보(간략히 설명하자면 영국에서 가장 널리 사용되는 소셜네트워크였다가 2008년 9월 AOL에 인수되었다)의 글로벌 커뮤니케이션 책임자 세라 개빈 Sarah Gavin은 2006년 9월 BBC 방송에 나와 이렇게 말했다. "그야말로 정말 강력합니다. 개인들이 이런 힘을 갖게 된 건 최초라는 생각이 듭니다. (중략) 이건 엄청나게 강력한 미디어이고 사람들은 이 미디어가 얼마나 영향력이 있을지 이제 막 파악하기 시작했어요."[18]

음악 기반 소셜사이트 라스트FMLast.fm의 공동 설립자 마틴 스틱셀 Martin Stiksel도 같은 의견이었다. "소셜네트워크에서 이루어지듯이 모두에게 유리하도록 이 모든 지식을 한데 모을 가능성이 있다면 그야말로 정말 정말 강력한 물건이 될 겁니다."

윌리엄스의 뒤를 이어 2009년 11월에 트위터 CEO—공동 창업자들이 돌아가면서 맡는다—가 된 비즈 스톤은 여기서 좀 더 나아갔다. 그는 소셜네트워크가 더 많은 정보가 흐를 수 있게 함으로써 세상을 더 나은 곳으로 만들 것이라며, 옥스퍼드대학교 로이터 연구소 토론에서 이렇게 말했다. "대규모로 이루어지는 개방적인 정보 교환은 전 세계에 긍정적인 영향을 미칠 수 있습니다. 사람들이 더 많은 정보를 얻으면 더 많이 참여하게 되고, 더 많이 참여하면 더 많이 공감하게 됩니다. 이들은 특정한 한 나라의 국민일 뿐 아니라 세계시민global citizen이기도 합니다."[19]

2009년 페이스북 블로그에 "페이스북에서 우리가 추구하는 주요 목표는 이 세상을 더욱 개방적이고 더욱 투명하게 만드는 데 기여하는 것이다"[20]라는 글을 쓴 것으로 보아 저커버그는 암묵적으로 이 개념에 동의하는 듯했다.

유일하게 반대 입장을 표명했던 사람은 링크드인 설립자이자 CEO 리드 호프먼이었다. 비즈 스톤의 발표에 토론 패널로 나온 그는 우리가 세상을 더 좋아지게 할 정보를 정말 찾아 나서는 건지, 어쩌면 지라시 신문이나 유명인 가십 잡지에서 보는 허접한 내용을 더 많이 원하는 건 아닌지 물었다. "여러분은 '누가 쓸데없는 정보를 이렇게나 많이 소비하고 싶어 하겠어?'라고 생각할지도 모릅니다. 하지만 어떤 정보는 아이스크림 같은 거죠"라고 호프먼은 말했다. "영양가가 없는데도 사람들은 계속 아이스크림을 먹잖아요."

그렇지만 호프먼의 경고는 소셜네트워크가 약속하는 광활한 푸른 하늘에 비하면 사람 주먹 크기나 될까 말까 한 구름 정도에 불과했다. 모두가 모두의 친구가 될 수 있다니! 모두가 트윗을 올릴 수 있고 다른 사람의 트윗에 답할 수도 있다니! 개방적이고 투명한 세상이 손짓해 부르고 있었다. 하지만 아무도 지라르의 모방 행동 이론에 담긴 또 다른 요소에는 별다른 주의를 기울이지 않았다. 피터 틸도 예외는 아니었다. 다른 사람이 가진 것을 보고 그것을 갖고자 하는 욕망, 그리고 실제로 그런 사람이 되고자 하는 욕망이 계속해서 좌절되면 결국 사람들은 수시로 성난 군중이 되어버린다. 이들 성난 군중은 적이 누구인지 또는 무엇인지 일단 합의가 되기만 하면 이 적을 파괴하려 든다. 르네 지라르는 이를 '희생양 삼기 scapegoating'라고 했다.

소셜네트워크가 성장하면서 사람들이 이런 식으로 행동한다는 증거가 뚜렷해졌다. 페이스북은 처음 몇 년 동안은 친구들과의 대화 공간으로만 여겨졌다. 트위터는 누군가 폄하해서 표현했듯 "방금 아침 식사로 뭘 먹었는지 세상에 대고 떠드는" 공간이었다. 소셜네트워크는 더글러스 애덤스의 책《은하수를 여행하는 히치하이커를 위한 안내서》에서 지구Planet Earth 항목에 붙은 다음 설명에 들어맞는 듯했다: 대체로 무해함.

말썽의 조짐은 서서히 나타났다. '트롤'은 초기 인터넷 게시판이나 유즈넷Usenet에서 시간을 보냈던 사람들에게는 이미 익숙한 종족이었다. 유즈넷은 1990년대에 등장한 페이스북 그룹의 전조 격으로, 사람들이 거의 뭐든 써서 올리거나 읽을 수 있게 해주었던 토픽 기반의 비상업적 시스템이었다. 더웰에서 활동했던 스미스가 진심으로 화나 있었던 것과는 달리 트롤들은 짜증을 유발하러 나섰다. 이들은 자기들이 보기에 몹시 예민하거나 바보 같은 사람들을 찾아낸 다음, 터무니없는 말을 하거나 아둔한 척하면서 그 사람들을 짜증 나게 하거나 (가장 이상적으로는) 격분시키는 방법을 찾아내고 그 결과를 보며 즐거워한다. 이를 이해한 사용자들은 트롤을 구분해내게 되었다. 그들은 당하고 있다고 생각되는 사람들에게 이렇게 조언했다. "트롤에게 먹잇감을 주지 마세요."

소셜네트워크가 널리 퍼지면서 트롤들에게는 신선한 고깃덩어리가 끝없이 공급되었고 그들은 거기에 맹렬히 달려들었다. 자살한 자식이나 친척을 둔 사람들이 특히 이들이 선호하는 먹잇감이었다. 2000년대 중반에 들어서면서부터 신문 지면이 '잔인한 인터넷 트롤들'을 다루는 기사로 채워지기 시작했다. 트롤들은 마이스페이스나 페이스북 '추모 계정', 그 중에서도 특히 죽은 아이들에 대한 공간을 훼손했다. 단독으로 활동할 때도 있었지만 대개 집단을 조직한 다음 일부러 사람들을 들춰내서 곤란에 빠뜨렸다. 그럴듯하게 보이는 가짜 기록이나 블로그를 만들고, 개인 웹페이지를 해킹하고, 먹잇감이 되는 사람들의 전화번호를 공개하고 다른 사람들을 부추겨서 그들에게 전화를 걸게 만들었다. 작정하고 덤벼드는 인터넷 트롤이라면 수많은 도구들을 장착하고 있었다. 마타티아스 슈워츠 Mattathias Schwartz 기자는 2008년 기사에서, 트롤 활동의 욕구는 모든 인간에게 내재되어 있지만 행동으로 표현되는 경우는 드문 인간 혐오, 즉 타인을 미워하는 마음에서 비롯된다고 했다.[21]

트롤보다는 조금 완화된 형태이긴 하지만 밀접한 관계가 있는 것이 온라인에 접속하면 숱하게 마주치게 되는 자제력 결핍이다. 화면과 빈칸이 주어지기만 하면 누구에게든 무엇에 대해서든 의견을 억제할 필요가 없다고 느끼는 이들이 많아졌다. 당연히 담론의 질은 급속히 저하되었다. 익명성이 유지되자 사람들은 더욱 반사회적으로 행동했다. 마치 안전한 차 안에서 바깥세상으로부터 보호받으면서 다른 운전자들을 욕하는 것과 같은 효과였다. 하지만 온라인에서는 훨씬 더 유혹이 심했다. 이 같은 과정은 뉴저지 라이더대학교Rider University 심리학과 교수 존 슐러John Suler가 2004년 7월 발표한 논문에서 명문화되었고 이후 자주 인용되었다.[22] 그는 이 과정의 작동 방식을 다음 여섯 가지로 구체화했다: 자기가 쓰고 있는 글과 자기 자신은 별개라고 생각한다. 다른 참가자들은 말 그대로 또는 상징적인 의미에서 눈에 보이지 않는다. 어떤 논의든 동시에 일어나지 않아서 반응을 강제할 도리가 없다. 남들의 댓글을 어떻게 해석할지(진심으로 하는 말인지, 비꼬는 건지, 실없는 말인지 등등)는 스스로 결정해야 한다. 어떤 내용을 써서 올리든 실생활에는 영향을 미치지 않을 것이다. 마지막으로 현실의 지위나 권위가 화면으로 옮겨 가지 않으므로 모든 이가 결국 동등하게, 화면에 뜨는 같은 양의 픽셀 안으로 떠밀려 들어간다. (슐러는 사용자가 온라인에서 어떻게 행동하는지를 보면 그들의 '진짜' 본성을 알 수 있다는 의견을 단호히 일축했다. 직접 만나면 소심한 사람이 온라인에서는 외향적인 경우에 둘 중 어느 한쪽이 '진짜' 성향인 건 아니라고, 그저 동일한 인성이 갖는 여러 측면일 뿐이라고 말했다.)

때때로 사람들은 온라인과 오프라인에서 완전히 다른 사람이 되어 버리는 자기 자신에게 놀라는 듯했다. 온라인 익명성 효과를 분석한 MSCNBC 기사에서 한 누리꾼은 "사람들이 말려든다"라고 했다. "원하면 어떤 사람이든 될 수 있고 원하면 어떤 의견이든 내놓을 수 있는데도 그 결과로 아무 일도 벌어지지 않아요. 저도 모르게 말려들었고 사람들에게 비열하게 굴었죠."[23]

사람들의 행동을 거리낌 없는 온라인 인격으로 내몰기 위해서는 단 한 가지만 충족하면 된다. 소셜네트워크에 더 많이 접속하기. 무슨 내용이든 누구에게나 말할 수 있고 그로써 짐작조차 할 수 없었던 대규모 청중을 모으게 되면 탈억제효과가 생겨난다. 처음에는 새롭고 신나고 나중에는 결국 중독된다.

서양에서 소셜네트워크는 처음에 데스크톱에서 번성했다. 돌이켜 보면 개인적이고 쉬운 사용을 표방하는 소프트웨어에는 어울리지 않는 환경이었다. 커다랗고 밝은 화면과 여러 개의 산만한 창은 사람들을 끌어들이는 제품을 생산하는 데 이상적인 환경이 아니었다.

2007년에 애플의 아이폰이 출시되고 1년 뒤 구글의 첫 안드로이드 스마트폰이 출시되면서 변화가 시작되었다. 어디에 가든 스마트폰만 들고 있으면 여가 활동을 할 수 있게 되었다. 일반 휴대폰은 이미 전 국민에게 보급되어 있었지만, 이제는 이메일(처음에는 개인 이메일, 다음으로 회사 이메일도), 웹 브라우징, 동영상, 뒤이어 곧 엄청나게 많은 앱들이 스마트폰 안으로 들어왔다.

몇 년 만에 수백만 명이 상시 연결 상태의 매력을 알게 되었다. 당시 테크(기술) 기자였던 나는 수년간 벌어진 테크 지형의 변화를 매일 통근길에서 보며 매혹되었다. 한 시간 기차를 타고 런던으로 들어간 후 지하철로 갈아타서 몇 정거장을 더 가는 출근길이었는데, 2000년대 중반만 해도 기차에서 성실한 몇몇만이 노트북 자판을 두드리고 있었고 런던 지하철에서는 대다수가 그냥 지루한 얼굴을 하고 있었다. 스마트폰 가격이 내려가고 더 많은 기능을 갖추면서 점점 더 많은 사람들이 작은 화면을 손에 들게 되었다. 사람들은 아이팟이나 다른 음악플레이어보다 각자의 스마트폰을 훨씬 더 많이 들여다보게 되었다. 화면에서는 여러 가지 일이 벌어졌다. 게임이나 소셜네트워크 접속이 점차 인기를 얻어갔다. 아침과 늦은 오후, 하루 두 번 발간되는 런던의 신문들에 스마트폰은 사람들이 주목할 시간을 빼앗는 가장 강력한 경쟁자가 되어갔다. 지하철에서 신호가 잘 잡히지 않았던 때에는 신문을 선택하기도 했지만 얼마 지나지 않아 다들 스마트폰의 조그마한 화면으로 게임을 하고 있었다. 신문은 뒷전으로 밀려났다.

연결이 끊어지는 틈은 더 이상 일과 집을 오가며 출퇴근하는 시간에 존재하지 않았다. 그 대신에 '스마트폰을 할 때'와 '스마트폰을 하지 않을 때'가 있었다. 얼마 지나지 않아 사람들이 '스마트폰을 하지 않을' 법한 상황은 배터리가 방전되었거나 강도를 당해서 스마트폰이 꺼져 있을 때뿐이 되었다.

이에 따라 신규 사업 기회, 새로운 업무 방식, 무엇이 가능한지에 대한 새로운 아이디어가 생겨났다. 데스크톱 사용자들을 대상으로 크게 성공한 마지막 두 가지 소프트웨어 제품은 2008년 9월에 서비스를 시작한 파일 보관 서비스 드롭박스와 2008년 10월에 친구 초대로만 가입이 가능한 형태로 출시된 음원 스트리밍 서비스 스포티파이였다. 이후 등장한 획기적인 제품들은 모두 모바일 앱이었다. 인스타그램은 2010년 10월에 출시되었고(2012년 11월까지 데스크톱으로는 사용할 수 없었다) 택시 호출 서비스 우버도 그로부터 몇 달 뒤에 시작되었다. 모바일 사용에 적합하지 않은 서비스는 고전을 면치 못했다.

2010년 이후 스마트폰이 널리 사용되기 시작하면서 소셜네트워크의 셈법 또한 바뀌었다. 소셜네트워크에 PC로만 접속했던 시절에는 출퇴근하고 밥을 먹고 밖에서 돌아다닐 때 등 사람들이 화면을 떠나 있는 시간이 길었다. 스마트폰은 시간과 주목이라는 점에서 완전히 새로운 지평을 열었다. 소셜네트워크는 민활하게 이를 정복하는 임무에 착수했다. 누가 업데이트한 글에 댓글을 달았다든지 누가 트윗에 답글을 달았다든지 하는 가장 사소한 세부 사항까지도 사람들에게 알리도록 모바일 앱을 설계해서, 사람들의 주목을 사로잡고 시간 또한 장악했다.

많은 이들이 모든 사람의 손안에 스마트폰을 쥐여주는 일이 진정 이로울 거라고 확신했다. "살아 있는 동안 우리는 멀리 떨어져 있는 사람들끼리 전혀 소통할 수 없었던 시기부터 거의 모두가 소통할 수 있는 시기까지 전부 겪게 될 겁니다." 2009년 당시 구글 CEO였던 에릭 슈밋은 찰리로즈Charlie Rose(미국의 언론인이자 TV 프로그램 진행자. PBS에서 1991년부터 2017년까지 자기 이름을 내건 토크쇼를 진행했다─옮긴이)와의 인터뷰 도중에 이렇게 말했다. "우리는 또한 아무도 아무런 정보도 갖고 있지 않았고 도서관에도 접속할 수 없었던 시기로부터 모두가 가상공간에서 온 세상의 모든 정보에 하나하나 접근할 수 있는 시기로 이행하고 있습니다. 그야말로 인류가 이루어낸 엄청난 성취죠."[24] (에릭 슈밋의 이 말은 정보에 접근하기만 해도 사람들이 더 똑똑해질 거라는 희미한 암시를 담고 있다. 마치 도서관에 가서 앉아 있기만 하면 지식을 얻을 수 있으리라는 듯이. 우리는 그렇지 않다는 것을 경험으로 알고 있다.) '사이보그 인류학자'로 알려진 앰버 케이스Amber Case는 2010년 테드 강연에서 이렇게 말했다. "우리는 [이제] 이런 일을 앰비언트 인티머시ambient intimacy라고 부릅니다. 우리가 늘 모두와 연결된 상태인 것은 아닙니다. 하지만 언제든 원하면 누구와도 연결될 수 있죠. (중략) 인류 역사를 통틀어 사람들이 이런 식으로 연결된 건 처음입니다. 기계가 장악하려는 게 아닙니다. 기계는 사람들이 서로 연결되게 만들어줌으로써 우리를 더 인간적이 되도록 도우려는 겁니다."[25]

인터넷은 이제 개인 생활이나 직장 생활 어디에나 존재하며 인터넷의 장점과 단점은 이전에는 알아채지 못했던 경계의 순간을 파고들었다. 그 같은 빈 시간을 이제는 스마트폰이 채울 수 있게 되었다. 기기를 들여다보기만 하면 어쩌면 다른 곳에서 벌어지고 있는 흥미롭고 매혹적이기까지 한 일을 찾아볼 수 있었다. 그건 아마도 눈앞에서 벌어지고 있는 일들보다 더 좋을 것이다. 전 세계에서 엄선된 장면을 보게 될 테니 거의 확실한 사실이었다.

하지만 사람들의 행동이 이런 식으로 몇몇 거대 네트워크를 통해 걸러지고 있는 현상을 모두가 달가워하진 않았다. 이들 네트워크는 "사회적인 소통, 개인 간의 소통 최적화가 아니라 이윤을 극대화하도록 설계된 규칙에 따라 행동하는 경우에 한해서만 의미 있는 참여를 허락하는 어떤 구조를 [이용자들에게] 강요한다"라고 2010년 2월에 사회학자 제이넵 투펙치 Zeynep Tufekci는 말했다.[26] 그럼에도 사람들에게 소셜네트워크를 사용하지 말라고 하는 건 전기, 현대 의학, 전화를 사용하지 말라는 것만큼이나 말도 안 되는 일이다. 소셜네트워크는 우리 생활에 깊이 얽혀 있다. 10대 청소년들이 친구 집이나 도서관이나 공원보다는 기업이 운영하는 쇼핑몰 같은 환경—공간도 더 넓고 뭐라고 하는 어른들도 없고 분위기도 더 좋다—에서 친구들과 어울려 노는 것과 마찬가지로, 인터넷 이용자들은 자신들이 직접 개설한 블로그 대신에 기업의 소셜네트워크로 몰려들었다. 투펙치는 경고했다. "우리의 사회적 공유지가 온라인으로 이동하면서 기업이 통제하는 공간으로 옮겨 갔다."

그렇다고 해도 2011년 초에 중동 곳곳에서 터져 나온 민중 봉기로 권위주의 정권과 수십 년 동안 집권해온 독재자들이 타도되자, 스마트폰과 소셜미디어의 조합에서 나오는 긍정적인 파워에 대한 예측이 그 정당성을 입증하는 듯했다. "우리는 페이스북으로 시위 계획을 잡았고, 트위터로 조직화했고, 유튜브로 세상에 알렸다." 이집트 활동가 파와즈 라시드 Fawaz Rashed는 2011년 3월에 간단명료한 트윗을 올렸다.[27] 튀니지 정부 제트기가 영부인의 유럽 쇼핑 여행에 사용되고 있는 동영상이 유튜브에 올라왔을 때처럼, 소셜미디어는 국가가 운영하거나 검열하는 매스미디어를 피해 메시지를 전송할 수 있었다.[28] 민주주의에 대한 신념과 독재에 대한 불만이 널리 퍼져 나갔다. 이집트는 인터넷 서비스와 휴대폰 데이터를 중단해서 이를 막으려고 했지만 저항은 계속되었다. 전화통신망이 잘 갖춰져 있고 인터넷 보급률이 높은 나라들에서 이런 변화가 가장 빠르게 일어났다.[29] "오늘날의 바리케이드는 총검과 소총이 아니라 휴대폰으로 가득하다." 시위가 한창이던 2011년에 이집트에 있었던 〈가디언〉의 피터 보몬트Peter Beaumont 기자의 말이다.[30] 당시 이집트 인구의 약 30퍼센트가 온라인으로 연결되어 있었고 800만 명 이상이 휴대폰으로 인터넷에 접속하고 있었으며[31] 500만 명 정도가 페이스북을 하고 있었다.[32] 당시 시위 현장에 있지도 않았던 사람들이 어느 정도 회의적인 태도를 보이자 보몬트는 소셜미디어가 전 세계 어느 나라에서든 혁명에서 한몫을 하고 있다고 확실히 밝혔다. 각각의 플랫폼이 여러 다른 지역에서 중요한 역할을 했다고 말이다. 어떨 땐 페이스북이, 어떨 땐 트위터가, 어떨 땐 유튜브가.

모든 장밋빛 전망이 실현된 듯했다. "소셜미디어가 없었다면 [호스니] 무바라크Hosni Mubarak(1981년부터 2011년까지 이집트 대통령을 지냈고 '아랍의 봄' 때 민주화 시위로 축출되었다—옮긴이)가 [이집트에서] 하야하는 일은 벌어지지 않았을 것이다." 랜드 연구소의 2013년 분석보고서에서 자칭 '사이버 열혈 지지자' 그룹은 이같이 썼다.[33]

한 이집트 활동가는 "소셜미디어가 다리를 놓았다. (중략) 활동가들끼리, 평범한 일반인들끼리, 그래서 공개 발언을 할 수 있었다"라고 이 보고서의 저자들에게 말했다. 이런 나라들에서 일부 소수만 소셜미디어를 사용했다는 사실은 어떤가? 중요한 것은 조직책들이 소셜미디어를 이용하고 있었다는 사실이라고 랜드 보고서 저자들은 말했다. 그들은 역사상 가장 광범위하게 조직을 짜고 연락을 취할 수 있었다. (그들은 또한 가장 긴밀하게 연결되어 있었고 가장 불만이 컸던 젊은 층을 붙잡을 수 있었다.)

개방된 교류가 전 세계적으로 긍정적인 영향을 미친다는, 2009년에 비즈 스톤이 내놓은 주장이 정당성을 완전히 입증한 듯했다. "가장 중요한 성과는 낡은 미디어 체제가 파괴되어 전문성과 객관성이라는 국제표준에 기반한 새로운 시스템으로 이행된 것이었다고 믿는다." 요르단의 전 통신부 장관은 2011년 4월에 이렇게 썼다. 그는 자신이 뒤이어 벌어지리라 믿는 일을 고대했다. "신뢰할 수 있고 독립적인 새로운 미디어의 탄생을 목도할 것이다."[34]

당시 시위의 맥락을 파악하려 애썼던 BBC〈뉴스나이트Newsnight〉폴 메이슨Paul Mason 기자는 배후에 있는 사람들이 고용 없는 미래에 맞닥뜨린, 소셜미디어에 접근할 수 있었던 대학 졸업자들이라고 논평했다. "이들은 의회 민주주의부터 독재에 이르기까지 다양한 상황에서 자기 의사를 표현할 수 있습니다. 그러므로 진실은 거짓보다 빠르게 전달되었고 선전선동에 불이 붙었습니다." 이들 "저항하는 젊은이들"은 "가상의 온라인 덤불 속에 숨어 살면서 디지털 통신망을 넘나든다"고 그는 설명했다.[35]

미국 국무부 장관 시절 힐러리 클린턴의 혁신 담당 수석 고문 앨릭 로스Alec Ross는 이렇게 말했다. "소셜미디어 공간을 받아들이지 않는다면 거리의 활력에 대응하지 못할 테고 이해와 권력 둘 다 놓치게 될 겁니다."[36] 그는 이렇게 덧붙였다. "초연결 세상에서 살고 있는 이점은 극대화하고 부정적인 영향은 최소화하기를 바랍니다."

하지만 페이스북 임원들은 조심스러운 듯했다. "지나치게 많은 공을 우리에게 돌리지 않았으면 합니다." 2011년 9월 페일리 센터에서 강연자로 나섰던 페이스북 최고 운영 책임자COO 셰릴 샌드버그의 말이다.[37] 페이스북은 변화의 중개인이라고, "개인들에게 정체성을 부여하고 목소리를 낼 힘을 부여하는 것뿐"이라고 그녀는 말했다. 샌드버그는 미래에 어떤 일이 닥치리라 생각했을까? 그녀는 소셜네트워크가 현실의 정체성을 기반으로 구축된다는 이상이 구현될 수 있음이 지난 5년 동안 입증되었다고 대답했다. (그렇지만 페이스북만이 실제로 그 일을 해냈고 다른 소셜네트워크는 실패했다고 했다.) "미래는 사람들이 자기 정체성을 지키면서 생각을 공유할 때 일어날 수 있는 일들을 실현하는 것입니다. 이게 참여라는 거죠. 사람들에게 진짜 목소리를 부여하면 그 결과로 일어나는 일입니다. 이런 식으로 가늠해보자면 우리는 아주 초기 단계에 있다고 생각합니다."

저커버그 또한 신중했다. "개인적으로는 소셜미디어의 역할이 그런 점에서 어쩌면 다소 부풀려진 것 같다고 봅니다." 2011년 11월에 저커버그는 이렇게 말하기도 했다.[38] "변화를 바라는 사람들은 그 변화에 이르는 방법을 찾을 겁니다."

앞으로 바이럴 메시지를 퍼뜨리는 사람들이 진짜 목소리가 아닐 수도 있다는 점에 대해서는 아무도 의문을 제기하지 않았다. 발언이 진실인지 아닌지, 외압으로 인한 변화가 나라 밖에서 들어오는 것은 아닌지에 대해서는 아무도 생각해보지 않았다.

사람들은 튀니지와 이집트에서 일어난 혁명이 온라인에서 사람들을 자극하는 과정에서 사용했던 기법들에 크게 주의를 기울이지 않았다. 누군가는 "인터넷을 들끓게 한다"고 설명했다. 즉 유출 문서부터 모욕적인 언사, 외설적인 말, 누군가가 튀니지 대통령 사진 위에 방뇨하는 사진에 이르기까지 온갖 수단을 동원해 자극함으로써 젊은이들을 가두시위에 나가 경찰이나 보안 요원, 심지어 군인과 대치하게 만드는 것이다.[39] 진짜 혁명은 마우스 클릭으로 이루어지지 않는다. 페이스북과 트위터는 아랍의 봄 시위에 뛰어든 나라들의 변화를 도왔다. 하지만 또한 조금 더 작은 규모로 이용되어 합법적인 정부들을 불안정하게 만들 수도 있는 무기를 풀어놓은 셈이었다. 민주주의국가에서라면 열광적인 축구 팬들이나 정권에 저항하는 활동가들을 체계적으로 동원하기란 꽤 어려운 일이지 않았을까?

〈뉴스나이트〉의 메이슨 기자 역시 소셜네트워크의 이점이 한 방향으로만, 굴레를 벗어나고자 하는 사람들에게만 흐르게 할 수 있다는 가설에 의문을 품었다. "이런 방법들을 적들도 복제할 수 있지 않을까요? 분명히 어느 정도까지는 그렇습니다"라고 그는 평했다. "그러므로 전 세계 진보 운동의 가치가 네트워크 세상의 가치와 연계되어 있다는 가설은 틀렸을지도 모릅니다."

페일리 센터에서 샌드버그가 혁명에서 페이스북이 해낸 역할을 폄하했을 때, 질문하듯 그녀에게 던져진 말에 귀 기울인 사람은 별로 없었다. "당신들이 우리 대통령을 선출할 거고, 우리 브랜드를 구축할 거고, 우리 모두에게 일자리를 되찾아줄 거란 거죠." 팻 미첼Pat Mitchell은 짓궂은 어조로 말했다. 샌드버그는 그렇지 않다고 하면서도 이런 말을 덧붙였다. "우리 사업의 최대 위험 요소는 우리입니다. 우리가 일을 그르칠 수 있습니다. 너무 빠르게 성장할 수도 있고 너무 느리게 성장할 수도 있습니다. 위험 요소는 바로 우리예요."

2012년에 영국 국민은 열 명 가운데 네 명꼴로 스마트폰을 갖고 있었고, 34세 미만 스마트폰 보유자 가운데 4분의 3이 스마트폰 덕분에 생활이 편리해졌다고 했다.[40] 스마트폰과 PC 둘 다에서 성인 중 절반은 소셜네트워크 계정을 갖고 있었고 이들 가운데 3분의 2가 소셜네트워크를 매일 이용했다.[41] 2015년에 영국의 방송통신 규제기관 오프컴Ofcom이 시행한 조사에서 국민 중 3분의 2가 스마트폰을 보유하고 있으며 평균 하루 거의 두 시간을 사용한다는 사실이 드러났다. 그들은 PC보다 스마트폰에 먼저 의지했다.[42] 온라인 이용 시간은 10년 만에 두 배가 되었다. 성인 세 명 중 한 명꼴로 잠에서 깨자마자 5분 안에 스마트폰을 확인했다. 18세에서 24세 사이까지만 보면 그 시간은 절반으로 줄었다.

이 수치는 나라마다 비슷했다. 2012년 말쯤에 미국, 러시아, 스페인, 체코를 포함한 여러 나라에서 모든 성인의 절반가량이 소셜미디어 계정을 보유하고 있었다. 인터넷을 사용하지 않는 사람들까지 감안하더라도 세계에서 가장 큰 21개국에서 소셜미디어 이용자는 절반을 넘었다. (이유를 설명할 수는 없지만) 독일만 예외였다. 사람들은 자신의 스마트폰에 중독되어가는 중이었다.[43] (2021년 3월 발표한 〈2020년 인터넷이용실태조사〉 결과에 따르면, 우리나라 모바일 인터넷 이용률은 만 3세 이상에서 91.5퍼센트, 인터넷 이용 시간은 일주일에 20.1시간, 소셜네트워크 이용률은 65.9퍼센트였다—옮긴이)

3장

증폭과 알고리듬

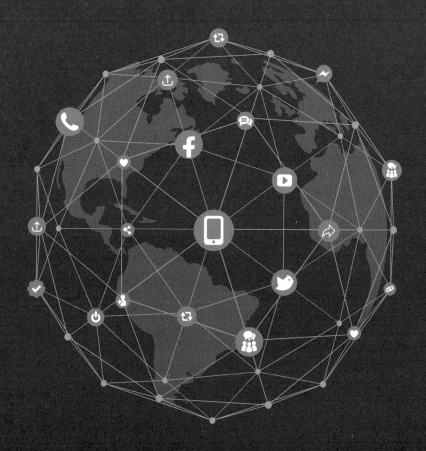

스크린 뒤에 숨은 감시자

Social Warming

The Dangerous and Polarising Effects of Social Media

알고리듬은 규칙 체계라는 간단한 것에 붙어 있는 멋진 이름이다. 우리는 어린 시절에 알고리듬을 처음 맞닥뜨린다. 어떤 숫자를 생각하고, 그 숫자를 두 배로 곱하고, 다시 어떤 숫자를 더하고, 또 다른 숫자(대개는 '처음에 생각했던 숫자')를 빼고, 약간의 조작을 거치고 나서 '답은 2!'라고 듣게 되는 반쯤 마법 같은 장난에서. 규칙을 따르기만 하면 결과는 정해져 있다.

알고리듬은 컴퓨터 프로그래밍 어디에든 들어 있다. 알고리듬 여럿이 결합되면 엄청나게 복잡한, 그러니까 입력값과 출력 기댓값 사이 불균형의 변화를 감안하여 스스로 수정이 가능한 자동조정self-adjusting 프로그램을 생성하기도 한다. 그리하여 앞서 언급한 예시처럼 얻고자 하는 숫자를 말하면 알고리듬은 그 결괏값을 얻기 위해 방정식을 바꾼다. 어쩌면 지능을 흉내 내는 것처럼 보이기도 한다. 고양이가 나오는 동영상 1만 편을 보여주고 나서 고양이가 나오지 않는 다른 동영상 1만 편을 보여주는 식으로

'머신러닝'(뇌의 신경세포 모음처럼 행동할 수 있기 때문에 '신경망'으로도 알려져 있다) 시스템을 훈련한다면, 머신러닝 시스템은 처음 보는 동영상에서도 고양이가 나오는지 아닌지 구분할 수 있다.[1] 이런 면에서 머신러닝 시스템은 정해진 레시피처럼 간단한 뭔가를 이용하는 게 아니다. 그보다는 끊임없이 다른 식재료를 넣어보면서 식사하는 사람들이 얼마나 즐겁게 음식을 먹는지 면밀히 살펴보는 식으로 완벽한 음식을 찾아내는 요리사에 더 가깝다. 이 비유를 확장하자면, 자동조정 요소란 부엌을 들여다본다고 해도 음식이 어떻게 만들어지는지는 알아낼 수 없다는 뜻이다. 시스템을 만든 사람조차도 알고 있는 것이라고는 결과물과 그 안에 들어간 재료들뿐이다.

머신러닝 시스템은 또한 급속히 개선되고 있다. 2013년에 영국 회사 딥마인드는 머신러닝 시스템을 퐁(2차원 탁구), 벽돌 깨기(가로 막대로 공을 받아서 벽돌벽을 향해 튀어 오르게 하는 게임) 같은 수많은 비디오게임에 연결했다. 벽돌 깨기를 숙달하기 위해서 머신러닝 시스템은 화면 속 가로 막대를 조정할 수 있으며 점수가 높을수록 좋다는 조건을 부여받는다. 규칙, 전략, 전술에 대한 힌트는 전혀 알려주지 않는다. 50시간쯤 지나면 머신러닝이 같은 과제를 받은 사람보다 벽돌 깨기 게임이나 몇 가지 다른 게임을 더 잘 해낼 수 있다. (얼마 지나지 않아 내가 딥마인드 사무실을 방문했을 때, 그곳에서 일하는 한 친구가 이렇게 말했다. "그래, 우리 사무실에는 아타리 Atari 회사의 게임을 하는 게 업무인 사람이 있다고.")

알고리듬은 기하급수적으로 향상되었다. 구글이 머신러닝 역량을 보유한 딥마인드를 인수하고 1년 뒤인 2015년에 벽돌 깨기 정복 프로그램의 후손 격인 알파고가 가로세로 열아홉 칸짜리 판 위에서 겨루는 게임인 바둑에서 세계 챔피언인 인간을 상대로 다섯 경기를 연속으로 펼쳐서 4 대 1 승리를 거두었다. 알파고는 가히 세계 챔피언이라 불릴 만했다. 당시까지 컴퓨터 바둑 게임이 최고수 프로 바둑기사와 맞붙어 비긴 적도 없었다는 점에서, 1996년에 체스 세계 챔피언이 컴퓨터에 패했던 경우와는 뚜렷이 구별되었다. 알파고가 승리를 거두고 나서 몇 해 뒤에 알파고의 또 다른 후손 알파제로AlphaZero는 체스 두는 법을 스스로 학습해서 단 하루 만에 최고의 체스 전용 컴퓨터를 이겼다.

그러므로 이 같은 머신러닝 시스템이 점점 더 흔해지고 있으며 갈수록 기업들이 주요 업무를 머신러닝에 맡기는 건 놀랄 일이 아니다. 페이스북의 회사 채용 페이지에 나와 있는 '애니 L.'에 따르면, 페이스북에서 머신러닝은 "좋아할 만한 페이지나 알 만한 사람을 제안하는 데 이용되는 기술이다."[2] "뉴스피드팀은 머신러닝 알고리듬을 활용해 연결되어 있는 사람들이나 페이지들로부터 가장 연관성이 높은 이야기들을 끌어올린다. 우리는 이 일을 하기 위해 이용자의 소셜그래프에서 개인 식별 신호를 읽어내는 모델을 개발한다. 나는 또한 공통 관심사에 기반한 페이스북 그룹 추천을 아주 좋아한다"라고 애니 L.은 덧붙인다. (페이스북은 직원 이름을 모호하게 처리하는 습관이 있는데 수상한 피부 관리 예찬처럼 느껴질 정도로 이상한 구석이 있다. 조금만 검색해보면 애니 리우 박사Dr. Annie Liu의 본명과 학력, 경력이 나온다. IBM과 구글에서의 짧은 경력도 포함되어 있다.)

2016년 6월 잭 도시는 "머신러닝은 우리가 트위터에서 구축하는 모든 것의 핵심이 되어가고 있다"라고 언급했다.[3] "머신러닝은 더 쉽게 최상의 콘텐츠를 만들고 공유하고 발견할 수 있도록 우리가 하고 있는 일들의 많은 부분에 동력을 제공하고 있다." 런던에 본사를 둔 매직포니Magic Pony라는, 동영상 분석에 특화된 인공지능AI, artificial intelligence 회사 인수 건을 공지하는 블로그에서 AI는 텍스트와 달리 동영상 분석에 애를 먹고 있었다. 애널리스트 롭 엔덜리Rob Enderle는 동영상 분석을 할 수 있게만 된다면 트위터가 실시간 뉴스 제공 사이트가 될 수 있다고 내비쳤다. 트위터가 동일 주제를 다루는 흩어져 있는 동영상을 한데 모을 수 있다면 "방송국이 부러워할 만한 수준의 보도를 제공하게 될" 것이라고 말했다.4 그 결과 "눈을 떼지 못할 만큼 주목을 끄는 동시에 엄청난 광고 수입을 가져올 수 있다"고 주장했다.

하지만 이는 소셜온난화를 악화시키는 수단일 수도 있다. 즉 사람들을 연결해서 급진적인 그룹에 가담할 기회를 만들고, 사이버 집단 공격을 조장하고, 사람들을 극단적인 음모론으로 내몬다. 이 모든 것은 알고리듬에 프로그래밍된 측정값이 최대한 좋게 나오도록 맞춰져 있기 때문이다. 그에 영향을 받는 사람들은 그런 식으로 받아들이지 않는데도 말이다.

알고리듬의 문제점은 합리적으로 보이도록 작동하게 알고리듬이 설계될 수 있다는 점, 또는 알고리듬이 똑똑하다는 생각을 사람들에게 심어줄 수 있다는 점이다. 하지만 같은 목적으로 설계된 두 가지 이상의 알고리듬이 상호 작용하다 보면 괴상한 결과를 가져올 수 있다. 마이클 아이젠Michael Eisen과 2300만 달러짜리 책에서 보게 되는 것처럼 말이다.

아이젠은 UC버클리의 컴퓨터생명공학과 교수다. 2011년 어느 날, 그는 한 학생의 이야기를 듣고 아마존에서 교재 가격이 얼마인지 알게 되었다. 학생들은 교재가 비싸다고 늘 불평하지만 이번에는 차원이 달랐다. 아마존 입점 판매자 가운데 하나가 지금은 절판된 1992년 출간 초파리

유전학 교재 새 책을 팔겠다고 내놓았다.[5] 다른 판매자들은 약 35달러에 중고책을 팔고 있었다. 하지만 새 책 판매자는 엄청난 가격을 제시했다. 책 가격이 무려 170만 달러(약 20억 원)였다. (배송비 3.99달러는 별도였다. 분명히 거래가 실제로 이루어지진 않았다.)

이것만으로도 눈이 튀어나올 만큼 놀랄 일이었다. 그런데 또 다른 입점 판매자도 사용한 적 없는 같은 책을 팔고 있었다. 그건 과연 얼마였을까? 무려 210만 달러(약 24억 원)였다. (물론 배송비 3.99달러도 별도였다.)

아이젠은 이 책이 고가 미술품 경매장에서나 나올 법한 가격대에 어울리지 않는다는 걸 알고 있었다. 그렇다면 어쩌다가 이런 터무니없는 수준까지 값이 올라갔을까? 그는 사소한 결함이거나 장난이라고 생각했다.

다음 날 아이젠은 가격이 수정되었는지 확인하려고 해당 페이지에 다시 접속했다. 전혀 그렇지 않았고 오히려 올라갔다. 다음 날도, 그다음 날도 가격은 계속 치솟았다. 이윽고 아이젠은 미묘하지만 결정적인 패턴을 찾아냈다. 대부분 책 판매자 A는 책 판매자 B보다 정확히 27퍼센트 비싼 가격을 매겼다. 하지만 하루에 한 번, 판매자 B가 A의 0.7퍼센트 이내로 저렴해지게끔 책 가격을 올렸다. 같은 날 조금 뒤에 A가 가격을 올려서 다시 B보다 27퍼센트 비싸졌다. 다음 날 B는 A가 새로 올린 가격의 0.7퍼센트 이내로 저렴해지게끔 또다시 올렸다. 이런 상황이 되풀이되었다.

왜 이런 일이 생겼을까? 아이젠은 서로의 존재를 전혀 알지 못하는 채로 작동하는 두 시스템의 희소한 자원을 다루는 판매 전략을 알고리듬이 주도했기 때문이라고 최종 결론을 내렸다.[6]

이들이 사용한 규칙은 간단히 설명할 수 있다. B의 알고리듬은 어떤 책을 가장 비싸게 파는 판매자(또는 어쩌면 두 번째로 싸게 파는 판매자로, 이 시나리오에서는 확인할 수 없다)를 찾아내서 그 가격보다 0.7퍼센트 싼 가격을 설정하는 것이었다. 검색하는 사람들은 이 두 상품을 동시에 보게 될 테고 둘 중 더 싼 쪽을 구매할 거라고 B는 기대했다.

반면 A의 알고리듬은 다른 비즈니스 모델에 맞춰졌다. 책 판매자 A는 먼저 다른 아마존 판매자에게서 책을 구매한 후에 재판매하려 했다. 그러므로 A의 알고리듬은 어떤 책을 가장 싸게 파는 판매자를 찾았고, 그 가격에서 27퍼센트를 올려서 같은 책을 광고했고, 동일한 배송료를 부과했다. 통상적인 시장에서라면 가격을 대폭 인상했기에 충분한 이윤이 창출되었을 것이고 추가 배송료도 들지 않았을 것이다. A가 아마존에서 '우수 판매자'였기 때문에 성공 가능한 방법이었다. 아이젠이 확인했는데, A의 평판은 가장 싸게 판매하는 B보다 더 나았다.

그렇다면 이 책의 가격은 왜 미쳐 날뛰었을까? 사용한 적 없는 초파리 새 책 시장에 판매자가 A와 B, 단둘뿐이었기 때문이다. 그리고 이들의 알고리듬이 지나치게 효율적이라서 매일 작동했기 때문이다. 이들을 멈추게 할 만한 요소가 없었기 때문에 가격은 계속해서 치솟았다. 아무도 수백만 달러나 하는 책을 사지 않을 거였다. 하지만 알고리듬은 그 사실을 몰랐다. 벽돌 깨기 게임을 하는 프로그램처럼 이들 알고리듬은 해야 할 일만 했을 뿐, 그 의미를 파악하지는 못했다.

아이젠이 알아차린 순간에는 수상쩍은 가격 경쟁이 거의 6주나 이어진 상태였다. 두 알고리듬은 계속 서로를 추격하며 지구 대기권을 뚫고 나가는 중이었다. 아이젠이 이 일을 처음 알게 되고 나서 열흘 후에 A의 가격은 2369만 8655달러 93센트(약 280억 원)에 달했다. 그 지점에서 제동이 걸렸다. 존재하지도 않는 책의 그다음 가격은 3000만 달러를 넘어설 텐데 아마도 아마존 내부 가격 제한을 초과했을 것이다. 그 시점에서 가격이 재설정되었고 B(기억할지 모르겠지만 판매자 A가 팔고 싶어 하는 새 책을 실제로 갖고 있던 사람이다)가 가격을 106달러 23센트로 내렸다.

충분히 예측 가능하지만, A는 27퍼센트 비싼 134달러 97센트로 책 가격을 매겼다. (2019년 중반에 새 책 가격은 59달러 32센트에서 118달러 45센트 수준이었다. 1년 후 판매자는 두 명만 남아 있었는데 각각 57달러 50센트와 66달러 47센트에 책을 내놓았다. 둘 중 누구도 아이젠이 기록했던 사람은 아니었다. 어쩌면 둘 중 하나가 B의 책을 사서 재판매하고 있는 걸지도 모르지만.)

겉보기엔 합리적인 규칙을 따르는 알고리듬의 능력이 관리 감독되지 않을 경우에 제어 불능 상태에 빠진다는 사실은, 알고리듬과 밀접한 일을 하고 있는 많은 사람들을 불안에 빠뜨리고 있다. 우리는 계속해서 점점 더 복잡해지는 알고리듬에 점점 더 큰 책임을 전가하고 있다. 우리가 해결하고자 하는 과업의 규모가 점점 커져가고 있기 때문이다. 요즘 알고리듬, 특히 머신러닝 알고리듬은 근사한 일을 하고 있다. 체스와 바둑을 두고, 유튜브에서 저작권 위반을 적발하고, 사람들이 소셜네트워크에서 보게 될 내용을 골라준다.

이런 책임을 맡은 알고리듬이 책 판매 알고리듬처럼 기대와는 다르게 움직인다면 어떻게 될까? 알고리듬이 사람들의 사고방식이나 세상을 인식하는 방식을 바꿀 힘을 가지기라도 한다면? 게다가 그런 일이 벌어지는 걸 뻔히 보면서도 알고리듬을 설계한 사람들이 아무것도 잘못되지 않았다고 단언한다면?

모든 소셜네트워크에는 세 가지 생존 규칙이 있다. 첫째, 최대한 많은 사용자를 끌어모으라. 둘째, 사용자의 주목을 놓치지 말라. 셋째, 다양한 수준에 맞게 대응하라. 즉 주목하고 있는 사용자들의 주목을 다른 데로 빼앗기지 않는 선에서 최대한 돈이 되게 이용하라. 나머지 두 가지가 안 되더라도 어느 한 가지만이라도 해낼 수 있다면 작게나마 성공을 거둘 것이다. 두 가지를 잘 해낸다면 사업이 번성할 것이다. 동시에 세 가지를 해낸다면 세상을 손에 넣을 수 있다.

최대한 많은 사용자를 모으려면 무료 접근을 허용하고 사람들의 주목을 얻고자 하는 광고를 유치해서 비용을 충당하면 된다. 이는 누구나 감수할 수 있는 대가다. 소득 수준은 천차만별이지만 '주목 경제attention economy'는 사회주의가 추구하는 궁극의 낙원처럼 평등하다. 모두가 하루 스물네 시간을 똑같이 할당받는다. 시간은 이 세상에서 가장 공정하게 배분된 자산이다.

페이스북 이전에 광고 기반 온라인 사업의 대표는 구글이었다. 검색창에 '소니 카메라'를 입력하는 사람이라면 카메라 구입에 관심이 있을 것이다. 그러니 소니 카메라 광고를 띄워주는 건 말이 된다. 또는 다른 카메라 광고를 보여줘서 마음을 바꾸도록 설득할 수도 있을 것이다. 구글은 이 같은 검색광고에 애드워즈AdWords라는 경매 시스템을 도입했다. 이것이 급격히 인기를 끌면서 많은 사람들, 특히 구글에서 일하는 사람들을 부자로 만들어주었다.

페이스북도 거의 같은 일을 하고자 했다. 하지만 사람들이 구매하려는 품목을 페이스북에서 검색하지는 않을 것이기 때문에 개인 프로필, 시간을 들여 살펴보는 내용, 관계를 맺은 사람들 등 여러 가지를 조합해서 사람들의 욕구를 추측해야 했다. 얼마 지나지 않아 페이스북은 신용정보회사에서 엄청난 양의 사용자 데이터를 구매해서 광고주가 사용자들을 더 잘 타깃팅할 수 있게 했다. (이런 개선 덕분에 광고주들은 기꺼이 더 많은 광고비를 지불했다.) 구글, 페이스북, 트위터, 인스타그램, 나중에는 스냅챗까지, 이들의 기본 전제는 모두 같았다. 계속해서 광고에 주력한다는 것이었다.

하지만 주목을 유지하는 건 큰 과제였다. 과거의 방송국처럼 모든 소셜네트워크는 사람들이 그곳에서 보내는 시간을 극대화하는 마법의 지점을 찾으려 했다. 이는 가능한 한 심하게 중독되어야 한다는 의미이기도 했다.

'무슨 일이 일어나고 있나요?' 또는 '무슨 생각을 하고 계신가요?'를 묻는 화면에 다른 사람들이 입력하는 무작위의 내용으로부터 도대체 어떻게 중독 경험을 만들어낼까? 한때 사람들은 친구들의 '담벼락'에 찾아가서 들여다보아야만 거기에 무엇이 쓰여 있는지 알 수 있었다. 그러지 않고도 사람들에게 가장 흥미로운 콘텐츠를 보여줄 방법이 있을까?

이는 2006년에 사이트 사용자를 대학교 외부로 확장하기에 앞서 페이스북이 고심하던 난제였다. 당시만 해도 여러 블로그에서 사용자들에게 콘텐츠를 보여주는 가장 흔한 방법은 '최신순'이었다. 페이지 최상단에는 친구들이 가장 최근에 올린 내용, 두 번째로는 바로 그 전에 올린 것, 이렇게 시간 역순으로 보여주는 식이었다.

이런 형식은 데이터베이스에서 뽑아내기가 쉽다. 글을 순서대로 출력하려면 각각의 글을 등록한 시간 표시만 있으면 된다. 하지만 글이 너무 많이 쌓인다는 약점이 있다. 지난주 글까지만 나타낸다고 제한을 두더라도 친구 수가 평균 수준인 보통의 사용자들이라면 가입한 그룹과 좋아요 누른 페이지와 친구들이 올린 글 1만 5000건 중에서 무엇에든 노출될 수 있다.

'모든 것의 90퍼센트는 쓰레기다'라는 스터전Sturgeon의 법칙(SF 소설가 시어도어 스터전이 1958년 3월에 발행된 SF 잡지 〈벤처〉에 발표한 글에 처음 등장한 이후 널리 인용되었다—옮긴이)은 소셜미디어 글들에 딱 들어맞는다. 설사 친구들이 쓴 글이라도 말이다. 또한 지프의 법칙—80 대 20 법칙—도 들어맞는다. 충분히 큰 집단에서라면 몇몇이 다른 사람들보다 훨씬 더 많은 글을 올릴 것이다. 누군가가 도로의 파인 곳에 대해 하루에만 열다섯 번이나 지루한 글을 쏟아내고 있다면 신경 쓰지 않아도 된다. 하지만 최신 글을 가장 먼저 보여주는 방식이라면 그런 글들이 첫 화면을 계속 점령하고 있을 것이다. 얼마 지나지 않아 지루해지면 당신은 다른 곳으로 옮겨 가지 않을까? 아마도 트위터로?

페이스북은 가장 활발하게 활동하는 사용자들이 실제로 성장에 가장 큰 걸림돌이 될 수 있다는 점을 깨달았다. 이건 구글이 나오기 전 여러 해 동안 검색에서 일어난 문제와도 비슷했다. 당시에는 검색엔진들이 특정 단어나 어구를 사용한 횟수에 근거해서 사이트의 순위를 매겼고 가장 '너저분한' 페이지가 검색 상위에 올랐다. 구글이 '페이지랭크' 알고리즘을 이용해 사이트 순위를 매기기 시작하고 나서야 효과적인 웹 검색이 이루어졌다. 페이지랭크는 웹페이지들이 얼마나 상호 참조하는지를 권위의 척도로 삼았다.

페이스북에서 마크 저커버그, 애런 시티그, 애덤 모세리 등이 고안한 시스템이 소셜미디어 게시물에 가져온 혁신은 그보다 10년 앞서 구글이 검색에 가져온 혁신에 비견할 만했다. 그들은 거기에 '에지랭크EdgeRank'

라는 이름을 붙였고—그런 거대 기업이 붙이기에는 까불까불 장난 같은 이름이다—온라인에서 경쟁사들을 몰아낼 만한 중요한 것을 만들어냈다. 에지랭크는 각각의 게시물 하나하나를 고려한 시스템이었다. 페이스북은 게시물들을 오브젝트Object라고 부른다. 각 오브젝트의 에지(장점)에는 값이 부여된다. 게시자와의 관계(친구, 가족), 게시물의 유형(글, 사진, 동영상), 이전에 유사한 오브젝트에 어떻게 반응했는지, 그 오브젝트가 얼마나 많은 반응을 얻었는지, 게시된 지 얼마나 지났는지 등등. 모든 에지 값에는 또한 가중치가 부여된다. 가중치는 이 시스템이 특정 게시물을 사용자에게 보여줄 가능성에 영향을 미친다.

구글의 페이지랭크가 광대한 웹에서 특정 검색어에 가장 잘 맞는 결과를 가려내는 문제를 해결한 것과 마찬가지로, 페이스북의 에지랭크는 소셜네트워크가 확장되고 회원들 간의 연결이 확대되면서 누구에게나 보일 수 있는 최신 글의 개수가 무한대로 수렴하는 데 따르는 근본 문제를 해결하려는 목표가 있었다. 저커버그와 그의 동료들은 에지랭크 시스템을 아주 중요하게 여겨서 특허권을 신청했고 이후 2009년 3월에 승인되었다.[7] 이 특허권은 2030년 12월까지 유효하다.

뉴스피드를 출시할 당시 상품 관리자였던 루치 상비Ruchi Sanghvi는 에지랭크의 특징에 대해 "이전에 페이스북이 내놓았던 그 무엇과도 다를 뿐아니라 인터넷 세상에서 볼 수 있었던 그 무엇과도 상당히 다르다"라고 썼다.[8]

사람들에게 무엇을 보여줄지 선택할 때 알고리듬에 의존하지 않고서도 성공을 거둔 인터넷 사이트들은 많았고 지금도 여전히 많다. 페이스북은 특정 콘텐츠에 사람들이 얼마나 관심을 가질지 순위를 매기는 데 있어서 어떤 식으로도 사람의 조작이 가해지지 않는 방식을 주도했다. 그리하여 알고리듬의 모든 증폭 효과가 더욱 커질 수 있는 기회를 앞당겼다.

뉴스피드는 그 창조자들이 바라던 바를 이루어냈다. 즉 사람들이 원하는 콘텐츠를 찾는 일이 훨씬 더 쉬워졌다. 하지만 2006년 9월에 에지랭크가 도입되면서 대부분의 페이스북 사용자들은 익숙해져 있었지만 많은 이들이 불만을 가졌던 것들이 확 바뀌었다. 친구들의 활동은 굳이 알려고 하지 않아도 눈에 띄었다. 이전보다 더 침범당하는 느낌이 들었다. 어떤 두 사람이 방금 페이스북 친구를 맺으면 둘 중 하나가 어떤 TV 프로그램을 좋아한다거나 다른 하나가 결혼/연애 상태를 '싱글'로 바꾸자마자 상대방이 그 사실을 알게 되었다. 많은 초기 사용자들이 이것을 부담스러워했다. 사회학자 대너 보이드Danah Boyd는 이 변화의 의미를 다음과 같이 설명했다. "페이스북은 내게 무한대의 가십이라는 '선물'을 건네고 있지만 나는 그 선물을 받고 싶지 않다. (중략) 페이스북은 뉴스피드가 생활의 일부라고 한다. 그래서 나는 서글퍼진다. 나는 그들이 왜 그걸 제공하고 싶어 하는지 알겠고, 어떤 사용자들이 솔깃해하는지도 알겠다. 하지만 내 생각에 그건 유해하고 [또한] 사회적인 갈등을 일으킨다. (중략) 그게 조작될 거라는 생각도 든다."[9]

2011년에 페이스북은 너무 방대해져서 에지랭크에 코딩된 단순한 규칙들만으로는 사용자 수억 명의 주목을 끌고자 하는 요구를 충족할 수 없게 되었다. 사용자들은 모두 미묘하게 달랐다. 페이스북은 어떤 이에게 글을 보여줄지 말지 결정하는 데 있어서 그 글의 10만 가지 다른 요소에 가중치를 두는 머신러닝 시스템으로 전환했다.

2013년 인터뷰에서 뉴스피드 랭킹 엔지니어링 관리자 라르스 백스트

롬Lars Backstrom은 노출 여부를 결정하는 중요한 요인 가운데 하나가 얼마나 많은 사람들이 글에 반응하는가라고 밝혔다.[10] 100명의 사용자가 최신 글을 보았는데 두어 명만이 마지못해 거기에 반응—댓글 쓰기, 좋아요 누르기—했다면 "그 글은 여러분의 뉴스피드에 나타나지 않을 겁니다. 하지만 많은 사람들이 반응을 보인다면 여러분에게도 보이도록 결정하겠지요."

페이스북은 회사 내부 경영에도 페이스북을 활용했다. 회사가 성장하면서 관리자와 직원들 간의 커뮤니케이션은 일반 사용자들이 보는 것과 동일한 시스템이긴 하지만 제한된 사용자들 간에 이용하는 공간(워크플레이스Workplace라고 부른다)에서 점차 이루어지게 되었다. 문제가 생기려는 조짐이 있으면 이 시스템의 조작 방법을 익힌 직원들이 불만이나 요청 사항을 관리자들에게 알렸다. 직설적으로 표현하면 그들이 쓴 글이 피드에서 훨씬 더 눈에 잘 띄었다.[11]

동일한 시스템이 광고 시스템 구축에도 활용되었다. '마이크로타깃팅Micro-targeting'은 뉴스피드와 동일한 기능을 사용했지만, 글을 올리고 나서 사람들이 그 글을 보게 되기를 기대하는 대신 광고주들이 돈을 내고 사람들에게 도달한다는 점에서 달랐다. 이를테면 광고주는 펜실베이니아에 거주하면서 스포츠카를 소유한 50대 이상 남성에게 보여주고 싶다는 식으로 특정할 수 있었고, 그러면 페이스북은 그런 사람들에게 그 광고를 보여주었다. 한 가지 중요한 단점이라면, 얼마나 많은 사람이 광고를 보게 될지만이 아니라 페이스북의 머신러닝 시스템이 이 광고가 사람들에게 얼마나 매력적이라고 생각하는지에 따라서 광고 단가가 결정된다는 것이었다. 더 흥미롭다고 판단되는 광고의 단가가 덜 비쌌다. 그런 광고들은 사람들이 페이스북을 계속 주목하는 데 기여할 것이기 때문이었다. 결국 이 게임은 온통 주목과 관련된 것이었다. 지루한 콘텐츠라면, 설사 유료 광고라 할지라도 조건에 맞지 않았다.

하지만 뉴스피드 콘텐츠는 단순히 주목을 끄는 일 이상을 할 수 있다. 2014년 6월 〈미국 국립과학원 회보Proceedings of the National Academy of Sciences of the United States of America〉는 《소셜네트워크를 통한 대규모 감정 전염에 대한 실증Experimental evidence of massive-scale emotional contagion through social networks》이라는 놀라운 제목의 논문을 발표했다.[12] 더 놀라운 건 논문의 주 저자 애덤 크레이머Adam Kramer가 페이스북 직원이었고, 70만 명에 달하는 페이스북 사용자를 무슨 일이 벌어지는지 모르는 실험용 쥐처럼 이용했고, 그 실험이 뉴스피드에서 무엇을 보게 되는지가 바뀌면 사용자들의 감정이 영향을 받을 수 있는지 알아보는 것이었다는 점이다.

앞선 사회과학 실험들을 근거로 한 연구는 개인들이 모여 있으면 분위기가 전염되는 효과가 있음을 밝혀냈다. 행복한 사람들은 행복을 퍼뜨릴 수 있고, 우울한 사람들은 다른 사람들을 우울에 빠뜨릴 수 있다는 것이다. 이 연구는 대면 소셜네트워크(사회망)에서 4000명 이상을 대상으로 20년에 걸쳐 진행된 장기 연구에 기초했다.

크레이머는 코넬대학교의 두 공저자와 함께 페이스북 군상들 사이에서도 같은 일이 일어날 수 있다는 사실을 밝혀냈다. 저자들은 뉴스피드에서 즐거운 내용의 글을 안 보이게 하면 사람들이 더 우울한 글을 쓰는 식으로 반응한다는 사실을 알아냈다. 우울한 글을 안 보이게 하고 즐거운 글만 남겨놓으면 사람들은 기분이 좋아져서 비슷하게 즐거운 반응을 보인다.

이 발견은 어쩌면 뻔하게 느껴질지도 모른다. 하지만 과학적으로 입증했다는 것만으로도 중요한 의의가 있었다. 적어도 크레이머와 공저자들에게는 그랬다. 어떤 일에 대해서든 과학이 성립하려면 뻔해 보이는 일이라도 실제로 참인지 증명해야 하기 때문이다. (실제로는 참이 아닌 경우도 종종 있다.) 비대면 소셜네트워크에서 대면 교류와 동일한 효과가 나타난다는 건 좋은 소식이었다. 그렇지 않은가? 게다가 이번 연구는 이전 연구들보다 훨씬 대규모로, 훨씬 더 짧은 기간 동안─실험하는 데 일주일밖에 걸리지 않았다─수행되었다.

하지만 다른 학자들과 대중은 이것을 정말 좋은 소식이라고 여기지 않는 듯했다. 무엇보다도 우선, 방대한 사회과학 실험에서 이처럼 사람들의 감정을 조작하는 일에 사람들이 정확하게 동의했을까? 두 번째, 페이스북이 이런 실험을 또 하려고 한다면 누가 그들을 그만두게 할 수 있고 또 그만두게 할 것인가? 노스캐롤라이나대학교 부교수인 사회학자 제이넵 투펙치는 이것이 드러나지는 않았지만 훨씬 더 심각한 잠재적 문제를 보여준다고 지적했다. 이런 데이터와 연구가 존재한다는 것은 기업들이 제한된 일부가 아닌, 개개인의 행동과 반응을 설계할 수 있다는 뜻이다. "권력자들이 대중을 조작할 방법이 점점 더 많아진다. 이는 페이스북에도 해당되고, 대통령 선거 캠페인에도 해당되며, 대기업이나 정부 같은 대형 행위 주체에도 해당되는 사실이다." 2014년 6월에 발표한 글에서 투펙치는 이렇게 썼다.[13]

영국 하원의원 짐 셰리든Jim Sheridan은 〈가디언〉과의 인터뷰에서 다음과 같이 말했다. "페이스북 등이 정치 또는 기타 영역에서 사람들의 생각을 조작할 수 있다니 걱정입니다. 사람들이 이런 식으로 사상 통제를 당하고 있다면 보호 조치가 있어야 하고, 최소한 그렇다는 사실을 알고는 있어야죠."14 투펙치도 이에 동의했다. "우린 페이스북이 감정이나 투표 행위를 조작할 수 있지는 않은지 신경 써야만 한다. (중략) 어떤 연구 결과의 장점이나 강점과는 상관없이 말이다."

그토록 호된 비난을 겪고 나서 페이스북은 비슷한 연구를 더 많이 하려던 구상을 서둘러 철회했다. 크레이머는 연구를 옹호하는 긴 글을 발표하여 "친구들의 긍정적인 게시물이 사람들에게 부정적인 감정 또는 배제되었다는 느낌을 부추긴다는, 흔한 걱정거리를 조사해보는 게" 중요하다고 생각했다고 밝혔다.15 페이스북은 사람들이 "우리는 당신에 대해 얻은 정보를 (중략) 오류 해결, 데이터 분석, 테스트, 연구 조사와 서비스 개선 등 내부 운영에 활용한다"라는 문구가 들어 있는 사용자 약관에 동의함으로써 연구를 승낙했다고 주장했다.16 연구 조사! 바로 그렇게 쓰여 있었다. 하지만 그것은 단순한 관찰 조사가 아니라 조작 실험이었다. 학계에서는 고지하고 승낙을 받아야만 하는 일이었으나, 그 건은 제대로 승낙받지 않았다.

페이스북은 그 연구들에 대해 입을 다물었다. 하지만 뉴스피드 알고리듬이 사람들 또는 사람들의 감정을 의도한 대로 조작하려는 누군가에게 엄청난 수단이라는 사실이 드러났다. 훨씬 더 큰 집단 안에서 아주 작은 코호트에 맞춤한 광고를 가능하게 하는 마이크로타깃팅 광고를 해나가다 보니 사람들이 자신의 뉴스피드 내부 또는 그 근처에서 뜨는 광고만 본다는 사실을 알게 되었고, 페이스북의 뉴스 알고리듬은 일종의 쥐의 미로처럼 바뀌었다. 일단 발을 들여놓으면 사용자 시점에서는 전혀 눈치채지 못하는 거대한 실험의 대상이 될 수 있다.

이런 알고리듬은 페이스북—또는 솜씨 좋은 조작자—이 원하는 대로 사용자의 감정을 변화시킬 수 있으며, 사용자는 무슨 일이 벌어지고 있는지조차 알지 못한다. 교묘하고 매끄럽고 아날로그적이다. 소셜온난화는 아주 조용히 진행되고 있다.

머신러닝 시스템을 비롯한 알고리듬에 크게 의존하는 사람들이 간과해버리는 문제점은 알고리듬에는 도덕 관념이 없다는 것이다. 도덕이 무엇인지 모른다는 측면에서도 그렇고, 통상 '규범'으로 여기는 것이 무엇인지 알고 있는 인간이라면 냉담하다거나 도를 넘어서는 일이라고 해석할 만한 방식으로 행동할 거라는 측면에서도 그렇다.

규범에 대한 무관심은 암묵적으로 규범을 인지하고 있는 사람들에게는 놀라운 일일 수 있다. 2018년에 한 국제 연구자 집단은 AI 시스템의 '놀라운 창의성'이라고 할 만한 일화를 수집해서 과학논문으로 발표했다.[17] 프로그래머들이 설정해두었다고 생각한 규범들을 프로그램이 어떻게 비켜 가는지 보여준다는 면에서 많은 사례들은 재미있고 유쾌하기까지 했다. 한 실험은 걸을 수 있는 가상 존재를 만들어내서 10초 만에 가닿을 수 있는 (가상의) 이동 거리에 따라 성공을 측정하려고 했다. 이 디지털 생명체는 애초에 실험이 예측했듯이 다리 근육을 튼튼하게 만드는 대신 키를 계속 자라게 만든 후에 앞으로 넘어졌다. 그렇게 해서 한 걸음도 떼지 않고서 승리를 거두었다. 개중에는 이동 거리를 늘리기 위해 공중제비 도는 방법을 생각해낸 경우도 있었다. 또 다른 실험에서는 광학 시스템용 렌즈 설계 임무를 맡은 AI가 정확도를 높이도록 제품을 개량하고 또 개량하게 했다. 그 과정을 거친 렌즈가 만들어진다면 24미터 두께가 된다는 결론이 나왔다.

몇몇 사례는 인간에게 미칠 영향 면에서 더욱 우려스럽다. 항공모함에서 제동장치를 조종하는 알고리듬을 개발하려던 프로젝트가 있었다. 항공모함으로 들어오는 비행기는 고리를 바닥에 끌면서 온다. 착륙 과정에서 이 고리는 갑판을 가로질러 팽팽해지는 강철 케이블에 걸린다. 강철 케이블은 양쪽의 거대한 원통에 부착되어 있으며 원통 주변으로는 더 많은 케이블이 감겨 있다. 케이블이 풀리면서 원통의 제동장치가 감속하다가 비행기가 멈춘다. 여기서 까다로운 부분은 불과 몇 초 동안 몇 톤이나 되는 무거운 장비를 움직이느라 많은 에너지가 드는 과정에서 적절한 타이밍에 적절한 제동력을 가하는 일이다. 컴퓨터는 100만 분의 1초 단위로 변화를 측정하고 반응하기 때문에 단순한 기계식 제동장치나 상대적으로 속도가 느린 인간의 반응에 의존하는 제동장치와 비교해서 분명 그 일을 더 잘 해낼 것이다.

이 알고리듬의 목적은 비행기를 멈추게 하는 것이었다. 그러면서 조종사, 비행기, 고리, 원통의 조합에 가해지는 힘을 최소화해야 했다. 로버트 펠트Robert Feldt라는 스웨덴 연구자는 이 시스템이 이상적인 해법을 찾아서 작동할 때까지 힘과 타이밍의 조합을 시도해보는 시뮬레이션을 세팅했다. 이 프로그램이 가장 무거운 항공기에 대해서까지 즉각 해법을 내놓아서 그는 깜짝 놀랐다. 원래 펠트는 수없이 많은 개선 과정을 거치리라 예상했었다. 실제로 점진적으로 발전하는 소프트웨어 알고리듬이 내놓은 '솔루션'은 가해진 힘을 계산하는 컴퓨터 프로그램에서 버그를 발견했다. 이 알고리듬이 브레이크 시스템에 엄청난 힘을 가할 경우, 그 수치는 저장되지 않았고 따라서 0으로 기록되었다. 항공기와 케이블 시스템이 망

가져버릴 수도 있고 조종사가 죽어버릴 수 있는데도 이 알고리듬은 주어진 조건만 완수되면 결과를 받아들였다.

이 논문의 저자들은 자가 학습 시스템을 기반으로 작동하는 프로그램들이 "확고하게 적합한 기능을 정확히 완수해내는 능력이 있으리라고 지나치게 믿어서는 안 되며, 그런 특정한 실패를 드러내며 반복을 통해 진화하리라 기대해야 한다"라고 적어두었다. 다시 말해 인간은 그다지 똑똑하지 않고 기계들은 가차 없으며 (인조 생명체도 포함하여) 생명체는 설정해둔 목표에 도달하는 방법을 찾을 테지만 그 과정에서 어떤 규범을 함부로 짓밟을지는 미리 알지 못한다. 우리는 기계들이 우리처럼 '암묵적인' 지식—우리가 알고 있고 우리가 다른 이들이 알고 있음을 알고 있어서 논의 도중에 언급할 필요조차 없는 지식—을 갖고 있지 않다는 사실을 종종 잊어버린다. 우리가 작동 방식을 실험해볼 수 없는 머신러닝 시스템을 신뢰하는 데 있어 문제가 되는 점이다. 우리는 그들이 어떤 손쉬운 방법을 택하고 있는지, 주어진 목표를 달성하기 위해서 어떤 부가적인 피해를 간과하고 있는지 알지 못한다.

일단 그런 시스템이 소셜네트워크에 풀리고 나면 그것을 만든 사람들이 의도치 않았던 결과에 맞서느라 허우적거리는 경우가 종종 벌어진다. "증폭은 누군가가 뭔가를 클릭하게 하고 누군가의 행동을 바꾸게 하려는—이데올로기에 대해서든 '구매하기' 버튼을 클릭하게 하려는 것이든—바람이 불러일으키는 자연스러운 결과입니다." BBC 라디오 프로그램 〈디지털 인간The Digital Human〉의 진행자이며 심리학 박사이기도 한 알렉스 크로토스키Aleks Krotoski의 말이다. "인터넷의 수익모델을 뒷받침하기 때문에 우리는 이런 일을 하도록 요구받습니다. 하지만 또한 그것이 강화되는 방식으로 인간들이 만들어지고 있다는 뜻이기도 합니다. 강화되고 또 강화되죠. 그러다가 짠, 깜짝 놀랐지, 짜잔, 여기야, 여기, 이런 식으로 서로서로 고립되어 있는 상태에서 자기만의 견해가 점점 더 확고부동해지는 겁니다."

그런 확고부동함이 얼마나 위험할 수 있는지는 페이스북에서 가장 잘못된 알고리듬 중 하나만으로도 설명될 수 있다. 머신러닝을 이용해서 사용자들에게 그룹과 페이지를 추천하는 알고리듬이 그렇다. 그룹과 페이지는 사람들이 사적으로 또는 공개적으로 콘텐츠와도 사람들과도 상호 작용할 수 있는 공간이다. 그 사람들은 친구일 수도 있고 아닐 수도 있다. 이런 공간은 페이스북이 사람들을 머무르게 만드는 가장 중요한 요인 중 하나인데도 설계 과정에서는 언제나 고려되지 않는다. 모든 사람은 다르다는 논리 때문이다. 어쩌면 누군가는 배우자보다 동네의 달리기 모임에 더 관심이 있을지 모른다. 어쩌면 누군가는 동네 체스 모임에 더 관심이 있을지 모른다. 어쩌면 누군가는 곧 있을 풋볼 시합에 대비해 팀의 전략을 논의하려고 비공개 그룹에 가입하고 싶을지도 모른다. 페이스북의 머신러닝 시스템은 개인별 관심사의 차이를 알아낼 수 있어서 어떤 그룹과 어떤 페이지에 가입하면 좋을지를 추천한다. 이는 모두 참여engagement에 도움이 된다. 그리고 이 알고리듬을 가장 만족시키는 요소는 사람들이 페이스북에서 더 많은 시간을 보내는 것이다.

불행하게도 이 알고리듬이 맡은 일을 지나치게 잘 해냈다. 분명히 알고리듬은 달리기 모임이나 체스 그룹을 찾아낼 수 있을 것이다. 하지만 기자들이나 연구자들이 지적했듯이, 결성되지 않았으면 하는 그룹들도 있다. 신나치주의자, 백인우월주의자, 이슬람무장단체와 지하디스트, 인종차별주의자. 하지만 이 소프트웨어는 그것을 몰랐다. 페이스북의 머신러닝 시스템은 그런 그룹들에 이미 속해 있는 사람들의 프로필에 딱 들어맞는 사람들을 가려내는 데 탁월했다. 그러나 알고리듬은 모여서 볼링을 치고 싶어 하는 그룹과 모여서 사람들을 두들겨 패고 싶어 하는 그룹을 구별하지 못했다. 공개 그룹과 '비공개'(검색하면 찾을 수는 있지만 가입은 관리자의 승인을 받아야 한다) 그룹과 '비밀'(검색되지 않고 초대받아야 가입할 수 있다) 그룹을 조합하여 이용함으로써 극단주의자들은 페이스북에 안락한 보금자리를 마련할 수 있었다. 이 머신러닝 시스템은 '관심사'와 온라인 활동을 근거로 신규 구성원 후보를 계속 찾아냈고 이들에게 이 그룹에 가입하고 싶을지도 모른다고 제안했다. 그리하여 대개는 극단주의자에게 가장 어려운 과제였을 신규 구성원 모집을 해냈다.

페이스북은 이와 관련해 여러 차례 경고를 받았다. 2016년에 미국의 비영리 법률 지원 기구인 남부 빈곤 법률 센터Southern Poverty Law Center는 미국 내 혐오 단체와 극단주의자들을 모니터링해서 페이스북 페이지에서 제거되어야 할 페이지, 사람, 그룹 목록 200건 이상을 두 차례에 걸쳐 공개했다.[18] 1년 이상이 흐른 뒤에도 바뀐 건 없었다.

사실 페이스북은 그룹 추천 시스템이 말썽을 일으키고 있다는 걸 이미 알고 있었다. 2016년 말 페이스북은 자체 연구를 통해 독일의 대규모 정치 그룹 가운데 3분의 1 이상에서 극단주의 콘텐츠를 찾아냈다. 소수의 아주 활동적인 사용자들이 그룹의 입장에 과도한 영향력을 행사했다. (이는 80 대 20 원칙이라는 지프의 법칙의 대표적인 사례였으며, 또한 공동 계율이 있는 비공개 그룹이 그 계율들을 훨씬 강력하게 지킨다는 또 다른 유명한 효과,

즉 일종의 반향실echo chamber 효과의 대표적인 사례이기도 했다.)

　더욱 나쁜 것은, 페이스북에서 극단주의자 그룹에 가입한 사람들 가운데 3분의 2가량이 페이스북의 자체 추천 알고리듬에 의해 가입 권유를 받았다는 사실이 그 조사에서 밝혀졌다는 점이다. 그 알고리듬은 사람들의 '관심사'라고 파악한 사항과 그룹에 이미 소속된 사람들의 관심사가 얼마나 잘 들어맞는지를 근거로 가입을 권유했다. 페이스북은 극단주의자들끼리 서로 접촉하게 해주면서 극단주의의 온상이 되었다. 필리핀에서, 브렉시트 국민투표에서, 미국에서, 이 세 가지 놀라운 투표 결과와 관련해 페이스북의 콘텐츠와 광고가 상당히 중요한 역할을 했지만, 그에 대한 면밀한 후속 조사가 이루어졌을 때 페이스북이 극단주의를 없애려 했다는 메시지는 거의 찾을 수 없었다.

　전 세계에서 이슬람교도가 가장 많은 인도네시아에서 이루어진 한 연구에서는, 2017년에 인터넷을 사용하는 무슬림 젊은이들이 온라인을 거의 이용하지 않는 사람들에 비해 더 과격하며 덜 관용적인 견해를 가졌다는 사실을 밝혔다. 유죄 선고를 받은 테러리스트들과의 인터뷰에서도 소셜미디어에 '촉매' 효과가 있다는 사실이 드러났다. 열에 아홉 정도는 과격주의에 처음 노출된 시점부터 공격 시점까지 1년도 채 걸리지 않았다. 소셜미디어가 광범위하게 사용되기 전까지는 보통 5~10년 정도가 걸렸다. 소셜네트워크가 문제를 가속화하고 사회의 대립 양상에 압박을 가하고 있었다. 그런 그룹들이 형성되는 데 페이스북이 도움이 되었다면 그 그룹들을 찾아내고 빠르게 움직여서 해체시키는 관리 시스템이 페이스북에 있어야 한다는 측면이 여느 때보다 더 중요해졌다. 하지만 관리 시스템은 머신러닝 시스템과 함께 갈 수 없었다. 문제는 점점 악화되었다.

이 모든 문제가 제대로 드러났는데도, 2017년 2월 저커버그는 자신이 진단해냈다고 하는 이 세상의 문제—충분히 많은 사람들이 그룹에 가입하지 않은 것이 문제다—에 대한 해결책을 설명하는 장문의 편지를 썼다. '글로벌 공동체 구축Building Global Community'은 페이스북이 '공동체를 위한 소셜 인프라를 개발하는 일'을 어떻게 다음 주력 과제로 삼을 것인지 강조하는 용어였다. 미국의 사회적 공동체의 붕괴를 설명한, 로버트 퍼트넘Robert Putnam이 2000년에 출간한 책《나 홀로 볼링》의 상징적인 분석에서 몇 가지를 빌려와서. 저커버그는 모든 사람이 자기가 속할 그룹을 찾기를 바라는 듯했다. 다다익선. 함께 볼링을 치러 가지 않는다고 해도 적어도 페이스북 그룹에서 이야기를 나눌 수는 있을 것이다. 2017년 6월에 저커버그는 10억 명을 '의미 있는' 그룹에 가입시키겠다는 목표를 세웠다. 이 프로젝트에 도움이 되도록 그룹의 콘텐츠가 뉴스피드에서 가장 눈에 잘 띄도록 만들었다.[19]

한편 페이스북의 다른 부문은 극단주의자 문제의 해법을 연구했는데 여기에 머신러닝 시스템을 끌어들이지 않을 수 없었다. 이제 페이스북에는 두 가지 알고리듬이 작동하고 있다. 하나는 맹목적으로 극단주의자들을 그룹에 가입시키려는 알고리듬이고, 다른 하나는 그 그룹들을 없애려는 알고리듬이다.

2018년 4월에 페이스북은 페이스북을 사용하는 테러 집단들에 맞서 '성공적인 엄중 단속'을 선언했다. 페이스북 측은 자신들의 탐지 기술이 ISIS, 알카에다, 그리고 연계 그룹들의 콘텐츠 가운데 99퍼센트를 사용자가 발표하기 전에 차단할 수 있다고 주장했다.[20] 이 시스템은 이전에 올린 콘텐츠도 찾아내 없앨 수 있었다. 확인되고 제거된 콘텐츠의 절반은 페이스북에 970일, 그러니까 2년 반 이상이나 올라가 있었다. 최근에 올라간 콘텐츠의 경우에는 그 기간이 훨씬 짧아져서 이틀이 조금 넘었다. "우리는 이 과업이 마무리되었다거나 우리가 이룬 진전이 충분하다고 착각하지는 않는다"라고 모니카 비커트Monika Bickert(글로벌 정책 관리 담당 부사장)와 브라이언 피시먼Brian Fishman(글로벌 테러 방지 정책 총책임자)은 썼다. 게시물에서 그들은 극단주의자들이 1980년대 이래로 인터넷과 포럼을 사용해왔다고 언급했다. 그런 점에서 페이스북은 악당들의 또 다른 은신처일 뿐 자신들은 죄가 없다고 암시했다.

독립 연구는 의견이 달랐다. 페이스북은 악당들을 없애지 않았으며 그들이 서로를 찾아낼 수 있도록 여전히 적극적으로 돕고 있었다.[21] '엄중 단속'을 선언하고 나서 한참 지난 2018년 하반기에 수행된 조사 연구에 따르면, 익명의 내부 고발자는 페이스북이 테러리스트 콘텐츠를 자동 생성하며 그 콘텐츠에 찬성을 표시하는 사람이 다른 사람들을 찾아내서 네트워킹할 수 있도록 돕고 있다고 실제 사례를 들어가며 지적했다. 머신러닝 시스템이 벌이는 전투에서, 콘텐츠의 자동 생성에 극단주의자와 테러리스트의 열렬한 활동이 더해지면서 삭제 시스템을 압도하고 있었다. 테러리스트 그룹의 '친구들' 3000명 이상이 만들어낸 콘텐츠를 조사했던 그 내부 고발자는 다섯 달 후에 그중 3분의 1도 지워지지 않았음을 발견했다. 약 99퍼센트가 삭제되었다는 비커트와 피시먼의 주장은 허울 좋은 이야기였다.

"이 AI[콘텐츠를 삭제하는 머신러닝 시스템]는 지명된 테러리스트 조직 수십 군데 가운데 ISIS와 알카에다 두 곳만을 대상으로 삼는다." 그 내부 고발자는 이렇게 지적했다. "그조차도 나열된 순서만 바꿔놓으면 그들의 이름을 찾아내지 못한다." 이 문제는 자칭 나치 그룹과 백인우월주의자 그룹에서 훨씬 더 심각했다. 그들은 (테러 방지 머신러닝 시스템이 ISIS와 알카에다 콘텐츠를 찾아내는 데에만 맞춰져 있었기 때문에) 자유롭게 활동할 수 있었을 뿐 아니라 페이스북 알고리듬 덕분에 신입 회원을 공급받기까지 했다. 기존에 알카에다 조직원이거나 나치거나 백인우월주의자였던 사람들일 필요가 없었다. 페이스북의 알고리듬이 이 그룹에 속한 다른 사람들의 프로필과 일치하는지 여부를 판단해서 이들 그룹을 사람들에게 추천하기 때문이다. 추천 없이 신입을 구하려고 한다면 적당한 사람을 찾기가 어려웠다. 페이스북의 머신러닝 시스템이 공통 관심사를 근거로 그룹을 추천한다고 리우 박사가 자랑했던 것을 기억하는가? 그것이 바로 극단주의자 그룹이 페이스북에서 규모를 늘려간 방법이었다. 하지만 알고리듬이 이 과정에서 느낀 도덕적 무게감은 벽돌 깨기 게임을 배울 때와 다름이 없었다. 사람들은 공을 받는 가로 막대이고, 페이지들은 벽돌벽이며, 참여가 늘어날수록 높은 점수를 획득한다. 서로에 대해 알지 못한 채 맹목적으로 작동하는 두 가지 알고리듬에게 이는 절대 끝나지 않을 무한 경쟁이었다.

참여가 줄어들자 그룹 생성 시스템은 방대한 (그리고 계속 몸집을 키우고 있는) 백과사전인 위키피디아에서 끌어온 주제에 대해 '지역 비즈니스' 페이지를 생성했다. 직장 항목에 '전직 저격수'로 소말리아 테러 그룹 알샤바브Al Shabaab에서 일했다고 적은 사람이 있었으므로 페이스북은 위키피디아에서 끌어온 ISIS 로고로 가득 찬 '지역 비즈니스' 페이지를 자동 생성했다. (알샤바브는 깃발이 없지만 ISIS에 충성을 서약한 바 있다.) 영어와 아랍어 버전 둘 다를 기꺼이 제공하는 '아라비아반도의 알카에다'라는

'지역 비즈니스' 페이지를 만들어낸 것이었다.

레반트 자유인민위원회Hay'at Tahrir Al Sham(알카에다의 비밀 거점으로 여겨지는 무장 조직)라는 시리아 테러리스트 그룹을 위한 또 다른 페이지는 2019년 2월쯤 4500개에 가까운 '좋아요'를 얻었다. 그냥 거드는 차원에서, 페이스북의 머신러닝 시스템은 당시 그들을 위해 '축하' 동영상과 '추억' 동영상을 자동 생성했고 그들은 친구들과 그 동영상을 공유했다.

무슬림 테러리스트만이 아니었다. 그 내부 고발자는 미국 백인우월주의자 그룹 페이지 서른한 개와 그 밖의 콘텐츠를 조사해서 찾아냈다. 그 중 하나는 미 법무부에서 납치와 살인미수 집단으로 규정한 그룹이었다. 한 그룹 리더를 위해 이 시스템은 비즈니스 페이지를 자동 생성하기도 했다. 그 페이지의 이름은 '짓밟아, 흰둥이Stamp Down Honky'(honky는 백인을 경멸조로 가리키는 속어다―옮긴이)였다.

2015년과 2016년에 그런 콘텐츠가 존재하도록 용납한 혐의로 페이스북을 고발한 소송 건은 실패했다. 통신품위법 제230조 회피 조항 때문이었다. 사람들이 그런 게시물을 올린 건 페이스북의 잘못이 아니었으며, 그러면서도 페이스북은 원하면 게시물을 삭제할 수 있었다.[22] 그런 그룹들이 조직되도록 거들거나 부추긴 데 대해서 페이스북이 책임을 져야 하는가 하는 주제는 법정에서 논의조차 되지 않았다.

"우리는 페이스북에 혐오 그룹을 용납하지 않습니다, 절대로요." 저커버그는 2018년 4월 하원 에너지상무위원회에서 주장했다.[23] "그러니 주요 목적 또는 대부분의 활동이 혐오를 퍼뜨리는 것인 그룹이 있다면 우리가 이 플랫폼을 사용하지 못하도록 금지할 것입니다."

그렇지만 이 혐오 콘텐츠는 사라지지 않았다. 바로 그다음 달에 한 테러 방지 조사관은 필리핀에서 극단주의자들의 친구 추천 공세를 받았다. 페이스북에서 이슬람 내전 관련 뉴스들을 찾아보고 나서 벌어진 일이었다. 로버트 포스팅스Robert Postings라는 그 조사관은 "페이스북은 최대한 많은 사람들을 연결시키려고 하다가 의도치 않게 극단주의자와 테러리스트의 연결을 돕는 시스템을 만들어냈습니다"라고 말했다.[24] 그가 지적했듯이 사람들은 여섯 달도 채 안 걸려서 과격해질 수 있다. 페이스북 시스템에서 ISIS 프로필의 효력이 줄어드는 데는 그보다 더 오랜 시간이 걸린다. 게다가 계정 정지에 반발하는 사람들은 복귀할 수도 있었다.

페이스북은 그 조사관의 발견에 대해 이렇게 반응했다. "ISIS와 알카에다 관련 콘텐츠 가운데 99퍼센트를 우리가 없애버렸다는 사실이 우리의 자동화 시스템을 통해 밝혀졌다." 비커트와 피시먼이 인용한 것과 동일한 통계였다. 비록 그것을 객관적으로 평가할 방법은 없었지만. "하지만 온라인 극단주의에 맞설 손쉬운 해결책은 없다"라고 페이스북은 덧붙였다.

그 말은 사실이었다. 그렇지만 극단주의자들에게 잠재적 신입을 추천해주는 일을 멈출 방법은 있지 않은가? 그 대가가 일부 평범한 사람들이 지역에서 활동하는 모임의 페이스북 그룹을 찾는 일이나 친구의 친구의 프로필을 뒤져 보는 일이 조금 더 어려워지는 정도라면, 그게 달리기 동호회 회원과 신입 테러리스트 수를 늘려서 세상이 나빠지는 상황보다 더 안 좋은 일일까?

하지만 페이스북이 이 문제를 처리하도록 강제할 힘은 그 누구에게도 없었다. 페이스북의 알고리듬에게 무엇보다 가장 중요한 건 더 많은이었다. 더 많은 친구들, 더 많은 좋아요, 더 많은 페이지, 더 많은 상호작용.

2015년 6월부터 2018년 8월까지 페이스북의 정보 보안 최고 책임자였던 앨릭스 스타모스^{Alex Stamos}에게 그건 그다지 놀라운 일이 아니었다. 그의 역할은 각종 공격으로부터 컴퓨터 시스템을 방어하는 일과 제품을 악용해서 손해를 끼치는 경우—여기에는 테러리스트들이 페이스북을 이용해서 테러 공격을 조직하는 일도 포함된다—를 방지하는 일, 둘 다였다. 2019년 6월에 미국 하원 국토안보위원회에서 "세계 최고의 머신러닝은 [5세 미만의] 미취학 아동 수백만 명을 모아놓은 것과 비슷합니다"라고 그는 증언했다.[25] "엄청나게 많은 아이들 앞에 스키틀즈를 산처럼 쌓아둔 뒤에 색깔별로 다섯 개의 작은 산으로 구분해보라고 하는 식의 해결책을 학습시킨다면 틀림없이 여러 문제가 생깁니다." 하지만 이 시스템의 지능 수준은 누가 보더라도 그 이상이었다. "더 많은 학생들을 데려다 놓는다고 해도 (중략) 더 복잡한 개별 임무를 수행하게 할 수는 없을 겁니다. 어린아이들이 아무리 많아도 힘을 모아 타지마할을 건설하거나《율리시스》의 줄거리를 설명할 수는 없을 테니까요." 물론, 테러리즘이 무엇인지 이해하게 할 수도 없다.

과격화를 방지하는 일에서—이 주제에 대한 의견을 내놓으라고 그를 그 자리에 불러다 놓은 거였다—첫 단계가 과격화처럼 보이지 않는다는 점이 문제였다. 그 대신에 그건 '프레임 구체화^{frame crystallization}'로 시작된다. 이는 어떤 상황에 대해 비난받아야 할 대상이 누구인지 특정하고 이에 동의하며, 그래서 어떤 일을 해야 하는지로 이루어진다. 하지만 머신러닝 시스템에게는, 상수도본관 파열에 관한 논의와 정당 전복에 관한 논의를 구별하는 일도 아주 어렵다. 후자는 일종의 '프레임 구체화'이며 나중에 문제를 일으킬 수 있다.

아무튼 페이스북에서 귀담아듣는 사람은 아무도 없어 보였다. 2019년

5월에 AP 통신은 자동 생성된 페이지와 자동 생성된 이슬람 무장 전사들 '기념' 동영상에 대해 쓰면서 극단주의자들이 만든 페이지들이 필터를 피해 얼마나 오래 유지되었는지 지적했다. 이미지 파일에 텍스트를 집어넣는 편법이 이용되었다.[26] (페이스북은 검색 시스템이 이런 경우를 찾아낼 수 있다고 주장했지만 왜 실패했는지는 설명하지 못했다.) 네 달 후에 같은 조사팀은 학교 정보를 '아프가니스탄 테러리스트 학교'와 '빈 라덴 대학교'라고 올려놓은 사람들을 위해 자동 생성된 콘텐츠가 더 많아졌다는 사실을 찾아냈다.[27]

이 알고리듬이 귀담아듣지 않았다는 건 확실하다. 1년도 채 지나지 않은 2020년 6월에 페이스북은 사람들에게 미국에서 '부갈루Boogaloo' 운동 (극우 반정부 극단주의 운동. 군중 속에서 총을 들고 돌아다녔고, 집회에서 '부갈루'라고 외치는 것이 특징이었다—옮긴이)을 추진하는 그룹에 가입 추천을 그만하겠다고 발표했다.[28] 극단주의 연구자들은 이 그룹의 가입자들이 폭력 사태를 모의하고 있다고 몇 달 동안 지적해왔다. 그즈음에 수천 명의 가입자를 두고 있던 그룹이 다수 폐쇄되었다. 그들의 계획은 함께 볼링을 치러 가자는 게 아니었다. 남북전쟁을 잇는 2차 내전을 선동하는 데 마음이 있었다. 세 멤버가 페이스북에서 '흑인의 생명도 소중하다Black Lives Matter' 시위에 화염병을 들고 나가자고 모의했다. 또 다른 멤버는 도주 차량을 운전할 사람을 모집했고 연방 보안관을 총으로 쏘아 죽였다.[29]

그렇지만 사람들이 살인자 그룹에 가담해서 문제를 일으키는 걸 걸러내려고 머신러닝 시스템을 사용할 필요는 없었다. 트위터 또한 맹목적으로 '참여'를 늘리려는 노력이 어떻게 부정적인 효과를 가져올 수 있는지 보여주는 사례가 되었다.

트위터는 콘텐츠를 가려내는 머신러닝 시스템을 비교적 늦게 채택했다. 다른 것들과 마찬가지로 트위터의 기본 모델—사람들이 트윗을 쓰고, 다른 사람들은 최신순으로 트윗을 본다—이 꽤 잘 작동했기 때문이다. 애널리스트들이 '제품-시장 적합성product-market fit'이라고 부르는 것이 거의 완벽했다. 공개 토론을 열고자 하는 사람은 누구라도 트위터에서 짧은 글을 남기면 그의 친구들이 볼 가능성이 아주 높았다. 아니면 그곳에서 유명인에게 연락(하려 노력)할 수 있었고 원래 '친구'가 아닌 사람들에게도 연락을 취할 수 있었다(거리에서 사람들에게 다가가 말을 거는 것과 약간 비슷했다). 그 덕분에 트위터는 서서히 적응해나갔고, 이 때문에 저커버그는 트위터를 깔보는 투로 설명하면서 "광대 차clown car(1950년대 미국에서 서커스에 활용한 것으로, 내부가 텅 빈 작은 차에 광대 15~20명이 한가득 들어 있다가 끝없이 나오는 레퍼토리였다—옮긴이)를 몰고 금광으로 가는 것 같다"라고 했다. 트위터가 그토록 형편없이 운영되면서도 그토록 성공적일 수 있다는 걸 그는 믿을 수 없었던 듯하다.[30]

2016년 초, 트위터는 마침내 몇 년 전 페이스북처럼 알고리듬이 추천하는 타임라인으로 변환했다. 인스타그램도 거의 동시에 그렇게 바뀌면서 "사람들은 평균적으로 피드의 70퍼센트를 놓치게 되었다."[31] 앞으로 "피드에 올라오는 사진과 동영상은 그 콘텐츠에 관심이 있을 가능성, 그것을 올린 사람과의 관계, 시기적절성 순으로 보일 것이다." 1년 후, 인스타그램은 사람들이 더 많은 좋아요와 댓글을 남기는 등 콘텐츠와 더 많은 상호작용을 하고 있다고 했다.[32] 알고리듬이 또다시 승리를 거두었다.

트위터 또한 이 같은 변화로 이익을 얻었다. 트위터의 상품 관리자 디

팍 라오Deepak Rao에 따르면 '온갖' 참여와 주목이 수치상 증가했다.[33]

하지만 어떤 종류의 참여와 주목인가? 오랫동안 사람들은 트위터에서 주고받는 대화가 왜 그토록 급속히 타락했는지 궁금해했다. 정해진 문장 길이의 생각으로 대화를 몰아넣는 140글자 제한 때문일까? 그런데 트위터가 2017년 11월에 280자로 길이 제한을 늘린 뒤에도 동일한 현상이 일어나는 듯했다. 동의할 만한 견해를 가진 사람들을 '팔로잉'하던 네트워크가, 마주칠 일이 전혀 없었을 법한 사람들이 일렬로 늘어서 있는 네트워크로 바뀌고 만 건 참으로 이상한 일이었다. 그러나 그런 일을 목격하거나 경험할 수 있었고 그것이 계속 반복되었다. 확실한 기제 없이도 폭풍 같은 분노가 트위터에 흘러 다녔다. 리트윗, 인용 트윗, 캡처 화면이 유의미한 수준까지 퍼지지 않았는데도 비난을 받을 수 있었다. 뭐든 말할 수 있었지만, 그러고 나면 어느새 성난 사람들의 공격을 막아내야 했다. 전에는 마주칠 일이 없었던 사람들인 데다 팔로워도 아니었는데 말이다. 어쩌다 이렇게 되었을까?

트위터가 소셜온난화에 특징적으로 기여한 바가 있다면 그것은 바로 누구든 갑작스럽게 희생자가 될 수 있도록 만든 방식이었다. "트위터에는 날마다 주인공(공격 대상)이 하나 있다. 목표는 절대로 그 주인공이 되지 않는 것이다." 트위터 계정명 'Maple Cocaine'의 이런 설명은 사건의 본질을 포착해낸다.[34] 팔로워가 많고 적고는 중요하지 않았다. 누구든 갑작스럽게 순전한 증오의 집중 포화 대상이 되어서 전에는 말도 섞어본 적 없는 성난 사용자들의 공격에 시달릴 수 있었다. 그렇지만 미담에 대해서는 이런 일이 거의 일어나지 않는 듯했다. 사람들이 칭찬 세례를 받는 경우는 거의 없었다. 분노와 멸시가 훨씬 두드러졌다.

앤디 매클루어Andi McClure가 트위터 알고리듬이 어떻게 사람들을 격분시켜서 증오를 토해내는 키보드워리어로 바꿔놓는지 알아내려 했던 건 아니었다. 하지만 아주 우연히 트윗을 하나 올리는 바람에 그 답을 찾아냈다.

매클루어는 캐나다 토론토의 비디오게임 스타트업에서 고참 소프트웨어 엔지니어로 일하며 트위터는 2011년 6월부터 했다. 얼리 어답터는 아니지만(트위터는 2006년에 출시되었다) 늦게 시작한 것도 아니었다. 어느 날, 매클루어는 어떤 주제에 관한 느낌을 측정하려는 사람들이 올린 트윗 몇 개를 지나쳤다. "저는 누군가가 '**사회적 실험**입니다. 의견을 올리기 전에는 답을 읽지 마세요'와 같은 트윗을 올린 걸 봤어요. 그리고 질문이 하나 있었죠. 그건 소셜의 세부 사항에 대한 무작위 질문이었어요." 나중에 매클루어가 내게 한 말이다.

매클루어는 이것을 통해 논리적 결론까지 도출하면 재미있겠다고 생각했다. "'사회적 실험: 이 트윗에 답글을 달기 전에는 이 트윗에 달린 답글들을 읽지 **마세요**'라고 올렸죠. 거기까지였어요. 질문은 사절이라고 했고요."

반쯤은 장난이었고 반쯤은 "어떤 일이 일어날지 궁금했다"고 했다.

그리고 다음과 같은 일이 일어났다. 한 시간 만에 2만 1200명의 팔로워 중 100명 정도가 답글 트윗을 올렸다. 시시하고 바보 같은 답글들이었다. 밤사이에 또 다른 100명 정도의 팔로워가 같은 맥락에서 답글을 올렸다.

그러자 뭔가가 바뀌었다. 답글이 계속 올라왔다. 그런데 이번에는 매클루어가 모르는 사람들, 팔로워가 아닌 사람들, 그리고—이상하게도—팔로워가 200명도 안 되는 사람들로부터였다. 어떻게 그들은 이 트윗에 답글을 달게 되었을까?

아주 곤혹스러운 상황이었다. 매클루어가 조사해보니 그녀의 트윗과 그들 사이에는 분명한 연결고리가 없었다. 그들은 팔로워가 아니었고 팔로워의 팔로워도 아니었다. 그러니 팔로워들의 타임라인(그들이 팔로잉하는 모든 사람의 트윗 목록이 끊임없이 업데이트된다)에 원래 트윗이 리트윗되어서 본 것 같지도 않았다.

매클루어는 처음에 자신이 올린 트윗은 리트윗도 몇 건 되지 않았음을 알아차렸다. 하루가 지나도록 리트윗한 사람은 열여덟 명뿐이었다.

그렇다면 그 사람들은 어디서 그 트윗을 본 걸까?

불현듯 매클루어는 깨달았다. "트위터가 했던 일은 분명히 [팔로우하는 사람이 많지 않고 접촉하는 팔로워가 거의 없기 때문에] 타임라인에 뜨는 글이 별로 없는 사람들을 찾아내서 타임라인의 빈 공간을 '참여도가 높은' 트윗─'당신도 답하고 싶어 할 만한 일'─으로 채우는 거였어요."

이 알고리듬은 필사적으로 '참여'를 끌어올리는 방향으로 작동했다. 트위터 알고리듬은 사람들이 그만두고, 떠나가 버리고, 다른 소셜네트워크로 옮겨 가고, 다시는 돌아오지 않을지도 모른다는 지속적인 위험이 발생하지 않도록 방어했다. 그런 일이 발생한다는 건 트위터가 그 사람들에게 광고를 보여줄 수 없다는 의미였다. 광고가 있어야 서버 비용, 직원들 월급, 건물 임대료, 점심값, 항공료 등을 지불할 수 있었다. 사람들이 광고를 보지 않으면 트위터는 사라진다. 그런데 사람들이 자신의 타임라인에 뜨는 광고를 보게 하는 유일한 방법은 개별 타임라인에 각자의 네트워크에 연결되어 있지 않은 트윗을 곁들이는 것이었다. 흥미로운 트윗. 논란이 되는 트윗, 실제로는 이 소셜네트워크 전체에 있는 사람들에게서 많은 답글을 받고 있는 트윗.

트위터 알고리듬은 이런 트윗들을 사용자들에게 '당신이 자리를 비운 사이에'—누군가 나갔다가 다시 들어올 때 내놓을 트윗들을 가려내는 알고리듬이 찾아낸 선택—로 보여준다.

"트위터의 관점에서 보면 '참여'는 좋은 겁니다." 매클루어는 이렇게 말했다. "하나의 트윗에 코멘트를 달아 리트윗을 하고 답글을 달고 또 다른 반응을 하는 사람들이 많아질수록 이 사이트를 이용하는 사람들, 그리고 아마도 즐겨 이용하는 사람들이 많아질 테니까요. [하지만] 바이럴되는 트윗을 직접 올린 사람에게는 지랄 맞은 일이죠."

매클루어가 찾아낸 바에 따르면 답글 약 100개라는 문턱이 있는 것 같았다. 일단 어떤 트윗이 많은 반응을 얻었다면 "트위터의 어떤 알고리듬이 나타나서 '내가 이 트윗을 **더 많은** 사람들에게 보여줘야겠어!'라고 합니다. 그러고는 더 많은 사람들에게 그 트윗을 보여줍니다. 당신의 이야기를 들어본 적 **없는** 사람들, 당신이 그들의 이야기를 들어본 적 **없는** 사람들이죠." 매클루어의 트윗—백지 상태^{tabula rasa}, 아무 내용도 없는 사회적 실험—이 어떤 내용인지는 중요하지 않았다. 하지만 상상해보라, 매클루어의 말대로 정치적인 이야기를 했거나 남성 아이돌에 대한 의견을 냈다면 어땠을지. "그렇게 보면 트위터가 완전히 무관한 사람들 보라고 트윗을 끌어올리는 건 **집단 괴롭힘**이나 다름없죠." 매클루어의 말이다. "오로지 부정적으로 참여할 커뮤니티에서만 인용 리트윗이 퍼져 나간다는 뜻이니까요." (트위터는 이 알고리듬에 대해 내게 이야기해줄 게 없다고 했다.)

매클루어는 삼단논법으로 설명이 되겠다는 생각이 들었다. 트위터에는 답글이 많이 달리는 트윗이 더 많은 답글을 얻도록 설계된 알고리듬이 있다. 달리 말하면 트위터 알고리듬은 집단 공격을 자동화하고 증폭시킨다. 트위터에서 사람들은 비유적으로 말하자면 큰소리로 누군가를 욕하고 괴롭힌다. 우연히 마주친 적조차 없는 사람인데도, 단지 그들이 어떤 말을 했다는 이유만으로.

혹은 매클루어가 좀 더 간단하게 설명한 대로 "트위터에는 집단 괴롭힘을 생성하는 알고리듬이 있다."

하지만 사람들이 고통을 받을지도 모르는 집단 괴롭힘보다 트위터에게 더 중요한 건 광고를 보여줄 수 있는가이다. 개발자들은 알파고에 필적할 만한 알고리듬을 만들어냈다고 생각하고 싶어 하는 것 같지만, 알파고는 인간보다 깊이 생각할 수 있고 인간을 앞지를 수 있는 설계였다. 하지만 이 트위터 알고리듬은 측정할 방법이 없는 부차적 피해를 양산하고 있었다. 이를 바로잡으려면 외부의 누군가가 손을 뻗어서 초기화해야 할 것이다.

하지만 2019년 중반에 트위터를 흑자로 돌려놓은 알고리듬에 누가 손을 대려 하겠는가?

해로운 영향을 끼치는 게 명백한데도 시스템을 중단시키지 않으려는, 이와 비슷한 저항이 유튜브에서도 표면화되었다. 2012년쯤에 사람들은 매일 총 1억 시간 동안 유튜브에서 동영상을 시청했다. 그래도 사이트 운영비를 회수하기에는 충분치 않았다. 유튜브 엔지니어들은 문제를 깨달았다. 이전 7년 동안 자신들의 알고리듬이 동영상 순위를 매기는 방법을 고려할 때 그들이 가장 눈여겨본 수치는 얼마나 많은 사람들이 그 동영상 링크를 클릭했느냐였다. 처음 몇 초가 지난 뒤에도 계속 봤는지 여부는 중요하지 않았다. 동영상 시작 부분을 본 사람들은 모두 '조회수'로 산정되었다. 몇 초짜리 프리롤 광고가 끝나기도 전에 클릭해서 빠져나간 사람들도 포함되었다.[35] 마치 어떤 레스토랑의 성공 여부를 가늠하면서 얼마나 많은 사람이 식사를 마쳤는지가 아니라 얼마나 많은 사람이 문을 열고 들어섰는지만 보는 거나 마찬가지였다. 그 계산서는 다른 이들, 즉 광고주들이 지불했다.

2012년 8월에 당시 유튜브의 '크리에이터 마케팅 커뮤니케이션' 총책임자—영상 제작자들에게 좋은 소식과 나쁜 소식을 안겨준 사람—였던 에릭 마이어슨Eric Myerson은 커다란 변화를 발표했다. 유튜브 순위 시스템은 이제 사람들이 동영상을 얼마나 오래 시청하는지에 따라 추가 가중치를 둘 거라고 했다.[36] 구글이 한동안 공들여온 새로운 머신러닝 시스템을 사용한 결과였다. 개발팀 팀원들 중에 기욤 샤슬롯Guillaume Chaslot이라는 젊은 프랑스인 프로그래머는 신경망 전문가였다. 그는 박사과정 중에 바둑 프로그램 개발팀에서 일한 적이 있었는데 그 팀의 프로그램이 처음으로 인간 프로 바둑기사를 이겼던 때였다(비록 체스 게임에서 두 개의 말에 해당하는 핸디캡을 적용한 경기였지만).[37] 프로 바둑기사를 이기는 일에 비하면 사람들이 동영상을 보게 만드는 건 쉬워 보일 수도 있다. 언뜻 보기에 이 문제들은 비슷한 것 같다: 바둑 게임의 모든 수에는 수백 가지 선택지가 있고, 각각은 다시 수백 가지 선택지로 이어져서 금세 수십억 가지 가능성으로 가지치기를 하는데, 그중에서 몇 초 만에 최선책 하나를 고르고 싶다. 마찬가지로 유튜브에는 선택할 수 있는 수억 편의 동영상이 있다: 누군가가 어떤 주제를 검색하는 짧은 순간에 최선책을 가려내는 것이 풀어야 할 과제였다.

그렇지만 이 시스템이 괴물로 밝혀졌는데도, 유튜브는 그 괴물을 죽이고 싶어 하지 않았다. 해달라는 대로 정확히 해주고 있었기 때문이다. 이 괴물은 사람들이 동영상 시청에 더 많은 시간을 쓰게 만들었고 그렇게 함으로써 더 많은 광고비를 벌어들였다.

문제는 경제 전문가들이 외부효과라고 불렀던 것, 즉 세상에 미치는 영향력이었다.

이 개발팀은 2단계 머신러닝 시스템을 구축했다. 첫 단계에서는 다음으로 보여줄 수 있는 수백만 편의 동영상을 샅샅이 훑고 나서 사용자의 시청 이력과 현재 보고 있는 동영상과의 전후 관계를 감안하여 수백 편의 유력 후보를 추려냈다.[38] 다음 단계에서는 동영상의 '품질quality'이라는 가장 강력한 단일 지표를 가지고 각 동영상에 대해 알려진 내용들을 비교 검토했다. 이 동영상을 본 다른 사람들은 끝까지 시청했는가? 다음으로 사용자들이 이전에 무엇을 봤는지, 어떤 채널을 구독하고 있는지, 그들의 구글 검색 이력은 어땠는지, 어디에 살고 있는지, 성별이나 나이, 어떤 기종의 스마트폰을 사용하는지 같은 사용자 세부 항목을 비교 검토했다.

2016년에 유튜브 사용자들은 하루 10억 시간 이상을 동영상을 시청하며 보냈다. 이는 2012년보다 열 배 늘어난 수치로, 추천 알고리듬이 신경 써서 주시한 덕분이었다.[39] 월간 총 사용자 수는 19억 명으로, 모든 사용자가 매일 평균 30분 동안 유튜브 동영상을 보고 있었다. (비교해보자면, 2017년 말에 사람들은 페이스북 뉴스피드를 보느라 하루에 약 9억 5000만 시간을 썼는데 이는 페이스북 이용자 한 명이 하루 평균 40분 이상을 쓴다는 뜻이었다.)[40] 하지만 그런 '평균' 수치는 중요한 사실을 감추었다. 19억 명 가운데 상당수는 사이트를 거의 방문하지 않았다. 하지만 일부는 점점 더 오랜 시간을 유튜브에서 보냈다. 그런 사람들을 즐겁게 해주면서 알고리듬은 스스로 조정을 거쳤다. 추천 시스템의 논리에 따르면, 유튜브에서 많은 시간을 보낸 사람들에게 관심을 끈 동영상은 별생각 없이 들러본 사람들에게도 매력적일 것이었다. 그런 동영상을 사람들이 많이 보는 것이 확실했기 때문이다.

엔지니어들이 감안하지 못했던 건 어떤 부류의 사람들이 동영상을 온전히 끝까지 시청하는가 하는 문제였다.

2016년 어느 날, 사회학자 제이넵 투펙치는 유튜브를 둘러보면서 도널드 트럼프가 지지자들에게 어떻게 호소하는지 논문에 인용할 말들을 찾고 있었다. 그리하여 대통령 선거 유세장 동영상 몇 편을 보게 되었다.[41]

유튜브는 투펙치가 논문을 쓰고 있는 사회학 교수라는 사실을 알지 못했다. 하지만 유튜브 알고리듬은 트럼프 유세 동영상을 시청하는 사람들이 뒤이어 보는 게 주로 무엇인지, 또 그다음에 보는 게 무엇인지는 잘 알고 있었다. 그래서 추천 시스템이 작동했다. '자동 재생' 설정의 도움으로 이전 동영상에 이어 몇 초 만에 다음 추천 동영상이 시작되었다. 백인우월주의자가 큰소리로 불평하면서 홀로코스트를 부정하는 동영상으로 바뀌자 투펙치는 놀란 눈으로 이를 지켜보았다.

호기심이 동한 투펙치는 새로 유튜브 계정을 만들었고 새 계정으로 접속해서 힐러리 클린턴과 버니 샌더스 동영상을 보기 시작했다. 추천 동영상에는 곧 비밀 정부 기관에 관한 음모론, 그리고 미국 정부가 2011년 9.11 테러 공격의 배후라고 주장하는 동영상이 포함되었다. "제가 보기 시작했던 주류 정치 기사보다 점점 더 극단적인 콘텐츠를 유튜브가 추천하고 있었어요." 투펙치는 지적했다. 정치가 아닌 다른 주제에서도 동일한 패턴이 반복되었다. 채식주의 전반을 알아보려던 시도는 엄격한 채식주의를 권하는 조언으로 바뀌었다. 조깅 동영상은 마라톤으로 이어졌고 다시 울트라마라톤(풀코스인 42.195킬로미터 이상을 달리는 초장거리 마라톤—옮긴이)으로 이어졌다. 모든 게 극단으로 치달았다. "유튜브의 추천 알고리듬만큼 강경해질 수 있는 사람은 아무도 없을 것이다." 투펙치는 《유튜브: 엄청난 과격파YouTube: the Great Radicalizer》라는 제목의 논문에서 이렇게 논평했다.

문제는 일부 시청자들이 유튜브의 추천을 그대로 따라간다는 점이었다. 유튜브의 추천은 극단으로 향한다. 이들은 '지나치게 많이 참여하는' 사용자들이었다. 알고리듬이 보기에는 이들이 이상적인 사람들이었다. 하지만 당신이나 나 같은 보통 사람들이 보기에 이들은 강박적이다. 강박증이 아니라면 누가 몇 시간 동안이나 유튜브가 틀어주는 동영상을 보고 있겠는가?

처음에는 극단주의 이슬람 전도사들에 이끌려 과격해지는 젊은이들과 관련해 항의가 일었다. 그러고 나서 기자들은 다른 종류의 과격화를 찾아냈다. 백인우월주의자들, 심지어 신나치주의자들이 만든 동영상들이 비교적 무해한 콘텐츠를 보던 사람들에게 추천되었고, 극단주의자가 뭔지 모르는—하지만 그들이 온라인에서 하는 활동, 즉 이런 동영상을 많이 보는 걸 좋아하는—알고리듬에 이끌려서 극단주의자의 견해로 인도되었다.

2018년에 이 문제는 깊이 뿌리내렸다. 그해 4월에 두 연구자가 우익 유튜브 동영상 제작자들이 크게 늘어나고 추천 알고리듬이 중력장으로 작용하고 있음을 보여주는 연구 내용을 발표했다. 그들은 "[음모론 이론가] 앨릭스 존스Alex Jones의 동영상들을 본다고 해서 과격해지지는 않겠지만, 앨릭스 존스의 채널을 구독하고 유튜브가 던져주는 점점 더 과격한 추천 영상을 따라가다 보면 그렇게 될 수 있다"라고 썼다.[42] 이보다 더 단순화해볼 수도 있다. 이 연구자들은 주류 사상을 전파하는 테드 토크 동영상 페이지를 보는 것으로 유튜브를 시작한 시청자를 '추천 영상'이 CNN으로, 그다음에 폭스 뉴스로, 그다음에 앨릭스 존스로 이끌고 가는 과정을 보여주었다. 유사하지만 훨씬 더 특이한 악화 과정도 보여주었는데, 뮤직 비디오에서 시작해 홀로코스트를 부정하는 동영상으로 끝나는 것이었다. (온라인에서 대화가 길어지면 길어질수록 참가자 중 한 명이 아돌프 히틀러에 비유될 가능성이 높아진다는 고드윈의 법칙Godwin's Law이 시사하는 바처럼, 동영상 과격화는 늘 악순환에 빠져들어 나치 죽음의 수용소가 실재했음을 반박하는 쪽으로 흘러간다.)

2018년 말에 강박적인 사람들을 거친 살인 행위로 몰고 가는 과격화 동영상이 여러 건의 총격 살인 사건에 책임이 있다는 주장이 제기되었다. 사람들이 폭력적인 극단주의자 선동 영상을 찾아내지 못하도록 하기 위해 유튜브는 상당한 자원을 쏟아부었다.[43] 하지만 그러는 동안에도 덜 선명하지만 비슷하게 위험한 사상들이 걷잡을 수 없이 퍼져 나갔다. 그리고 사람들은 유튜브가 말도 안 되는 음모론이라는 토끼굴에 사람들을 밀어 넣을 수 있다는 사실을 알게 되었다. 한 가지 음모론을 쉽게 믿는 사람들은 다른 음모론을 받아들일 가능성도 높았다. 미국 정부가 2001년 세계무역센터 공격을 모의했다고 생각하는 9.11 '진실을 찾는 사람들'은 '딥 스테이트deep state'(민주주의 제도 밖에 있는 숨은 권력 집단―옮긴이)에 대한 동영상이나 지구온난화를 부정하는 동영상, 실제로는 비행운일 뿐인 '켐트레일chemtrails' 음모론(정부 또는 비밀 조직이 인구수 조절, 생물학 병기 실험, 식량 가격 조정 등의 목적을 위해 비행운으로 위장한 화학물질을 대기 중에 살포한다는 내용의 음모론―옮긴이) 동영상을 보게 될 것이다. 그런 동영상을 만드는 일이 비즈니스로서 호황을 누렸다. 돈이 되는 일이었기 때문이다. 테러리즘과 달리 음모론은 불법이 아니다. 그리고 유튜브 머신러닝 시스템은 잘 속는 사람들을 음모론으로 이끈다. 가장 오랫동안 사람들을 잡아두는 유형의 동영상이기 때문이다. 말도 안 되는 이야기를 설득하는 과정에서 마치 다윈의 적자생존처럼 되어버린 셈이다. 많은 사람들의 주목을 가장 길게 사로잡은 그럴듯한 음모론 동영상들이 살아남았다.

2017년에, 샤슬롯―그는 2013년에 구글을 그만두었다. 샤슬롯은 새로 도입한 알고리듬의 효과에 저항했기 때문이라고 하지만 구글 측은 '성과가 좋지 않아서' 해고되었다고 한다―은 투팩치처럼 자신이 보기에 잠재적으로 위험한 시스템이 관리 감독 없이 공공연히 운영되는 데 반대하는 캠페인을 시작했다.

알고리듬의 영향력을 투명하게 공개하라고 요구하면서 그는 연구를 수행했다. '지구온난화는 진짜인가?'라고 검색해보면 구글 검색 결과의 약 25퍼센트, 유튜브 검색 결과의 약 15퍼센트가 지구온난화는 거짓이라며 잘못된 정보를 알려주었다. 하지만 유튜브 '추천 영상'에 로그인한 사용자들만 놓고 보면 그 수치는 70퍼센트가 넘어갔다.

왜 이렇게 큰 차이가 날까? '추천'의 의도는 시청자를 계속 보게 만드는 것일 뿐, 질문에 마땅한 답을 내놓을 필요는 없기 때문이다. 어떤 동영상이 '좋아요'보다 '싫어요'가 더 많다고—즉 사람들이 실제로 자신들은 이 콘텐츠를 좋아하지 않는다고 말한다고—해도 그건 중요하지 않을 수 있다. 알고리듬은 사람들이 계속해서 유튜브를 보게 만들어서 광고들도 보게 하려는 것이었기 때문이다. "유튜브의 추천 알고리듬 일을 하면서 저는 (중략) 그것이 거짓 정보로 선동하는 데 적극적인 역할을 하고 있다는 결론에 이르렀습니다"라고 샤슬롯은 말했다.[44]

또 다른 문제는 톱니효과 ratchet effect (시계태엽을 감는 톱니바퀴 장치가 한쪽 방향으로만 회전하는 특성을 따서, 어떤 일이 한 방향으로 움직이면 역방향으로는 되돌리기 어려워지는 상태를 말한다—옮긴이)였다. 즉 누군가 토끼굴에 빠지고 나면 기어 올라올 가능성이 별로 없다. 일단 어떤 음모론을 믿기 시작한 사람은 바깥에서 벌어지는 모든 일이 사실이 아니라는 데 점점 더 설득된다. 유튜브에서 그런 견해를 강화하는 동영상을 점점 더 많이 보게 된다. 게다가 사람들 간의 거리를 허물어뜨리는 인터넷의 능력 때문에 생각이 비슷한 사람들끼리 서로를 온라인에서 찾을 수 있고, 따라서 현실에 맞닥뜨려도 그 같은 믿음을 지탱할 수 있다. 인터넷 이전에는 음모론을 지속해나가기가 훨씬 더 어려웠다. 음모론 지지자들이 자기 생각에 동의하는 다른 사람들을 잘 만날 수 없었기 때문이다. 온라인 세상에서는—양치기 개가 양 떼를 몰고 가듯이 잘 속는 사람들을 한데 몰아넣는 알고리듬이 거들기 때문에—음모론을 피할 수 없다. 음모론에 대한 확신이 커지는 것 자체가 소셜온난화, 즉 알고리듬 시스템이 가져온 달갑지 않은 부작용의 한 형태다.

뭐가 됐든 거의 모든 것을 유튜브에 올릴 수 있게 함으로써 구글은 권위를 불신하면서 이 세상에서 잘 들어맞지 않는 듯한 모든 현상을 설명해줄 이론을 원하는 사람들에게 그것을 찾을 만한 환경을 조성해주었다. 그런 생각은 쉽게 전이된다. 워싱턴DC의 코멧핑퐁Comet Ping Pong이란 레스토랑이 아이들을 납치해두는 장소라고('피자게이트' 음모론) 믿는 사람들은 샌디훅 초등학교 총기 난사범이 살해한 아이들이 '재난 훈련을 위한 배우들'이라고 해도 믿고 백신접종이 사람들을 통제하려는 음모라고 해도 믿는다. 뉴욕 시러큐스대학교 교수 마이클 바컨Michael Barkun에 따르면, 이는 음모론 추종자들의 공통점이다. 2016년에 발표한 논문에서 그는 이것이 제도권에 대한 불신에서 비롯되며, 그런 점에서 다른 주제를 다루는 다른 음모론—UFO 은폐, 기적의 암 치료제, 석유 회사가 숨기고 있는 공짜 에너지 시스템—과도 맞물리며 서로를 증폭시킨다고 지적했다.[45]

사람들이 어떤 영상을 얼마나 오랫동안 보는지 측정하여 긴 시청 시간으로 돈을 벌게 해주는 콘텐츠를 가려내면, 자동으로 유사한 콘텐츠가 더 많이 제공되는 쪽으로 가게 되어 있다. 유튜브에서 AI가 선택할 수 있는 콘텐츠는 역사상 한곳에 누적되었던 그 어떤 콘텐츠보다도 더 많다.

이 알고리듬은 과몰입하는 유튜브 사용자들을 최고의 시청자로 인식했다. 그런 사용자들은 시청 시간이 길고 아마도 댓글도 많이 달았다. 하지만 그들이 정신 질환을 앓고 있다거나 테러리즘으로 치닫고 있다거나 음모론을 퍼뜨리려는 강박증에 사로잡혀 있다거나 하는 사실을 알아낼 방법이 알고리듬에게는 없었다. 이 사람들은 동영상도 만들었고, 누구나 이 동영상을 추천받았다. 알고리듬이 모두가 이들처럼 행동하기를 바랐기 때문이다.

이는 분명히 위험하다. "참여 측정 지표engagement metrics는 피드백 루프feedback loops를 만들어낸다"라고 샤슬롯은 트위터에 썼다. 또한 논리적이고 가시적인 귀결점은 "결국 과몰입 사용자들이 어떤 주제들을 AI가 끌어올리도록 몰아가는 것"이라고 말했다. 그렇지만 그가 지적한 대로 "거짓 정보, 루머, 사회를 분열시키는 콘텐츠와 같이 우리의 가장 나쁜 성향 가운데 일부가 과몰입 사용자를 만들어낸다. 그렇게 종종 그들은 AI가 선호하는 대상이 된다."

그는 이로 인해 발생하는 결과를 사회에 분열을 일으키는 '죽음의 나선death spiral'이라고 했다. "이 '죽음의 나선'이 참여에 좋을까? 분명히 그렇다. 편파적인 사람들이야말로 과잉 활동하는 사용자들이다. 이런 이유로 그들은 AI가 일으키는 엄청난 증폭의 수혜자다. AI는 문제를 해결하려 하지만 오히려 다른 문제들을 증폭하고 있는 듯하다. 우리는 어떻게 해야 할까?"

유튜브 엔지니어들은 사람들이 낚시성 제목을 단 동영상을 제작하는 문제를 해결하고 있다고 생각했다. 하지만 그들이 만들어낸 알고리듬은 이 문제를 다른 관점에서 바라보았다. 사람들은 깨어 있는 시간 전부를 유튜브 동영상 시청에 쓰지 않는다. 시스템의 관점에서 보자면 이 세상 모든 사람이 하루 스물네 시간 동영상을 봐야만 완벽한 수준에 도달하는 것이다. AI에게 벽돌 깨기 게임은 파괴가 아니다. 책 판매 알고리듬에게 절대 가격은 중요하지 않다. 항공기 이착륙 시스템에게 항공기는 중요하지 않다. 중요한 건 달성하라고 주어진 조건뿐이다.

앨릭스 스타모스는 국토안보위원회에 출석했을 때 소셜미디어 회사들이 실제로 그들의 권한 범위 내에 있는 두 가지 중요한 문제를 해결해야 한다고 지적했다. 바로 광고를 작동시키는 머신러닝 시스템과 콘텐츠 추천 시스템이다. "둘 중 어느 쪽이라도 막대한 [가시성의] 증폭을 일으킬 수 있기 때문이기도 하지만, 또한 그것을 보겠다고 하지 않은 사람들 앞에 콘텐츠를 대령하는 두 요소이기 때문이기도 합니다." 가입할 만한 그룹과 페이지를 제안하고, 반응을 보일 만한 트윗을 보여주고, 주목을 끄는 동영상을 보여주는 알고리듬에 의한 그런 증폭이 문제를 일으킨다. 하지만 이를 해결하려면 사용자의 관심을 포기해야 한다. 그래서 소셜네트워크들이 자발적으로 선뜻 나서지 못하는 것이다.

2019년 1월에 구글은 유튜브 추천 시스템을 바꿔서 음모론 동영상—특별히 사람들에게 해로운 방식으로 거짓 정보를 유포하는, 무엇보다도 지구 평면설과 9.11 음모론—이 자주 추천되지 않도록 하겠다고 발표했다.[46] 구글이 누누이 강조했듯이 그런 동영상들이 삭제되는 건 아니고 등급이 낮아지는 것뿐인데도 결과가 반영되기까지 여섯 달이나 걸렸다. "이번 변화로 표현의 자유를 위한 플랫폼을 유지하면서도 사용자에 대한 책임성에 부응하는, 균형점을 찾으리라 생각합니다." '유튜브팀'은 자기들 블로그에 이렇게 밝혔다. (표현의 자유가 사용자에 대한 책임성보다 우위에 있었다는 사실이 최초로 암시되었다.)

샤슬롯은 대수롭지 않게 생각했다. "이는 특정한 유형의 해로운 콘텐츠에만 한정되어 있고 이 플랫폼의 사업 이익에 역행합니다. 그러니 변화는 미미할 가능성이 크죠"라고 그는 예상했다. "제가 내부에서 이 문제를 제기했을 때, 구글 직원 몇 명에게 이런 이야기를 들었습니다. '사용자들이 쓰레기 같은 동영상을 클릭하는 게 우리 잘못은 아니잖아.' 하지만 사람들이 그런 영상을 클릭하는 이유는 그들이 유튜브를 신뢰하기 때문이기도 합니다. 문제의 원인은 사용자들이 구글과 유튜브를 과도하게 신뢰한다는 거죠."

그는 꼬집어 말한다. "하지만 추천 영상들은 독이 될 수 있습니다. 그 동영상들은 대량의 데이터에 접근하지 않고서는 알아내기 어려운 방식으로 사용자들에게 점점 더 해를 입힐 수 있습니다. 전 세계 대학교에 있는 연구자들은 이들 AI가 사회에 미치는 해악을 이해할 만큼 제대로 된 데이터를 손에 넣을 수 없어요."[47]

샤슬롯은 사용자, 플랫폼, 규제 기관의 행동을 촉구했다. 사용자들은 "구글과 유튜브를 맹목적으로 신뢰하지 말아야 합니다. 이들 AI는 사용자가 그 사이트에서 가능한 한 많은 시간을 쓰고자 할 때에만 사용자들의 최대 이익을 고려합니다. 그렇지 않은 경우 이들 AI는 사용자의 이익에 반해서 작동하고, 사용자의 시간을 낭비하게 하거나 사용자를 조종합니다."

2020년 3월에 UC버클리에서 샤슬롯과 공동 연구자들이 내놓은 연구 결과를 보면, 지구 평면설과 9.11 음모론에 대해서만큼은 구글의 조치가 유효했다. 하지만 다른 음모론에 대해서는 효과가 모호했다.[48]

2018년 말에 딥마인드팀이 추천 시스템을 자체적으로 연구했다. 과학자들은 이 시스템에 데이터에 대한 전권을 준다면 어떤 일이 벌어질지 알고 싶었다. 머신러닝의 한 가지 문제점은 '학습'이라는 미로에 빠져드는 바람에 사람들이 보기에는 등급을 잘못 매긴 것 같은 편향된 결과를 만들어낼 수 있다는 것이다. 딥마인드는 자신들이 개발한 시스템이 같은 잘못에 빠지지 않기를 바랐다. 그래서 AI에게 추천을 시키면 어떤 일이 벌어지는지 살펴보았다.[49] 그들은 실질적으로 무한대에 가까운 재미있어 보이는 콘텐츠들 중에서 추천을 받고 콘텐츠를 선택하는 사람에게 어떤 일이 생기는지 시험해보았다. 그런 조건에서도 추천 엔진이 "'반향실 효과'

와 '필터 버블filter bubble'(인터넷 정보 제공자가 맞춤형 정보를 제공함으로써 사용자의 고정관념과 편견을 강화하는 현상—옮긴이)을 일으켜서 사용자에게 노출되는 콘텐츠를 편협하게 만들고 궁극적으로 사용자의 세계관을 바꿀 수 있다"라는 결론이 나왔다.[50]

궁극적으로 사용자의 세계관을 바꾼다. 이 평이한 짧은 문장에 엄청난 의미가 담겨 있다. 유튜브의 추천 시스템이 사람들을 꼬드겨서 그들이 본 동영상을 근거로 생각을 바꿔놓을 수 있다는 점을 인정하고 있는 셈이다.

그렇다면 알고리듬이 만들어내는 문제에 대한 해법은 무엇인가? 블로거 플랫폼을 만들고 트위터를 공동 창업한(그리고 잠깐 경영한) 에번 윌리엄스는 2017년 한 인터뷰에서 인간의 주목을 단순하게 해석하려다 알고리듬이 갖게 되는 결함을 설명했다. 그가 목격했던 문제는 이런 것이다. 차를 운전해서 가고 있는데 전방에 충돌사고가 일어났다면 모두가 그걸 바라본다. 불가항력적인 일이다. 하지만 온라인에서는 당신을 관찰하는 시스템이 이런 행동을 당신이 더 많은 교통사고를 보고 싶어 한다는 뜻으로 해석해서 더 많은 교통사고를 보여줄 것이다. 그리고 심지어는 교통사고를 일으키려 할 것이다. 여하튼 더 많은 교통사고를 보고 싶어 했던 게 아니라면 어째서 당신은 앞서 일어난 교통사고에 관심을 기울였는가?

이건 분명 소셜미디어 기업들이 해결하려 애쓰고 있는 문제다. 한 고위급 직원(그는 자신이 거명되거나 회사가 알려지지 않기를 바랐다)은 이렇게 말했다. "문제에 대한 아주 좋은 설명이네요. 문제를 들여다보게 하는 아주 좋은 방법이고요. 여기서 일어나는 문제의 절반은 사용자의 행동 때문이고, 나머지 절반은 시스템과 테크놀로지가 그 행동으로부터 사용자들이 무엇을 보고 싶어 하는지 추론하려 애쓰면서 사용자들을 즐겁게 하고

만족시킬 뭔가를 찾아 보여주기 때문입니다. 근본적으로, 인간의 잠재의
식이나 무의식에 깔린 편견을 찾아내고 그것을 소셜그래프와 머신러닝
에 연결해서 기존의 편향을 키우는 겁니다."

에번 윌리엄스는〈뉴욕타임스〉기사에서 "만약 제가 이 길로 운전할 때
마다 점점 더 많은 충돌사고를 목격하리라는 걸 알게 된다면 저는 다른
길을 찾을 겁니다"라고 말했다. 언뜻 보기에는 낙관적인 견해 같다. 하지
만 그는 자신이 방금 확인한 기본적인 인간 행동을 부인하고 있었다. 여
러 해 동안 영화 제작자들은 액션영화에 자동차 충돌사고가 많이 들어가
면 들어갈수록 좋다는 걸 알게 되었다. 관객들은 호응했다. 영화 제작자
들은 다시 화답했다. 영화 제작자를 얼마나 많은 사람들이 영화를 보러
오는지에 신경 쓰는 머신러닝 시스템으로 대체해본다면 날마다 하루 종
일 자동차 사고를 보여주려는 피드백 시스템을 이해할 수 있을 것이다.

유튜브 엔지니어들이 2019년 1월에 진행한 약간의 수정만으로 추천
시스템의 문제점이 해결되리라고 기대했다면, 몇 달 후에 갑작스럽게 닥
칠 또 다른 불쾌한 자각을 미처 몰랐기 때문이다. 그해 6월에 하버드대학
교의 버크먼 클라인 센터Berkman Klein Center for Internet and Society의 한 팀은 유튜
브가 브라질 정치에 미친 영향을 조사하고 있었다. 브라질에서는 한 해
전에 포퓰리스트 자이르 보우소나루가 대통령으로 당선되었는데 유튜브
동영상이 일부 영향을 미쳤다는 판단에서였다. 그들은 조사 중에 수영장
에서 노는 아이들을 찍은 명백히 무구한 가족의 동영상 몇 편이 수천—
아니, 수십만—조회수를 얻은 것을 우연히 발견했다.[51] 좀 더 깊이 들여다
보니 댓글에서 힌트가 나왔다. 조회수가 치솟은 건 소아성애자들 때문이

었다. 그리고 추천 엔진은 비슷한 동영상을 발굴해서 그들에게 갖다 바쳤다. 훨씬 더 충격적인 건 이 문제가 오래되었다는 점이다. 2017년 11월에 유튜브는 명백히 무고한 아이들 동영상에 소아성애자의 성적 발언이 댓글로 달린 상황이 위험하다는 신고를 받았다.[52] 당시 유튜브의 대응은 "이런 유형의 댓글들이 올라오는 미성년자 동영상에 대해" 댓글이 보이지 않게 처리하겠다는 것이었다.[53] 버크먼 클라인 센터의 조사가 밝혀냈듯이 그런 일은 일어나지 않았다. 하지만 추천 엔진은 충직하게 부지런히 일하면서 소아성애자들을 만족시켰다. 서로 쫓고 쫓기는 책 판매 알고리듬과 마찬가지로, 단순성에서는 최고 점수를 받았지만 항공모함에 착륙하는 제트기 조종사를 죽여버리는 결함을 가졌던 시스템처럼, 이 프로그램은 인적 피해에 대해서는 관심도 없고 알지도 못했다. 그런 피해를 밝혀내는 건 사람들 몫이었다.

4장

격분과 편가르기 진술

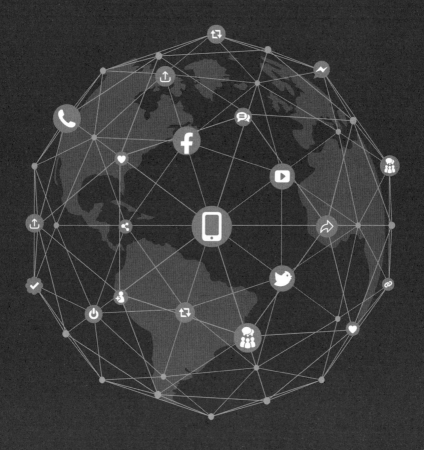

부족적 사고방식

Social Warming

The Dangerous and Polarising Effects of Social Media

소셜미디어의 문제점을 스크린 뒤에서 감시하는 알고리듬 탓으로만 돌릴 수는 없다. 소셜온난화는 사람들이 이 시스템을 사용하는 방식 때문이기도 하다. 어떤 사람들이 가장 잘 몰입하는지, 어떤 사람들이 가장 많은 피드백을 남기는지를 가려내기 위해 소셜네트워크들이 개발한 시스템은 어떤 종류의 콘텐츠가 사람들의 관심을 가장 많이 끌게 될지 전혀 개념이 없다. 알고리듬은 무엇을 키우고 증폭시킬까? 아기 고양이나 뛰어다니는 강아지 사진? 대담한 모험을 담은 감동적인 이야기? 성취를 자극하는 이야기? 아니면 더 음험한 것?

불행하게도 '더 음험한' 것일 때가 꽤 있다. 가끔 그런 음험함이 우리 내면에 자리 잡기 때문이다. 소셜온난화가 보여주는 건, 알고리듬이 개입하지 않더라도 우리가 감정—특히 부정적인 감정—을 그 어느 때보다 더 빠르게 옮기고 더 많은 사람들에게 전파할 수 있다는 점이다. 뒤에서 살펴보겠지만, 알고리듬이 개입하지 않은 상태에서 이런 효과를 가장 극적으로 보여주는 사례는 인도에서 왓츠앱이라는 메신저 앱에서 일어난 일이다. 하지만 우선 우리는 왜 항상 소셜네트워크를 들여다보게 되는지 이해해야 한다. 소셜네트워크는 분노로 가득 차 있는 것 같다.

몰리 크로켓Molly Crockett은 뇌에서 분비되는 화학물질이자 행복감과 연관되는 세로토닌의 효과를 살펴보는 것으로 연구 경력을 시작했다. 크로켓은 2008년에 발표한 초기 연구에서 돈 문제로 협상하는 사람들이 세로토닌 수치가 낮아진 경우에 '불공정하다'고 여겨지는 제안(이를테면 불공평한 연봉 협상)을 받아들일 가능성이 더 낮아진다고 밝혔다.[1] 이 연구가 미디어의 선택을 받은 건 기쁜 일이었겠지만 치즈와 초콜릿이 들어가는 기사 제목이 붙은 건 곤혹스러웠을 것이다. 치즈와 초콜릿, 둘 중 어느 것도 논문에 들어가 있지 않았는데 말이다. 왜였을까? 이 연구에서 실험자들이 참가자들에게 제공한 건 아미노산 트립토판 농도를 낮춰서 세로토닌 수치를 줄이는 음료였다. 일부 기자들이 인터넷에서 트립토판을 검색했고 트립토판이 치즈와 초콜릿에 들어 있다는 사실을 알아냈다. 그러니까 치즈와 좀 더 우호적인 결정 사이에 아미노산 트립토판, 세로토닌으로 이어지는 연결고리가 있는 셈이었다. 크로켓은 별로 감명받지 못했지만 그 연구는 적어도 세상에 〈치즈에는 좋은 친구가 들어 있다What a friend we have in cheeses〉[2]라는 제목을 남겼다. 관심을 끄는 일이 정확도보다 얼마나 더 중요한지 보여주는 좋은 본보기였다.

시간이 지나면서 크로켓의 관심사는 의사 결정을 내릴 때의 심리 기제와 신경 기전으로 확장되었다. 2017년 7월에 그녀는 예일대학교로 옮겨[3] 심리학 교수가 되었다. 그 연구실 홈페이지에는 강력한 슬로건이 담겨 있다. "우리는 연구실에서 그리고 야생에서 인간의 도덕성을 연구합니다."

그해 9월 그녀가 쓴 〈디지털 세대의 도덕적 분노Moral outrage in the digital age〉라는 짧은 비평이 과학 저널 〈네이처〉에 실렸다.[4] 우리가 온라인에서 목격하는 모든 문제점을 설명하고 왜 이런 문제가 생겨나는지를 분석한 글이었다. '도덕적 분노'는 사람들이 자신의 개인적 기준을 깨는 장면을 목격할 때 느끼는 감정이다. (그런 이유로 이는 주관적이다. 하지만 '노인이나 힘없는 여성을 주먹으로 치는 남성'에는 누구라도 분노한다.) 분노는 부족사회 유지에 필수적인 세정제 같은 것이다. 부족의 다수에게 분노 반응을 일으키는 사람이 있다면 그는 쫓겨나서 굶주림이나 맹수라는 심각한 위험에 빠질 것이다. 우리의 속을 뒤집어놓는 한이 있더라도 분노는 허용되는 행동의 범위를 정하여 집단을 안정되게 유지시킨다. 인터넷 시대 이전에는 가십을 통해 소셜네트워크, 즉 사회적 관계망에서 누가 신뢰할 만한 사람인지 알 수 있었다. 하지만 비대면 소셜네트워크로 거의 살아 있는 모든 사람과 연락이 닿고 인간의 모든 행태를 접하면서 도덕적 분노를 촉발할 기회가 폭발적으로 늘어났다.

평범한 일상에서 규범을 위반하는 일은 비교적 드물다. 2014년 하버드대학교에서 발표한 한 연구에 따르면, 미국과 캐나다 사람(1252명의 표본 집단) 가운데 20분의 1만이 일상적인 하루 동안 '도덕적이거나 부도덕한' 행동을 경험하거나 보았다고 기록했다. 그들이 일반적인 기준에서 크게 벗어나 있다고 생각한 행동은 불공평, 부정직, 또는 (긍정적인 면에서의) 충실함, 자제력 등이었다.[5]

그런데 20분의 1이라는 수치도 조금 높은 듯하다. 물론, 연구 조사 참가자들이 운전하면서 빨간 신호등을 지나쳤다거나, 개똥을 치우지 않았다거나, ('도덕적으로 긍정적인' 면에서) 할머니가 물건 사는 걸 도왔다거나 하는 행동을 포함시켰으리라 기대했을 수도 있다. 하지만 5퍼센트가 매우 비도덕적(이거나 도덕적) 행동을 목격했다면 조금 많은 것 같다.

크로켓 역시 그렇게 생각했다. 그래서 연구자들의 데이터를 좀 더 상세히 살펴보았다. 하루에 다섯 번, 참가자들은 자신의 스마트폰으로 무슨 일이 있었는지 기록하라는 요청을 받았다. 또한 그런 도덕적이거나 비도덕적 행동을 어디에서 목격했는지도 보고했다: 전통 미디어에서, 직접, 또는 온라인에서.

모든 미디어에서 비도덕적 행위가 도덕적 행위보다 약 2 대 1 비율로 많다고 보고되었다. 하지만 크로켓이 얻어낸 핵심 요지는 사람들이 적은 내용의 대부분이 온라인 보고였다는 점이었다. '온라인에서 부도덕한' 행위의 건수는 전체의 약 30퍼센트에 달했다. 직접 경험한 건 22퍼센트였고 전통 미디어에서 본 건 10퍼센트 미만이었다.

그뿐만이 아니었다. 응답자들은 자신들이 보인 반응의 강도를 척도로 표시했는데, 직접 보거나 들은 일보다 온라인에서 본 일에 훨씬 더 강하게 반응했다.

이는 직관에 반하는 듯하다. 직접 겪은 일에 더 강하게 반응하지 않겠는가? 인터넷을 이리저리 돌아다닐 때, 일상생활에서보다 더 충격적이거나 놀라운 일들을 마주칠 가능성이 훨씬 높아지기 때문이 아니라면 말이다. 세상은 하늘에서 사람이 뚝 떨어지는 극적인 사건들로 가득한 액션영화가 아니다. 그렇지만 전 세계로 범위를 넓혀보면 모든 사람이 네트워크에 연결된 카메라를 들고 다니는 셈이니 가능성이 무한대로 펼쳐진다. 게다가 그 콘텐츠는 소설이 아니다. 일주일, 한 달, 1년, 10년 전에 올렸던 콘텐츠가 되살아나 다시 돌아다니면서 분노와 흥분을 불러일으킬 수도 있다. 페이스북 관리자들은 네트워크에서 여러 번 삭제했던 충격적인 콘텐츠가 몇 년 지나서 다시 튀어나오는 경우를 자주 발견한다.

더구나 온라인에서는 '화내기'가 쉽고 대개 결과에 책임을 지지 않는다. 온라인에서 도널드 트럼프나 보리스 존슨을 바보 천치라고 부른다 한들 그들이 정말로 당신을 쫓아오겠는가? 크로켓이 언급한 대로, 눈앞에 있는 사람에게 실제로 화를 내는 일은 상당히 어렵다. "인적 없는 거리에서 낯선 사람에게 망신을 주는 건 트위터에서 수천 명의 군중에 합류하는 일보다 훨씬 더 위험하다." 자동차 운전자는 가던 길을 되돌아와 당신에게 맞짱을 뜰지도 모른다. 개를 산책시키던 사람이 공격적으로 돌변할지도 모른다. 크로켓은 2017년 5월에 있었던 실제 사례를 들었다. 오리건주 포틀랜드의 한 통근열차에서 어떤 백인우월주의자가 무슬림 여성에게 혐오 발언을 쏟아내고 있었고 두 남성이 이를 말리려고 했다. 그 백인우월주의자는 칼을 휘둘러 말리던 두 남성을 살해했다.[6]

하지만 사람들은 소셜네트워크에서 혼자가 아니다. 게다가 크로켓이 지적했듯이 "특정 지역, 시간대, [실제로] 범죄자들을 마주칠 가능성 등으로 제약을 받지도 않는다." 또 그런 범죄자들의 반응을 걱정하지도 않는다. 특히 소셜미디어에서는 계정 뒤에 숨어 있는 사람들이 실제로 드러나지 않는다. 아바타의 픽셀로 표현되는 누군가에게 망신을 주는 건 눈앞에 서 있는 사람을 망신시키는 것보다 감정적인 소모가 훨씬 적다.

그리하여 어떤 일이 일어날까? 도덕적 분노를 담은 콘텐츠를 공유할 가능성이 더 높아진다. 마음 놓고 "이것 좀 봐, 끔찍한 일도 다 있네!"라는 말로 자신의 순수성을 강조할 수 있고 실제로 그렇게 한다. (르네 지라르라면 그 같은 행위에 내재된 모방과 희생양을 내세우는 행동을 좋아했을지도 모르겠다.) 뉴욕대학교의 한 연구팀은 미국인들이 양극화 성향을 보이는 세 가지 주제(총기 규제, 동성 결혼, 기후변화)에 관한 50만 개 이상의 트윗을 조사해서 2017년 연구 결과를 발표했다.7 '싸움fight', '탐욕greed', '사악함evil', '망신shame', '호전적fighting' 같은 '도덕적–감정적' 단어를 사용할 경우, 단어 하나마다 20퍼센트씩 트윗이 더 멀리 퍼져 나갔다.

현대를 살아가는 우리는 자기 부족에서 사람들을 쫓아낼 필요가 거의 없는데도, 도덕적 분노는 우리 마음 깊은 곳에 있는 어떤 감정을 불러일으킨다. 그 감정을 불러내려는 충동은 억제되지 않는다.

반면 알고리듬은 도덕, 감정, 분노를 알지 못한다. 알고리듬은 오로지 어떤 종류의 콘텐츠를 사람들이 공유하고 싶어 하는지만 알 뿐이다. 따라서 우리가 분노를 유발하는 콘텐츠를 공유한다면 알고리듬은 분노를 유발하는 콘텐츠를 더 많이 선별해서 우리에게 되돌려 주는 식으로 반응할 것이며, 우리는 그것을 보고 또다시 분노하며 공유할 것이다.

스탠퍼드 인터넷 관측소Stanford Internet Observatory의 기술 연구 관리자 르네 디레스타Renée DiResta는 이 감정을 이렇게 설명한다. "휴대폰을 집어 들고 트위터를 스크롤하면서 '내 피드에는 싸움 같은 게 안 뜨네. 오늘은 별 볼 일 없는 날이잖아'라고 얼마나 자주 생각합니까? 우린 이제 상시 접속 상태에 있어요. '봐봐, 이 역사학자가 자기가 아는 걸 트위터에 올렸네. 흥미로운 이야기야. 가서 클릭해보고 더 알아봐야지'라고 하진 않죠. '와, 오늘은 내 피드에서 아무도 싸우지 않네. 어떻게 이런 일이 가능하지? 다른 데에서 싸움이 벌어지고 있을 거야. 내가 아직 못 보고 있을 뿐이지'라고 하죠." 이유는 아주 간단하다고 디레스타는 말한다. "모두—미디어, 소셜 플랫폼, 광고주—가 그들이 얻어낼 수 있는 사람들의 유한한 주목을 놓고 다투기 때문이죠. 주목을 끌려면 뭔가를 해야 하니까요."

그래서 온라인에서는 분노 또는 그와 유사한 감정을 느끼기도 강화하기도 더 쉽다. 하지만 문제가 생긴다. 소셜에서의 처벌은 일종의 '타자화 othering', 즉 누군가를 그룹에서 배제하여 인간 이하로 보이도록 만드는 것이다. 분노를 악화시키는 일은 일부 대형 플랫폼을 돌아가게 하는 연료처럼 되어버렸고, 따라서 분노의 대상을 인간 이하로 취급해 사회 양극화를 심화할 수 있다. "도덕적 분노가 불이라면 인터넷은 휘발유일까요?"라며 크로켓은 궁금해했다.

그녀가 이런 의문을 제기하기 한참 전에 대답이라 할 만한 것이 인도에서 벌써 나와 있었다.

무자파르나가르에서 일하는 경찰들은 사회불안을 잠재우기 위해 자신들이 할 일을 다 했다고 생각해왔다. 인구 약 50만 명인 이 도시는 델리에서 북동쪽으로 145킬로미터도 채 떨어져 있지 않으며 인도 북부의 우타르프라데시주에 속해 있다. 힌두 청년 두 명이 이 지역 무슬림 젊은이와 말싸움을 벌이다가 칼로 찔러 죽인 충격적인 사건이 일어났다. 많은 무슬림 주민들이 잔인한 보복에 나서서 그 두 청년을 두들겨 패고 린치를 가했다.

분위기는 이내 진정되는 듯 보였다. 며칠 후 유튜브에 이들 두 청년이 맞아 죽는 장면이라고 주장하는 동영상이 뜨기 전까지는 말이다. 실제로는 2년 전 아프가니스탄에서 일어난 일을 찍은 동영상이었지만, 그걸 본 사람들은 그 장면이 현재 벌어지는 일이라고 믿었다. 유튜브에서 동영상이 공유되기 시작하고 며칠 뒤에 경찰이 동영상 접근을 차단했지만, 누군가가 이것을 다운로드해서 왓츠앱에 공유하기 시작했다. 일주일 만에 그 지역 사람들 수천 명이 동영상을 보았고, 힌두교도와 무슬림 사이에 일어난 폭동이 나흘 동안이나 이어지면서 예순 명이 넘는 사망자가 발생했다.[8] 경찰이 폭도들을 체포해서 심문했을 때, 많은 사람들이 각자의 휴대폰에 동영상을 가지고 있었고 그것을 진짜라고 믿고 있었다. 그 지역 경무관은 그렇게 많은 사람들이 휴대폰으로 인터넷에 접속한다는 것을 경찰 병력이 알지 못했으며, 왓츠앱이 그토록 빠르게 정보를 퍼뜨릴 수 있다는 걸 '배운 경험'이 되었다고 말했다.[9]

2013년 9월에 있었던 일이다.

그 후 여러 해 동안 인도에서 벌어진 폭동, 린치, 집단행동의 중심에 왓츠앱이 있었다는 사실이 거듭 알려졌다. 2014년 6월에 스물네 살 무슬림 IT 전문가가 힌두 신을 '경시하는' 사진을 페이스북에 올리고 왓츠앱으로 퍼뜨렸다는 이유로 분노한 힌두 극단주의자 군중에게 살해당했다.[10] 살해된 남성은 그 사진에도, 그것을 퍼뜨린 일에도 관련되지 않았다. 군중이 그를 무슬림으로 지목했을 때, 그는 집으로 돌아가는 길이었다.

페이스북이 왓츠앱을 인수한 2014년에 왓츠앱은 이미 인도, 아프리카, 라틴아메리카에서 가장 많이 쓰이는 메신저 앱이었다.[11] "사용법이 아주 쉽고 친구들이 다 거기에 있어요." 시장조사 회사 자나Jana의 조사에서 열두 살짜리 인도 소녀가 한 말이다. 인도 사람들은 엄청나게 많은 친구, 가족, 동료에게 메시지 보내는 걸 아주 좋아한다. 그들은 '좋은 아침!' 같은 쾌활한 인사를 담은 이미지를 매일 아침 보낸다.[12]

하지만 왓츠앱은 가짜 뉴스와 특히 아동 유괴나 장기 적출 같은 유언

비어 확산에 한몫했고, 이는 폭동으로 표출되었다. 2017년에 데이터 비용이 급격히 낮아지자 더욱더 많은 사람들이 연결되었다. 치명적인 거짓 정보 문제도 더 악화되었다. 그해 5월에 자르칸드에서 일곱 명의 남성이 군중의 무차별 폭행에 짓밟혔다. 왓츠앱 메시지는 '외지인'들이 아이들을 훔쳐 가려고(인도 사람들이 끊임없이 두려워하는 일이다) 오고 있다는 내용의 마을 내 경고문 형식으로 퍼져 나갔다.

인도의 문맹률은 25퍼센트쯤 된다. 세계 평균보다 훨씬 높은 편이기 때문에 글자보다 그림이 효과적인 미디어다. 한 지역에서는 죽은 아이들 사진이 돌면서 흥분이 고조되고 아이들에 대한 걱정이 커졌다. 그런데 그 사진을 좀 더 자세히 들여다보면 사실은 2013년 시리아 화학무기 공격의 여파를 담은 사진임을 알 수 있었다.

2018년 여름에 인도에서만 약 2억 2500만 명이 왓츠앱을 사용했다. 여름 내내 낯선 이들에 대한 공격은 더 심각해졌고 개별 사건에서 총 서른 명 이상이 살해되었다. 거짓 정보가 확산되며 사회불안과 살인이 계속 이어지자 인도 정부는 왓츠앱에 그런 메시지를 차단해달라고 요구했다. 왓츠앱은 신문광고들을 내리고 자사 플랫폼에서 가짜 뉴스 확산을 막을 방법을 찾아내는 연구 프로젝트에 지원금 5만 달러를 제공하는 식으로 대응했다.[13] 또한 어떤 메시지도 5회 이상은 전달되지 못하도록 막았고 재전송하는 메시지에는 '전달됨Forwarded'이라는 표시를 붙였다.[14] 왓츠앱 엔지니어들은 이런 표시가 달리면 이 메시지의 신뢰성을 보증할 수 없다는 설명이 될 거라고 생각했다.

하지만 이런 조치는 기대와는 정반대되는 결과로 이어졌다. 2018년 말 BBC의 민족지ethnography 연구에 따르면 사람들은 이 표시를 읽고 해당 메시지를 다시 전달하라는 지침으로 받아들였다.[15] "'전달된'이라는 표시는 공유를 막는 데 아무 도움이 되지 않았습니다"라고 연구자들은 탄식했다. 캘리포니아에 사는 컴퓨터에 능숙한 엔지니어들과 앱 인터페이스에 내포된 가정을 해독하기 어려운 교육 수준이 낮은 사람들은 서로 이해도가 다르다는 현실이 극명히 드러났다. '전달된'은 사실에 입각한 표현이지만, 왓츠앱이 실제로 담고자 했던 의미―그리고 엔지니어들은 이해했지만 어떤 이유로든 명확히 드러나지는 못했던 의미―는 '입증되지 않은' 이었다. 격렬한 주장을 전달받고 전달하는 수백만 명에게는 그런 차이가 무의미했다.

이런 종류의 실패를 접하더라도 우리는 놀라지 말아야 한다. 선동적인 콘텐츠를 퍼뜨려서 폭동을 일으키는 데 이용되고, 인도 정부로부터 비난을 받고 행동을 요구받으면 (설사 있다손 치더라도) 최소한의 조치만 내놓는 왓츠앱의 패턴이 몇 년이나 계속 반복되는 상황에서는.

2020년 2월, 125명이 가입되어 있는 한 왓츠앱 그룹이 "무슬림을 살해하라", "그들의 시체를 하수구에 내다 버리라" 같은 선동 문구를 퍼뜨리는 데에 이용되었다. 몇몇 그룹은 폭력을 휘두르는 과정에서 필요한 총기를 제공하겠다고 했다. 그러고 나서 그들은 실행에 옮겼다. 남성 아홉 명이 마주치는 무슬림을 모두 죽이기로 결심했고 약 여덟 시간 동안 북부 델리에서 만난 무슬림들을 닥치는 대로 죽이거나 불구로 만들었다. 7월 16일 기소 내용에서 이런 사실이 밝혀졌다. 이 남성들은 지나가는 사람들을 멈춰 세우고 신분증을 확인한 후 "자야 쉬리 라마 Jai Shri Ram"―무슬림이 외치는 '알라후 아크바르 Allahu Akbar'('신은 위대하시다'라는 뜻의 아랍어 표현으로 무슬림의 신앙 고백에 사용된다―옮긴이)와 대략 비슷한 힌두어 표현―를

외치라고 요구했다. 무슬림 아홉 명이 살해당했다.[17]

알고리듬이 전혀 작동하지 않았는데도, 순전히 분노를 유발하는 내용을 전달하려는 인간의 성향 탓인데도, 왓츠앱은 거짓 정보의 확산을 막을 수 있었을까? 이 질문에 답하려면 우리는 왓츠앱이 어떻게 작동하는지 좀 더 자세히 들여다봐야 한다.

왓츠앱에 쓰는 메시지는 열쇠-자물쇠 시스템 가운데 최고로 여겨지는 '공개 키 암호화 public key encryption'라는 시스템을 이용해서 암호화된다. 당신의 휴대폰은 하나의 열쇠와 그 열쇠로만 열 수 있는 디지털 '자물쇠'를 무제한으로 생성한다. 누군가가 당신과 대화를 나누고 싶어 하면 왓츠앱은 자물쇠 중 하나를 대화 상대에게 보낸다. 상대방이 당신에게 메시지를 쓰면 당신이 상대방의 휴대폰에 보낸 자물쇠가 메시지를 담은 디지털 박스를 잠그는 데에 쓰인다. 그 박스가 당신에게 보내진다. 당신의 열쇠가 그 자물쇠를 연다. 그룹 메시지에서도 이 시스템은 거의 똑같다. 그룹에 보내는 메시지들은 모든 사람의 자물쇠로 각각 보안이 되고 각 개인의 휴대폰에서 암호가 해독된다.

그 결과 '박스' 안에 있을 때는 어떤 메시지든 항상 암호화되어 있어서 기본적으로는—왓츠앱을 포함한—누구도 그 콘텐츠를 해독할 수 없게 되어 있다. 메시지가 회사 서버에 암호화된(박스에 든) 형태로 잠시 저장되어 있긴 하지만 회사는 메시지 내용을 들여다볼 수 없다. 서버에서 모든 메시지, 이미지, 동영상은 특정하게 암호화된 '형식'(공식 용어로는 '해시hash')을 갖고 있다. 누군가가 다른 사람이나 그룹에 뭔가를 전달하기로 하면, 왓츠앱은 전달하는 내용의 해시가 서버에 이미 있는 콘텐츠와 동일한지 확인해서 사용자가 그것을 다시 올릴 필요 없이 서버에 있는 콘텐츠를 보낼 수 있다. 사용자는 시간과 (데이터) 비용을 절약한다. 왓츠앱은 얼마나 많은 콘텐츠가 공유되고 재공유되는지는 알 수 있지만 구체적으로 어떤 내용인지는 알 수 없다.

그렇다면 콘텐츠 재공유를 막는 일은 얼마나 많은 그룹에 특정 해시태그가 연달아 보내지는지 그 횟수를 세서 특정 횟수에 도달하면 재공유를 멈추게 하는 문제가 된다. 2018년에 인도에서 재공유 횟수를 255개 그룹에서 다섯 개로(인도를 제외한 나라에서는 스무 개로) 줄이자 전 세계적으로 메시지 전달이 25퍼센트 줄어들었다고 왓츠앱은 나중에 공식 입장을 발표했다.

그렇지만 내용의 특정 부분을 확인한 다음 네트워크에서 메시지를 없애는 건 불가능하다. 왓츠앱 입장에서 보면 대형 슈퍼마켓에서 불투명 유리판을 눈에 대고 보면서 특정 제품을 골라내려 애쓰는 것과 마찬가지다. 그 대신에 인도 정부는 메시지 최초 작성자를 식별해달라고 요구했다. 하지만 그건 같은 문제의 다른 버전일 뿐이었다. 그 역시 콘텐츠의 일부를 확인해서 역추적해야만 가능한 일이었기 때문이다.[18]

이를 해결하려면 사람들에게 거짓 정보를 전달하지 말라고 가르쳐야 하지 않을까? BBC 연구 조사에서는 왓츠앱 사용자들에게 어떻게 그리고 왜 끔찍한 콘텐츠를 사실 여부 확인도 없이 공유했는지 물었다. 연구자들이 기록한 답은 다음과 같았다. "이제 뉴스를 고를 때 가장 중요한 점은 '무엇을 알려주는지'보다 '어떤 기분이 들게 하는지'이다." 더구나 누군가가 자신들에게 중요한 뭔가를 찾았다면 그게 바로 뉴스였다. (미디어 생태계에서 소셜온난화의 영향을 검토하고 나면 알게 될 테지만, 이것은 매우 중요한 정의다. 인터넷 세대에게 '뉴스'란 '내가 관심 가는 것 그리고/또는 남에게 알려주고 싶은 것'이다.) 또한 정보가 '뉴스' 공간에 들어가는 진입장벽을 소셜 미디어가 낮추었다. 전적으로 무엇이든 '뉴스'가 될 수 있다. 사람들은 전통 미디어의 기준이 무너졌다고 생각했다. 특히 위성 TV에서 시청할 수 있는 질 낮은 저널리즘이 폭발적으로 늘어나면서 최고 수준의 품질이 떨어졌다기보다는 평균이 낮아져버렸다.

인도는 여러 정체성이 복잡하게 뒤섞여 있는 나라다. 같은 힌두교도 내에서도 그렇다. 최근 몇 년 동안 긴장감이 고조되어온 데에는 인도인민당(보수주의와 힌두교 근본주의 색채를 띠고 있는 세계 최대 정당—옮긴이) 소속 나렌드라 모디 총리의 거침없는 언변이 영향을 미쳤다. 극단주의자 그룹 사람들이 가짜 뉴스—무슬림을 악마화한다거나 미국항공우주국NASA에서는 고대 베다의 현자가 발명한 산스크리트어를 컴퓨터 언어로 사용한다고(그렇지 않다) 주장한다거나 인도 미디어가 자국 발명가들을 '무시한다'고 비난한다거나—를 내놓는 일이 눈에 띄게 늘었다. 하지만 BBC 연구에 따르면 다른 나라들에서도 이런 현상이 나타났다. 사람들이 자신의 정치적 견해에 부합하는 황당한 주장은 믿으면서도 그렇지 않은 주장은 불신할 가능성이 훨씬 높아졌다. "결국 시민들이 메신저 앱과 소셜미디어에서 주로 하는 일은 이성적이고 비판적인 토론이 아니다." BBC 연구자들은 이렇게 결론을 내렸다. "사실상 사람들은 자신의 신념 체계가 타당하다는 걸 확인하려 하는 것이다."

왓츠앱을 옹호하는 입장도 있었다. "인도 사람들이 폭도를 모집하는 데에 간편한 메신저를 이용하기로 한 거라면 왓츠앱보다는 인도에 대해서 더 많은 걸 알 수 있다." 미히르 샤르마Mihir Sharma는 〈블룸버그〉 칼럼에 이렇게 썼다.[19] 인도 사람들은 왓츠앱이 등장하기 전에도 이미 오랫동안 서로 죽고 죽인 역사가 있었고 이주노동자, 일정한 거처 없이 떠도는 자, 학습 장애가 있는 자 등등은 모두 어느 시기에는 희생자였다고 샤르마는 논평했다.

그건 사실이다. 하지만 왓츠앱이 소셜온도를 높였고 위험한 행동을 준비하는 사람들이 더 쉽게 무리를 규합하게 해주었다. 알고리듬도 전혀 필요하지 않았다. 불행하게도 뿌리 깊은 분노의 감정에 휩쓸려 행동하는 사용자들이 알고리듬이 필요로 하는 증폭의 공급자가 되었으므로. 달라진 점이 있다면 네트워크가 더 많은 사람들에게 더 빠르게 도달해서 문제를 더 악화시킬 수 있었다는 것이다.

극단적으로, 분노에서 느끼는 불온한 즐거움이 우리를 완전한 양극화로 이끌었다. 단순해 보이는 진술statement을 중심으로 이런 양극화가 이루어질 수 있다. 이것이 바로 '편가르기 진술scissor statements'이다. 이들이 품고 있는 논리적 칼날이 명제의 양극단에 있는 두 그룹으로 사람들을 잘라낸다. 이도 저도 아닌 영역은 없다.

임의로 사람들을 두 그룹으로 가르는 일에는 끔찍하고 오래된 역사가 있다. 구약성경에 나오는 옛이야기에서 찾을 수 있는 예로, '쉬볼렛shibboleth'이라는 단어―그 뜻은 '옥수수 자루'다―가 승리한 길르앗Gilead 군대에 의해 패전한 에브라임Ephraimite 침략군을 무찌르는 무기로 쓰였다. 에브라임 사람들이 요르단강을 건너 자기네 영토로 탈출을 기도했을 때, 도하 지점을 점령하고 있던 길르앗군은 이들에게 이 단어를 말해보라고 시켰다. 에브라임 사람들은 첫소리 '쉬sh-'를 발음할 수 없어서 그 대신에 '시s-'라고 말했다. 그것은 언어에 따라 구강 상태가 미묘하게 달라진 데에서 비롯한 사소한 발음 차이다.

이 이야기에 따르면 길르앗 사람들은 그런 식으로 수천 명의 에브라임 사람을 가려내서 학살했다.

현대에도 쉬볼렛이 존재하며—20세기에도 수백만 명이 문화유산을 근거로 살해되었다—분열시키는 힘을 조금도 잃지 않고 있다. 최신판 쉬볼렛은 소셜네트워크에서 찾아볼 수 있으며 이제는 더 이상 하나의 단어가 아니다. 이제 그것은 구절들, 단언들, 요구들이다. 그것들은 부인할 수 없고 자명하고 반박의 여지가 없는 진실한 표현이기 때문에 그들은 일종의 통합을 이루려는 의도라고 하지만, 해당 표현을 듣는 사람들을 뚜렷이 구분하여 서로 혐오하는 두 그룹으로 나누는 결과로 이어진다.

이것이 바로 '편가르기 진술'이 벌이는 일이다. (이는 정신의학자 스콧 알렉산더Scott Alexander가 만들어낸 표현이다. 2018년에 머신러닝 시스템이 레딧에서 이루어지는 가장 첨예한 토론에 기초하여 그런 진술을 생성하도록 배운다는 짧막한 글에서 언급되었다.) 분노의 메커니즘이 소셜네트워크에 더 깊이 스며들면서 더불어 진화된 언어와 행동이 감정 확산의 증폭을 가속화했다. 기본적으로, 바로가기는 확산에 시동을 거는 쪽으로 발달한다.

편가르기 진술은 대개 간단한 구조다: 영국은 유럽연합EU을 탈퇴해야 한다. 힐러리 클린턴이 더 나은 미국 대통령이 되었을 것이다. 성전환 여성은 여성이다. 임신 8주 이후의 낙태는 살인이다. 하지만 이런 진술들은 또한 입증이 불가능하다. 과학적이고 논리적인 용어로, 이들은 정언axiom이다. 정언은 원래부터 참이거나 거짓이다. 그 논리를 더 깊이 파헤치려든다면 그 근저에 깔린 "내가 그렇게 말했으니까!"로 요약되는 신념을 건드리게 될 것이다.

수시로 음모론들은 편가르기 진술과 동일한 방식으로 작동하여 잘못된 이분법을 생성하는 데에 사용된다. 이 이론들이 허위임을 입증할 수 있더라도 그렇다: 버락 오바마는 아프리카에서 태어난 사회주의자 무슬림이므로 대통령이 될 자격이 없다. 9.11 테러 공격은 내부자 소행으로 폭탄을 써서 쌍둥이 빌딩을 날려버린 것이다. 사람은 달에 간 적이 없다. 지구는 평평하다. 백신은 심각한 질병과 자폐증처럼 치료 불가능한 증세를 일으킨다.

이런 것들을 방치하면, 편가르기 진술은 즉시 부족을 생성해서 그들과 어울려 분노의 조건을 만들어낸다: 다른 부족이 여기에 대해 뭐라고 떠드는지 보라! 괘씸하지 않은가!

스콧 알렉산더가 말했듯이 "최대한 분노를 유발하는 쪽으로 적응한 분노의 밈이 퍼져 나가는 건, 고대에는 긴요했던 진화의 법칙에 따르는 일"이었다.[20] 소셜네트워크는 그런 진술이 급속히 진화하는 데에 이상적인 환경이다. 가끔 그런 일을 목격할 수 있다. '#네_어절로_논쟁을_일으켜보자#StartAnArgumentInFourWords'는 어느날 트위터에 등장한 해시태그였다. 이에 대한 응답으로 어떤 사용자가 "핫도그는 누가 뭐래도 샌드위치다"라고 올렸다. 다른 이는 "총기 규제는 효과가 없다"라고 했다. 또 다른 사람은 좀 더 나갔다. "소형 화기는 민병대의 것이다." 곧 더 많은 트윗이 올라왔다. "자파 케이크는 물론 비스킷이다." "자파 케이크는 물론 케이크다."(영국 법원이 과세 문제로 이 주제에 대한 판결을 요구받은 적이 있었다. 말랑말랑했던 과자가 날이 갈수록 단단해졌기 때문이다. 매대에서는 비스킷들 옆에 놓여 비스킷 크기의 상자에 담겨 판매되는 과자이기는 하지만, 법원은 케이크라는 판결을 내렸다.) "두 가지 성별만이 존재한다." "역대 최고의 대통령 — 진심으로!"

"대부분의 밈은 재미가 없다.""여성은 부엌을 지켜야 한다.""진화론은 하나의 종교일 뿐이다!""공화당원들은 누구나 모두 인종차별주의자다.""아돌프 히틀러는 당시 사회주의자였다." 이 밖에도 많은 것이 올라왔다. 조금 더 많은 결과물이 나오고, 조금 더 많은 선택 압박이 가해지고, 바이럴에 조금 더 많은 보상이 주어진다면, 이런 식으로 나온 네 어절짜리 문장 몇몇은 오래 지속될 만한 맹렬한 논쟁을 촉발할 수도 있다. 이런 사례에서 알 수 있듯이 이들 중 상당수는 사회계약에서 해묵은 앙금을 이용했다.

이처럼 견해의 이쪽 또는 저쪽으로 사람들을 끌어들이는 논리적 종결점은 양쪽에 발을 걸치는 상태란 절대로 불가능하다는 것이다. 누구든 이쪽 아니면 저쪽에 있어야 한다. 과격화된 세상에서는 사람들의 관심을 지속시키는 것만으로는 충분치 않다. 내 편이거나 그렇지 않거나, 둘 중 하나여야 한다. 반대편이라는 것 또한 당신의 견해를 보여주는 방식이다. 20세기 내내 그랬듯이 지구가 평평하다고 믿는 사람들이 어떤 생각을 하든 아무도 신경 쓰지 않는다면 어떨지 상상해보라.

사람들이 저지르는 실수는 자신들이 편가르기 진술을 '해결할' 수 있고, 그러므로 논리라는 양날의 검 반대편에 서 있는 사람들을 설득해서 사고방식을 바꿔놓을 수도 있다고 생각하는 것이다. 하지만 편가르기 진술은 교량 역할을 하려는 게 아니다. 그냥 편을 가르려는 것이다. 이는 소셜네트워크의 영구기관이며 절대로 소진되지 않는 무궁무진한 연료다. "사람들은 편가르기 진술에 반응할 겁니다. 그럼으로써 참여하게 될 거고요"라고 디레스타는 말한다. "사람들이 그 진술을 강하게 신뢰하거나 또는 강하게 불신한다면 그들은 그 진술에 강하게 반응을 보일 것입니다. 정치 논쟁처럼 커다란 이해관계가 걸려 있다고 생각되는 일이라면 더더욱 그럴 거예요.

이 생태계가 구축되는 방식은, 사람들이 반응을 보일 때 더 많은 '참여'가 일어나는 겁니다. 더 많은 참여가 일어나면 계속해서 피드 상단에 올라오죠."

이 문제의 일부는 기기 자체에 있다고 디레스타는 말한다. "스마트폰이 여러 면에서 대화를 바꾸고 있죠. 더 짧고 더 신속한 유형의 커뮤니케이션, 미묘한 어감 차이는 무시되는 커뮤니케이션으로요. 사람들의 주목을 차지하기 위해 싸우고 있다면 어떤 이슈에 대해 가능한 한 공정하고 균형 잡힌 시각에서 중립적으로 아우르는 제목을 미묘한 어감까지 살려가며 쓰지는 않을 겁니다. 제목이든 트윗이든 뭐가 되었든 간에 가능한 한 빠르게, 가능한 한 선정적으로 쓰겠죠. 그래야 그곳에서 사람들의 주목을 끌려는 다른 콘텐츠들과 경쟁할 수 있을 테니까요."

예일대학교에서 박사후 연수 중이며 크로켓과 함께 여러 편의 논문을 작업한 빌 브래디Bill Brady는 이것이 어느 정도는 인간의 본성이라고 지적한다. "우리 두뇌는 천성적으로 그런 유형의 일에 맞춰져 있습니다. 실생활에서 볼 때뿐만이 아니라 그것을 나타내는 형상을 보거나 미디어에서 이미지나 동영상을 볼 때도요." 그는 말한다. "도덕을 건드리는 콘텐츠가 퍼져 나가는 이유 가운데 일부는 인간 심리의 자연스러운 성향 때문이죠." 분노는 우리의 정신 깊숙이 있는 뭔가를 건드린다. 바로 부족이 위협에 대비해 경계를 게을리하지 않을 필요성이다. 하지만 빙하시대에 대륙과 바다를 건너 이주해야 할 경우에 대비해 지방을 비축한다거나 하는 신체적 욕구와 마찬가지로, 분노에 민감한 것 또한 한때는 반드시 필요했지만 더 이상은 우리에게 이익이 되지 않는 특성일지도 모른다.

더욱이 지금 우리가 사는 시대에는 슈퍼마켓에서 패스트푸드를 고르 듯 도덕적 분노를 고를 수 있다. 우리는 이런 본능에 순응하라고 부추김 을 당하며, 그렇게 하면 다른 이들이 이익을 얻는다. "소셜미디어가 독특 한 건 누군가가 소통할 환경을 설계하고 있고 사람들은 그 안에서 커뮤니 케이션한다는 점입니다." 브래디의 말이다. "게다가 환경을 설계하는 이 들, 그런 회사들은 사람들이 플랫폼에서 커뮤니케이션할 때 얻고자 하는 바와 비슷한 동기를 갖고 있지 않습니다. 많은 사람들이 미처 생각하지 못하는 부분이 있는 것 같아요. 인식하든 못하든 사람들의 목적이 그 플 랫폼을 설계한 기업의 목적과 언제나 상호작용을 주고받는다는 거예요. 우린 알아요, 증거도 있죠. 사람들이 커뮤니케이션하는 방식이 실제로는 이들의 사소한 설계 결정으로부터 영향을 받고 있다는 걸요."

분노가 계속되면 정신 건강에 좋지 않을 수도 있다. 늘 화낼 대상이 있 다면 언제 마음이 느긋해질 수 있겠는가? 하지만 네트워크에는 분명히 좋은 사업이다. (2020년 5월 〈뉴욕타임스〉는 트럼프와 트위터의 대립을 다루는 기사에서 이 사업 모델을 "사회를 짓이겨서 돈 되는 분노를 만드는 사업"이라고 설명했다.)[21] 소셜네트워크는 바이럴되는 콘텐츠를 필요로 한다. 지프의 법칙의 요지를 떠올려보자. 대다수 사람들은 '평균'보다 적은 양의 콘텐 츠를 만들어내고 그리 많은 사람들과 친구를 맺고 있지 않다. 바이럴이라 는 게 없다면 소셜네트워크는 이상한 덫에 걸려서 대부분의 콘텐츠를 생 성해내는 작은 그룹에 의존하게 될 것이고, 연결되어 있지 않은 엄청나게 많은 사람들은 그런 콘텐츠들을 절대 보지 못할 것이다. 시청자나 구독자 에게 콘텐츠를 생산하라고 맡긴다면 방송이나 신문도 같은 문제에 봉착 할 것이다. 하지만 그들은 그렇게 하지 않는다. 상대적으로 많은 양의 콘텐츠를 만들어내는 적은 수의 사람들에게 의존하지만 그 콘텐츠들이 복제되어 광범위하게 퍼진다. 소셜네트워크는 복제하지 않지만 그들 역시 상대적으로 적은 수의 부지런한 사용자들이 스스로 콘텐츠를 만들어내는 데 의존하고 있다. 해결책은 무엇인가? 제안(종종 '탐색'이라고도 불리며, 이 네트워크가 어떤지 취향을 드러내 보이면서 연결할 사람들을 제안한다.)과 바이럴이다. 하지만 가장 잘 퍼지는 것은 분노이며 그것은 부족을 기준으로 사람들의 편을 가른다. 내집단과 외집단으로.

분노를 실행하라고 부추기는 또 다른 요인은, 크로켓이 지적한 대로 방해 요소가 없다는 점이다. 사실은 정반대다. 우연히 '분노 시스템'을 강화시킨 요소 가운데 하나는 분노를 표출했을 때 피드백을 얼마나 받을지, 또한 언제 받을지 예측할 수 없다는 점이다. 예측이 불가하기 때문에 충동이 터져 나온다. 카지노 슬롯머신에도 같은 원리가 적용된다. 그곳에서 당첨금을 받을지 불확실하기 때문에 사람들은 다시, 또다시, 한 번만 더를 시도하게 된다. 소셜네트워크에 접속할 때 우리는 무엇을 보게 될지 모른다. 대수롭지 않은—충격적인, 재미있는, 실화의—콘텐츠를 처음 올릴 때 어떤 보상(또는 처벌)을 받게 될지 알 수 없다. 그것은 슬롯머신의 레버를 당기는 일이며 무의식중에 우리 안의 도박사 본능에 호소한다. 그리하여 올린 글에 대한 좋아요, 리트윗, 답글, 댓글, 반응은 모두 부족을 깨끗이 정화하려는 시간과 노력의 투자에 대한 일종의 보상이 된다. 이는 유인원 사회에서의 털 고르기와 같은 일이다.

알고리듬의 영향을 감안하지 않더라도 소셜네트워크에는 무심결에 반응하게 되는 보상 체계가 이미 내장되어 있다. 팔로워 수, 나를 맞팔한 친구들 또는 나의 '친구' 요청을 받아들인 친구들, '좋아요'와 '최고예요',

리트윗 수, 답글, 댓글 등등. 이런 것들이 더 많이 하라고, 한 번 더 레버를 당기라고 부추긴다. "페이스북 사용자 화면이 숫자로 가득하다는 걸 눈치 채셨나요?" 일리노이대학교 부교수이자 예술가인 벤 그로서는 이렇게 질문했다. 한 동영상에서 그는 페이스북의 어떤 페이지를 보더라도 "사용자 경험을 숫자로 나타내는 지표들이 끝도 없이 이어집니다"라고 지적한다.[22] 구독하는 그룹의 신규 게시물 개수, 글 하나에 달린 댓글 수, 좋아요 수 등등. 일리노이대학교 졸업생이기도 한 그는 이 숫자들을 보면 미묘한 갈망이 생겨나서 자신이 올린 글이 좋은지 나쁜지를 좋아요 수로 판단하게 된다는 사실을 눈치챘다.

이에 대응하기 위해 그는 페이스북에서 모든 숫자를 제거하는 간단한 프로그램을 짜서 '페이스북 디메트리케이터Demetricator'라고 이름 붙였다. "[숫자가] 없어질 경우 페이스북 사용자의 경험이 얼마나 바뀌는지 당사자들에게 알려주어서 정량화에 목매지 않는 네트워크 사회를 가능하게" 하고 싶어 이 일을 하게 되었다고 그는 뉴미디어 아트 사이트 리좀Rhizome에서 밝혔다.[23] 또한 그는 이처럼 숫자들이 보이는 게 페이스북에 얼마나 도움이 되었는지 궁금해했다. 그러려면 사용자들을 만족시키는 신규 콘텐츠가 끊임없이 생성되어야 했다. "질보다는 양이 최우선시된다면 종착지는 어디가 될까?"

그가 지적한 대로, 페이스북은 어떤 숫자 값을 보여줄지 결정하며 이들의 목표는 언제나 사용자의 참여를 늘리는 것이기 때문에, 이 숫자들은 사용자를 꼬드겨서 토끼굴로 들어가게 하고 조그맣게 쓰여 있는 숫자 값을 누가 올렸는지, 특정 게시물이나 댓글에 좋아요를 누른 사람이 누구인지 찾아내서 그를 팔로우하게 한다. 마찬가지로 누군가와 '친구'를 맺을지 말지를 정하려 할 때, 이 사이트는 왜 '함께 아는 친구'가 몇 명인지 보여주는가? 그게 중요한가? 그것은 누군가와 관계를 맺고 싶은지를 결정하는 제대로 된 기준인가? 그는 페이스북에 처음으로 합류하는 경험을 거대한 칵테일파티 장소에 들어서는 일에 비유한다. 그곳에 들어선 사람은 처음에는 아무도 알아보지 못하지만 모두가 달고 있는 배지에는 파티장 안에 있는 사람들 중 몇 명이 친구인지 쓰여 있다. "기꺼이 숫자가 0인 채로 남으려는 사람이 있을까요? 한두 명 아니면 세 명 정도? (중략) 사람들은 다른 이를 추가하라고, 수치를 더 높이라고, 숫자 값에서 앞서 나가라고 부추김을 당합니다." 그가 리좀에서 한 말이다.

설사 깨닫지 못하고 있더라도 그런 숫자들이 우리가 어떤 일을 하게 만든다고 그로서는 말했다. "우리는 어린 시절부터 좋은 숫자를 얻어야 한다고 배웁니다. 높은 점수를 받으면 더 많은 걸 얻을 거라는 가르침을 받지요. 우리가 태어날 때부터 품고 있는 메시지예요. 그러니 당신에게는 매우 중요하지만 다소 난해한 주제에 대해 구상하고 쓰는 데에 상당한 시간을 들여서 어떤 [페이스북] 게시물을 올리고 나서, 참 잘 썼는데도 좋아요를 세 개밖에 받지 못한다면 실망하겠죠. 그러고는 웃기는 고양이 동영상을 올리면 좋아요 100개를 받습니다. 이 시스템이 고양이 동영상을 더 많이 올리라고 가르쳐주는 셈입니다."

수천 명이 그가 만든 브라우저 확장 프로그램 디메트리케이터를 다운로드했다. 그리고 그는 이 실험에서 나타난 내용을 토대로 소프트웨어 연구 저널에 《숫자 값은 무엇을 원하는가? 수량화는 페이스북에서 이루어지는 사회적 상호작용을 어떻게 규정하는가?What Do Metrics Want? How Quantification Prescribes Socia Interaction on Facebook》라는 논문을 발표했다.[24] 그는 조그만 숫자들이 존재하기 때문에 중독과 비슷한 일이 벌어진다고 말했다. 로그인을 하면 페이스북을 하지 않고 있는 동안에 얼마나 많은 주목을 받았는지 확인할 수 있는 숫자 값 알림을 보게 된다. 페이스북을 하는 동안에도 사용자들은 반복해서 그 숫자 값을 들여다본다. "붉은색 동그라미 안에 있는 흰색 숫자(새로 알림—옮긴이)가 성공을 보여주는 값이다."

당시에 사람들은 매일 페이스북에서 30억 개 이상의 좋아요와 댓글을 남기고 있었다. 많아 보이지만 그 무렵 월간 실제 사용자Monthly Active Users가 13억 명 정도였고 매일 페이스북을 확인하는 일간 실제 사용자Daily Active Users가 8억 5000만 명에 이르렀다. 이틀에 한 번꼴로 한 명당 평균 일곱 개의 좋아요나 댓글을 남기는 수준이다. 지프의 법칙을 적용하면 콘텐츠의 80퍼센트를 사용자의 20퍼센트가 만들어내므로 대략 매일 1억 7000만 명의 사용자가 24억 개의 좋아요와 댓글을 남기고—다르게 말하자면 하루에 한 명이 열네 개—나머지 6억 8000명은 평균 하루에 한 개 미만을 남기는 셈이었다.

하지만 이 엄청난 차이는 페이스북에서는 눈에 잘 띄지 않는다. '평균적인' 사람들이 얼마나 많은 좋아요와 댓글과 게시물을 만들어내는지 또는 본인이 평균 대비 어느 정도인지를 알려주는 수치는 얻을 수 없다. 그저 아직 확인하지 않은 좋아요와 댓글이 더 있다는 뜻의 알림만 받을 뿐이다. 특히 좋아요와 댓글을 더 많이 받는 다른 사람들과 비교하도록.

그로서는 또한 페이스북이 새로운 콘텐츠가 얼마나 최근에 올라왔는지 '26초 전', '23분 전'처럼 알려주는 지나친 정확성에 주목했다. 그렇지만 시간이 지날수록 구체성은 사라진다. '약 한 시간 전', 그리고 120분 전부터 179분 전 사이에 올라온 것들을 포함하여 뭉뚱그린 '두 시간 전' 같은 식으로. 신규 게시물에 대해 은연중에 내보이는 흥분은 "뉴스피드에서 당신이 놓칠 수도 있는 대화가 지속되고 있으며 1초만 자리를 비워도 중요한 것을 놓칠지도 모른다고 암시한다"라고 그로서는 평했다.

시간 표시는 암암리에 새로 올라온 글을 오래된 글보다 선호하라고 설득하려 든다. 그로서가 만든 디메트리케이터는 이를 거부하고 그 대신에 시간을 두 부류로 구분한다. 지난 이틀 동안 올라온 글은 '최신', 그보다 더 오래된 글은 '이전'. 일부 사용자는 이조차 찜찜하게 여겼다. 어떤 사용자는 오픈소스를 해킹해서 이 표시를 없앴고 이것을 '고정값'으로 하자고 제안했다. (그로서는 그렇게 하지 않았다.)

페이스북만 우리를 재촉하는 숫자와 신호를 사용하는 건 아니라고 그는 덧붙였다. 트위터에서도 좋아요와 답글 수를 실시간으로 확인할 수 있다. 마치 슬롯머신의 릴이 당첨금을 목표로 돌아가는 것과 비슷하다. 당연하게도 그로서는 트위터 디메트리케이터도 짰다. 팔로워 수, 좋아요 수, 그 밖에도 사용자의 주목을 끌기 위해 이 사이트가 쓰는 알게 모르게 영향을 미치는 신호들을 없애는 프로그램이었다. "트위터는 의견의 양극화가 격렬하게 나타나면서도 두드러지는 분열의 장으로 자주 거론됩니다. 그런 종류의 글이 엄청난 반응 수를 얻을 수 있어서 몹시 관심을 끌고, 극심한 양극화를 일으키고, 강한 분노를 촉발하기 때문이죠. 숫자 값을 노출하여—저는 규정한다는 표현을 쓰기도 합니다만—사람들의 행동이 더욱 양극화되도록 부추깁니다. 더욱더 분노를 끌어내서 그들에게 일시적으로 찰나의 행복감을 선사하는 반응 숫자 값을 더 크게 늘릴 수 있도록 하기 위해서죠."

뉴욕대학교의 사회학자 대너 보이드는 디메트리케이터를 지지하는 팬이다. "그것은 쓰레기 같은 상태 메시지에 대한 애드블로커AdBlocker(웹페이지에서 광고가 보이지 않도록 인터넷광고를 차단하는 프로그램―옮긴이) 같은 것이다"라고 그녀는 썼다.[25] "하지만 그런 숫자들을 없애는 데 왜 이리 많은 수고가 필요할까? 모두가 그걸 알아야 할 만큼 그런 숫자들이 사회에 이로울까?"

이 질문에 대한 답은 물론 사회에 이롭지 않다는 것이다. 그것들은 우리에게 끊임없이 더 많이 활동하고, 더 많이 소통하고, 더 많이 호응하고, 더 많은 분노를 표출하라고 다그치면서 소셜네트워크라는 냄비를 들끓게 한다.

때로 소셜네트워크가 사람들을 부추기는 수준이 도를 넘어설 때가 있다. 로드리 필립스Rhodri Philipps의 경우가 그랬다.

2017년 7월, 당시 나이 쉰이었던 필립스는 '악의적인 커뮤니케이션'을 전파했다는 이유로 기소되어 법정에 섰다. 여성 혼혈 사업가 지나 밀러Gina Miller를 인터넷에서 협박했기 때문이었다. 지나 밀러는 영국 정부가 브렉시트 절차에 대해 의회와 상의해야 하는지 아닌지 영국 법원이 판결을 내려달라고 주장하는 캠페인을 벌여 성공을 거둔 사람이었다.[26]

브렉시트는 그 특성상 거의 모든 영국인에게 편가르기 진술 역할을 했다. 국민은 '찬성파'와 '반대파'로 양분되었고, 상대편의 신념과 행동을 향한 서로의 분노는 일상다반사가 되어 인신공격이 이어졌다.

필립스는 페이스북에 "빌어먹을 골칫덩어리 이민 1세대 년을 제일 먼저 '우연히' 차로 치어주는 사람에게 5만 파운드를 주겠다"라고 글을 올렸다. 이 소송은 필립스의 신분 때문에 유명해졌다. 필립스는 4대 세인트데이비즈 자작이었고 이 작위는 (지금은 아니지만) 예전에는 웨일스에 있는 성과 땅 일부와 함께 세습되는 것이었다. 일반인이 자작에게 기대하는 바가 그런 것이었을까? 정치 논쟁의 반대편에 있는 사람들을 겨냥해서 인종차별을 진두지휘하고 심지어 살인 교사를 위해 대중 모금을 시도하는 일이었을까?

막상 뚜껑을 열어보니 그랬다. 필립스는 '극단적 인종차별' 혐의로 징역 12주를 선고받았다. 판사는 그의 주장을 대수롭지 않게 여겼고 청문회에서 비난을 받고 나서야 뒤늦게 실수를 깨달았다. "인종차별 견해를 표현하고 나서 여러 달이 지난 후에야 갑작스럽게 태세가 전환되었습니다"라고 판사는 딱딱한 어조로 말했다. 필립스는 임대주택을 구하고 있던 여덟 살 아이를 둔 아버지에 대해 올린 다른 페이스북 게시물 때문에 또다시 선고를 받았다. 그가 올린 글은 다음과 같았다. "입찰을 개시하겠다. [이 아버지를] 제일 먼저 토막 내는 사람에게 현금 2000파운드를 주겠다." 필립스는 이 게시물이 공개 메시지가 아니었고 협박도 아니었다고 주장했다.

그의 소송 건은 심리학자들이 오랫동안 인터넷에 대해 주시해왔던 바를 그대로 입증하고 있었다. 사람들은 그 결과를 예견할 분별력을 잃는다. 매번 별다른 문제가 없었기 때문이다. 사람들은 대면해서는 절대 하지 않을 무례한 말을 쓴다. 그 결과, 아무 일도 일어나지 않는다. 분노는 배가된다.

또는 적어도 처음에는 그렇게 느낀다. 하지만 사실 뭔가가 교묘하게 진행된다. 무례한 말을 하기가 더 쉬워진다. 어떤 결과도 가져오지 않는 것 같기 때문이다. 더 심한 말을 쓰더라도 실생활에서 일어날 것 같은 일이 별로 일어나지 않는다. 경험상 명백해진다. 무슨 말을 하든 중요하지 않다. 분노에는 별다른 비용이 들지 않는다. 그 일로 법정에 끌려가기 전까지는.

2009년에 상품 기획자 크리스 웨더렐Chris Wetherell은 트위터의 새로운 속성을 만드는 일에 착수했다. 그 속성은 이미 '잔디밭 샛길desire path'처럼 놓여 있었다. 사람들이 이 서비스에서 원하는 것을 스스로 대충 만들고 있었던 것이다. (실제 잔디밭 샛길은 네모반듯한 잔디밭을 대각선으로 가로지르는 좁은 길처럼 사람들이 만들어놓은 비공식적 지름길이다. 이런 문제를 해결하려면 사람들이 걸어 다니고 싶어 하는 쪽으로 길을 내면 된다.)

웨더렐은 트위터 사용자들이 원하는 '잔디밭 샛길'을 만들었다. 그러나 돌이켜 보니 그는 아마도 지옥으로 가는 길을 낸 것 같다.

그는 '리트윗'을 더 정돈된 형태로 구축하는 일을 맡고 있었다. 리트윗을 하면 다른 이의 트윗이 복사되어 또 다른 사람들에게 소개되었다. 리트윗은 전적으로 바이럴 형식의 표현—이미 존재하는 것을 증폭하는 것—이다. 그러나 트위터가 출시되고 나서 처음 3년 동안은, 누군가가 단답글을 다른 팔로워들에게 재공유할 가치가 있다고 생각했을 때 그렇게 하려면 정교한 작업이 필요했다. 첫째, 텍스트를 복사해서 새로운 트윗에 붙이고 나서 그 앞에 'RT'라는 글자를 붙인다. 그리고 원작자의 트위터 ID를 떠올려서 'RT'와 복사한 트윗 사이에 집어넣는다. 그러다 보면 종종 허락된 140자가 넘었기 때문에 적절한 편집도 필요했다. 이 모든 과정을 마무리하고 나서야 트윗 버튼을 누를 수 있었다.

번거로운데도 사람들은 한사코 이런 과정을 거쳤고, 트위터 엔지니어들이 이를 알아차렸다. 그 전에 이런 일을 할 때 사람들은 특정인을 호명하는 데에는 '@'을 쓰고 어떤 주제에 대한 토론을 엮어내는 데에는 '#'을 썼다. 새로운 리트윗 속성은 2009년에 도입되었다.[27] 사용자들은 단 한 번만 키를 입력하면 다른 사람의 트윗을 퍼뜨릴 수 있게 되었다. 팔로우하지 않던 사람들의 트윗들이 갑자기 타임라인에 뜨게 되었다는 뜻이다. 이론상 하나의 트윗이 리트윗되어 전체 네트워크에 뜰 수도 있었다. 웨더렐은 나중에 어떤 종류의 콘텐츠가 원래의 'RT' 방법으로 공유되고 있었는지를 별로 감안하지 못했다고 말했다.[28] 트위터 공동 창업자 비즈 스톤은 "흥미롭고 뉴스 가치가 있거나 어쩌면 그냥 단순히 재미난 정보가 우리 네트워크가 만들어놓은 방법을 통해 알고 싶어 하거나 알아야 하는 사람들에게 효율적으로 빠르게 퍼져 나가리라고 기대합니다"라고 말했다.

하지만 콘텐츠가 쉽게 바이럴되자 진짜 정보만큼 가짜 정보—특히나 분노를 일으킬 만한 내용—도 증폭될 가능성이 생겼다. 2014년 중반에 '게이머게이트Gamergate' 논쟁이 트위터에서 촉발되었다. 그해 10월 스포츠 블로그 데드스핀Deadspin의 카일 와그너Kyle Wagner 기자는 "여성들은 섹스를 하면 처벌을 받아야 한다고 믿는 극소수 게이머 집단"에 "게임 개발자와 기자를 대상으로 하는 벵가지 음모론(2012년 9월 리비아 벵가지 소재 미영사관이 피습당한 사건과 관련해 이란과 조 바이든 전 부통령, 힐러리 클린턴이 공격 전에 공모했다는 주장—옮긴이)식의 이해할 수 없는 음모론"이 덧붙여지고 여기에 "여성들을 스토킹하고 괴롭히자는 조직화된 캠페인을 펼치는 소수의 게이머들"이 가세하면서 음모론과 혐오가 다면적으로 뒤엉켜버렸다고 설명했다.[29]

그렇지만 그들 모두가 따랐던 기준은 "그것은 게임 저널리즘의 윤리에 관한 것이다"였다. 이 주제가 한 달 넘게 온라인에서 활활 타오를 논쟁에 불을 붙일 거라고는 거의 아무도 예상하지 못했을 것이다. 이 논쟁은 온라인에서 주고받는 욕설에서 시작되어 오프라인에서의 괴롭힘과 살인 협박으로 악화되었다. "고충 처리 정치로 펼쳐질 미래의 흥미로운 단면이었다. 그 미래는 온라인에서 자라난 세대들의 손에 좌우될 것이다"라고 와그너는 썼다.

게이머게이트는 뭐가 됐든 둘 중 하나만 믿을 수 있는 싸움판으로 번졌다. 쟁점은 오로지 '게임 저널리즘의 윤리'에 대한 것인지 아닌지였다. 당신이 그것을 믿는 쪽이라면 반대편의 모든 것은 당신의 분노나 행동이 얼마나 정당한지를 입증해주었다. 심지어 '게임 저널리즘의 윤리'라는 주제를 정확하게 정의한다면, 여성을 싫어하는 것, 여성이 게임에 대해 이야기하는 것을 싫어하는 것, 여성에게 반론하는 남성에게 반론을 제기하는 여성을 싫어하는 것(또는 게임에 대해 이야기하는 여성을 싫어하는 것), 그저 당신에게 반론하는 사람을 싫어하는 것 등이 모두 포함되었다.

그것이 게임 저널리즘 등의 윤리에 대한 이야기가 아니라고 믿는 쪽이라면 그 반대편은 끊임없이 이유를 바꿔가며 불성실한 주장을 정당화하는, 한마디로 엉망진창이었다. 게이머게이트가 아마 1만 명쯤 되는 활발한 참여자들을 끌어들였을 거라고 와그너는 추정했다. 그보다는 조금 적었을지도 모르지만 다들 야단스럽게 떠들어댔다. "게이머게이트는 대체로 여러 부류의 선동가들을 망라했다. 그들은 바람이 어느 쪽으로 부는지 감지하면서 소외감을 느낀다." 트위터 계정을 좀 더 신중하게 분석해보니 이런 측면이 증명되었다. 34만 개 계정(한 가지 가늠자를 적용해보기에는 상당한, 아니 많은 양이다)을 살펴본 뒤에 그리스와 런던의 한 연구 그룹은 그들이 즐거움을 잃어버릴 정도로 화가 난 건 아니었다고 밝혔다. 그들은 일반 다른 계정들보다 '친구들'(맞팔로워들) 비중이 높았지만, 부정적인 내용을 올릴 가능성은 거의 두 배나 되었다.[30]

테크 전문가 앤디 바이오Andy Baio는 싸움이 격렬하게 벌어졌던 그달의 트윗 가운데 사흘치를 분석했다. "8년 동안 트위터를 이용해왔지만 이런 행동을 본 적이 없었다"라고 그는 보고서에서 털어놓았다.[31] 그는 리트윗 기능의 역할에 대단히 놀랐다. 사흘 동안 두 개의 해시태그(#게이머게이트, #실드치지말라NotYourShield)가 걸린 31만 6000건 이상의 트윗 중에서 약 69퍼센트가 리트윗이었다. 3만 8000개 이상의 계정이 두 개의 해시태그를 올렸지만 리트윗을 제외하면 그 수치는 절반으로 줄어들었다. 대화에 맞서 휘두르는 몽둥이처럼 리트윗이 사용되고 있었다.

트위터는 초보적이지만 단호한 급습에 대비하지 못한 채로 점령되었다. 아랍의 봄 시위 참여자들이 중동 정부에 반기를 들 기회를 주었던 것과 동일한 메커니즘이 이번에는 익명의 사용자들이 소수의 유명인이나 미디어(이들은 본인의 의지와는 상관없이 수적으로 열세인 격렬한 논쟁에 휘말렸다)를 저격하게 만들어주었다는 뜻이라고 MIT와 미시간 주립대학교 연구자들은 지적했다.[32] 하지만 그런 일이 일어날 가능성을 전혀 생각해보지 못한 트위터는 속수무책이었다. 휘말린 사람들은 플랫폼을 떠날 수도 없었고 엄청난 시간을 들여서 사람들을 막아낼 수도 없었다. "자유발언이 진행되는 상황에서 표현의 자유 편을 들었다"라고 주장함으로써 트위터는 성차별 학대가 벌어질 때 성차별 가해자 편에 이용될 가능성에 노출되었다.

트위터를 떠나고 나서 4년 동안 외부에서 지켜본 뒤에야 웨더렐은 리트윗 기능이 대응책 없는 무기가 되어버렸다는 사실을 깨달았다. 한 개인이 자신을 겨냥한 다른 누군가의 말이 리트윗되지 않도록 수백 수천 개의 다른 계정을 막을 수는 없는 노릇이었다. 당신을 이해하려는 반응은 네트워크 전체에서 벌어지는 리트윗 반응에 파묻혀버릴 것이므로 대화 자체가 불가능해졌다.

자신이 구축을 거들었던 기능 때문에 '집중 포화'—다른 생각을 잠재우려는 목적 또는 인터넷에 거짓을 요란하게 올려서 누군가의 평판을 망가뜨리려는 목적으로 일제히 나서는 행위—가 가능해졌다는 생각이 웨더렐을 괴롭혔다. 사람들이 정말로 어떤 식으로 행동하고 싶어 하는지를 게이머게이트가 보여주고 있었다는 것을, 한때의 일탈이 아니었다는 것을 알아차리고 나자 게이머게이트는 "오싹한 공포소설"이 되어버렸다고 그는 버즈피드 뉴스에서 말했다.

〈애틀랜틱〉의 알렉시스 매드리갈Alexis Madrigal 기자가 논평한 대로, 리트윗은 양질의 대화에 부수적인 피해를 입힐 수 있다. 2018년 4월에[33] 그는 자신이 가입했던 2007년 말 사용자가 100만 명을 넘지 않았던 시기 이후 트위터가 어떻게 바뀌어왔는지 썼다.[34] "어느새 전체 시스템이 잘못되기 시작했다. 트위터는 흥분과 광기에 빠져들기 시작했고—너무 자주—화가 났다." 그는 그런 화가 주로 리트윗으로부터 나온다고 느꼈다. 트위터의 설정은 리트윗을 일일이 *끄*도록 되어 있고 '일괄 *끄*기' 설정은 아예 없다. 일반 사용자들은 리트윗을 일일이 꺼야 했고 그건 소모적인 일이었다. 하지만 우리는 컴퓨터 시대에 살고 있으며 그리하여 매드리갈의 프로그래머 친구가 일괄 *끄*기를 할 수 있는 스크립트를 짜주었다. (트위터 인터페이스에서도 '고급 뮤트하기'라는 영리한 해결책으로 같은 목적을 달성할 수 있

지만 일반 사용자라면 절대 찾아낼 수 없을 것이다.)[35]

매드리갈은 그 결과 "분노 버튼을 덜 누르게 되었다. 누군가가 잘못을 곧바로 지적하는 스크린숏이 줄어들었다. 엄청난 뉴스의 반복이 줄어들었고 (중략) 조금 더 차분해졌다. 조금 더 느려졌다"라고 기록했다. 고급 뮤트하기 방법을 찾아낸 루카 해머Luca Hammer도 그 결과 자신의 타임라인이 '더 차분해졌다'는 데에 동의했다. 하지만 열흘쯤 후에 그는 리트윗 알림을 다시 켰다. "전반적으로 그게 더 나은 경험이라는 확신이 들지 않는다"라고 그는 트윗에 썼다.[36] 분노에는 미묘한 중독성이 있어서 우리는 그게 없으면 아쉬워한다.

2015년 4월에 트위터는 '트윗 인용하기QT, quote tweet'라는 또 다른 형태의 리트윗을 추가했다. 이것은 원래 트윗 '위에' 논평을 허용함으로써 원래 트윗에 한 층위가 더해질 수 있게 만들었다.

'QT'라는 아이디어는 금세 알려졌고 제법 합리적으로 보였다. 하지만 실제로는 인용된 사람을 조롱하는 수단으로 전락했으며 '좌표찍기dogpiling'를 유발했다. 2018년 5월에 웹사이트 더링어The Ringer에 올라온 글에서 한 필자는 "트윗 인용하기는 유례없이 기민한 분노 유발자다. 그 때문에 우리는 문제에 봉착한다"라며 그 결과 "몰아치는 폭풍의 온도와 속도가 높아진다"라고 지적했다.[37] 리트윗은 때로 내용이나 트윗을 올린 사람에 대한 지지를 표현하기도 하는 반면에(부득이하게 많은 사람들이 본인 트위터의 자기소개에 '리트윗했다고 해서 지지하는 건 아닙니다'라는 말을 덧붙인다) 트윗 인용하기를 하면 그 콘텐츠를 지지하지 않는다는 점을 분명히 할 수 있다. 그 효과는 어떤 사람이 발코니로 나가 모여든 열렬한 지지자들에게 "이 바보 천치가 좀 전에 전화로 뭐라고 말했는지 상상도 못 할걸요! 제가 여러분에게 들려드릴게요!"라고 하는 것과 닮았다. 팔로워가 많은 사람이라면 가상공간에서 무기를 휘두르는 폭도들을 원래 트윗을 올린 사람에게 풀어놓기가 손쉬울 것이다. 웨더렐이 리트윗 기능을 고안했을 당시 트위터의 상품 책임자였던 제이슨 골드먼Jason Goldman은 트윗 인용하기가 이제는 트위터의 가장 큰 골칫거리라고 버즈피드 뉴스에 말했다. "물속에 빠뜨리는 식으로 작동"해서 권력자들이 약자들을 대상으로 갈등을 선동하는 데에 이용되기 때문이다.

내가 웨더렐에게 연락했더니 그는 트윗 인용하기보다 리트윗이 조금 더 걱정스럽다고 했다. "['물속에 빠뜨리기'보다] 더 문제가 커질 가능성이 있는 건 인용 없이 리트윗하기입니다. 아무 생각 없이 더 쉽게 자동 전달되고 그러면서도 전후 맥락은 들어 있지 않죠." 그는 이렇게 말했다. "그대로 리트윗만 하면 전후 맥락이 파괴되고[그러면서 원래 트윗이 참조한 것이 소멸된다] 해시태그를 검색하다가 또는 자신들이 팔로우하는 사람들이 좋아요나 리트윗을 했기 때문에 또는 트윗의 일부 내용이 다른 소셜미디어에 들어 있어서 우연히 그런 트윗들을 보게 된 사람들을 혼란에 빠뜨릴 수 있어요. (중략) 제 생각에는 맥락을 제거하고 재공유를 할 때마다 우리는 고아가 된 아이디어들을 악독한 양부모가 데려갈 위험을 무릅쓰는 셈입니다." 그것은 처음에 이 프로세스를 만든 웨더렐의 입장을 난처하게 했다.

그는 리트윗에 대해 이런 말을 덧붙였다. "절대로 리트윗을 하면 안 된다는 뜻이 아닙니다. 하지만 증폭에는 마력이 있고, 전체 결과에 대해 우리 각자가 아주 작더라도 엄중한 책임을 져야 한다고 믿습니다." 결국 소셜온난화는 수백만의 아주 작은 결정이 모여서 이루어진다. 작은 결정 하나하나가 저마다의 방식으로 논란이 뜨거워지는 원인을 제공한다.

실현 가능한 해결책을 고안해내기는 쉽지 않다. "소셜미디어에서 온갖 형태의 재공유가 이루어질 때 그 결과가 어떨지 생각해보게 하는 유도책이 필요할지도 모릅니다." 웨더렐은 말했다. "하지만 그런 유도책을 만들어낼 방법이 딱히 없습니다."

MIT 부교수 데이비드 랜드David Rand 같은 사람들은 적어도 가짜 뉴스에 대해서만큼은 원래의 까다로웠던 'RT' 프로세스 일부를 재도입하는 편이 도움이 될 거라고 제안한다. 그의 연구에 따르면, 공유하는 내용에 대해 곰곰이 생각해볼 시간이 조금이라도 생긴다면 사람들이 진짜 뉴스 기사는 계속 전달하면서도 가짜 뉴스는 덜 전달한다.[38] 하지만 트위터 사용자들이 대다수는 기억도 하지 못하는 세상, 다른 사람의 말을 새로 쓰는 트윗에 직접 가져다 붙여야만 했던 시절로 복귀하는 데에 정말로 동의할까? 그건 마치 교외에 사는 모든 사람에게 자동차는 치워두고 말을 타라고 하는 것과 같다.

2017년 초에 페이스북은 자사가 2016년 미국 대통령 선거에 얼마나 영향을 끼쳤는지 내부적으로 연구 조사하기 시작했고, 그보다는 조금 작은 규모로 몇 달 전에 있었던 영국 브렉시트 국민투표에 얼마나 영향을 주었는지도 살폈다. 조사에는 다음과 같은 '사용자 참여' 설문도 포함되었다. 페이스북에서 얼마나 오랜 시간을 보내는가? 어떤 종류의 콘텐츠에, 얼마나 많이, 또 어떤 식으로 대응하는가?

이 연구 결과를 보면 극단적으로 왕성하게 활동하고 몹시 편파적인 소규모 사용자 그룹이 가짜 뉴스와 낚시성 글 대부분을 양산했으며 대부분은 정치적 우파 미국인이었다. 그들 콘텐츠의 영향으로 페이스북 사용자들은 더욱더 정치적으로 양극화되었다. 하지만 그들의 활동이 고조되면서 그 영향력이 지나치게 커졌다. 페이스북 알고리듬이 눈에 띄게 열렬한 그들의 참여를 증폭시키기 때문이었다.

몇 달 후에 페이스북의 뉴스피드 무결성Integrity팀의 책임자가 이끄는 연구 그룹은 충분한 데이터를 확보했다. "우리의 알고리듬은 불화에 이끌리는 인간 정신을 악용한다"라는 내용이 고위 임원들을 대상으로 한 발표 슬라이드에 나와 있었다.39 개입하지 않는다면 "사용자의 주목을 끌고 플랫폼에서 더 많은 시간을 보내도록 하기 위해서 사용자들은 불화를 일으키는 콘텐츠를 점점 더 많이" 보게 될 것이다. 이 연구 그룹은 이를 바로잡으려면 추천과 뉴스피드 알고리듬을 수정해야 한다고 제안했다. 그럴 경우 참여가 줄어들 수 있으며 따라서 '성장에 반하는 것'으로 보일 수 있다는 경고도 포함되어 있었다.

〈월스트리트저널〉 기사에 따르면 2011년에 페이스북에 합류한(그 전에는 우파 조지 W. 부시 행정부에서 고위직에 있었다) 정책 임원 조엘 캐플런Joel Kaplan을 위시한 고위 임원 상당수가 이 제안을 받아들이지 않았다. '성장에 반하는 것'은 환영받지 못했다. 참여가 늘어나기만 한다면 편파적 콘텐츠와 고조되는 불화 따위는 괜찮았다. 페이스북은 온라인 논쟁의 온도를 낮추는 일이 자신들의 사업 이익에 손해가 된다면 그에 대해서는 특별히 관심을 두지 않는다.

빌 브래디는 외부에서 보기에는 분명히 그렇게 보인다고 말한다. "학문적 관점에서 보자면 심각한 일입니다. 그들이 [알고리듬에] 접근하지 못하게 하기 때문에 실제로 알고리듬이 어떻게 작동하는지 알 수가 없거든요. 하지만 이들 알고리듬이 소셜네트워크에서 더 많은 '분노' 콘텐츠, 더 많은 도덕적이고 감정적인 콘텐츠를 만들어내고 있다는 가설과 우리의 연구 결과는 아주 일치합니다. 우리는 더 많은 이들이 콘텐츠에 관여할수록 그 콘텐츠가 더 많이 노출된다는 걸 알고 있으니까요. 저의 여러 연구 결과를 보면, 도덕을 건드리는 이런 유형의 콘텐츠가 많은 참여량을 이끌어냅니다."

분노를 동반한 참여는 때로 걷잡을 수 없는 통제 불능 상태가 된다. 2017년에 '영 어덜트YA, young adult' 분야의 데뷔 소설 한 편이 출간되기도 전에 트위터 폭풍에 휩쓸렸다. YA 분야는 대단히 경쟁적인 시장으로, 거기서 히트를 치면 성인 독자에게도 관심을 끌면서 성공으로 이어진다. 해리 포터와《헝거 게임》시리즈도 처음에는 'YA' 소설로 인기를 얻었다. 브루클린에서 활동하는 제시 싱걸Jesse Singal 기자는 트위터에서 벌어지는 수많은 집단 공격─하나의 트윗 또는 트위터리안이 공개 망신을 당하도록 내걸렸고 더욱 격렬한, 비유적 의미에서의 돌팔매질을 불러들였다─을 어이없이 지켜보고 문서로 기록했다(그리고 자신도 집단 공격을 당했다). 비판적인 내용의 사전 서평이 어떤 블로그에 올라가면서 책의 작가인 로리 포리스트Laurie Forest는 폭풍에 휩쓸렸다. 그 블로거는 "읽어본 책 중에서 가장 위험하고 공격적"이라며 작가를 비난했다. 책에서 지지하는 사상이 지나치게 과격하다는 뜻이 아니었는데도 인종에 따라 불평등하게 나뉜 사회를 공고히 하는 내용처럼 느껴졌다. 표면적으로는 마녀에 대한 이야기이긴 했다(책 제목이《검은 마녀The Black Witch》였다). 분노의 바퀴가 돌아가자

600쪽 가까이 되는 책을 읽어본 적도 없는 사람들이 가세하기 시작했다. 어떤 이는 작가가 표절을 했다고 비난했다. 싱걸이 그 사람에게 표절의 예를 들어달라고 요청하자 《반지의 제왕》에서 한 문장을 가져왔다는 대답이 돌아왔다. 그 한 문장은 뭐였을까? "내가 따라갈 수 없는 곳으로 가지 마." 단 일곱 어절이었다.

구소련 법정에서처럼 유죄가 확정되었고 오로지 범죄를 입증하기만 하면 되었다. 집단적으로 움직이는 'YA 트위터'는 자신들이 그 책을 싫어하는지 확인하기 위해 일부를 읽어볼 필요도 없었다. 더구나 그 책은 출간되어서는 안 되었으니까.

이 경우, 사건의 여파로 오히려 반전이 일어났다. 출간 후 작가 순회강연이 이어지면서 책은 아마존 서점에서 분야 1위를 차지했고 포리스트는 여러 속편을 내놓았다. 3년이 지난 후 논쟁 당시에 썼던 기사를 다시 찾아보았을 때, 나는 기자가 링크를 걸어두었던 분노로 가득 찬 콘텐츠 대부분이 삭제되었다는 사실을 알게 되었다. 사건의 발단이 되었던 가차 없는 서평도 삭제되었다.[40] (처음에 서평을 썼던 블로거는 2019년 3월 말 젊은이들의 '취소 문화cancel culture'를 다룬 〈뉴요커〉 기사에 자기 이름이 들어가자[41] 블로그를 통째로 지워버렸다. 그와 동시에 〈뉴요커〉 기사에서 자기 이름을 빼달라는 요구를 트위터에 올렸다.[42] 그렇게 되지는 않았다.)

그렇다고 해서 트위터상의 비판이 일종의 에어로젤(공기보다 가벼운 고체로, 미래형 신소재로 알려져 있다―옮긴이)처럼 공기보다 가벼울 정도로 공허하지만 사람들이 관심을 기울여야 할 정도로 중요한 걸까? 적극적으로 정치 운동을 조직하려는 시도들이 영향을 미치지 못했다는 건 놀라운 일이다. 전적으로 하나의 소셜네트워크에서만 조직된 운동을 찾는 건 실제로 불가능하다. 가능한 예외라면 페이스북 게시물 연재에서 시작되었던 2018년 프랑스의 '노란 조끼' 시위 정도다.

문제의 일부는 소셜온난화가 의미하듯이 모든 사람이, 트위터에서 단단히 결속된 그룹들 내에서라면 특히 더, 분노의 유리를 깨고 나갈 태세를 갖추고 있다는 데에 있다. 미국의 정치학자 월리스 세이어Wallace Sayre는 대학들에서 벌어지는 내부 정치를 비꼬아 말했다. "사람들이 그토록 악랄하게 구는 이유는 판돈이 너무 적으니 잃을 게 별로 없어서입니다." 특히나 트위터에서 분노의 공세를 촉발하여 오프라인 세상에까지 영향을 미치는 일들이, 그것이 폭발하는 집단 바깥에 있는 사람에게는 믿기 어려울 정도로 사소해 보인다는 건 확실하다.

"오프라인 세상에서는 아무도 신경 쓰지 않을 듯한 별 시답잖은 장난이 자고 일어나면 핵폭탄급이 되어 있을 수 있습니다"라고 싱걸은 말한다. "그 속도는 무시무시하죠. 누구든 아주 빠르게 배척당할 수 있고 나쁜 소문이 아주 빠르게 퍼져 나갈 수 있어요. 그것이 인간 본성 중 가장 최악인 부분에 과부하를 걸죠." 요즘 대세인 화제는 편가르기 진술이 된다. 이 책은 형편없고 이대로 출간되어서는 안 된다. (반대편에 서려면 이건 좋은 책이고 출간할 만하다고 단언하면 된다.) 분노가 충분히 힘을 얻으면 2차 효과가 뒤를 잇는다. 어떤 사람들은 비난하는 반대편보다는 자신들이 이 주제의 결함을 더 잘 간파하고 있다고 단정 지을 것이다. 이는 개빈 헤인스 Gavin Haynes 기자가 '순수성 논란purity spiral'이라고 부른 상태로 이어진다. 그 논란에서 부당하게 트집을 잡는 사람들이 차례로 검열 대상이 되고 서로가 순수성을 충족하는지 검증하다 보면 그룹은 있는 대로 쪼그라든다. 이런 전개를 따라가다 보면 두 사람만 남아서 누가 상대방보다 대상을 비난할 수 있으며 더 비난할 자격이 있는지 따지는 것으로 귀결된다.

하지만 소셜네트워크라는 아이디어는 가끔이긴 하지만 인간 내면의 선함을 이끌어내는 것이 아니었던가? "예의 바른 태도에 어울리는 일정한 가치를 받아들이는 커뮤니티들에서는 그런 의사소통이 일어난다고 생각합니다." 싱걸은 말한다. "헛소리는 발도 못 붙이게 하는 괜찮은 커뮤니티도 있겠죠. 하지만 인터넷 전체에서 그런 일이 일어나지 않는 건, 모든 인센티브가 최대한 감정적인 반응을 끌어내서 참여를 높이는 데에 맞춰져 있기 때문입니다. 사려 깊고 미묘한 트위터 글들에 보상을 주는 편이 이윤에 도움이 된다면 트위터는 그런 모양으로 흘러가겠지요. 트위터가 나서서 그렇게 하라고 독려할 테고요. 하지만 알다시피 히스테리와 말바꾸기, 그런 방향으로 가야 이윤을 내는 구조입니다."

사람들을 가족, 친구, 세상 사람들과 연결해주면서 얻는 그들의 이익을 생각하면 소셜네트워크는 공짜가 아니다. 어쩌면 우리가 거짓말에 솔깃해하는 성향일지도 모른다. 하지만 소셜네트워크는 그런 성향을 증폭해서 일상적으로 그런 일이 벌어지게 만든다. 이익 창출을 위해서다. 리트윗 버튼은 우리가 가진 최악의 반사작용에 영합해서 증폭이 수월해지도록 조장한다. 옥스퍼드대학교와 예일대학교에 소속된 철학자이자 심리학 연구자 브라이언 어프Brian Earp는 브래디의 발표를 지켜보면서, 도덕적 분노가 온라인에서(특히 트위터에서) 급속히 퍼져 나가는 이유는 오프라인에서라면 응당 받을 피드백을 받지 않기 때문이라고, 오프라인에서였다면 듣는 이 가운데 일부가 과도한 행위를 보고 눈을 부라리며 못마땅하다는 티를 낼 거라고 했다.[43] 하지만 "트위터에는 소극적인 반감을 표시할 아이콘이 없죠"라고 어프는 지적했다. 약 오르고 짜증 나고 화나고 극도의 분노가 솟구치려 할 때 이를 누그러뜨릴 만한 장치가 아무것도 없다.

어프는 분석적인 방법으로 분노를 누그러뜨릴 수 있을지 궁금했다. "트위터가 어떤 트윗을 읽거나 클릭했지만 좋아하거나 리트윗하지는(또는 반대 댓글을 달 정도까지 가지는) 않았던 사람들의 데이터를 수집해서 이를 감정을 드러내지 않는(아니면 약간 못마땅해하는 정도의?) 이모티콘으로 바꿔주었다면, 작은 집단에서 발생한 도덕적 분노의 확산이 크게 줄어들었을지도 모릅니다"라고 그는 말했다. 싱걸은 분노를 확산하는 트윗을 본 사람들 중 극히 일부만이 실제로 반응한다는 걸 깨닫는다면 '분노의 폭주기관차'가 속도를 늦추지 않을까 궁금해했다.

특히 트위터가 우리의 일상에 긴박감을 가져올 수 있다는 건—직업 기자들이 관심을 기울이는 주제에 대해 최초 보도 능력이 입증되었기 때문에—어떤 사건이 벌어질 경우를 대비해서, 또 관심 있는 사람들의 정서를 파악하려는 방편으로, 영향력 있는 사람들이 일상적으로 그곳에서 시간을 보낸다는 뜻이다. 미출간 YA 소설을 둘러싸고 일어난 소동처럼 뭔가 일이 터지면 소셜네트워크의 다른 속성이 더 부각된다. "별개의 정보 또는 거짓 정보 덩어리가 빠르게 퍼져 나가서 청중 앞에 아이디어를 선보일 수 있는 데다가, 이런 대화들이 청중이 보는 앞에서 펼쳐집니다"라고 싱걸은 말한다. 그리하여 뒤틀린 결과가 나온다. 대화의 목적은 더 이상 진실성을 가늠하거나 진실을 찾아내려는 게 아니다. 그보다는 소셜네트워크에서 자신을 돋보이게 하는 것이고, 그러려면 본인이 분명하게 지지하는 가치에 얼마나 부합하는지를 모두에게 뚜렷이 알려야 한다. 게다가 빠르게 반응하기까지 해야 한다. 소셜네트워크의 팬옵티콘 같은 속성 때문에, 충분히 빠르게 반응하지 않는다고 비난받을 수도 있다. 그런 비난은 역설적이게도 늘 다른 누군가 또는 다른 뭔가를 빠르게 비난하지 않는다는 것이다. 누군가를 빠르게 축하하지 않는다고 질책당하는 경우는 거의 보지 못했을 것이다. 부정적인 감정—분노!—은 긍정적인 감정보다 피드백 루프를 더 강하게 키워낸다.

마이크 몬테이로Mike Monteiro(인터랙티브 디자인 스튜디오 뮬 디자인Mule Design의 공동 창립자이자 디자인 디렉터—옮긴이)는 오랜 트위터 사용자였지만 2018년 초에 (일시적으로) 트위터를 끊었다. 그는 온라인에서의 분노가 무차별적으로 쏟아지는 바람에 곤란을 겪었고 그 때문에 트위터를 떠났다는 글을 썼다.44 주기적으로 우울증이 재발해서 고통받는 한 사람으로서, 중요한 문제와 사소한 문제, 무시해도 좋은 문제와 처리해야만 하는 문제를 구분할 수 없게 되는 것이야말로 우울증 재발을 경고하는 신호라고 했다. 그는 트위터에서의 생활이 바로 그런 상태라고 보았다. "모든 분노가 정확히 같은 크기가 되었습니다. 미국 대통령이 외국에 전쟁을 선포하든, 어떤 배우가 시상식에 어울리지 않는 색상의 옷을 입든, 가리지 않죠. 트위터에서 그런 문제들은 정확히 같은 크기가 됩니다. 문제들이 똑같이 표시됩니다. 모두 고만고만하게 큰 문제인 거죠." 그런 일이 자신에게 일어나면 그게 문제라는 걸 알아차리고 치료를 받지만, 트위터에 그런 일이 일어나면 그건 예상대로 작동하는 괜찮은 상태인 거라고, 그 점이 다르다고 몬테이로는 말했다.

지속적으로 분노에 노출되다 보면 미세하게 마음을 다친다. 분노를 일으켜서 사람들의 참여를 유도하려는 콘텐츠를 '강박적으로 확인'하다 보면 차츰 압도될 수 있다. 예를 들어 페이스북을 이용해서 얻는 이점은 그로 인해 우리가 누리게 되는 가치를 따져보면 더 잘 알 수 있다. 2018년 말 한 절묘한 실험에서는 분노를 일으킨다거나 간청한다거나 경악하게 만든다거나 하는 시끌시끌함이 전혀 없는 상태에 대해 사람들이 얼마의 값을 매기는지를 우연찮게 알아냈다.

스탠퍼드대학교와 뉴욕대학교 연구자들로 구성된 연구팀은 사용자들이 페이스북을 하지 않으면 돈을 주는 식으로 페이스북의 사용 가치가 정확히—돈으로 환산해서—얼마인지 알아내고자 했다. 그들은 페이스북에 광고를 올려 미국 내에서 2700명을 모집했다(190만 명에게 광고를 노출했는데 그중 클릭한 사람은 2퍼센트 미만이었다).[45] 그리고 나서 얼마를 받는다면 4주 동안 사실상 사용이 불가능하도록 계정을 비활성하겠느냐고 각자에게 물어보았다. 미국에서—트럼프의 국정 운영을 처음으로 투표로 평가하는—중간선거가 있었던 2018년 11월 전후에 정치적으로 과열되어 있던 시기의 일이었다.

컴퓨터가 생성한(그러나 그들에게는 공개하지 않은) 가격보다 적게 부른 사람들이 실험 대상 그룹('실험군')에 참가하게 되었다. 컴퓨터가 제시한 가격보다 더 많이 요구한 사람은 돈을 받는 대신 사이트를 계속해서 이용하는 대조군이 되었다. 편리하게도 절반 정도가 100달러 이하를 요구했고 이 값은 컴퓨터가 제공하도록 프로그래밍되었던 102달러에 못 미쳤다. (연구자들은 100달러가 많이 나올 거라고 예상했다. 많은 사람들이 적정하다고 느낄 만한 괜찮은 어림수이기 때문이다.) 상당한 금액을 요구한 사람들도 많았다. 50달러씩 올라갈 때마다 사람들이 몰려 있었다. 500달러 이상 요구한 사람들—아마도 낙관적인 사람들—이 거의 20퍼센트였다. 그들이 평균값을 끌어올리는 바람에 전체 그룹 평균은 180달러가 되었다.

실험군에게는 페이스북을 포기하면서 하루 평균 한 시간의(일부는 다섯 시간까지도) 자유 시간이 생겼다. 다른 소셜미디어로 갈아타는 대신에 그들은 TV를 보거나 친구들 및 가족들과 시간을 보냈다. 또한 전보다 뉴스 보는 시간이 줄어들었다.

실험군이 정치적으로 양극화되는 현상도 현저히 줄었다. 미국에서는 1984년 이래로 다양한 이슈에 대해 양당을 대놓고 지지하는 사람들 사이의 견해차가 점점 더 커지면서, 양극화 측정값은 해마다 증가했다. 페이스북을 이용하지 않게 되자 정책을 주제로 한 양극화가 현저히 줄어들었고 양극화를 부추기는 뉴스에 노출될 일도 감소했다. 그런데도 실험군은 대조군보다 투표에 참여할 가능성이 높았다.

가장 두드러진 수치는 행복에 관한 것이었다. 페이스북을 끊은 사람들은 더 행복해지고 더 만족스럽고 덜 불안해졌다고 했다. (이 긍정적인 효과는 심리치료를 받을 경우 얻을 수 있는 수준의 25~40퍼센트였다.) 다른 이들의 사진이나 글에 댓글을 자주 올렸던 '적극적인' 사용자들도 덜 활발했던 사용자들과 비슷한 정도로 행복해졌다고 했다. 하지만 기분이 좋아지는 정도가 페이스북 사용량에 비례하지는 않았다. 행복하지 않은 사람들이 페이스북을 더 많이 이용했지만, 페이스북을 더 많이 이용한다고 해서 기분이 더 나빠지는 건 아니라는 뜻이다.

실험군이 밝힌 실험 후 계획과 실제로 그들이 한 행동 또한 놀라웠다. 페이스북을 끊고 4주가 지난 뒤 참가자들은 자신들이 페이스북 이용을 줄일 계획이라고 했으며 실제로도 그렇게 했다. 몇 주 뒤에 이루어진 후속 조사에서 실험군은 내내 페이스북을 사용했던 대조군보다 약 22퍼센트 덜 하는 것으로 나타났다. 무려 두 달이 지난 2019년 초에도 실험군의 5퍼센트는 전혀 페이스북을 하지 않고 있었다.

이 실험에 참가했던 사람들은 자신들이 이 실험에서 얼마나 이득을 얻었는지에 놀란 듯했다. "스트레스가 줄었어요." 한 참가자는 나중에 이렇게 말했다. "예전보다 휴대폰을 손에서 놓지 못하는 경우가 줄었어요. [온라인에서] 벌어지는 일들에 별로 신경 쓰지 않게 되었어요. 제 생활에 집중했거든요. (중략) 만족감이 커졌어요." 다른 참가자는 피아노를 다시 치게 되었다고 했다. "휴대폰에 시간을 뺏기기 전까지는 매일 피아노를 쳤었거든요." 또 다른 참가자는 깨달았다. "휴대폰을 보는 게 즐겁지 않았어요. 댓글에서 만난 사람들과 이야기를 주고받는 게 싫어요." 금연인들이 음식 맛을 되찾았다거나 담배 냄새가 나지 않는 옷을 입는 즐거움을 되찾았다는 이야기와 비슷한 느낌이었다.

이런 의견만 있는 건 아니었다. 몇몇은 그런 상호 교류를 분명히 그리워했다. "제가 좋아하는 사람들로부터 떨어져 나온 기분이 들어요"라고 말한 사람도 있었다. 또 다른 사람은 "저는 내성적인 편이거든요. 그래서 페이스북이 사교 생활에서 큰 부분을 차지하죠"라고 말했다.

4주 동안의 실험이 끝났을 때, 실험군 사람들은 페이스북을 계속 끊는 조건으로 얼마를 요구하겠느냐는 질문을 받았다. 이제는 그 평균값이 원래 금액에서 14퍼센트나 감소했다. 한발 떨어져서 보니 페이스북은 그리 가치 있어 보이지 않았다.

그렇다고 해도 이 실험은 페이스북의 '소비자 잉여 이익'—사람들이 페이스북에 지불하는 직접 비용(무료)과 비교하여 이로부터 얻는다고 생각하는 가치—이 엄청나다는 것을 시사하는 듯하다. 미국 내 페이스북 사용자 1억 7200만 명을 대상으로 한 연구 데이터를 기반으로 추정해보면 매달 미국인들은 이 사이트에서 310억 달러의 가치를 얻었다고 했다. 소득신고 표준 분기, 즉 3개월을 기준으로 환산하면 929억 달러에 달하는 금액이다. 실험이 진행된 동일 분기 동안 미국과 캐나다에서 페이스북이 벌어들인 수입은 84억 달러였다. 누군가는 대폭 할인 혜택을 받았다는 뜻인데, 둘 중 수치가 낮은 쪽인 페이스북은 아니었다.

하지만 돈을 받고 무언가를 사용하지 않는 것과 돈을 내고 그것을 사용하는 것 사이에는 차이가 있다. 저커버그는 이를 잘 알고 있다. 페이스북은 절대로 월 100달러의 사용료를 부과할 수 없다. 실험 데이터를 놓고 봤을 때 사용자 절반이 세일을 받는 셈이라고 해도 말이다. 그들은 페이스북을 포기하는 대가로 100달러보다 높은 금액을 원했는데 그렇다고 그들이 페이스북을 그만큼 비싼 돈을 주고 사용할 수 있을까?

페이스북의 가치는 사람들이 더 많이 들어올수록 올라간다. 사용자가 당신 말고 100명밖에 없다면 그것이 당신에게 주는 가치에 대한 평가(따라서 그것을 포기하는 대신 받는 돈)는 훨씬 더 내려간다. 분명히 이 사람들과 연락할 다른 방법이 있을 것이다. 2006년에 마이스페이스에 도전하면서 페이스북이 입증했던 대로, 네트워크효과는 승수효과를 창출하여 소셜네트워크를 더 가치 있게 느껴지도록 한다. 우리가 그것을 최대치로 쓸 일이 없다 해도 말이다. 우리가 자각하는 소셜네트워크의 가치는 실제 사용보다는 그 잠재력에 있다.

하지만 우리는 사용에 드는 비용을 고려하지 못하는 편이다. 사용을 끊고 거리를 두는 대가로 돈을 받는 사람들에게 억지로 계산하게 만든 비용 말이다. 그 과정에서 그들은 그 영향을 분명히 깨달았다. 다른 효과들 중 일부—특히 정치적 양극화를 완화하는 효과—는 실험 참가자들에게조차 확실히 나타나지 않았다. 하지만 미국 페이스북 이용자층 전체로 확대된다면 미국 정치의 모든 층위에서 오랫동안 엄청난 문제를 일으켰던 흐름을 멈춰 세우거나 뒤바꿔나갈 수 있을 것이다. 정치적 마비의 비용은 얼마인가? 거짓 정보나 낚시질의 비용은? 일상에서 이런 것들을 자신이 또는 가까운 사람들이 보지 않는 대가로 사람들은 얼마를 내려 할까? 이를 확인해볼 실험은 설계할 수 없다. 사람들을 다른 나라로 이주시켜서 행복감의 변화를 측정하지 않는 한 사람들의 생활환경을 다르게 만들어낼 수 없기 때문이다.

그래서 소셜온난화의 영향력은 측정하기 어렵다. 모든 것의 가치나 가격을 알아내서 경제적으로 이득인지 손해인지 정하고 싶어 하는 세상에서, 줄곧 분노가 쌓이고 행복감이 낮아지고 다른 일을 할 시간이 줄어드는 비용을 알아내기란 불가능하다. 마찬가지로 의사 결정이 좌절되기 때문에 기후변화에 조치를 취하는 일도 불가능해지는 것이다. 슈퍼마켓에 차를 몰고 가거나 휴가 때 아름다운 외딴곳으로 비행기를 타고 가거나 생태적으로 민감한 서식지 부근을 유람선으로 여행하는 일의 효용과 대비하여, 미지의 조건에서 지구가 감당할 미래 비용을 어떻게 따지겠는가? 우리가 다른 모든 사람이 장거리 비행을 하지 않는 데서 오는 이득을 알아볼 수 있는 것과 마찬가지로, 다른 모든 사람이 소셜미디어를 하지 않는 데서 오는 이득도 알아볼 수 있다. 그렇지만 우리는 아니다. 적어도 아직까지는.

5장

최악의 시나리오

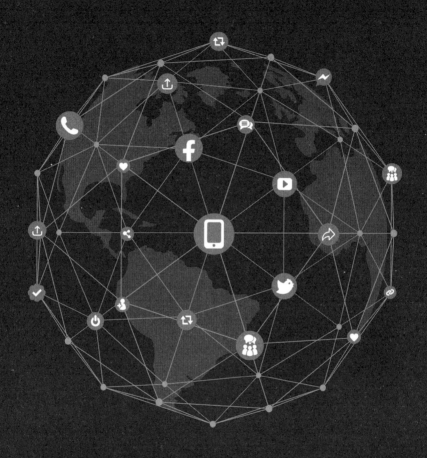

페이스북은 미얀마를
어떻게 혼란에 빠뜨렸나

Social Warming

The Dangerous and Polarising Effects of Social Media

2010년에 동남아시아 지도를 들고 휴대폰 사용 정도를 명암으로 표시했다면—높을수록 진하게, 낮을수록 연하게—싱가포르, 말레이시아, 베트남은 까맣게 칠했을 것이다. 휴대폰 수용도가 100퍼센트 이상으로, 전국민이 휴대폰을 한 대씩 갖고 있었다.[1] 필리핀은 88퍼센트로 거의 검정. 라오스는 64퍼센트로 약간 연하게. 캄보디아는 57퍼센트로 조금 더 연하게. 그런 식으로 하다 보면 끄트머리에 미얀마가 있었다. 미얀마는 그 지역에서 북쪽에 있는 중국 다음으로 두 번째로 큰 나라다. 동쪽에는 태국과 라오스가 있고 서쪽에는 방글라데시가, 남쪽에는 무정한 벵골만이 있다. 대륙의 위성사진에서 보면 이 나라에는 히말라야에서 흘러 내려온 충적토가 형성되어 있고 남쪽에는 삼각주가 퍼져 있다. 하지만 2010년에는 미얀마에 표시할 게 별로 없었다. 그해 1퍼센트에 불과했던 휴대폰 보급률은 세계 꼴찌였다. 아프리카 에리트레아보다 낮았고 북한의 1.7퍼센트보다도 조금 더 낮았다. 휴대폰 사용자 대부분은 미얀마 전체 인구의 3분의 1만이 거주하는 도시에 살았다.

그곳에서 페이스북 사용자는 공식적으로도, 실제로도, 전혀 없었다.

그다음 몇 해 동안 미얀마에서 펼쳐진 일은 소셜온난화가 제기하는 광범위한 문제를 잘 보여준다. 미얀마는 디지털이 가득하고 모두가 미디어를 잘 다루는 정보 경제와는 최대한 멀리 떨어져 있는 나라였다. 그러니 피드백 루프가 분노를 증폭시켜서 개인 간 상호 교류가 미묘하게 왜곡될 조짐이 나타날 거라는 예상에서도 한참 벗어나 있었다. 미얀마 사례는 소셜네트워크가 어디에 착륙하든 같은 결과가 나타날 거라는 점을 보여주었다. 그때까지 이어온 문화와는 상관없이 말이다.

19세기에 길고 격렬한 전쟁이 이어진 끝에 식민지가 된 이 나라를 영국은 버마라고 불렀다. 마침내 1948년 1월에 독립을 이루었지만 폭력은 끝나지 않았다. 이 나라 도처에서 반란군이 들고 일어나 신생 민주주의를 오랫동안 어지럽혔다. 1962년 3월에 네 윈Ne Win 장군이 일으킨 쿠데타로 불교사회주의 군사정부가 수립되었고 군부는 거의 모든 것을 국유화하고 반대 세력을 무자비하게 탄압했다.

오늘날 미얀마는 여러 민족이 뒤섞여 있는 용광로이고 방랑자들의 대륙(인도 대륙—옮긴이)과 다른 나라들 사이에 끼여 있다. 5000만이 넘는 인구가 135개나 되는 이민족으로 나뉘어 있다는 게 미얀마 정부의 공식 입장이다. 그렇지만 활동가들은 일부 '민족들'은 기록에만 존재한다고 한다. 소수민족들의 정치적 목소리를 세분화해서 약화시키는 한편 다른 소수민족들도 같은 이유로 없는 것처럼 취급하기 위해서다.[2] 인구의 89퍼센트를 차지하는 불교도와 소수집단, 특히 기독교도(전체의 약 6퍼센트)와 전체의 5퍼센트 미만인 무슬림 간에는 오랜 대립의 역사가 있다. 무슬림이 집중되어 있는 가장 큰 민족이 로힝야인데 이들은 방글라데시와 국경이 맞닿아 있는 라카인주 북서쪽에 주로 살고 있다. 이들은 라카인주 인구의 약 3분의 1을 차지하며 나머지 3분의 2는 불교도다.

불교도 다수파와 로힝야족 사이의 대립은 1978년과 1980년에 광범위한 충돌을 일으켰고, 두 번 다 20~30만 명에 이르는 로힝야족이 서쪽의 인근 방글라데시로 쫓겨나는 것으로 끝났다. 그 후에도 대립은 심화되었다. 정부는 로힝야족에게 완전한 시민권을 부여하지 않았고 이들을 공식 인구 집계에서 제외했으며 마을 간 이동의 자유도 허용하지 않았다.[3] 로힝야족의 토지는 수시로 몰수당했고 이들은 군사기지를 짓는 데 징용되거나 사병으로 끌려갔다.

불교도 다수파 사이에서는 로힝야족의 진의나 합법성에 대한 의심이 뿌리 깊다. 많은 사람들이 로힝야족을 방글라데시에서 온 불법 이민자로 보고 '벵골족'—식민 시대의 유산—이라고 부른다. 1962년 이후 군부는 버마 불교도만이 '충성스러운 국민'이 될 수 있음을 거듭 시사했다. 수십 년 동안 로힝야족에 대한 혐오 발언에서 그들을 '쥐'나 '벼룩'에 빗대는 말장난이 쓰였고, 빈번히 사용되는 구호 중 하나는 과거 몇백 년 전부터 사용된 것이었다. "어떤 종족을 삼키는 건 땅이 아니다. 오직 다른 종족이다." 이 말에는 이민족은 저절로 사라지지 않고 급속히 퍼져 나간다는 뜻이 담겨 있다. 심각한 분열을 초래하는 선언들 다수의 밑바탕에는 무슬림 인구가 빠르게 늘어나서 불교도를 수적으로 압도할 거라는 비이성적인 공포가 깔려 있다. 무슬림이 불교도보다 '열 배는 빠르게 자손을 퍼뜨린다'는 터무니없는 주장이 드물지 않다. (오랫동안 알려져 있던 무슬림 인구 추정치가 두 배쯤 많은, 잘못된 수치였음을 보여준 2014년 인구조사도 도움이 되지 않았다.)4 불교도들이 불안해하는 이유는, 불교신자들이 다른 신도들로부터 쫓겨났을 때 이 나라 미얀마가 자기네 종교의 마지막 보루였기 때문이다.

이에 대항하여 로힝야족 극단주의 분파들은 1784년까지 그랬던 것처럼 라카인을 자치주로 분리해달라고 요구했다. 몇백 년이 지나도록 대립은 해소되지 않았다. 일부는 군대에 맞서 무기를 들었다. 여러 해 동안 로힝야족 소행으로 알려진 습격에 대한 군사적 보복, 무슬림 국민에 대한 불교도의 공격이 주기적으로 암울하게 반복되었고, 그런 상황에서 소통 문제는 중요한 부분을 차지했다. 인권 단체 포티파이 라이츠Fortify Rights가 수행한 2016년 연구에 따르면 1938년 이후로 그런 공격이 이루어지기 전에는 늘 반무슬림 메시지가 소책자로든 전단지로든 지역 사람들 사이에서 폭발적으로 퍼져 나갔다.5 그 같은 민족 간 충돌의 잔혹함은 선전물의 내용 그리고 그 확산의 용이성과 직접적으로 연관되어 있었다. 혐오 내용의 확산이 더 쉬워진다면 어떤 결과가 펼쳐질지는 뻔했다.

이 나라는 독재 때문에 번성하지 못했다. 특히 1987년에는 나이 든 지도자 네 원이 미신에 사로잡히는 바람에 액면가가 자신의 행운의 숫자인 9로 나누어지지 않는 지폐를 금지했다. 자국 은행을 신뢰하지 못해 현금을 쌓아두었던 수백만 명이 갑자기 알거지로 전락했다. 1989년에 신군부 지도부는 영국의 식민지명 이전에 썼던 미얀마로 나라 이름을 바꾸겠다고 선언했다. 또한 십진법을 따르는 지폐로 되돌아가면서 공산주의와 거리를 두었다.

하지만 2010년에도 미얀마는 여전히 아시아의 병자the sick man of Asia였다. 2008년에 사상 최악의 사이클론 나르기스가 가난에 시달리던 이라와디 삼각주를 강타해서 거의 14만 명이 사망했다. 인당 경제력 척도인 1인당 GDP는 동남아시아에서 가장 낮았다. 아시아개발은행ADB, Asian Development Bank과 외국인 기부자들은 외부 세계와 자유무역을 더 이상 무시하지 말라고 군부를 압박했다. 첫 선거가 치러졌고 준문민정부—여전히 군부가 감독하고 선발했다—가 취임하여 일련의 개혁이 시작되었다. 2011년에 미디어와 인터넷 검열이 완화되었다. 하지만 다양한 법이 계속 남아 있어서 당국은 콘텐츠 관련 죄목으로 사람들을 체포하여 수감했다.

5200만 명쯤 되는 인구 중에서 무려 3000만 명이 농부였고, 이와 별도로 500만 명이 농장 설비를 수리한다든지 하는 농업 관련 일에 종사했다. 주요 산업은 농업, 특히 쌀농사, 또는 가스, 목재, 금속 채굴 같은 원자재 산업이었다. 공식적인 실업률은 4퍼센트에 불과했지만 이 수치는 10년 동안 변한 적이 없었다. 인구의 약 3분의 1은 불완전고용 상태였고 4분의 1은 생활이 궁핍했다.

그리고 휴대폰을 가진 사람은 거의 없었다. 군사정권은 사람들이 서로 연락하면서 어쩌면 체제 전복이나 혁명을 조직할 수 있게 되는 상황을 바라지 않았다. 국가 통제 독점기업이 운영하는 휴대폰은 가격이 비싸서 손에 넣기 어려웠다. 심카드는 더더욱 비싸서 하나에 2000달러쯤 했다. 평균 연봉의 두 배에 이르는 가격이었다.

인터넷 연결과 인프라가 부족하고 농업 기반 경제와 생활 방식이 주류인 데다가 여러 민족이 뒤섞여서 갈등의 역사를 이어온 미얀마야말로, 샌프란시스코 남쪽 멘로파크에 자리한 페이스북 본사의 기술 관료주의적

이고 세련되고 문화적으로 단일한 세상과는 딴판인 지구상 유일한 곳이
다. 하지만 페이스북 문화가 곧 미얀마 사람들이 스스로를 이해하는 방식
을 많은 부분 결정짓게 되었다.

"조화로운 사회를 만들면 포괄적이고 지속 가능한 성장의 기초가 됩니
다." ADB는 2012년 〈과도기의 미얀마Myanmar in Transition〉라는 보고서에서
이렇게 선언했다. "정부가 그런 사회를 만드는 일을 도울 수 있습니다. 이
나라의 다양한 문화에 대한 이해를 촉진하고, 국가적 화해에 노력을 기울
이고, 민족 집단의 성원들이 공공서비스, 일자리, 그 밖의 경제적 기회를
동등하게 이용할 수 있도록 보장하고, 부유한 지역과 가난한 지역 사이의
연결을 강화하는 데 필요한 인프라를 구축함으로써 말입니다."

군부는 인프라에 관한 부분을 귀담아들었다. 심카드 가격이 내려갔고
저렴한 휴대폰이 출시되기 시작했다. 다른 나라에서 그랬듯이 모바일 연
결망 도입이 경제에 활력을 불어넣을 것으로 기대되었다. 컨설팅 회사 딜
로이트가 모바일 이동통신사 에릭슨을 위해 준비한, 미얀마에서의 모바
일 커뮤니케이션이 경제에 미칠 잠재적 영향을 설명한 2012년 보고서에
는, 모바일 연결망을 구축하기만 해도 600억 달러밖에 안 되는 이 나라의
아주 낮은 GDP가 3~5퍼센트 부양될 거라는 내용이 나와 있다.[6] 사용자
들이 휴대폰을 이용해서 쌀의 시장가격을 알아본다든지 건강에 대한 조
언을 얻는다든지 비상경보를 받는다든지 하는 등의 부가 이익은 계산에
넣지 않은 수치였는데도 그랬다.[7]

당시 미얀마의 휴대폰 보급률은 약 4퍼센트까지 올라가서 북한이나
에리트레아를 앞질렀지만 아시아 이웃 국가들보다는 한참 뒤처져 있었
다.[8] 딜로이트는 휴대폰을 더 많이 이용할 경우 예상되는 세 가지 시나리

오를 상정했다. 낮은 비율(3년 후에 휴대폰을 가진 사람들이 전체 인구의 20퍼센트까지 오를 경우), 중간 비율(35퍼센트까지 오를 경우), 높은 비율(50퍼센트까지 오를 경우). 선행 연구에 따르면 휴대폰 보급률이 10퍼센트 증가할 때마다 지속 가능한 GDP 성장률이 1퍼센트에 달했다.[9] 이 예측에 근거하면 미얀마는 1~4퍼센트포인트의 장기 GDP 성장률을 기대할 수 있었다. 딜로이트 보고서는 또한 모바일 연결성이 "인간의 기본권 행사를 가능하게 하고 사회의 투명성을 증대하는 데에 중요한 역할을 할 수 있다"라고 했다.

2012년에 정부 소유의 이동통신사 MPT가 심카드 가격을 200달러까지 내렸다. 2013년 초에는 150달러로, 그해 4월에는 2달러까지 내려갔다. 휴대폰 구매가 급증했다.

2013년 6월, 부정부패가 없었다는 점에서 많은 이들을 놀라게 했던 경쟁입찰 후에 노르웨이의 텔레노르Telenor와 카타르 텔레콤의 오레두Ooredoo가 모바일 이동통신 사업권을 허가받아서 2014년 중반에 사업을 시작했다. 세상이 미얀마의 코앞까지 와 있었다.

하지만 숨은 문제들이 있었고, 이 문제들은 바깥세상이 미얀마 내의 미얀마어를 쓰는 컴퓨터 사용자들과 상호 교류를 시도해야만 드러날 수 있을 터였다. 다년간의 저개발과 폐쇄보다도 미얀마어 사용 때문에 미얀마는 더욱더 고립되었다. 미얀마의 문자언어는 '아부기다'로, 하나의 기호를 써서 자음과 뒤따르는 모음까지 나타내는 문자 체계다. 아부기다는 남아시아 언어에서 흔히 사용된다. 예를 들어 도시나 거주구를 뜻하는 단어 'myo'는 다섯 개의 글자 요소로 구성되어 있지만 쓸 때는 주의 깊게 조합하여 겹쳐지지 않게끔 해야 한다. 그러지 않으면 읽을 수 없거나 뜻이

달라진다.

대다수 언어들과 마찬가지로 미얀마어는 로마자를 사용해서 표기하지 않는다. 따라서 컴퓨터에서 미얀마어를 쓰려면 자판입력을 해석해서 기호를 표시해주는 특별한 형태의 프로그램이 필요하다. 오랫동안 컴퓨터에서 표준으로 활용된 유니코드는 어떤 언어로 쓴 텍스트든 컴퓨터에서 컴퓨터로 전달되어 다른 언어에서도 정확히 해석되도록 보장한다. 어떤 사람이 러시아어 키보드를 사용해서 러시아어 키릴문자로 당신에게 이메일을 보낸다면, 영어가 기본 언어로 설정되어 있는 당신의 컴퓨터는 이메일을 키릴문자로 보여줄 것이다. 컴퓨터에게는 각각의 키릴문자가 숫자에 불과하기 때문이다. 컴퓨터가 유니코드 표준 체계에 따라 그 숫자를 어떻게 표시할지 알고 있는 한, 당신은 화면에서 원문의 충실한 재현을 보게 될 것이다.

유니코드는 약 14만 개의 '숫자들'을 잡아두고 수백 가지 문자 체계와 기호를 망라한다. 미얀마어 같은 언어에서 유니코드는 단어를 생성하기 위해 글자를 가리키는 숫자들이 저장되어야 하는 순서를 지시한다. 이는 영어 단어에서의 음절과 상당히 유사하다.

지배적인 데스크톱 운영체제인 마이크로소프트 윈도우를 비롯해 많은 컴퓨터 운용 플랫폼이 2005년까지만 해도 제대로 유니코드를 다루지 못했다. 게다가 미얀마는 컴퓨터 운용의 주류에서 실질적으로 단절되어 있었다. 그래서 2005년에 컴퓨터 시대를 열렬히 받아들이고자 했던 한 지역의 개발자가 화면상에서 텍스트를 생성하는 먀제디Myazedi라는 자체 시스템을 만들었다. 사용자 한 명당 100달러는 저렴하지 않은 가격이었고 1년도 안 되어 해적판이 나왔다. 그리고 2006년에 거의 똑같은 무료 버전이 주어기Zawgyi라는 이름으로 출시되었다. 유니코드와 실질적으로 경쟁이 없었던 데다가 특히 2007년 시위와 2008년 사이클론 나르기스 대참사 이후 인기가 높아진 국내 뉴스 사이트 플래닛 미얀마Planet Myanmar에서 사용되었기 때문에 주어기는 미얀마의 PC 사용자들 사이에서 빠르게 번성했다.

하지만 주어기는 컴퓨터 운용을 해결해주는 만병통치약이 아니었다. 그것은 이 나라에서 쓰는 다른 언어에 이미 할당되어 있던 고윳값을 쓰는 바람에 유니코드 체계와 충돌했다.[10] 결정적으로, 유니코드는 한 가지 방식으로 저장되어 있는 한 단어의 글리프(문자의 모양이나 형태를 나타내는 그래픽 부호─편집자)를 대표하는 숫자 배열만 허락하기 때문에 그 단어로 정확하게 재구성되는 반면, 주어기는 텍스트를 여러 방식으로 저장하고 나서야 그 단어를 재구성할 수 있었다. 실제로 유니코드는 'confusing'을 언제나 'con fus ing'으로 저장하지만, 주어기는 'ing fus con' 또는 'con ing fus'처럼 저장할 수 있었다. 따라서 유니코드에서는 'myo'를 화면에 정확하게 띄우기 위해 고윳값을 매기는 방법이 한 가지였던 반면, 주어기에서는 아흔여섯 가지가 있었다.

이것은 사소한 기술적 차이로 보이지만 실제로는 엄청난 의미가 있는 문제였다. 첫째, 유니코드만이 적용되는 체계는 주어기 텍스트를 오역해서 이해할 수 없는 오류를 일으켰고, 반대로 주어기가 유니코드를 오역하기도 했다. 주어기로 쓴 콘텐츠를 일관되게 검색하거나 분류하는 일은 불가능하며─사전에서 음절이 뒤죽박죽되어버린 어떤 단어를 찾고 있다고 상상해보자─기계번역 시스템은 혼란에 빠진다. 왜냐하면 기계번역 시스템이 각각의 언어로 이루어진 같은 텍스트를 대량으로 모아놓고 그것들을 서로 비교함으로써 두 언어 간의 번역 방법을 배우기 때문이다. 주어기 콘텐츠는 일관성이 없는 대상이다.

페이스북이 미얀마어 유니코드로 깔끔하게 번역되는 사이트를 공식적으로 출시한 2013년 6월까지 주어기는 미얀마에서 텍스트를 입력하거나 컴퓨터가 그것을 화면에 출력하는 방법으로 확고하게 자리 잡고 있었다. (많은 얼리 어답터가 이미 페이스북을 사용하고 있었다.) 한 가지 긍정적인 면이 있다면 외국인이 소셜미디어에 영향을 미칠 가능성이 없다는 점이었다. 주어기는 그만큼 그 지역에 한정된 산물이었다. 트위터의 140자 제한 또한 미얀마어로 쓰려면 불편했다.

2013년 화웨이와 삼성이 스마트폰을 판매하기 시작했을 때, 이들은 이 나라에서 가장 인기 있는 사이트를 살폈고 자신들이 판매하는 휴대폰에 주어기가 설치되어 있지 않다면 어느 쪽이든 그것을 설치한 경쟁사에 밀릴 거라는 사실을 깨달았다. 그래서 미얀마에서 사용되는 거의 모든 휴대폰에 주어기가 깔리게 되었다. 유니코드가 '제대로 된' 방법인데도, 스마트폰 제조사부터 콘텐츠 제작자, 특히 뉴스 웹사이트 제작자에 이르기까지 모두가 경쟁 시장에서 사람들이 기존에 갖고 있는 것(그것이 어떤 면에서 열등하다 해도)을 고수하는 이익이 '우수한' 방법을 저버리는 비용을 능가하는 현실을 알고 있었다. 우수한 방법을 고집하다 보면 일시적으로 사용자나 독자를 놓칠 수 있기 때문이다.

"오직 네트워크효과 때문에 주어기가 살아남은 거죠." 2016년에 한 미얀마 신문기자가 했던 말이다. 그는 아마도 '오직' 네트워크효과만이 이동통신, 인터넷, 페이스북을 살아남게 한다는 사실을 의식하지 못한 듯했다.[11] 여기에 모두 주어기가 내장되면서 외부의 이해를 가로막는 장벽이 생겼다. 특히 페이스북은 여러 해 동안 그 장벽에 맞서게 되었다.

하지만 미얀마 사람들은 유니코드로 된 일부 페이스북 게시물이 자신들이 갖고 있는 주어기 기반 시스템에서 이상하게 보여도 신경 쓰지 않았다. 텍스트 상자가 비어 있더라도 입력이 가능할 것이다. 컴퓨터에게는 모든 것이 숫자에 불과했기 때문이다. 그리고 그 숫자들은 주어기를 사용하는 다른 컴퓨터나 스마트폰에서 정확한 단어로 재구성될 것이다. 유니코드 기반 시스템을 사용하는 사람에게는 부정확하게 표시될 수 있는 주어기로 쓴 글들로 페이스북이 채워지기 시작했다. 페이스북 시스템은 사람들이 어떻게 시간을 보내고 있는지, 어떤 콘텐츠에 '참여하고' 있는지, 무엇을 '좋아하고' 있는지 이해하지 못했지만 기록은 할 수 있었다. 반면 주어기 사용자들은 콘텐츠를 완벽하게 이해했다.

페이스북 도입이 미얀마에 불러일으킨 또 다른 양상은 많은 외부인들에게는 분명히 드러나지 않았다. 이 나라 국민은 디지털을 경험한 지 몇 년도 안 된 상태에서 전 세계 10억 명 이상이 하는 방식과 동일하게 페이스북—앱이든 콘텐츠든—에 접근 가능하게 되었다.

페이스북의 설계에 깔려 있는 특정한 관례는 그것을 따르지 않는 사람들을 보고 나서야 비로소 눈에 띈다. 이를테면 이런 것이다. '네트워크'가 무엇인지 알고 있다. 처음에는 이미 알고 지내는 사람들, 그리고 연락이 끊어졌던 이들과 '친구' 맺기를 바란다. 신경 써서 개인 계정을 보호하고, 계정 접속을 유지한다(따라서 계정 생성을 인증하는 방법으로 주로 쓰는 이메일을 통해 질문에 대답할 것이다). '좋아요' 버튼을 누르는 것은 방금 본 콘텐츠를 실제로 좋아한다—즉 찬성한다—는 뜻이다. 이곳에서 보는 콘텐츠에 대해서도, 다른 곳에서 볼 때와 마찬가지로 의심을 거두지 않을 것이다. 그리고 무엇보다도, 이 네트워크에서 알맞은 행위를 하도록 관리하는 사람이 있고, 그들에게 정당한 요구를 할 수 있으며, 그러기 위해서 위험을 무릅쓰지 않아도 된다.

페이스북이 엄청난 수준의 디지털 리터러시digital literacy(디지털 시대에 필수적으로 요구되는 정보 이해 및 표현 능력—편집자)를 상정하고 있다는 건 놀라운 사실이다. 서구 사회를 기준으로 개인 컴퓨터가 보급된 지 20년 이상 지나고 인터넷 이용이 가능해진 지 10년 이상 지난 시점에 시작된 서비스였기 때문이다. 이런 가정들이 없는 상태에서 국민이 곧바로 페이스북에 접근하게 되면 어떤 일이 벌어지는지, 전 세계 사람들은 미얀마를 보고 나서야 알게 되었다. 모든 사람에게 밤사이에 자동차를 넘겨주고 누구에게도 운전면허가 있느냐고 묻지 않은 것과 같은 일이 디지털 세상에서 벌어진 셈이었다.

2012년 1월, 당시 마흔넷이었던 불교 승려 아신 위라투Ashin Wirathu는 정치범 사면으로 감옥에서 석방되었다. 위라투는 2003년에 25년 형을 선고받았다. 여러 해 동안 이끌어온 운동의 일환으로 무슬림 살해를 선동하는 설교를 한 혐의였다. 석방되자 그는 또다시 혐오와 인종차별에 나섰다. 이전에는 시장 가판대에서 판매되는 팸플릿, CD, 동영상 CD, DVD 등을 통해 그의 말이 유포되었다. 하지만 이제 인터넷이 가세했다. 블로그에 공짜로 글을 올릴 수 있었고, 페이스북 사용도 무료였다. 그는 상당히 침착하게 그것을 활용했다. 인터넷 덕분에 그의 설교가 쉽게 퍼져 나갔을 뿐 아니라 그가 무기로 쓸 만한 바깥세상의 정보 또한 들어왔다. ISIS는 아직 전 세계적인 뉴스가 아니었지만—그해 말에 그렇게 되었다—이슬람 테러 집단 알카에다와 알샤바브가 헤드라인을 차지하고 있었고 그 런 뉴스가 미얀마까지 들려왔다. 무슬림 테러 집단, 침공과 정복은 위라 투가 하려던 이야기에 완벽히 들어맞았다.

얼마 지나지 않아 효과가 나타났다.

2012년 5월, 라카인주에서 발생한 불교도 여성 강간 살인 사건이 분쟁 과 파괴의 도화선이 되었다. 일주일간의 폭력 사태로 200명이 살해되었 고 11만 5000명이 집을 잃었으며 주택 수천 채가 소실되었다. 위라투의 설교가 초기의 일부 폭동을 선동한 것 같았다. 게다가 몇몇 목격자는 소 셜미디어, 즉 페이스북이 혐오를 선동하는 데에 사용되고 있다고 우려했 다. 6월에 무슬림 로힝야족 남성 두 명이 그 불교도 여성을 살해한 죄목으 로 사형선고를 받았다. 그들과 함께 체포된 다른 한 명은 구류 중에 자살 했다고 보도되었다.

당시에 아엘라 캘런Aela Callan은 이미 걱정하고 있었다. 캘런은 경험 많 은 오스트레일리아 기자였고, 2012년 정치적 개방 전에 미얀마 거주 비 자를 받은 사람들 중 한 명이었으며, 민주주의의 개화기로 보이는 현상을 보도했다. 그녀는 심카드 가격이 급락하는 흐름을 지켜봤다. 그녀는 온라 인 콘텐츠 검열이 완화되는 상황을 지켜봤다. (실은 신문 콘텐츠 검열이 그 보다 먼저 완화되었다.) 사람들은 왜 휴대폰을 구매하려 하는 걸까? 인터넷, 좀 더 정확하게는 페이스북에 대한 기대감이 있었다. 휴대폰 판매점들은 일회용 이메일 계정을 써서 페이스북 계정 만드는 법을 재빨리 알아냈다. "사람들은 이메일이 뭔지도 몰랐어요. 매장에 가서 값싼 화웨이 휴대폰을 사면 아무 이메일 계정과도 연동되지 않고 사용자와는 아무 관계도 없는 페이스북 계정이 미리 설치되어 있었죠. 그냥 매장에서 파는 대포폰을 받는 셈이었어요." 캘런은 회고했다. "페이스북에서 로그아웃되면 그 매장에 다시 찾아가서 다른 계정을 받으면 그만이었죠."

미얀마 기자들은 새로운 기기와 그 연결이 가져올 잠재력을 빠르게 알아챘고 가장 먼저 수용했다. 열성적인 기자들 눈에 페이스북은 기삿거리가 넘쳐나는 보물 창고처럼 보였다. 갑자기 쉽게 연락할 수 있는 사람들이 많아졌고 쉴 새 없이 콘텐츠를 만들어내는 사람들도 많아졌다. 그냥 들여다보기만 하면 되었다. "페이스북은 휴대폰에서 가장 쓸모 있는 앱이었죠. 모두가 계속 페이스북을 했어요. 다들 페이스북이 인터넷의 전부라고 생각했습니다." 캘런의 말이다. "사람들은 구글 검색을 할 수 있다거나 이메일 같은 게 있다는 걸 알지 못했어요. 이들은 [페이스북] 메신저로 연락을 했어요. 페이스북에서 글을 썼고, 페이스북에서 검색을 했죠."

2014년부터 2018년까지 미얀마에서 NGO 프로젝트 활동을 했던 레이 세라토Ray Serrato도 같은 현상에 크게 주목했다. "그 나라에서 처음 활동을 시작했을 때 사람들에게 연락할 만한 제대로 된 수단은 페이스북이 유일했습니다."

흥분한 미얀마 기자들과 소셜네트워크 혁명에 가담한 사람들은 인쇄물은 의심하면서도 페이스북 콘텐츠는 의심하지 않았다. 신뢰할 만한 바깥세상이 페이스북을 조정하고 있다고 여겼다. "모두 페이스북에 올라오는 모든 일이 사실이라고만 생각했어요. 이건 〈미얀마 뉴라이트New Light Of Myanmar〉[정부가 통제하는 선전용 신문]가 아니고 바깥세상에서 들어온 소식이니까 분명 사실일 거라고 믿었죠." 캘런의 말이다. 위라투의 설교가 페이스북에 올라오기 시작하자 기자들이 '로힝야'를 검색하면 그의 댓글을 보게 되었다. "위라투가 무슬림을 맹비난하는 걸 보고 이런 반무슬림 글은 모두 미국이나 다른 나라들에서 온 거라고 생각했어요. 그래서 사람들은 이렇게 말했죠. '그래, 이건 분명 사실일 거야.' 이 나라를 차지하려는 무슬림의 음모가 있다고요. 그래서 기자들이 그 이야기를 쓰게 됐습니다."

2013년 3월 20일, 상업 도시 메이크틸라에서 무슬림 상점 주인과 불교도 손님 간의 다툼—둘 다 여성이었다—을 계기로 군중이 모여들었고 약 200명이 싸움에 휘말렸다. 이것이 다시 1000명쯤 되는 무리가 가담한 폭력적인 반무슬림 공격으로 번졌다. 최소 다섯 명이 사망하고 서른아홉 명이 부상을 입었으며 모스크 두 곳과 이슬람교 학교 한 곳이 파괴되었다.[12] 당시 그곳에 살고 있었던 미국인 박사과정 학생 맷 시슬러Matt Schissler는 인근 마을과 도시에 살던 사람들이 그 사태가 메이크틸라 밖으로 퍼져 나가고 있다는 루머를 듣고 반신반의했다고 말했다. 정부 발표는 즉각 불신했지만, 신문에 난 이야기라면 믿을 만하지 않을까?[13] 화물차 운전자들이 보여주는 페이스북 게시물이라면?

이틀 뒤 양곤에서 당시 구글 CEO였던 에릭 슈밋이 연설을 했다. "정부가 계속해서 인터넷을 규제하지 못하도록 애써주십시오." 그는 양곤 기술대학교에 모인 사람들에게 말했다.[14] "나쁜 발언에 대한 답은 더 많은 발언입니다. 더 많은 소통, 더 많은 목소리입니다." 그리고 이런 말을 덧붙였다. "우리는 한 나라가 어떻게 새롭게 제 모습을 갖춰갈 수 있는지 지켜볼 기회를 얻었습니다. (중략) 저는 급속도로 빠르게 이 사회가 발전할 거라고 믿습니다."

한편 캘런은 메이크틸라 공격의 여파를 취재해서 다큐멘터리 영화를 찍기 시작했고, 폭력을 선동하고 무슬림을 배격한 루머들 일부를 선전 유포하는 과정에서 페이스북이 핵심 요소였음을 알게 되었다. 그해 9월에

〈증오로부터의 자유Freedom From Hate〉라는 제목으로 개봉한 이 영화는 수십 년 동안 함께 살아왔던 불교도와 무슬림 간의 폭력 사태를 자세히 살폈다.[15] 카메라 앞에서 증언한 사람들 중에는 반분쟁 기구 크라이시스그룹Crisis Group의 리처드 홀시Richard Horsey도 있었다. 그는 지난 몇 년 동안 달라진 게 있다면 "사람들이 페이스북, 휴대폰을 사용하면서 정보를 손쉽게 접할 수도 전달할 수도 있다"는 점이라고 했다. 그런 확산이 실리콘밸리식 유토피아에 이르는 멋진 아이디어처럼 느껴질지도 모른다. 하지만 홀시는 그렇게 생각하지 않았다. "이슈를 접할 때마다, 불꽃이 튈 때마다, 화재로 번질 가능성이 훨씬 커져버렸습니다."

캘런은 이렇게 말했다. "다큐멘터리 제작을 위해 들여다보면 볼수록 모두 이렇게 말하고 있었습니다. '무슬림이 우리 여성을 강간하고 있다고 페이스북에서 봤어요. 무슬림들이 자식을 더 많이 낳아서 우리를 압도하려 한다고 페이스북에서 봤어요. …한다고 페이스북에서 봤어요.'

그래서 저는 이랬죠. 잠깐만! 페이스북은 미국에서 대학생 애들 보라고 만든 플랫폼이잖아. 사람들을 연결한다는 장대한 임무를 내세우고 말이지. 그런데 미얀마 같은 나라는 어떻지? 이 나라의 이쪽 끝과 저쪽 끝처럼 아무런 소통도 하지 않았던 사람들을 연결한다고? 민족 분쟁이 이렇게 심한데? 연결하면 오히려 안 좋은 거잖아?"

세라토는 사람들이 페이스북 사용 방법에는 익숙했지만 "정보의 신뢰성을 평가하거나 불법 계정 여부를 가려낼 단서들에는 익숙하지 않은 게 분명했어요. 이 계정은 얼마나 자주 글을 올리지? 웹사이트에 있는 링크들은 뭐지? 링크를 누르면 어디로 가게 되지? 같은 것들 말이에요"라고 말했다. 미얀마인 가운데 절반쯤은 중등교육을 받지 못했다. 글자를 읽을 수는 있었지만 그들에게 문해력이 있었는지는 의문이다. 확실한 건, 디지털 리터러시는 없었다.

2013년 말에 캘런은 스탠퍼드대학교에 연구비 지원을 신청했는데, 미얀마 기자들에게 어떻게 혐오 발언을 분간할지, 어떻게 그런 발언을 증폭하지 않는 이야기를 구성할지를 교육할 자금을 마련하려는 것이었다.

캘런은 자신이 목격한 문제가 발생한 과정을 페이스북이 알아야 한다는 점에도 주목했다. 스탠퍼드 인맥을 동원해서 그녀는 2013년 11월 6일 아침에 엘리엇 슈래지Elliot Schrage와의 인터뷰를 잡을 수 있었다. 그는 당시 페이스북의 글로벌 커뮤니케이션, 마케팅, 공공정책 책임자였고 마크 저커버그, 셰릴 샌드버그 다음가는 실질적인 회사 서열 3위였다. "당시 실리콘밸리는 전성기에서도 정점을 찍고 있었죠." 캘런은 회상한다. "페이스북 서열 3위와 만난다는 건 엄청난 특권이었어요. 모두가 이렇게 말했죠. '이럴 수가, 정말 운이 좋구나. 셰릴 샌드버그를 빼면 그 사람이 제일 중요한 인물이라고.'"

그 미팅에서 캘런은 무슬림을 묘사하는 표현들에 대해, 또한 빠르게 성장하고 있는 미얀마에서 페이스북이 위해를 가하는 데에 이용될 가능성이 크다는 점에 대해 심각한 우려를 표했다. "저는 그에게 이런 일들이 모두 일어났고, 이런 일들이 문제였고, 페이스북이라는 미디어가 사태를 가속화하고 있고, 사람들이 페이스북을 검색에 활용하고 있다고 알렸습니다." 미얀마의 문제는 페이스북을 검색하면 페이스북 콘텐츠만 볼 수 있다는 것이었다. 그 콘텐츠들은 선동적이었고 사람들을 편향되게 할 수 있었다. 규모가 크고 활발한 그룹일수록 페이스북 검색에서 상위에 오르기 때문이다.

캘런은 슈래지의 반응에 힘을 얻고 그곳을 떠났다. 그날 바로 후속 이메일을 보내서 그녀는 잠재적 결과에 희망을 표현했다. 몇 시간 만에 슈래지는 답장을 보냈는데, 캘런을 페이스북에서 일하는 많은 사람들에게 소개하면서 그녀가 "미얀마에서 페이스북이 뉴스가 퍼져 나가는 경로라고 믿고 있으며" 휴대폰이 폭발적으로 보급되고 있다고 전해주었다. 또한 그녀가 미얀마의 혐오 발언 문제에 관심이 많다고도 했다.

"논의해 보자"는 이메일이 한바탕 쏟아졌다. 그리고 그 미팅 일주일 후, 슈래지가 연결해준 사람들 중에서 바딤 라브루식Vadim Lavrusik이 사실상 홍보 담당 부서인 '미디어 파트너십 팀'에 그녀가 제기한 문제를 넘겼다. 캘런은 자신의 노력이 실패로 돌아갔음을 깨달았다. "페이스북 PR팀은 저를 아주아주 신중히 대했어요. 제가 이 내용을 글로 쓰거나 영화로 만들까 봐 걱정하는 게 분명했고 그래서 저를 관리하려 들었죠. 제가 엔지니어들 중 누구와 통화를 해도 모두 알고 있었어요."

캘런은 알아차렸다. 어떤 나라가 있는데 그 나라 사람들은 페이스북이 곧 인터넷이라고 생각하고 앞으로 3년 뒤면 그 나라 인구의 75퍼센트가 인터넷에 접속하게 될 거라고 그녀가 이야기했고, 이 회사는 그 이야기를 들었다. 하지만 혐오 발언에 관한 부분은 다음 기회에 다른 누군가가 해결해야 할 문제라는 양 굴었다. "페이스북은 PR팀을 미얀마에 보내기까지 했어요. 저에게 비자 문제를 도와달라고도 했죠. 기본적으로 '보세요, 우리가 미얀마에 페이스북을 들여오고 있어요!' 같은 동영상을 찍기 위해서였어요. 그래서 저는 이렇게 말했어요. '진정하세요, 여러분. 여기에서 무슨 일이 일어나고 있는지 생각해봐요. 당신네들의 플랫폼 구조가 미얀마 같은 나라에서 더 성공할 수 있도록 기술적인 조치를 취하려는 거라면 '가장 먼저 해가 되지 않게'부터 접근해야죠.'"

　일부 문제는 페이스북의 엔지니어들이 생각하는 사용자들의 시스템 이해도와 미얀마 사용자들의 실제 이해도가 엄청나게 다르다는 데에서 비롯되었다.

　우선 '좋아요'의 의미부터 달랐다. 페이스북 엔지니어들에게 좋아요 버튼을 누른다는 건 다른 사람이 쓴 콘텐츠 하나를 지목해서 동의를 표시하는 일이었다. 하지만 미얀마 사용자들에게는 체크하라고 있는 칸일 뿐이었다. "어떤 일이 일어났냐면 '무슬림 놈들을 몰살하고 싶다'라고 영어로 게시물이 올라오면—그곳에서 실제로 있었던 일을 예로 든 겁니다—사람들이 재빨리 조치를 취해서 바로 삭제됐어요. 그래서 그들은 같은 내용을 미얀마어로 올렸죠. 그리고 사람들은 '좋아요'를 그냥 눌렀어요. 하지만 '좋다'는 뜻으로 그런 건 아니었어요. '이 글을 봤다'는 의미였죠. 그들이 피드를 살펴보는 장면을 지켜보면 모든 글에 좋아요를 누르는 걸 보게 될 겁니다. 그냥 '그래' 정도죠. 경적을 울리는 것과 비슷합니다. 읽었어, 읽었어, 읽었어."

　"그러다 보니 '무슬림 놈들을 몰살하고 싶다' 같은 글에 좋아요 4000개가 달리는 거죠." 캘런이 기억을 떠올렸다. "어느 지점에 이르면 페이스북 알고리듬이 개입합니다. 주어기로 입력된 내용을 해석하지도 못하면서요. 사용자들의 열광적인 '참여'로 해석하도록 프로그래밍되어 있는 데 주안점을 두기 때문에 그 글을 점점 더 많은 사람들에게 보여줍니다. 그러면 사람들은 그걸 읽고 다시 좋아요를 눌러요. 악순환이 심화되는 거죠.

　두 번째 문제는 페이스북이 보통 사람이라면 아무도 읽지 않을 '커뮤니티 규정'에 의존하여 게시물들을 엄중하게 단속하고 있는데, '게시물

신고'라는 아이디어를 둘러싸고 문화적 차이가 있다는 겁니다. 주어기로 입력된 텍스트를 자동화된 시스템으로 걸러내려면 장벽이 있습니다. 그러니 수상한 콘텐츠가 있다면 사용자들이 알려주어야 하는데, 불쾌한 내용을 보면 문제가 되는 게시물 아래에 있는 메뉴를 선택해서 '커뮤니티 규정 위반 신고'라는 항목을 눌러야 합니다."

그러나 수십 년 동안 탄압과 검열에 시달렸던 나라에서라면 위반이나 신고 같은 말들이 매우 무겁게 다가온다. 캘런은 불쾌한 글이 있다면 사람들이 좋아요를 누르는 대신 신고할 거라고 페이스북 엔지니어들이 자신만만하게 이야기했던 것을 기억하고 있다. "군사독재에 시달렸던 나라에서 그게 어떤 의미인지 알긴 아세요?"라고 캘런은 그들에게 물었다. "한밤중에 경찰이 그 집에 들이닥칠 거란 뜻입니다. 아무도 그런 식으로 남을 벌주고 싶어 하지는 않습니다." 미얀마 사람들은 페이스북 콘텐츠 '신고'가 어떤 의미인지, 즉 누가 신고 내용을 검토하며 어떤 처벌이 내려질 수 있는지 알지 못했다.

가장 격심한 문화적 차이는 페이스북의 정신과 비즈니스 모델에 내포되어 있었다. 페이스북 입장에서 콘텐츠의 확산을 막는 건 말도 안 되는 일이다. 페이스북 시스템 자체의 목적이 사람들을 연결하는 것이다. 콘텐츠를 서로 전달할 수 없다면 무슨 의미가 있겠는가? 페이스북의 콘텐츠 관리 규정은 미국 헌법이 나타내는 미국인의 이상, 즉 자유의지론이 가미된 청교도윤리에 매우 충실하다. 따라서 총기와 폭력은 허용하면서 섹스, 생식기, 유두 등은 금지한다. 그러다 보니 죽음이나 상해를 일으킬 수 있는 기구를 보여주는 건 괜찮고, 생명체를 낳고 키울 수 있는 자연의 산물을 보여주는 건 위험하다는 살짝 뒤틀린 논리로 이어진다.

‘혐오 발언’으로 분류되는 것에 대해서 페이스북의 규정은 느슨하다. ‘일반적인 분노의 표출’은 허용되지만 ‘특정인에게 해를 가하라는 요구’는 허용되지 않는다. 또는 ‘확실한 폭력 행사 위협’도 안 된다. 이런 글들은, 이론적으로는, 삭제될 것이다.

하지만 삭제 과정은 자동으로 이루어지지 않는다. 페이스북 회사가 지정한(직접 고용한 건 아닌) 한 명의 관리자가 이런 콘텐츠가 존재할 경우 경고성 알림을 받는다. 그러면 그가 페이스북의 은밀한 규정을 거스르는지 검토한다. 컴퓨터는 ‘genocide(대량 학살)’나 ‘Muslim(무슬림)’ 같은 단어가 들어간 영어 게시물을 걸러내서 관리자에게 넘길 수 있었다. 하지만 컴퓨터는 주어기 게시물은 효과적으로 걸러내지 못했다. 이런 일에는 그 나라 말을 모국어로 하는 사람이 필요했다.

그러므로 미얀마 사람들이 처음으로 인터넷을 손에 넣게 되었을 때, 담론을 억제할 책임은 대개 페이스북의 관리자들 어깨에 달려 있었다. 아니, 알고 보니 관리자 한 명의 어깨였다.

2013년에 로힝야족을 ‘칼라kalar’(피부색이 진한 사람들을 일부 미얀마인들이 경멸해서 부르는 인종차별 언어)라고 부르면서 “히틀러가 유대인을 대했듯이 우리는 그들과 싸워야 한다”라고 주장하는 게시물 수천 건이 페이스북에 올라오기 시작했다. 그들은 개새끼이고 쥐새끼이며 죽여 마땅한 놈들이라고도 했다. (여러 단체에서 지적했던 대로, 어떤 집단의 사람들을 동물과 동일시하는 식으로 인간성을 말살하는 언어는 폭력, 더 나아가 대량 학살을 선동하는 일반적인 수사법이다.) 수시로 이런 게시물들은 아주아주 먼 곳의 밈을 끌어왔다. 레이 세라토는 위라투가 이끄는 마바타Ma Ba Tha(‘미얀마 애국 연합'으로 번역된다) 그룹 페이스북 페이지를 보고 크게 충격을 받았던 기억을 떠올린다. "저는 [영국의] 런던이 '런더니스탄Londonistan'—무슬림이 영국의 수도를 점령하고 있다고 하는 과장된 표현—이 되었다고 언급한 밈을 보았습니다. '미얀마에서도 이런 일이 벌어질 것이다'라는 설명이 붙어 있었죠. 저는 생각했죠, 이건 정말로…." 그는 경악과 놀람을 제대로 표현할 적당한 단어를 찾지 못해서 웃음으로 얼버무렸다.

하지만 얼마 지나지 않아 미얀마의 무슬림–불교도 관계에 관한 학술서에서 시슬러가 눈여겨본 부분인데, 그렇게 다른 국가와 관련된 비유가 들어왔다는 것이 잠재된 갈등의 서사를 원했던 이들에게 중요했다.[16] 미얀마에서는 무슬림이 극소수일지 모르지만, 세계 곳곳에 얼마나 많은 무슬림이 있는지 보라! 그들이 어떻게 장악해가는지 보라! 하는 생각을 은연중에 암시하는 메시지가 돌았다. "무슬림 권력, 국제적인 무슬림 권력이 아주 강하다는 인식이 있습니다." 아웅 산 수 치는 2013년 10월 BBC 인터뷰에서 이렇게 말했다. 그녀가 무슬림에 대한 불교도의 긴장감을 목격한 것이든 끌어낸 것이든, 그 말은 그런 긴장감이 커져가고 있음을 드러냈다. 그리고 시슬러가 주목했던 대로 미얀마 사람들은 이제 페이스북에서 선동하는 동영상과 자극적인 슬로건을 접하고 있었다. 정치적 형태의 동영상과 슬로건은—수십 년 동안 미국의 정치적 비방 광고가 보여주었듯—가장 설득력 있는 메시지 형식일 수 있다.

휴대폰 또한 일상이 되고 있었다. 2013년 12월부터 2014년 2월까지 실시한 국제 공화주의 연구소IRI, International Republican Institute 조사를 보면, 미얀마 전체 가구 중 40퍼센트가 휴대폰을 갖고 있었고 인구의 5퍼센트가 일주일에 한 번 이상 인터넷에 접속했다. 이들 중 50퍼센트 이상이 휴대폰

으로 접속했으며 29퍼센트는 집에서, 7퍼센트는 카페에서, 5퍼센트는 직장에서 접속했다.[17]

2014년에 미얀마의 페이스북 사용자층은 약 200만 명까지 늘었고 이는 전체 인구의 3퍼센트가 넘는 수치였다. 그리고 인구의 절반 정도는 휴대폰을 갖고 있었다.[18] 7월에 사용자 ID를 휴대폰 번호와 연동한 메신저 앱 바이버Viber는 2월에 200만 명이었던 사용자층이 500만 명까지 증가했다고 발표했다. 스마트폰 보급과 데이터 사용이 폭발적으로 늘었다.

하지만 문제도 폭발했다. 그해 3월 시트웨라는 남부 해안 도시에서는 한 NGO 소속의 어떤 여성이 불교 깃발을 훼손했다는 루머가 페이스북으로 퍼지는 바람에 폭동이 일어났다.[19] 곧 성난 군중들이 칼과 돌을 손에 쥐고 몰려들었고 그 NGO 직원은 곧바로 도망쳤다. 그 광란 가운데 숨진 스물한 명 중에는 열한 살 소녀도 있었다. 맷 시슬러는 그 뒤 아홉 달 동안 선동적인 루머와 혐오 발언을 퍼뜨리는 데에 페이스북이 이용되는 정도에 관해 여러 차례 페이스북 직원들과 논의했다고, 나중에 로이터통신을 통해 밝혔다. 그가 인용한 사례 가운데 하나는 국제 구호 단체 대원에 관한 게시물이었는데 그의 사진에 나라의 반역자라는 비난이 붙어 있었다. 그렇지만 그 게시물이 신고되었을 때, 페이스북은 커뮤니티 규정을 위반하지 않았다고 응답했다. 대체 왜? 한 달 이상 계속 불만을 제기한 후에야 페이스북은 마침내 받아들였다. 페이스북은 사진만 보고 사진에 달린 텍스트는 보지 못했다. 그 게시물은 삭제되었다.

7월 2일에 미얀마에서 두 번째로 큰 도시인 만달레이에서 소요 사태가 일어났다.[20] 무슬림 찻집 주인 두 명이 불교도인 여성 점원을 강간했다는 혐의로 기소되었다. 그 주장—거짓이었다—은 처음에 블로그에 올라왔다가 페이스북에 전달되면서 확산되었다.

그 후 이틀 동안 대혼란이 퍼지면서 두 명이 죽고 열 명이 다쳤다. 지난해에 종교적 갈등이 나타났던 인근 마을로 폭력 사태가 번질까 염려한 대통령실은 해당 콘텐츠를 안 보이게 처리해달라고 하기 위해 페이스북에 연락을 시도했다. 하지만 페이스북은 미얀마에 지사가 없었고 그 지역에 지정된 연락처도 전혀 없었다. 대통령 측근 고위 공무원 조 테Zaw Htay는 당시 딜로이트 컨설팅 회사의 미얀마 지부에서 일하면서 지역의 테크 커뮤니티에서 좋은 인맥을 쌓아둔 크리스 툰Chris Tun에게 연락을 취했고, 그에게 줄을 대서 페이스북이 조치를 취할 수 있게 설득해달라고 간청했다. 툰은 조치를 취할 수 있을 만한 미국 본사 직원들에게 차례로 연락을 시도했지만 미얀마와 캘리포니아의 열 시간 시차를 극복하기가 어려웠다. 대통령실은 빠르게 통할 방법을 택했다. 나라 전체의 페이스북 접속을 일시적으로 차단했던 것이다. 한 정부 대변인은 접속 차단이 효과가 있었다고 나중에 발표했다. 소요는 잦아들었다. (그 도시와 인근 지역에 내려진 통행금지 조치도 도움이 되었을 것이다.)[21]

다음 날 아침에 일어나 보니 페이스북 직원이 보낸 여러 통의 이메일이 툰을 기다리고 있었다. 하지만 폭력 사태나 논란을 일으킨 콘텐츠에 대한 내용이 아니었다. 페이스북 접속 불가 상태에 우려를 표하는 이메일들이었다. 페이스북이 접속 상태를 유지하는 것이 그 어떤 고려 사항보다 최우선이었다. 아니, 다른 고려 사항들이 있을 수 있다는 것을 그들은 알지 못하는 듯했다. 바로 전해에 캘런이 그토록 노력을 기울였는데도 말이다.

돌이켜 보면 툰이 겪은 문제는 놀라운 게 아니었다. 당시에 페이스북이 인정하지는 않았지만, 미얀마어를 말할 수 있는 단 한 명이 한 나라 전체의 관리자를 맡고 있었다. 게다가 그는 아시아가 아닌 아일랜드 더블린에 있었다. 그곳에는 여러 사법 관할권을 이유로 페이스북의 미국 외 본부가 소재하고 있었다. 그 담당자는 대개 페이스북 사용자들이 적절치 않다고 표시해주는 콘텐츠만 살폈다. 200만 명의 사용자에게서 들어오는 신고만으로도 한 명의 관리자는 충분히 바빴다. 사용자들이 어쩌다 우연히 콘텐츠를 신고해도 그 관리자는 유니코드만 읽을 수 있는 미얀마 바깥 세상에서 주어기 게시물을 검색하려다 보니 어려움에 직면했다. 사실상 미얀마는 흥분하고 소란스러운 어린이 수백만 명이 들어차 있는데도 규율을 유지할 교사 한 명 없는 교실 같은 상태였다.

스마트폰과 소셜네트워크가 등장했을 때 다른 나라에서 일어난 반응을 살펴보면 이해하겠지만, 이런 건 '소셜온난화'도 아니었다. 다른 나라 사람들은 상시 연결된 상태에 맞춰진 소셜네트워크나 컴퓨터에 이미 익숙했기 때문에 행동 변화는 미묘한 정도로 일어났다. 미얀마는 수년간의 검열에서 벗어나는 중이었고, 컴퓨터를 잘 알지 못했고, 전국 또는 전 세계가 어떻게 돌아가는지 막 알아가고 있는 나라였다. 이건 온난화라기보다는 태워 없애기였다.

7월 말, 국제연합UN 특별조사관 이양희는 열흘간의 미얀마 방문을 마무리하면서 불교도와 무슬림 간의 양극화가 심화되고 있다고 보고했다.[22] "미디어와 인터넷에서 혐오 발언을 확산하고 폭력과 적의를 선동하는 것이 우려됩니다. 이런 일들이 더 심각한 폭력 사태를 부추기고 촉발했습니다." 이양희는 일반적인 발언이 아닌 혐오 발언을 견제할 법률 제정을 촉구했다.

페이스북과 연락을 해보려는 툰의 시도가 무위로 끝나고 2주가 막 지났을 때, 페이스북 아시아태평양 지역 정책 책임자 미아 갈릭Mia Garlick과 미얀마 정부와의 미팅이 양곤에서 열렸다.[23] 미아 갈릭은 그 자리에 모인 사람들에게 페이스북이 행동 수칙과 사용자 가이드라인을 최대한 빨리 미얀마어로 번역해서 올릴 것이라고 말했다. 실제로는 그때부터 열네 달이 더 걸렸다.

다시 두 달이 지난 후 이동통신사 오레두와 텔레노르가 사업을 개시했고 치열한 가격 경쟁을 벌이며 신규 가입자를 유치하기 위한 저렴한 데이터 요금제를 내놓았다. 다른 많은 나라에서도 그랬듯이 스마트폰은 사치품에서 생필품으로 빠르게 바뀌었다. 오레두가 내세운 강점은 자기네 심카드를 구매하는 사람들에게 페이스북 접속을 무료로 제공하는 서비스였다.

소셜미디어가 사회불안의 핵심 변수로 떠오르기 시작했다. 과거에 휴대폰이 없었을 때는 어떤 사건이 일어나더라도 반응이 빠르게 진압될 수 있었고 멀리까지 퍼지지도 않았고 오래 지속되지도 않았다. 이제는 사건이 페이스북을 통해 증폭되고 왜곡되면서 계속해서 반향을 일으킨다. 여섯 시간 시차가 있는 지역에 떨어져 있는 단 한 명의 관리자가 어떻게 해볼 수 있는 수준에서 한참 벗어났다. 눈앞에 놓인 휴대폰에서 보게 되기 때문에 위협은 더욱 시급하게 느껴졌고, 모욕적인 말은 더욱 개인적으로 느껴졌다. 국영 라디오, 검열받는 신문, 최소한의 연결성이 존재하는 세상에 살 때보다 모든 것이 더욱 극적이었다. "사람들에게 커뮤니티를 만들 권한을 부여해서 세상을 더 가까워지게 한다"라는 페이스북의 사명은 그 커뮤니티가 큰 칼을 휘두르면서 그들이 쥐새끼에 비유했던 사람들에게 점점 더 가까이 다가가고 있는 상황이라면 별로 이로울 것 같지 않다.

2015년에 미얀마에서 이동통신 서비스 가입자가 최초로 2000만 명을 돌파했다. 인구가 스무 배는 더 많은 중국과 인도를 제외하면 가장 많은 수치였다.[24] 딜로이트의 예측치 가운데 가장 낙관적인 시나리오, 다시 말해 2016년에 50퍼센트를 달성할 거라던 예상치를 훨씬 웃도는 성장세였다.

인터넷—더 정확히는 페이스북으로, 미얀마의 거의 모든 사람에게는 페이스북이 곧 인터넷이었다—은 또한 중요한 언론 미디어로 등극하기 시작했다. 국제 선거제도 재단 IFES, International Foundation for Electoral Systems 의 2015년 여론조사에서 미얀마인 22퍼센트가 인터넷을 언론 미디어로 활용한다고 응답했다. TV, 라디오, 팸플릿보다는 여전히 적었다.[25] 눈에 띄는 대목은 35세 미만 가운데 3분의 1이 일주일에 한 번 이상 페이스북을 사용한다고 했다는 점이다. 같은 해 말에 또 다른 IFES 조사에서는 전체 인구의 21퍼센트가 일주일에 한 번 이상 페이스북을 사용한다고 했으며, 그중에서도 14퍼센트는 매일 사용한다고 했다. (비교해보자면 41퍼센트가 매일 TV를 시청한다고 했다.) 당연히 페이스북을 가장 많이 사용하는 이들은 18~29세였다.

급속한 성장세에도 불구하고 2015년 초까지도 페이스북에는 신고된 게시물을 검토하는 미얀마어 가능 인력이 단 두 명뿐이었다. 그들은 페이스북 직원도 아니었고 관리를 담당하는 하청회사에 고용된 사람들이었다.[26] 그들은 미얀마에 살고 있지도 않았다.

한편 현장에 있던 사람들은 온라인 게시물에서 접하는 콘텐츠들에 대해 점점 더 걱정했다. 2015년 3월에 시슬러는 캘리포니아의 페이스북 본사에서 미얀마 사태에서 페이스북의 역할과 책임에 관해 강연을 했다. 2015년 5월에 미얀마 테크 인큐베이팅 회사 판디야르Phandeeyar의 공동 설립자 데이비드 매든David Madden도 캘리포니아로 건너가서 페이스북 임원에게 미얀마에서 최근 나타나는 위험은 1994년 르완다 내전만큼 심각하다고 말했다. 당시 르완다에서는 라디오방송에서 시민들에게 살인을 저지르라고 지시했고 그 결과 투치족 대량 학살이 벌어져서 최소 50만 명이 사망했다. 라디오방송이 르완다에서 했던 일을 페이스북이 미얀마에서 하게 될 위험에 처했다고 매든은 페이스북 임원들에게 경고했다. 빠르게 움직이고 틀을 깨라는 게 모토인 이 플랫폼이 지나칠 정도로 빠르게 움직이면서 불안한 사회계약을 깨고 있다고. 미팅 참석자 중에는 미아 갈릭도 있었다. 아마 그녀는 매든이 가져온 메시지가 익숙했을 것이다.

그 뒤에 매든이 받은 이메일에서 페이스북은 그의 경고가 내부에 공유되었고 심각하게 받아들여지고 있다고 확언했다.

같은 해 말에 크레이그 모드Craig Mod 기자는 컨설팅 회사 스튜디오D Studio D와 함께 미얀마를 방문해서 시골의 소규모 자작농들이 어떻게 스마트폰을 사용하는지 알아보고자 했다. 그들은 스마트폰이 교육의 매개체가 되리란 기대를 품고 있었다. 그는 페이스북 계정을 설정하는 '대포폰 시스템'이 시골에서도 잘 작동하고 있음을 알게 되었다. 이야기해본 사람들 중 누구도 이메일을 쓰지 않았을 뿐 아니라 이메일 주소라는 개념조차 이해하지 못했다. "현재 통용되는 앱들에 가입하거나 계정을 만들려면 이메일 주소를 요구한다는 걸 알고 계실 거예요. 그건 이메일이 뭔지도 이해하지 못하는 컴퓨터 문맹 사회에는 엄청난 요구입니다." 그는 내게 말했다. "닷dot이나 앳at, @ 기호를 써서 지형을 이해한다는 건 조금 떨어져서 보면 아주 이상한 일이죠."

농부들 가운데 일부는 거의 중독 수준이었다. 그들은 사용량만큼 과금하는 20달러짜리 휴대폰을, 매장에서 구매한 스크래치 카드로 25메가바이트씩 충전해가면서 썼다. 한 달에 500메가바이트를 사용하는 사람도 있었다. 그 당시 영국 스마트폰 사용자와 같은 수준이었다.[27] 그보다 더 많이 쓰는 사람들도 있었다.

휴대폰을 잃어버리거나 로그인이 해제되면 페이스북 대포 계정이 생성되어 있는 다른 휴대폰을 사면 그만이었다. 그리고 맨 처음부터 다시 시작했다. 일부는 동시에 사용할 수 있는 계정 여러 개를 갖고 있었다. 종종 사람들은 로그인 비밀번호를 공유했다. 왜냐하면―안 될 이유가 없지 않은가? 페이스북 계정이 개인적으로 보관하고 싶은 내용을 숨겨두는 데에 쓸모가 있다는 생각은 존재하지도 않았다. 미얀마어에는 '프라이버시'에 딱 맞는 단어가 없다.[28] 개인정보 설정의 세부 사항은 영어를 모르는 사람들에게 아무 의미도 없었을 것이다. 그들이 영어를 아는 사람들을 아주 잘 알고 있는 경우가 아니라면 말이다.

그리고 사람들은 무엇이 사실이고 무엇이 사실이 아닌지 구분하지 못했다. 계정, 보안 모델, 개인 프로필 관리, 위협 모델에 대해 페이스북이 상정하는 모든 것이 동일한 추정이나 선행 요건이 전혀 없는 채로 페이스북을 하게 된 국민 앞에서 모두 휘어지고 부서졌다. 내용 위반이 반복되어 페이스북 계정이 정지된다고 해도 휴대폰에서 즉시 사용할 수 있는 로그인 ID가 다섯 개쯤 더 있다면 아무런 위협이 되지 않는다.

페이스북 모델에 장착된 또 다른 기본 가정―친구들이 있다! 친구들과 계속 연락하고 싶다! 친구들 소식을 듣고 싶다!―또한 붕괴되었다. "우린 많은 농부들이 마을의 누구와도 [페이스북] 친구가 아니라는 점을 알아차렸어요. 그래서 물어봤죠, '왜 사촌과는 [페이스북] 친구를 안 하시는 거예요?' 그랬더니 '왜 사촌과 친구를 해야 하죠? 매일 만나는걸요'라고 하더군요." 모드는 기억을 떠올렸다. "알고 지내는 사람들과 소셜네트워크로 연락한다는 개념 자체가, 적어도 우리가 이야기해본 사람들 사이에서는 생경했어요. 쓸데없는 일처럼 생각했죠."

사실상 그들은 그것을 소셜(사교)로 여기지 않았다. '네트워크'라는 개념도 이해하지 못했다. 모드는 이렇게 말했다. "네트워크에 대한 경험도 노출도 없었기 때문에 그 사람들에게는 모두 뉴스를 보는 전달 기제에 불과했어요. 페이스북은 단지 뉴스를 쉽게 전달하고 상황을 빠르게 퍼뜨리는 도구였습니다. 농부들이 뉴스를 읽고 다리가 다섯 개 달린 소처럼 신기한 사진을 보는 게 기본 방식이었던 거예요. 그때까지만 해도 뉴스에 공신력이 있었기 때문에 아무도 출처가 유효한지를 잠시도 의심하지 않았다고 생각합니다."

진실, 거짓말, 오락, 선동. 거기에는 차이가 없었다. 수십 년 동안 자리를 지켜왔던 문지기와 문(게이트키퍼와 게이트)은 사람들이 손에 든 알록달록 움직이는 밝은 화면과 픽셀과 알림이 범람하면서 쓸려 나갔다. "이들에게는 근본적으로 대세 예능 프로그램 같은 거였어요"라고 모드는 말한다. "TV나 그 비슷한 것도 없던 나라에서 이토록 값싼 데이터 요금으로 본질적으로 끝없이 오락거리가 흘러나왔죠."

앨런 데이비스Alan Davis는 발칸반도의 인종청소를 보도했던 기자였다.

그는 1990년에 당시에는 버마였던 이곳을 방문했다. 그 뒤에도 여러 번 버마에 들렀고, 2012년에 분쟁 지역과 민주주의로 이행 중인 폐쇄된 사회와 국가의 보도를 개선하려 노력하는 NGO인 전쟁과 평화 보도 연구소 IWPR, Institute for War and Peace Reporting의 아시아 책임자직을 맡아 다시 이곳을 방문했다. 미얀마는 분명히 예의 주시할 만한 나라였고, 그렇게 2012년에 방문했을 때 그는 캘런과 마찬가지로 폭력 사태에서, 또 혐오 발언을 되풀이하는 기자들의 보도("그들은 혐오 발언이 무엇인지 이해하지 못했어요. 그냥 또 하나의 기삿거리로 여겼죠")에서 목격한 것들을 걱정했다. IWPR은 미얀마 기자들에게 선동적인 발언을 구별하는 방법, 무슨 일이 일어나고 있는지 관찰하는 방법을 훈련시킬 기금을 마련하기로 했다. 이 일에 2년 이상이 걸렸고 그는 2015년에 돌아왔다. 현장에 있는 한 연구자가 시민들을 인터뷰해서 다음과 같은 측면을 알아냈다고 데이비스는 말했다. "신경써야 할 대상은 전통 미디어가 아니었어요. 꽤 많은 리플릿과 [설교] CD, 그리고 소셜미디어가 진짜 문제였죠."

데이비스는 지역 기자 집단을 조직해서 TV, 라디오, 신문, 온라인 모니터링을 시켰다. "착수하자마자 혐오 발언과 불쾌한 것들이 모두 페이스북에 있다는 사실을 바로 알아차렸습니다. 그래서 95퍼센트의 시간을 페이스북 모니터링에 할애했죠."

처음 보고받은 건 1분짜리 짧은 동영상이었다. 어떤 남성이 운전하는 동안 휴대폰에 대고 본인이 말하는 모습을 찍었는데, 방글라데시 무슬림이 양곤에 있는 슈웨다곤 파고다(미얀마에서 가장 신성시되는 불교 사원—편집자)를 폭파하려 모의하는 걸 알게 되었다고 주장했다. "아무도 이 사람이 누군지 몰랐어요. 하지만 페이스북에 올라왔다는 이유로 이 영상은 공유되고 또 공유되었죠. 그러면서 위세를 떨치게 되었습니다." 이런 일이 반복적으로 일어났다. "다른 사건들이 있을 때면 이런 일은 더욱 힘을 얻었습니다." 데이비스는 회상했다. "[2016년 7월에 프랑스] 니스에서 폭탄테러가 있었을 때, 곧바로 페이스북에서 [무슬림 혐오 발언이] 급증하는 걸 보게 되었죠."

폐쇄사회에서 개방사회로, 독재에서 민주주의로 이행하는 과정에서 지배적인 민족 집단이 있었기에 갈등이 불가피했다고 데이비스는 말한다. "민주주의는 골치 아픈 일입니다. 그리고 민주주의는 다수를 위한 것이죠. 버마나 유고슬라비아 같은 나라에서 소수민족들은 늘 고통받습니다. 목소리를 낼 수 없으니까요." 소셜미디어가 없어도 그랬다. 그는 지적한다. "거기에 소셜미디어까지 가세하면 불길에 기름을 붓는 셈이죠."

페이스북 프리베이식스Free Basics (제휴를 맺은 이동통신사들을 설득해서 소비자에게 데이터 요금을 부과하지 않고 스무 군데 사이트에 접속할 수 있도록 하는 페이스북 프로그램으로, 해당 사이트에는 페이스북, 위키피디아, BBC 뉴스 등이 포함되어 있다)가 도입되면서 이동통신 사업자가 부과하는 데이터 요금 없이 얼마든지 페이스북을 (동영상이나 사진은 제외하고) 둘러볼 수 있게 되었고 사태가 더욱 악화되었다고 그는 말했다. "무슨 생각이든 키워낼 수 있다는 뜻이었죠. 필연적으로 나쁜 것들을요." 공정한 뉴스를 보려면 돈이 들었다. "로이터나 AP 뉴스는 볼 수 없었어요. 그런 휴대폰으로는 CNN도 볼 수 없었고요. 돌이켜 보면 아주 엉망이었던 거죠."

그사이 휴대폰 보유와 페이스북 사용은 계속해서 늘었다. 따라서 긴장감도 높아졌다. 2016년 초에는 80퍼센트가 휴대폰을 가졌고—미얀마 정부가 2011년에 세웠던 원대한 목표를 달성했다—이 중 40퍼센트가 이동통신 서비스에 가입했다. 이동통신 회사 에릭슨은 2021년이면 두 가지 수치가 100퍼센트를 넘을 것이라고 전망했다.[29] 이동통신 서비스 가입률은 약 30퍼센트로, 이미 방글라데시보다 더 높았고 베트남과 유사한 수준이었다. 휴대폰 보유율이 베트남에서는 100퍼센트가 넘었고(휴대폰 두 대를 쓰는 사람들이 있었다) 방글라데시에서는 80퍼센트였는데도 말이다.

페이스북 또한 확고히 자리 잡았다. 미얀마에 거주하는 사용자 데이터베이스를 조회해보면 희한하게도 동남아시아의 다른 어느 국가보다 사용자가 많았다. 그러나 당시 대표적인 설문조사 결과를 보면 휴대폰 사용자 가운데 페이스북 계정을 설정하거나 어떤 앱이든 기본 세팅을 바꾸는 방법을 아는 사람은 20퍼센트 미만이었다.[30] 이 조사에 따르면 사용자의 41퍼센트가 여러 개의 계정을 이용했다.

요 몇 년간 캘런과 매든에게 앞으로 조치를 취하겠다고 호언장담한 것이 무색하게, 2016년 8월 〈미얀마 타임스Myanmar Times〉에는 이 나라의 온라인 온도가 여전히 상승 중인 것 같다는 기사가 실렸다. 닉 베이커Nick Baker가 쓴 이 글은 "최근 미얀마에서 일어난 인터넷 혁명에는 어두운 면이 숨어 있다"라는 문장으로 시작된다.[31] "셀프 카메라와 스티커 뒤에 숨은 채, 페이스북 같은 소셜미디어 플랫폼은 혐오 발언—청중이 매일 늘어나고 있다—의 새로운 온상이 되었다." 미얀마 내 페이스북 사용자층은 이제 월간 이용자 1000만 명(한 달에 최소 한 번 이상 로그인한 개별 계정 개수를 페이스북이 측정한 값)을 넘어서 인구의 20퍼센트에 거의 다다랐다.[32] 사람들끼리, 또 휴대폰끼리 계정을 공유하는 방식 때문에 조사된 수치가 실제보다 많은지 적은지는 알기 어렵다.

인권 단체가 관찰한 바로는 강경한 견해를 강요하는 데에 디지털 리터러시 결핍이 교묘하게 이용되고 있었다. "거짓 정보나 가짜 뉴스에 달리는 댓글 수, 공유 수, 좋아요 수를 보면 끔찍하죠." 리터러시 단체의 마 자치 우Ma Zar Chi Oo는 베이커에게 이렇게 말했다. 오래된 동영상이 새로운 자막 처리 후 폭동이 일어났다고 주장하는 신규 동영상으로 둔갑했다. 선동적인 댓글들이 달렸다. 혐오 발언은 안락한 새 보금자리를 얻었다. 혐오 발언에 대한 해법은 더 많은 발언이라고 한 미국인의 주장이 경험적으로 검증받을 시험대에 막 오르려는 참이었다.

극단주의 견해를 밀어붙여서 가장 덕을 본 사람 중에는 위라투가 있었다. 많은 나이 든 승려들은 위라투의 반무슬림 메시지에 반대했고 화해를 설교했지만, 위라투는 가장 강렬한 반응을 얻는 메시지를 증폭시키는 페이스북 알고리듬 덕을 봤다.

2016년 말 버즈피드 뉴스에서 그는 자신의 마바타 운동—많은 이들에게는 강경파 반무슬림으로 알려져 있다—은 많은 부분 페이스북 덕분에 성공했다고 말했다. "이 인터넷이 [미얀마에] 들어오지 않았다면 그토록 많은 사람들이 제 견해나 메시지를 지금[그들이 알고 있는 것]처럼 알지는 못했을 겁니다." 그는 당시 버즈피드 기자였던 시라 프렌켈Sheera Frenkel에게 말했다. "인터넷과 페이스북은 내 메시지를 퍼뜨리는 데에 상당히 유용하고 중요합니다." 책과 설교도 괜찮았지만 인터넷은 "더 빠르게 메시지를 퍼뜨리는 방법"이었다. 그는 자기가 만든 첫 계정이 관리자에게 거의 즉시 삭제되었다는 경험담을 늘어놓았다. 두 번째 계정은 빠르게 '친구' 5000명까지 커졌다. 그래서 그는 페이스북 페이지를 개설했다. 참고로 그가 개설한 페이지는 두 명의 정규 직원이 매시간 업데이트를 담당하는 서비스다. 페이스북이 그 페이지를 닫으려 했다고 그는 불평했다. 하지만 그는 페이스북보다 앞질러 나갈 수 있었다.

그가 쓴 방법이 통했다. 프렌켈이 만났던 한 관광 안내원은 이전에 강경한 입장의 승려에 관해 어렴풋이 들은 적이 있었고 그러다가 위라투가 쓴 내용을 자기 아들 페이스북 계정에서 발견했으며 이내 확신하게 되었다고 말했다. 위라투는 거짓 설명이 달린 이라크 ISIS의 가짜 사진을 무기처럼 휘둘렀다. 사진에는 그들이 불교도들을 살해하고 있다는 설명이 붙어 있었다. 위라투는 그 안내원에게 한 무슬림이 불교 유적지를 폭파할 음모를 꾸미고 있다는 글을 보여주었다. (경찰이 나중에 그 안내원에게 설명했듯이, 그건 이 나라에서 반복해서 나타나는 도시 전설로 반무슬림 정서를 조성하는 데에 쓰였다. 페이스북은 이 전설에 새롭고 반박할 수 없는 생명력을 선사했다. 인터넷에 증거가 나와 있는데 어떻게 안 믿을 수 있단 말인가?)

2017년 3월에 정부는 위라투가 미얀마 어디에서도 1년 동안 대중 설교를 하지 못하도록 금지령을 내렸다. 세간의 이목을 끈 무슬림 변호사를 죽인 살인자들을 칭송한 일이 벌어지고 나서였다. 하지만 금지령으로도 소셜미디어를 금지시킬 수는 없었고, 다른 사람들이 그의 글을 다시 올리거나 그가 이전에 말했던 내용을 공유하는 일까지 막을 수도 없었다. 위라투는 저항의 의미로 입에 테이프를 붙인 채로 설교단에 앉아 있었지만 실제로 그는 여전히 자신의 가장 크고 가장 열렬한 청중에게 얼마든지 손을 뻗칠 수 있었다.

2017년 봄에 IRI(이들의 모토는 '전 세계의 민주주의를 발전시킨다'이다)는 미얀마에서 사람들이 뉴스를 보는 출처를 또다시 조사했다.[33] 이번에는 25퍼센트가 페이스북을 사용한다고 했다. 그중 4분의 3 가까이가 거의 매일 페이스북을 사용하며 국제 뉴스나 국내 뉴스를 찾기에 가장 좋다고 답했다. 이는 '아이들/친구들과 대화하기' 같은 다른 기능들을 훨씬 앞지르는 수치였다. 3퍼센트만이 정보를 찾는 데 인터넷을 이용한다고 답했던 2014년 조사와 비교해서, 이번에는 거의 40퍼센트가 페이스북에서 '대부분의' 뉴스를 본다고 말했다. 그리고 다른 35퍼센트는 '일부' 뉴스를 본다고 답했다. 10퍼센트만이 페이스북을 거의 혹은 전혀 하지 않는다고 했다.

중요한 것은 민족갈등과 종교갈등에 관한 글을 본 사람들 가운데 4분의 1이 페이스북을 매일 보았다고 답했다는 점이다. 나머지 4분의 3은 일주일에 한 번 이상 그런 글들을 보았다고 했다. 하지만 그들은 남들에게 그런 글을 공유하지 말라고 하지 않았다: 3분의 2는 그런 적이 없다고 대답했고 다른 20퍼센트는 '가끔씩'만 그렇게 한다고 했다.

그렇다면 그들이 페이스북에서 본 내용은 사실이었을까? 총 60퍼센트가 거의 대부분 사실이라고 생각했다. 3분의 1은 거의 대부분 거짓이라고 생각했다. (나머지 사람들은 응답하지 않았다.)

이제 확실히 그림이 그려진다. TV, 신문, 개인 간의 대화에서 뉴스를 접하던 미얀마 국민이 중개도 없고 규제도 없는 난투극으로 옮겨 가는 중이었다. 그곳에서 무엇이 사실인지 가려내는 일은 불가능하며, 그곳에서 민족갈등은 고조되고 점점 더 심각해지고 있다.

2017년 초에 매든은 페이스북을 설득하려고 다시 시도했다. 그가 생각하기에는 2015년 5월에 이미 했던 일이었지만. 그는 지역 NGO 사람 여러 명과 함께 한 번 더 이 회사와 미팅을 했고 콘텐츠 관리 시스템이 작동하지 않고 있다고—또다시—주장했다. 적의가 들끓고 있고 그것이 끓어넘쳐서 훨씬 더 나쁜 일이 벌어질 거라는 두려움 때문이었다. 매든은 나중에 PBS 다큐멘터리 〈프런트라인Frontline〉에서 페이스북 팀이 "이 문제를 더 파헤쳐볼" 필요가 있고 "실질적인 조치를 준비해서 다시 오겠다"라고 말했다고 회상했다.[34] "실제로는, 그들은 다시 오지 않았습니다." 매든이 덧붙인 말이다.

그해 6월에 마바타 지지자들이 자신들의 페이스북에 다수의 반로힝야 메시지를 올리는 일이 늘어났다. 8월 초가 되자 그 정도가 눈에 띄게 심해졌다.

하지만 페이스북 시스템은 이런 일을 감당할 수 없었다. 로이터통신은 2017년 7월에 페이스북에 올라온 미얀마어 문구를 가지고 페이스북의 미얀마어-영어 번역 도구를 시험해보았다. 페이스북이 제공하는 영어 번역은 이랬다. "나는 미얀마에서 무지개를 갖고 있으면 안 된다I shouldn't have a rainbow in Myanmar."

원어민의 확인을 거친 원래 미얀마어 문구는 이런 뜻이었다. "미얀마에서 눈에 띄는 대로 칼라들을 몰살하라. 한 놈도 살려두면 안 된다."

2017년 8월 25일에 로힝야족을 지지하는 분리주의자 아라칸 로힝야 구원군ARSA 대원들이 라카인주 북부에 있는 다수의 경찰 초소를 습격했다. 마웅도라는 도시에서 보안 요원 열두 명이 살해당했다. 공격자들은 힌두교신자들을 겨냥했다. 이에 대응하여 미얀마 군대가 '소탕 작전'이라는 이름으로 로힝야족에 치명적인 공격을 수차례 감행했다. 잔인한 학살로 수백 명이 죽었고 일가족이 뿔뿔이 흩어지거나 학살당했다. 마을 전체가 쑥대밭이 되었다. 수만 명이 서쪽 방글라데시로 피란했다. 군대는 현대의 시각과는 동떨어진 대량 학살을 시도했다. 위성사진, 스마트폰, 통신망이 갖춰졌기 때문에 이번만큼은 국제 미디어가 가해자들을 지켜보고 심문할 수 있었다.

그렇지만 미얀마 군대는 미디어의 조사에 허위 정보로 자체 대응했다. 군사 보복 몇 시간 만에 4000개 이상의 트위터 계정이 충돌 사진과 동영상을 올리면서 로힝야족을 비난했고 이들을 '#방글라데시bangladesh #테러리스트terrorist 출신의 #벵골인bengali'이라고 불렀다. 이들은 가짜 사진을 올려서 로힝야족이 자기 마을을 태우고 있다고 했다. 이번 충돌에서 군대가 한 일을 감추고 희생자들을 거짓말쟁이로 몰아세우려는 전략이었다. 그동안 마바타 지지자들이 페이스북에 올린 반로힝야족 게시물이 다시 급증했다.

트위터 계정들은 처음부터 세라토의 호기심을 끌었다. "이상했어요. 트위터에서 어떤 종류의 미얀마인 커뮤니티도 본 적이 없었으니까요." 세라토는 회상했다. 조사해보자 모든 계정이 딱 두 달 전인 6월에 만들어졌다는 사실이 드러났다. "그러니까 그때가 시발점이었습니다. 수천 개 계정이 갑자기 튀어나와서 초소 보안 요원의 죽음을 두고 로힝야족을 규탄하고 있었어요." 그는 이 트윗들이 겨냥하는 대상이 미얀마 국민이 아니라는 걸 알아챘다. "대부분의 메시지가 영어였어요. 전 세계 사람들이 보라는 거였죠. 그 트윗들은 멘션에 기자들을 태그했어요. [그러면서 기자들에게 알려졌다.] 그건 선전 캠페인인 것 같았어요. 어느 정도는 트롤들이 이끌었고 자동 계정들도 가세했죠."

미얀마 내에서 페이스북은 군대의—더 나아가 정부의—행위를 정당화하기 위해 분노를 일으키는 과정에 이용되고 있었다. 세라토와 그의 팀은 위라투가 속한 페이스북 그룹 페이지의 데이터를 수집해서 분석했다.

소수의 멤버들—1퍼센트 미만—이 그룹에서 벌어지는 모든 상호 교류의 거의 3분의 1을 만들어냈다. "마바타 그룹의 [게시물] 활동은 특히 열 명에서 열두 명 정도가 한 거였고 조직화된 방식으로 나타났죠. 특정 시간대에는 활동이 소강 상태였어요. 작전 활동으로 보였습니다." 세라토는 6년간의 군복무 경험이 있었고 글을 올리는 시간대를 통해 일정한 패턴을 인지했다. "근무를 하고, 휴식 시간이 있고, 작업 교대가 있고, 다시 근무를 시작하는 것 같았습니다."

게시물은 과격한 분노를 불러일으키려는 내용이었다. 몇몇은 모스크들이 불교 탑을 폭파하려는 무기 저장소로 이용되고 있다고 했다.[36] 모든 글이 극단적인 건 아니었다. 그럴 필요는 없었다. "가끔씩은 노골적으로 증오를 드러내지 않는 내용도 있었지만 부정적인 감정을 불러일으키려는 의도는 여전히 드러났죠. 특히 로힝야족에 대해서요." 세라토의 말이다. 폭력 사태를 직접 일으킬 때도 있었지만 그런 경우는 드물었다. "페이지를 계속 들끓게 하려고 올리는 가벼운 주변 이야기가 주로 보이더군요. 그냥 약한 불로 계속 끓이고 있는 거죠."

세라토는 한 가지만큼은 확신했다. 군대의 살육 공격은 무조건 일어났을 것이다. 다만 군대가 자신들의 행위를 정당화해서 보여주려 한 방식, 그리고 로힝야족이 거대한 음모에 관련되었다는 걸 믿을 태세를 갖춘 국민들이 반응한 방식은 달랐을지도 모른다. 2007년 또는 그 전까지와는 다르게, 국제적인 정밀조사를 거쳐 모든 것이 낱낱이 투명하게 드러났다. "분명한 건 페이스북을 이용해 그런 식의 조작을 저지르지 않았다면 그들이 대중의 지지를 받지 못했을 거라는 점입니다." 세라토는 설명한다. "제 말은, 그들이 수백만 명에게 손길을 뻗쳤다는 거예요."

소셜온난화 같은 개념을 평가하려 할 때 한 나라의 소셜온도는 어떻게 측정할까? 한 가지 척도는 자명하다. 군사적이든 민간 영역이든 관계없이 내부 충돌의 빈도와 심각성이 그 척도다. 2010년 점진적 개방 이후 미얀마에서 뒤따른 사태들은 모두 소셜온도의 상승을 나타냈다. 분노가 증폭되고 사방으로 퍼져 나갔던 데에는 다양한 소셜네트워크—정확히는 페이스북, 특히 페이스북의 자유방임주의 태도와 미얀마어 게시물 관리라는 과제의 독특한 특성 앞에서 갈팡질팡했던 상황의 조합—와 스마트폰 둘 다를 적극적으로 받아들인 사람들이, 검열되지 않은 콘텐츠를 처음으로 접한 국민들이었다는 점이 꽤 크게 작용했다.

그 온도가 개인 수준에서 어떻게 변했는지 좀 더 정확하게 측정하려 하자, 여론조사 데이터 부족이 걸림돌이 되었다. 미얀마에는 국민 여론조사 기관이 드물었다. 대부분의 조사는 다음 선거에 대한 견해와 선거 결과의 신뢰성을 묻는 정도였다.

몇 가지 지표는 있었다. 2017년 미얀마 선거 감시 단체 PACE^{People's Alliance for Credible Elections}가 시행한 믿을 만한 조사에 따르면 이웃에 무슬림이 산다고 생각하면 불편하다는 사람(69퍼센트)이 정치적 견해가 다른 사람이 사는 게 불편하다는 사람(39퍼센트)보다 더 많았다. 무슬림에 대한 불신은 시골 마을에서 확연히 높아졌다. 그리고 전체적으로 5퍼센트만이 형제자매가 무슬림과 결혼한다면 기꺼이 동의하겠다고 응답했다. 3분의 2 이상은 불편할 거라고 답했다. 반무슬림 게시물과 폭력 사태 발발 간의 상관관계를 밝힌 인권 단체 포티파이 라이츠의 2016년 연구 결과도 있었다.

2010년 이전 시기와 이후를 가르는 중요한 차이점은 페이스북이 그런 반무슬림 게시물을 바깥세상에서 점점 더 많이 들여왔다는 것이었다. 기본적으로 몇 년 전만 해도 이 나라에서는 세라토가 주목했던 '런더니스 탄' 같은 게시물에 접근할 방법이 없었다. 하지만 페이스북을 통해서, 더 많은 사람들이 그에 반응할수록, 알고리듬은 그 게시물을 더 많은 사람들에게 '당신이 관심을 가질 만한 뉴스'라며 보여주었다.

버즈피드의 시라 프렌켈 기자는 정말 말도 안 되는 이야기들—사실이든 아니든 상관없다—을 잔뜩 올리는 사람들이 있고 그들이 뉴스피드의 상단에 놓인다는 점에 주목했다.[37] 혹은 이제 막 첫 휴대폰이 생긴 열아홉 살 학생이 그녀에게 설명한 대로였다. "페이스북은 터무니없는 미친 이야기를 늘어놓는 사람들을 데려다가 유명하게 만들어요."

그사이 미얀마는 페이스북에 오명을 안겨주었다. 2018년 3월 12일 UN 진상조사위원회 의장은 소셜미디어(미얀마에서는 페이스북을 뜻한다)가 전해 8월에 일어난 학살에서 "결정적인 역할"을 했다고 언론에 발표했다. "소셜미디어는 (중략) 말하자면 국민 내부에서 악감정과 분쟁과 갈등 수준을 올리는 데 실질적인 원인을 제공했습니다. 혐오 발언도 확실히 그 일부입니다."[38]

UN 특별조사관 이양희는 극단적 국수주의자 불교도들이 소셜미디어를 이용해서 폭력과 혐오를 선동했다는 견해를 밝혔다. "페이스북이 야수로 변해가는 모습이 두렵습니다. 원래 의도는 그런 게 아니었겠지만요"라고 이양희는 말했다.[39] 페이스북은 자신들의 플랫폼에는 "혐오 발언이 발 붙일 곳이 없다"라고 응수했고, BBC 방송에 나와 이 문제를 "몹시 엄중하게" 받아들였으며 "몇 년 동안이나" 미얀마 내에 있는 전문가들과 함께 "안전한 뉴스 출처와 반박 연설 캠페인"을 벌여왔다고 말했다.[40]

2018년 6월 첫 주, 페이스북은 한 번 더 미얀마 현지 테크 커뮤니티와 관계를 개선하기 위해 현지 호텔에서 이 문제를 논의하는 사흘간의 회의를 개최했다. "우리는 '와서 무슨 일이 벌어졌는지 직접 듣고 알아보시죠'라고 말했어요." IWPR 앨런 데이비스 기자가 그때 일을 떠올렸다. "그들은 엄청나게 많은 사람들을 보냈어요. [페이스북의 지역 본부가 있는] 싱가포르뿐만 아니라 팰로앨토와 워싱턴에서도 왔죠."

그 결과는 어땠을까? "그들은 전혀 이해하지 못했어요." 데이비스의 말이다. "문제가 뭔지, 어려움이 뭔지, 우리가 발견한 사실들, 중요한 문제들을 실제로 귀담아듣기보다는 이런 식이었어요. '와, 굉장한데요. 자, 그룹을 만들어봅시다. 그러면 우리가 이것도 가능하게 하고 저것도 가능하게 하겠습니다. 그리고 아, 맞아요, 안전과 보안, 그것도 얘기해봅시다. 어떻게 하면 온라인에서 안전해질 수 있을지요.'" 그때를 떠올리자 그는 감정이 격앙되어 말을 잇지 못했다.

한 술 더 떠서 페이스북 사절단을 이끈 사람은 다름 아닌 세라 오Sarah Oh—여러 해 동안 사안의 심각성을 받아들이라고 소셜네트워크에 애원해왔던 조직들 중 하나인 판디야르에서 2014년부터 2016년까지 일했다—였다.

"소셜미디어와 페이스북이 없었더라도, 이 사태의 많은 부분이 예측 가능했기 때문에 저는 낙담할 수밖에 없었습니다." 데이비스의 말이다. 수십 년간의 독재에서 풀려나 단 몇 년 만에 민주주의로 돌진했던 나라에서 사회적 긴장이 얼마나 증폭될지 신중히 생각해봤다면 말이다. "저커버그가 '우리는 사람들을 더 가까워지게 합니다'라고 했던 말을 생각하면 어처구니가 없죠. 그들은 그렇게 했죠, 젠장. 네, 더 가까워지게 해서 서로

찌르게 만들었어요."

이 문제를 "몹시 엄중하게" 받아들였고 자기네 플랫폼에는 "혐오 발언
이 발붙일 곳이 없다"라는 페이스북의 주장은 어떤가? 2018년 8월에 로
이터통신이 조사한 바로는 이 주장을 지지하기 어렵다. 로힝야족은 "인간
이 아닌 칼라 개새끼들이고 뱅골인 놈들은 (중략) 우리가 이 종족을 말살
해야 한다"라는 식의 댓글이 1000개 넘게 달려 있었고 일부는 올라온 지
6년도 더 지난 것들이었다.[41] 폭력적이고 비인간적이고 외설적이었다. 로
이터통신이 지적한 대로 이 콘텐츠들은 페이스북의 규정을 분명히 위반
했다. 그런데도 막대한 이익을 내고 있는 회사가 여러 해 동안 공식적으
로 비공식적으로 경고를 듣고 나서 어떻게 여전히 그것을 방치하고 있었
을까?

같은 달에 UN이 발표한 2017년 대량 학살 조사 보고서는 페이스북이
"혐오를 퍼뜨리려는 사람들에게 유용한 도구"였다고 언급했다. 버즈피드
뉴스는 2017년 3월부터 2018년 2월까지 라카인주 정치인들이 페이스북
에 올린 게시물 4000건을 분석한 결과 그중 10퍼센트에 혐오 발언이 담
겨 있었다고 밝혔다.[42] 페이스북은 게시물 삭제가 너무 늦었다는 점은 인
정했지만, 이제는 예순 명이 미얀마어 게시물을 관리하고 있으며 담당 직
원을 100명까지 늘리는 게 목표라고 말했다. (버즈피드는 채용 공고가 더블
린에서 이루어지고 있다는 사실을 알아냈다. 더블린은 해외 거주 미얀마인에게
잘 알려진 곳이 아니었다.) 페이스북은 또한 계속 문제가 되는 건 게시물을
신고하는 사람이 거의 없어서라며, 두 가지 잘못된 가정을 전제하고 있
음을 또다시 입증했다. 첫째, 군사독재를 겪었던 사람들이 이웃을 신고할

것이다. 둘째, 설사 혐오 발언일지라도 아마 게시물에 동의할 경우에만 좋아요를 누를 것이다.

페이스북은 보고서 발표일로 2018년 11월 6일 미국 중간선거일 저녁을 골랐다. 그날 뉴스는 미국 정치의 거대한 개편에 온통 집중되었고, 테크 기업이 남의 나라에서 취한 조치, 미얀마에서 페이스북이 저지른 일에 대한 몇 가지 발표, 그곳에서 페이스북의 역할을 조사한 BSR이라는 비영리 컨설팅 기관이 공개한 독립 보고서 같은 소식은 뒷전이었다.[43] 페이스북은 주어기를 이용한 페이스북 게시물 지원은 폐기될 것이며 모두 유니코드로 전환될 거라고 알렸다. 주어기를 이용한 게시물들에 글꼴 변환기 프로그램이 쓰인다는 것은 페이스북 게시물 자체는 항상 유니코드 기반이 된다는 뜻이었다. 하지만 주어기 기반 장비를 사용하는 사람들은 주어기로 다시 번역된 결과물을 보게 될 것이라고 했다.

페이스북은 또한 미얀마에 지사를 열 계획이 없다고 발표했다. 미얀마 정부가 지역 정치에 영향력을 행사하기 위해 컴퓨터 장비를 장악하거나 "페이스북 직원을 안전 위험에 빠뜨리는" 식으로 압박을 가할 수 있기 때문이라고 했다. 감시단들이 빠르게 지적한 대로, 태국이나 인도네시아나 필리핀 등에서도 비슷한 압력이 있었지만 문제 삼은 적은 없었다. 악의적인 효과를 불러일으키는 콘텐츠와 게시물을 가려내는 일이 실제로는 기자나 NGO에 계속 위탁되어 있는 셈이었다.

BSR 보고서는 몇 년 동안 여러 사람이 공개적으로 비공개적으로 말했던 내용을 확인해주었다. 페이스북은 "혐오 발언을 퍼뜨리고, 폭력 사태를 선동하고, 가해를 조직하는" 데에 이용되고 있었다.[44] 문제는 일부 "페이스북 플랫폼과 커뮤니티 규정이 (표현의 자유나 법치와 같은) 특정한 법적, 정치적, 문화적 가정에 근거하며 이런 가정이 미얀마의 현재 상황과는 맞지 않는다는 데에 있었다." 게다가 "소수의 사용자들이 페이스북을 이용해서 민주주의를 훼손하고 오프라인 폭력 사태를 선동하려 하고 있다." 다른 나라들에서 이 사이트가 무기로 활용되는 것을 막아주는 디지털 리터러시가 미얀마 사용자들에게는 존재하지 않았다. 계정 정지는 아무런 위협도 되지 않았다.

"인터넷 기업들은 종종 인권에 연관되어 스스로 유발하려 하지 않았던 충격을 가져오기도 한다." BSR 보고서 내용이다. "예를 들어 인터넷 기업들은 자기네 플랫폼에서 벌어지는 혐오 발언, 아동 성 학대 영상, 해킹과 연관되어 있다. 자발적으로 야기하거나 기여하려거나 (중략) 하지 않았다 해도." 이 플랫폼이 제공하는 사실을 솜씨 좋게 비튼 내용이다. 그렇게, 이 플랫폼 말이다. 어떤 플랫폼은 다른 것들보다도 이런 내용과 이런 행동을 더 쉽게 허용한다. 운전 중인 차가 주입된 연료 때문에 다른 차들보다 오염물질을 더 많이 배출해서 대기질을 더 급속히 악화시킨다면 해결책을 찾는 건 운전자의 책임이 아니다. 제조업체의 책임이다.

"어쩌면 미얀마는 아직 페이스북을 사용할 준비가 안 되어 있는 것 같습니다." BSR에서 인터뷰한 어떤 사람은 이렇게 말했다.

2010년에 미얀마의 GDP는 495억 달러에 불과했다.[45] 2018년 말 GDP는 54퍼센트 성장한 760억 달러였고 그때까지 연평균 성장률은 5.4퍼센트였다. 미얀마는 경제불황을 빠져나오고 있는 듯했다. 어쩌면 모바일의 이점에 대한 딜로이트의 예측이 맞아떨어졌을지도 모른다.

하지만 어떤 대가를 치렀는가? 민족 간 긴장감이 고조되어 한계점을 넘어섰고 이 나라는 대량 학살과 인종청소의 나락에 빠져들었다. 수만 명의 로힝야족이 방글라데시로, 아마 영원히, 추방되었다.

사회에 미치는 부정적 영향이 늘 그렇게 명확히 드러나는 건 아니다. 미얀마에서 에릭슨의 최고 기술 경영자CTO인 앤더스 라르손Anders Larsson은 자신이 이동통신 기본망 설치를 준비하며 그곳에서 처음 일했던 2013년에 양곤은 "자연 그대로의 (중략) 싱싱한 녹색 도시였고 사람들은 차분하고 여유 있었습니다"라고 했다.[46] 몇 년 후에 미얀마를 다시 찾은 그는 사람들이 연결되고 교육 수준이 높아지고 일자리가 나아지고 더 많은 자유를 누리게 된 것을 발견했다. 하지만 그곳은 예전 같지 않았다. "경제가 성장하면서 오염이 뒤따랐습니다." 그는 평했다. "도로는 차들로 꽉 막혀 있고 대기에는 매연이 자욱합니다. 전력망이 충분치 않거나 부재해서 커다란 산업용 디젤 발전기 판매가 호황이죠. 이 도시에서 조깅을 하면 이제는 피부 위로 검은 먼지가 내려앉습니다."

오염은 여러 형태로 나타나고 어떤 것은 다른 것들보다 알아채기 어렵다. 버즈피드의 프렌켈 기자는 생애 첫 휴대폰을 손에 넣은 열아홉 살 여성 이야기를 다시 꺼냈다. 그 여성은 일주일 동안 인터넷(더 정확히는 페이스북)의 바다를 헤매면서, 모르는 태국 남성들에게 친구 초대를 받았고 배경 화면으로 쓸 사진을 찍었고 사실과 가짜를 구분하려 애썼다. 프렌켈은 그녀에게 물었다. 인터넷을 남들에게 추천할 건가요?

"네." 그 10대 여성은 이렇게 대답했다. "그게 당신을 화나게 만들 수 있다는 걸 알고만 있다면요."

2018년 9월 초에 페이스북 2인자이자 COO인 셰릴 샌드버그는 미국 의회에서 "혐오는 우리의 정책에 반하며 우리는 그것을 진정시키기 위해 강력한 조치를 취하고 있습니다"라고 증언했다.

그러나 페이스북은 거듭 경고를 받았는데도 조치를 취하지 않았다. 자기네 제품이 초래한 결과에 대한 경고에도 대응할 수 없을 만큼 조직의 기능이 망가졌거나, 그게 아니라면 박해받을 위험에 처한 수백만 명의 평안함보다는 '사람들을 연결한다'는 모호한 원칙을 우위에 둘 만큼 그 사람들에게 무관심하거나, 둘 중 하나였다. 어느 쪽이든 미얀마에 페이스북이 있었기 때문에 불가피해진 결과는 폭력 사태를 가속화한 것이었다. 혐오는 페이스북의 정책에 반했을지도 모른다. 하지만 혐오는 필연적으로 그로 인해 벌어진 결과 중 하나가 되었다.

아엘라 캘런은 모든 경고를 놓치고 모든 조짐을 못 본 체한 페이스북에 여전히 화가 나 있다. 그녀에 따르면 페이스북의 대응은 "우리 플랫폼이 이렇게 멋지고 경이로운데, 어떻게 그런 끔찍한 일을 저지를 수 있겠어요?"라는 것이었다. 이제 캘런은 어쩌면 역사의 전개를 바꿔놓을 기회를 놓쳐버렸다는 예감이 든다고 했다. "2014년에 스탠퍼드 연단에 서서 말했어요. '미얀마는 배양접시 같습니다. 이런 일은 어디서든 일어날 수 있어요.'"

물론 이런 일은 다른 곳에서도 일어났다. 이런 일은 어디서든 일어난다. 정도의 차이가 있긴 해도 소셜네트워크가 자리 잡고 중요한 영향력을 미치는 곳에서는 언제나 벌어지는 일이다. 미국─고도의 선진국이며 교육이나 과학 기술 면에서 선진화되었고 전 세계적으로 연결되어 있다─

은 미얀마—개발도상국이며 디지털 경험이 없고 정치적으로 분열되고 자유언론이 없다—와는 아주 달라 보인다. 하지만 캘런이 보기에 선동적이고 사회를 파괴하는 소셜네트워크의 효과는 미국에서도 마찬가지로 강력해지고 있다. 2014년에 자신이 예측했던 바에 대해 캘런은 다음과 같이 말한다. "미국에서 3년 만에 이런 일이 일어날 거라고는 죽었다 깨어나도 생각하지 못했어요. 하지만 이런 일이 일어났죠. 그리고 그들은 귀 기울여 듣지 않았습니다."

6장

분열된 선거

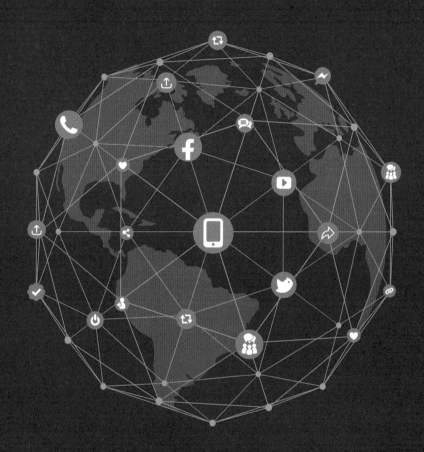

소셜미디어는 어떻게
정치를 양극화하는가

Social Warming

The Dangerous and Polarising Effects of Social Media

2019년 9월 3일이었다. 에드 베이지Ed Vaizey는 짜증이 나 있었다. 영국 완티지 선거구를 대표하는 평상시 늘 쾌활한 하원의원에게는 흔치 않은 일이었다. 알고 보니 의원 생활 14년 만에 다른 의원 스무 명과 함께 보수당으로부터 사실상 쫓겨난 참이었다. '노딜' 브렉시트(마치 경주를 앞두고 자기 다리를 부러뜨리는 것과 흡사하게, EU에 맞서 교섭 자체를 위협하는 자해적 성격의 탈퇴)를 지지하는 법안에 찬성투표를 거부했다는 이유였다. 하지만 그가 짜증이 난 건 보수당 국회의원들의 왓츠앱 비공개 그룹에서 벌어진 토론 때문이었다.

"이 사람들을 왓츠앱 그룹에서 제명합시다." 브렉시트 찬성 의원 잭 골드스미스Zac Goldsmith는 리치먼드 지역구 의원이었고 직설적으로 글을 썼다. 베이지는 몹시 분개했지만 골드스미스가 적어도 약간의 자비를 베푼 걸지도 모르겠다고 생각했다.

"저는 [2017년] 총선에서 그를 도와 선거운동을 했고 [2016년] 보궐선거에서도 선거운동을 했거든요." 그는 잠시 말을 멈췄다가 이어갔다. "저는 그게 분열을 극복하지 않으려는 사람의 전형적인 행동이라고 생각했습니다. 하지만 이번 토론을 누가 지켜보고 있는지 누가 누구인지 생각하지도 않은, 일종의 즉흥적인 반응이라고 볼 수도 있겠죠."

당에서 쫓겨난다고? 그리 대단한 일이 아닐지도. 모든 동료가 실시간으로 보고 있는 온라인 토론회에서 공격 대상이 된다고? 훨씬 대단한 일일지도. 몇 달 뒤에도 이 사건이 분명히 계속 마음에 걸렸다. 정치적인 일은 개인적인 일이 되었다. 베이지의 동료들만 볼 수 있는 소셜미디어 그룹 때문에 긴장감은 표면화되었고 충성심은 내버려졌다. 소셜미디어가 존재하기 전에는 그런 비유적 칼 꽂기knifing는 거의 항상 은밀하게 일어났다. 이제 그런 일은 모두가 지켜보는 자리에서 벌어진다.

베이지는 의회에서 14년을 지내는 동안 소셜네트워크 앱이 도입되면서 실전 정치가 어떻게 점점 더 격앙되어갔는지 웨스트민스터 내외부에서 직접 목격했다. 그의 경험은 정치인들에게 일어난 더 광범위한 변화의 축소판이었다. 정치인도 어쨌든 사람이고, 투표나 여론조사나 편지뿐만 아니라 실시간 소셜미디어에서도 시민들의 감정이나 의견을 알려주는 아우성에 적응해야만 하는 상황이었다.

정치를 가로 두 칸 세로 두 칸의 사분면으로 나누어서 생각해볼 수 있다. 격자의 네모 칸 하나는 서로에게 이야기하는 정치인들로 이루어진다. 두 번째 칸에서 정치인들은 대중에게 이야기한다. 세 번째 칸에서는 대중이 정치인들에게 이야기한다. 네 번째 칸에서는 대중이 정치를 놓고 토론한다. 여러 다른 플랫폼들이 있긴 하지만 소셜미디어는 네 칸을 모두 장악했다.

정치인들 간의 토론에서 왓츠앱은 고유의 보안성, 그룹을 만들고 관리하는 용이성, 어떤 스마트폰에서든 작동하는 범용성 덕분에 인기를 끌었다. (미국에서는 시그널이라는 앱이 특징은 거의 같지만 페이스북이 소유하지 않았다는 이유로 같은 기능을 수행하는 것 같다.)

나머지 세 사분면에서 트위터, 페이스북, 유튜브는 주요한 토론 수단이 되었다. 어떤 나라들, 특히 브라질과 일부 아프리카 국가에서는 데이터 요금이 무료인 왓츠앱이 대중과 정치인이 참여하는 많은 정치 토론의 주요 전달자가 되었다. 반면 미국에서는 일반 국민 사이에서도 왓츠앱이 잘 사용되지 않는다. 2018년 중반 미국에서 왓츠앱 사용자는 약 2000만 명에 불과했다.

영국 정치인들의 일상생활에 왓츠앱이 진출한 건 양당 모두를 기준으로 2015년에 일어났던 일인 것 같다. 페이스북이 왓츠앱을 190억 달러(약 20조 원)에 인수한 바로 다음 해였다. 당시 영국 인구의 약 4분의 1이 왓츠앱을 설치했다.[1]

영국 정당들은 과거부터 개인 간 통신 기술을 열성적으로 이용해왔다. 1997년 총선에서 노동당이 거둔 성공과 그 후 커뮤니케이션 전략은, 모든 후보에게 무선호출기를 지급하고 본부에서 그날그날 선정한 연설 사항을 메시지로 보낸 데에 크게 힘입은 바 있었다. 무선호출기가 일방향으로만 작동했는데도 그랬다. 스마트폰이 나오고 뒤이어 메신저 앱, 특히 왓츠앱이 나오면서 개인 간 연락 방식이 새로워졌다. 정치인들이 소그룹 토론을 즐겨 한다는 점에서 메신저 앱은 그들을 위해 발명된 것이라고 해도 과언이 아니었다.

왓츠앱은 2015년 5월 선거 때 보수당에서 먼저 인기를 끌었다. 보좌관들은 이 앱을 이용해 자신들이 피하고자 했던 기자들이나 시위 참가자들의 동향을 계속 파악했다. 이 선거 이후에 330명의 보수당 국회의원 전체가 포함된 왓츠앱 그룹을 만들려던 계획이 한 그룹의 인원수를 256명으로 제한하는 제약에 걸렸다. 초과 인원 때문에 새로운 그룹들이 생겨났다.

오랫동안 국회의원을 지낸 베이지는 항상 왓츠앱 기본 그룹에 속해 있었다. 그곳에서 퇴출된다는 건 마치 징계 면직된 장교의 칼을 부러뜨리는 것처럼 결국 자격 박탈을 뜻했다. 2019년 12월 총선—그는 이 선거에 출마하지 않았다—이후, 신문 지면에 그의 발언이 실렸다. "지금은 21세기이고 왓츠앱의 토리당 국회의원 그룹에서 퇴출되어야만 실제로 정치를 떠난 셈입니다."[2]

2015년 선거 후 노동당 국회의원 수는 232명에 그쳤기에 모두가 하나의 왓츠앱 그룹에 들어갈 수 있었다. 당시 서른여덟 살로 2010년부터 런던 월섬스토 지역구 국회의원이었던 스텔라 크리시Stella Creasy는 왓츠앱 그룹 도입을 추진했다. "처음 당선되었을 때, [국회] 안에 있는 모든 사람이 얼마나 놀라울 정도로 제 기능을 못하고 있는지를 보고 너무 괴로웠어요. 서로에게 말도 걸지 않고 교류도 없었죠." 국회의원의 시간과 출석에 대해 상반된 요구가 많기 때문에 유권자와 함께할지, 동료 의원들을 만날지, 하원 투표에 참여할지 가운데 선택해야 할 때가 종종 있다. "국회의원들은 서로 무슨 생각을 하고 있는지 모릅니다. 위기의 순간이 닥쳐서 갑자기 동의하지도 않는 사안에 찬성투표를 하라고 요구받기 전까지는요." 크리시는 설명했다. 스마트폰과 메신저 앱이 그들 주머니에 들어 있다면 모조리 바꿀 수 있을 거라고.

'서로 연결될 수 있다면 상대방에게 조금은 더 친절하게 대하겠지'라고 크리시는 생각했다. 지나고 보니 그 효과는 긍정적이지만은 않았다. "제가 가장 크게 후회하는 건 노동당 국회의원들에게 왓츠앱을 사용하라고 가르쳐준 일이에요. 우리 정치의 문제들 중 하나가 기본적으로 절체절명의 순간이 아니라면 사람들이 교류하지 않는 데에 있다고 잘못 판단해서였죠." 크리시는 말했다. "실제로는 정반대였어요. 브렉시트 기간 동안 왓츠앱 그룹 분위기가 특히 나빠졌죠." 그녀는 웃었다. "저는 거기에 책임을 느낍니다. 그들 모두에게 왓츠앱 하는 방법을 가르쳐준 게 저였으니까요. 사람들이 대화할 수만 있다면 좋을 거라고 생각했거든요."

많은 국회의원들이 이미 트위터와 페이스북을 열심히 사용하고 있었다. 크리시도 국회의원이 되기 전, 민주주의를 강화하기 위해 더 많은 대중 참여를 독려하는 싱크 탱크 인볼브Involve에서 일했을 때부터 쭉 트위터와 페이스북을 열심히 사용해왔다. 하지만 그 어떤 플랫폼보다도 왓츠앱은 즉각적이고 사적이며 편리했다.

크리시는 두 번의 선거 실패 이후 점점 더 분열되고 있던 노동당을 왓츠앱이 결속시킬지도 모른다고 기대했다. "여러 국회의원에게 말을 걸었던 기억이 납니다. 노동당이 당시 어떤 입장에 처해 있는지 말했고, 우리 모두 대화를 시작해야 한다고, 휴대폰으로 대화할 수 있는 아주 간단한 방법이 있다고 했죠. 누가 무엇을 볼 수 없는지 설명하려고 사람들과 몇 번이고 대화를 나누었어요." 비공개는 결국 작당 모의에 필수적이다. 그리고 작당 모의 없는 정치가 가당키나 하단 말인가?

2015년에 영국 총리는 보수당 당수 데이비드 캐머런이 되었고, 그도 자신이 거둔 승리에 놀랐다. 원래 그는 2010년 선거에서 과반수 의석 확보에 실패한 후 중도 성향 자유민주당과 구성한 연정을 5년간 더 이어가야 할 것으로 예상했다. 하지만 캐머런은 영국이 EU 회원국으로 남을지를 놓고 국민투표를 실시하겠다는 선언적 공약에 힘입어 승리했다.

상대적으로 젊은 나이였던 데다가—당시 마흔여덟이었다—아이패드에서 자잘한 게임을 하며 '긴장 풀기'를 아주 좋아했지만, 캐머런은 처음에는 소셜미디어를 적극적으로 받아들이지 않았다. "트위터의 문제점은 너무 즉각적이라는 겁니다. 너무 많은 트윗을 올리면 멍청이처럼 보일지도 모릅니다."(트윗twit과 멍청이twat를 나란히 놓은 말장난이다—옮긴이) 그는 2009년 7월 아침 라디오방송에 출연해서 농담하듯 말했다.[3] 보좌관들의 성화에 그는 이런 입장을 누그러뜨렸고 자기 집 주방에서 촬영한 유튜브 동영상을 올리고 나서 결국 2012년 10월에는 트위터에도 가입했다. 예상대로 그의 첫 번째 트윗("보수당 당 대표로서 저의 역할에 대해 올리는 이 새로운 트위터 피드와 함께 전당대회를 시작합니다. '너무 많은 트윗'을 올리지는 않겠다고 약속드립니다. (후략)")에는 사나운 답글이 여럿 달렸다.[4] 그의 측근들도 2015년에는 왓츠앱을 사용하지 않았다. 당시 보수당 안팎의 다른 사람들도 이 앱이 얼마나 유용한지 알아가던 참이었다.

2016년 6월 국민투표를 향해 추진력을 쌓아가기 시작하던 무렵, 캐머런은 세련된 외모에 어울리지 않게 바비큐 파티, 오찬, 성대한 체커스(지방에 있는 총리의 공식 별장) 방문 행사 등 전통적인 방법을 활용해 정치적 설득에 나섰다. "'잔류 찬성 의원 한 명 한 명을 왓츠앱 토리당 그룹에 초대한 다음 그들에게 계속 말을 걸어서 우리 편으로 나설 수 있게 합시다'

라고 생각한 캐머런 팀원은 아무도 없었어요." 베이지는 다소 애석한 듯이 말했는데 아마도 무슨 일이 일어났을지 상상하고 있었던 듯하다. "그러니 가끔씩 캐머런 총리가 나타나서 '이봐요, 여러분, 이건 아주 골치 아픈 일이죠. 저도 압니다. 하지만 힘을 합쳐 노력해봅시다'라고 할 수 있는 보수당 국회의원 왓츠앱 그룹도 당연히 없었습니다."

한편 브렉시트 찬성 의원들은 유럽 연구회ERG, European Research Group라는 독자적인 왓츠앱 그룹을 조직하기 시작했다. 무해해 보이는 이름을 내건 약 일흔 명의 보수당 국회의원 모임의 목적은 브렉시트 투표에서 과반수를 획득하는 것이었다.

과반수가 달성된 후에—뒤에서 살펴보겠지만 유권자들을 동요시키기 위해 소셜미디어에 크게 의존한 방법을 썼다—캐머런 총리는 사임했고 2016년 7월부터 테리사 메이가 그 뒤를 이어 총리가 되었다. 특히 그 왓츠앱 그룹, ERG의 입김이 점점 세졌다. 몇 달 만에 이 그룹은 브렉시트 정책에 관한 정부의 결정에 영향력을 행사하게 되었다. 2017년 2월에 이 왓츠앱 그룹 내부 토론에서 자신들에게 우호적이지 않은 고등법원 판결을 공개적으로 비판하고 브렉시트의 영향에 관해 낙관적이지 못한 예측을 내놓았다고 느껴진 영국중앙은행Bank of England 총재를 공격하라는 결정이 내려져서 회원들을 몰아세웠다.[5] 그들은 브렉시트에 너무 비판적인 듯한 재무장관과 중도주의자 싱크 탱크에 대한 공격도 조직화했다. 이 그룹이 의회에서 너무 커지고 영향력이 세지는 바람에 총리실은 이들과 협상을 해야 했고 이들에게 정책 브리핑을 먼저 하기도 했다. 그렇게 하지 않으면 이들이 영향력을 행사해서 대중 여론을 동요시킬 수 있었다. 대개는 당시 ERG의 수장이었던 스티브 베이커Steve Baker의 트위터가 공격을 이끌었다.

2017년에 다양한 의견을 지닌 정치인들이 비공개 토론 장소로 선호되는 왓츠앱으로 몰려들었다. 모두가 전해에 미국 대통령 선거에서 클린턴이 마지막에 어떻게 되었는지 목격했다. 유출된 이메일들—클린턴의 업무용 이메일, 민주당 전국위원회 이메일, 그리고 마지막에는 총괄선대위원장 존 포데스타의 이메일—이 꼬리에 꼬리를 물고 화제의 중심이 되어버렸다. 국회의원들은 메시지를 주고받는 수단으로써 이메일의 안전성이 몹시 취약하다는 사실을 깨달았다. 이메일은 너무 쉽게 다른 이에게 전달 가능하며, 수신 주소를 잘못 적을 수도, 해킹될 수도 있었다. 반면 왓츠앱은 해킹될 수 없었다.

의원들은 이 앱의 암호화가 테러리스트 조직화에 사용될지 모른다고 공개적으로 비판하면서도—2017년 3월 런던에서 '외로운 늑대' 테러 공격(테러 단체 조직원이 아닌 자생적 테러리스트에 의한 테러—편집자)으로 보이는 사건이 벌어진 후에 보수당 내무장관 앰버 러드Amber Rudd는 "이런 일은 절대 용납될 수 없습니다. 숨을 곳이 전혀 없어야만 합니다"라고 말했다—아주 기꺼이 자신들의 책략에 이 앱을 유리하게 활용한다.

토리당 왓츠앱 그룹은 시작에 불과했다. 보수당 내부에서도 점점 격렬하게 양극화되어가던 이데올로기를 중심으로 많은 소규모 그룹들이 파생되었다.

2017년 4월 테리사 메이가 조기 총선을 선언했을 때, 왓츠앱은 영국 정치에 확고하게 자리 잡았고 의원들은 여러 그룹에 속해 있었다. 극단적인 브렉시트 찬성자들(ERG), 노동당 의원들, 노동당 여성 의원들, 온건 토리당 등등. '한 줄 논평'으로 알려진, 미디어 인터뷰에서 활용할 논점이 훨씬 쉽게 전파될 수 있었고 피드백—그 덕분에 논평이 개선되었다—또한 쉽게 받을 수 있었다.

노동당 내부에서도 왓츠앱은 필수가 되었다. 2017년에 노동당 본부 내 중도주의 활동가들은 왓츠앱 그룹을 만든 다음, 선거에 앞서 당시 당 대표였던 제러미 코빈에게 반기를 들고 그를 몰아낼 방법을 찾으려고 했다.6 그는 같은 당 의원들에게도 정말 인기가 없었고, 원내 정당 내부의 소그룹들이 늘어나면서 모두가 왓츠앱 메시지를 주고받으며 세력을 키워 갔다.

"그건 그룹 차원의 일이 되었어요, 안 그런가요?" 크리시는 학교 다닐 때 사회심리학 과목에서 배웠던 내용을 인용해 말했다. "피그스만 효과죠(1961년 미국 케네디 정부가 쿠바 난민 1000여 명을 피그스만에 상륙시켜 쿠바 카스트로 정권을 전복하려다 실패했다. 구성원 사이의 강한 유대감이 집단 사고를 일으켜 원활한 의사소통을 방해하는 사례로 자주 인용된다—옮긴이). 모두 모여 있다 보면 우리가 하는 일이 옳은 방향이라고 하는 견해가 서로 강화됩니다." 그리하여 코빈의 리더십에 반대하는 사람들 사이에서 종종 불만이 심화되었다. "그러니까 제러미 코빈이 솔즈베리 사건에 접근한 방식이 완전히 잘못되었다고 하는 주장에 진심으로 동의하는 사람들이 여기에 한 무더기는 될 거라고요." 크리시는 말했다. (코빈은 2018년 3월에 신경 독극물 노비촉으로 솔즈베리에 사는 두 사람의 암살을 시도한 사건에 대해 러시아를 비난하지 않겠다고 했다.) "이민 찬성 입장에 관해 메시지를 보낸다면 의견이 매우 분분하겠죠. 하지만 그들은 그 답이 뭐가 됐든 모두 동의할 겁니다. 제러미 코빈만 아니라면요."

2017년 선거 결과는 메이에게 재앙이었다. 자신의 권위를 세우고 과반수를 확보(ERG의 영향력 또한 줄어들 수 있었다)하기는커녕 둘 다를 잃었다. 법안을 통과시키려면 같은 당 의원이 전원 동의한 가운데 북아일랜드에서 가장 작은 정당의 협조를 얻어야 하는 상태가 되었다. 이 때문에 ERG가 더 강력해졌다. 그리고 이제 영국 민주주의는 소규모이긴 해도 아주 효과적인 형태의 소셜온난화에 막 희생되려는 참이었다. 소셜온난화는 일치단결한 사람들로 이루어진 폐쇄적인 그룹이 점진적이지만 끈질기게 그룹 내부의 가장 극단적인 견해 쪽으로 이동해가는 경향으로 나타났다.

소셜온난화가 정치인들이 상호 교섭을 해나가는 방식에 영향을 미친다는 생각이 믿기지 않을지도 모른다. 하지만 정치인들이 어떤 주제를 두고 신념을 공유하면서 형성된 그룹을 스스로 선택했기 때문에 이는 충분히 예측 가능한 일이었다. 현재 사용되는 모든 소셜네트워크에서 선행된 실험이 어떻게 이것이 가능한지 설명해준다.

1999년에 당시 시카고대학교 법학 교수였던 캐스 선스타인은 스스로 '집단 양극화 법칙the law of group polarization'이라고 명명한 현상을 설명하는 사회적 실험을 다수 수행했다. 이 주제를 다룬 그의 독창적인 논문은 다음과 같이 시작한다. "실증적으로 규칙적인 패턴이 나타난다. 신중함은 무리 지어 움직이려 하고, 그룹을 구성하는 개개인은 자신이 이전에 신중하게 내렸던 판단이 가리키는 방향으로 더 극단적인 지점을 향해 움직이려 한다."7 즉 집단 순응 사고는 실재하며 그 집단을 공통된 생각의 극단으로 몰아간다.

이 실험에 따르면 이미 총기 규제에 찬성하는 사람들을 한 집단에 모아놓으면 서로 토론을 거친 후에는 훨씬 더 열렬히 이 생각을 지지하게 된다. 최저임금 제도나 지구온난화 관련 운동에 우호적인 집단도 마찬가지다. "이런 일반적인 현상은 경제적, 정치적, 법적 제도에서 많은 함의를 갖는다"라고 선스타인은 평했다. 집단이 그런 식으로 행동하는 이유는 꽤 분명하다. 사람들은 집단의 흐름에 거스르기를 꺼리기 마련이다. 모두가 어떤 것에 이미 동의하고 있다면, 그 집단 전체의 입장을 바꾸기보다는 기존의 입장을 좀 더 강도 높은 형태로 나아가게 하는 편이 더 쉽다.

그리하여 다수의 테러리스트를 연결된 집단에 꽂아 넣으면 그들은 명분이 그저 명분일 뿐 아니라 필수적이라는 데에 동의하고 그에 따라 행동을 요구할 것이다. 그들은 테러리즘에 찬동하는 더 새롭고 더 과감한 구상을 내놓을 것이다. 브렉시트를 열렬히 지지하는 영국 의원 다수를 폐쇄적으로 연결된 집단에 집어넣으면 브렉시트 법안을 제정할 방법에 대해 점점 더 극단적인 견해를 지지할 것이다. 또는 크리시가 말했던 대로 코빈을 반대하는 국회의원들은 코빈 반대에 더욱 목소리를 높이게 된다.

브렉시트를 두고 정부 투표가 이어지는 가운데 ERG 회원들은 서로의 결의를 강화하는 역할을 했다. 그러면서 그들은 정당 지도층에 거듭 저항하여 협상이 끝난 합의를 망쳐놓았다.

가끔씩 그룹 내부의 메시지가 믿을 만한 기자에게 유출되는 경우가 있었다. 몇몇 메시지는 어떻게 멤버들 사이에서 격한 분노가 퍼져 나갔는지를 대놓고 보여주었다. 2017년 말에 BBC 일요일 아침 뉴스 토론 프로그램에 사실과 다른 '괘씸한 오류'가 나왔다며 누군가가 불만을 표하는 메시지를 그룹에 올렸다.[8] 뒤이어 성토가 쏟아졌다. 여덟 번째 메시지에서 강경한 브렉시트 옹호자 이언 덩컨 스미스Iain Duncan Smith는 "이곳에 있는 모두가 BBC에 항의해야 합니다. 어떤 말이 오갔는지 이 프로그램 제작진이 알게 된다면 방송 내용을 정정해야 할 거예요"라고 주장했다.

그렇다면 이 끔찍한 오류는 무엇이었을까? 라디오 진행자가 노동당 귀족원 의원 앤드루 아도니스Andrew Adonis가 이전에 국회의원(하원의원)이었다고 언급한 초대 손님의 말을 얼떨결에 잘못 '정정했다'는 것이었다. 아도니스는 이전에 5년 동안 장관직을 지냈고 그 자리는 대개 국회의원이 맡았기 때문에 진행자가 순간적으로 실수할 만했다. 그리고 아마도 소수의 청취자 외에는 거의 알아차리지 못했을 것이다. 그렇지만 브렉시트 옹호자들에게는, 그들이 방송 내용을 들었든 못 들었든, 그 실수는 '괘씸한 오류'의 신호였고 프로그램 제작진이 즉각 개입해야 했던 사안이었다.

이것은 세이어의 법칙Sayre's Law—걸려 있는 판돈이 가장 적을 때 분노는 가장 격렬하다—의 전형적인 사례처럼 보이지만, 이런 그룹 안에서 극단적인 견해가 얼마나 빠르게 끓어오를 수 있는지, 주저하던 참가자들이 더 큰 명분을 지지하는 확고한 결의가 없는 것처럼 보일까 두려워 어떻게 맹비난에 합류하게 되는지를 보여주는 예이기도 하다. 유력 멤버가 모든 사람이 항의해야 한다고 주장하고 있는데, 그건 그리 중요한 일이 아니고 모두 그냥 일요일을 즐겨야 마땅하다고 말할 사람이 있겠는가?

ERG는 테리사 메이에 대한 공격을 이어 나갔고, 이는 2018년에 메이를 총리 자리에서 끌어내리려는 시도로 이어졌다. 브렉시트 법률 제정을 거듭 좌절시킨 후에 마침내 이 시도는 성공을 거두었고, ERG 임시 회원이자 열렬한 브렉시트 옹호자 보리스 존슨이 보수당 대표로 취임했다.

정치인과 지역 유권자 사이의 공개 대화는 어땠을까? 처음으로 트위터에 모습을 드러낸 국회의원은 자유민주당 의원 린 페더스톤Lynne Featherstone 이다. 그녀는 2008년 3월에 트위터에 가입했고, 그보다 4년 반 전에는 국회의원 중에서 최초로 개인 블로그를 열었다. 트위터에 가입하고 나서 한 달 후에 페더스톤 의원은 국회의사당 내부에서 처음으로 트윗을 올렸다. 법안 논의에서 발언 순서를 기다리는 중이라는 내용이었다. 이를 목격한 마크 팩Mark Pack(당시 자유민주당 활동가였고 나중에 당 대표가 되었다)은 이렇게 논평했다. "상상해보라, 아마도, 앞으로 총리 질의응답Prime Minister's Questions(일주일에 한 번 30분씩 총리가 의회에 출석해 야당의 질문에 직접 답하는 시간—옮긴이)에서 총리가 질문에 답한 내용을 국회의원이 자기 블로그나 트위터에 최신 정보로 올리는 미래를. 완전히 새로운 국면이 펼쳐질 것이다."9 8년쯤 지나자 의원들이 트위터에 최신 내용을 올리거나 현장을 라이브 중계하는 일을 막는 것이 거의 불가능해졌다. 의원들은 유권자—그들이 대표하는 지역구 주민과 일치하지 않을 수도 있지만—에게 메시지를 전달할 수 있도록 트위터가 제공하는 잠재적 가능성에 중독되었다. 페더스톤 의원의 트위터 팔로워는 약 2만 명(지역구 주민은 약 7만 6000명)에 그친 반면, 노동당 의원 다이앤 애벗Diane Abbott이나 유일한 녹색당 의원 캐럴라인 루커스Caroline Lucas, 전 노동당 대표 제러미 코빈 등에게는 수십만 명, 많게는 수백만 명의 팔로워가 있었다.

의원들은 이제 상시 대기 중이었고 (이론적으로는) 항상 무엇이든 질문을 받을 수 있었다. 정치는 저녁 뉴스나 아침 신문에서 가끔 마주치는 것이었다가 끊임없이 이용할 수 있는 것으로 바뀌었고, 또다시 주목을 차지하기 위한 싸움이 중요해졌다. 요즘 대세인 화제에 대응하여 트위터나 페이스북에 글을 올리는 편이 신문에 보도 자료를 내고 기자들이 그 내용을 보기를 기대하는 것보다 더 빨랐다. 특히 트위터는 정치의 온상으로서 뉴스 속보 채널과 어깨를 견주게 되었다.

소셜미디어는 새로운 가두 연단이 되었지만 왜곡이 있었다. 트위터는 트윗 올리는 사람의 성격을 증폭했고, 심지어 다수 의원들은(그리고 확실히 장관들도) 좀 더 젊고 좀 더 소셜미디어에 능숙한 신입에게 자기들 대신 트윗을 올리라고 시켰다. 일부는 머릿속에서 무슨 일이 벌어지든 이를 단순한 전달 통로로만 활용했다. 그 결과가 늘 좋지만은 않았다. 정치인이 일반 대중보다 더 똑똑하거나 더 많이 안다는 보장은 없기 때문이었다. 특정 주제에 대해서라면, 그에 대해 특정 의원보다 더 많이 아는 사람이 그곳에 있을 확률이 거의 100퍼센트였다. 이론상으로는 그것이 트위터나 페이스북의 큰 이점이어야 했다. 하지만 실제로는 옥석—그중 일부는 독설이었다—을 가려내기가 너무 힘들었다.

트위터가 성과를 널리 알리는 이상적인 미디어이자 개별 지역구의 개방된 공론장이 되리라 기대했던 의원들은 일이 그런 식으로 돌아가지 않는다는 걸 재빨리 알아차렸다. "그것은 유해한 공론장이었습니다." 베이지는 한숨을 내쉬었다. 2010년 연정 당시 차관이었던 그는 내각의 여느 장관보다 트위터 팔로워 수가 많은 것을 자랑스러워했고 자신이 미디어에 모습을 드러낼 때 반응이 뜨는 것을 즐겼다. "TV에 나오는 건 곰이 숲속에서 볼일을 보는 것과 같아요. 트위터에서 사람들이 반응을 보이지 않는다면 실제로는 안 나온 거나 다름없죠."

그는 페이스북을 사용한 적이 없었다. "제가 본 피드는 사람들이 시끄럽게 떠들어대는 불평으로 가득했어요. 적어도 트위터라면 그런 건 제한적이죠. 페이스북에서 사람들은 그냥 엄청난 양의 헛소리를 늘어놓았고 저는 그걸 보고 있기가 싫었을 뿐이에요." 그렇지만 그의 소셜미디어팀이 페이스북 그룹에 대해 알려주면서 꽤 즐거워했다고 그는 기억했다. "'베이지는 꺼져라'라든지 '쓸모없고 개떡 같은 에드 베이지' 같은 그룹이었죠. 모르는 게 약이었어요. 그러는 편이 저의 정신 건강에 훨씬 유익했어요." 여성 의원들은 자신이 받는 욕설 트윗이나 메시지에 트위터가 너무 느리게 대응하는 바람에 문제가 배가된다고 거듭 불평했다. 사람들은 마음 놓고 무례해졌고—무례하도록 부추겨지기까지 했다—플랫폼은 그에 대해 거의 아무런 조치도 취하지 않았다.

정치인들이 갑자기 더욱 미움을 사게 되었을까? 대중의 견해가 더욱 극단적으로 변했을까? 2009년 초대형 세비 스캔들 이후에 국회의원에 대한 대중 지지가 하락하긴 했지만, 가장 큰 변화는 대중과 국회의원 간의 교류가 더 빈번하고 더 신속하게 이루어질 수 있다는 것이었다. 대표자와 유권자(또는 비유권자) 사이에서 끊임없이 충돌하는 브라운운동이 논쟁을 뜨겁게 달구고 있었다.

베이지는 트위터에 '내재된 대립 요소'를 감지했다. "사람들을 모아서 싸움을 붙이고 싶어 하죠." 크리시도 이에 동의하면서 중요한 경고를 덧붙였다. 의회에 입성한 다음 해인 2011년에 크리시는 트위터를 활용해 단기 대출업자의 이자율 상한선을 정하자는 정치 캠페인을 조직할 수 있었다. "동료 의원들을 끌어들여야 하는 '전통적인' 규칙을 건너뛸 수 있었어요. 훨씬 더 넓은 범위의 사람들에게 이야기할 수 있었으니까요." 그녀는 말했다. "그저 트위터에 있었기 때문만은 아니었어요. 사실 우리는 사람들을 맞팔하고 대화를 나누고 도와달라고 요청했어요." 그것은 현재까지도 진행형이다. 2020년에 그녀는 여성 혐오를 혐오범죄로 규정하는 법안

개정을 의회에 요구하기 위해 온라인에서 지지를 끌어냈다. 소셜미디어가 들썩거리면 국회의원들의 주목을 끌어낼 수 있다.

하지만 다른 양상들도 계속 나타난다. 2012년에 정부가 단기 대출업자들이 부과할 수 있는 이자율 상한선을 정하자 한 트위터 계정은 그녀가 "정신적으로 불안정하고" "자기 잇속만 챙기는 자기중심적인 사람"이라고 공격하기 시작했다. 그 계정을 추적해보니 무허가 대출업자들 중 한 명이 고용한 사람임이 곧 밝혀졌다.[10]

2013년에 크리시는 강간과 살해 위협 대상이었다. 그 혐의로 네 명—이들은 서로 모르는 사이였다—이 나중에 유죄판결을 받았다. 그렇지만 몇몇 동료 의원조차 그녀가 홍보 효과를 노리고 스스로 메시지를 보냈다고 생각했다. 재판이 열리자 그들은 그렇지 않았다는 사실을 납득했지만 트위터는 달라지지 않았다. "열여덟 달 만에 이런 행동이 매우 일상적인 일이 된 것 같습니다. 두 가지가 있죠. 대화의 폭력성. 그리고 절대적으로 많은 양이요. 이제 와서 2010년을 돌이켜 보면 서글퍼요. 저는 트위터에서 월섬스토에 관해 말하는 사람들을 팔로우했어요. 버스 뒷좌석에 앉아서 사람들이 이야기 나누는 걸 듣고 있다가 어깨를 툭 치면서 '안녕하세요. 실은 제가 여러분 지역구 국회의원이거든요. 도와드릴까요?'라고 말할 수 있는 것처럼 느껴졌죠. 대화를 나누기 위해 끌어들일 수 있는 인맥을 넓혀가는 일의 멋진 부분이 이제는 사라져버렸어요. 뭐든 건드리고 보는 사람들의 폭력성과 공격성, 그리고 따라잡을 수 없을 만큼 엄청나게 많아진 소통, 두 가지 다 때문에요."

7년이나 지났지만 그녀는 여전히 트위터에서 욕설의 대상이었다. "트위터는 확실히 정말 정말 불쾌한 곳이 되어버렸어요." 크리시는 말했다.

"페이스북이 반사이익을 얻었죠. 페이스북은 6~7년 전에 죽어버린 줄 알았는데 되살아나서 아주 유용해졌어요. 페이스북에 지역 주민들이 많이 있거든요. 지역구 의원으로서 많은 일들을 하기 위해서 저는 페이스북을 찾습니다."

정치에서 진행 중인 소셜온난화 피드백 루프를 보려면 멀리 찾아갈 필요가 없다. 정치인들이 자기들끼리 교류하는 데 이용하는 내집단 시스템과 소셜미디어를 통해 공개적으로 보상받는 외집단 시스템, 양쪽 모두가 분명히 정치인들을 더 극단적인 정치 행동, 더 극단적인 온라인 행동 쪽으로 내몰고 있다.

왜냐하면 보상이 따르기 때문이다. 정치적으로 극단적인 입장을 취하는 정치인에게 팔로워가 더 많으며, 극단적인 입장으로 옮겨 가는 정치인에게 더 많은 팔로워가 따라온다. 타협을 추구하는 중도적 성향의 정치인은 양쪽 모두에게 공격받고 더 극단적인 동료 의원이 얻는 인기(또는 혹평)를 얻지 못한다.

2017년 8월 발표된 미국 퓨 리서치 센터의 분석 결과를 보면 의회에서 극도로 이념적인 의원들이 중도적인 의원들보다 페이스북 팔로워 수가 더 많았다. '이념적인'과 '중도적인'은 장기간의 투표 기록을 평가해서 결정되었다.[11] 의원 수가 더 많은 하원에서 가장 극단적인 의원은 팔로워 수가 약 50퍼센트 더 많았다. 권한이 강한 100명의 상원의원 중에서 극단적인 의원은 중도적인 의원에 비해 팔로워 수가 평균적으로 거의 두 배에 달했다.

그렇다면, 대체 왜? 퓨 리서치 센터의 연구자들은 극단적인 의원일수록 어떤 종류의 글을 더 쉽게 공유하는지 살펴본 후에 그들이 "정치적 사안들에 분개 또는 반대"를 표현하는 경향이 있다고 밝혔다.[12] 그리고 그런 글들은 좋아요 수, 댓글 수, 공유 수로 측정된 더 많은 '참여'를 얻었다. 이미 예상했겠지만, 어떤 정치인의 글이 더욱 분노에 차 있을수록—단순한 반대부터 분개까지, '이건 틀렸다'부터 '뭔가가 성사되어야 한다'까지를 아우르는—참여 반응이 커진다. 두 배나 되는 좋아요 수와 공유 수, 세 배에 달하는 댓글 수. 그것이 페이스북 알고리듬이 인위적으로 빚어낸 결과인지 같은 청중에게서 더 큰 반응을 얻은 결과인지는 중요하지 않다. 다음에 어떤 글을 올릴지 고민하는 정치인에게 주는 메시지는 명징하다.

정치인의 목적을 두고 보면, 댓글을 달거나 공유하는 사람들이 동의하는지 반대하는지는 중요하지 않다. 주목 경제에서는, 반대자들이 넘쳐나는 모든 순간이 이익이 된다. 정치인들에게 논란이 되는 것보다 더 나쁜 일은 아예 논란이 되지 않는 것이 유일하다는 오스카 와일드의 비평을 충실히 따른다.

예일대학교 연구자 빌 브래디는 소셜네트워크에서 '도덕적 분노'가 어떻게 퍼져 나가는지 조사했고 "도덕적 또는 감정적 내용을 올리면 네트워크에서 퍼져 나가는 과정에 도움이 된다는 상식을 정치인들이 의식하고 있을 거라는 데에는 의심의 여지가 없습니다. 대놓고 이야기를 하거나 안 하거나 차이는 있겠지만요"라고 말했다. (빌 브래디는 2019년에 발표한 도널드 트럼프, 힐러리 클린턴, 미국 상하원 의원들의 트윗을 살핀 논문의 공저자다. 논문에서는 '도덕적-감정적' 메시지가 더 많이 리트윗되고 더 많이 노출된다는 사실을 밝히고 있다.) "너무나 당연히 선거 캠페인 관리자들도 이 점을 이해하고 있고 자신들의 메시지를 퍼뜨리는 데에 활용합니다."

트위터에서는 영국에서도 동일한 효과가 눈에 띈다. 2019년 11월 말, 4년 사이에 세 번째로 치러진 총선을 준비하는 시기에 어떤 남성이 런던 교에서 흉기를 휘두르는 테러 공격으로 두 사람을 살해했다. 알고 보니 그 남성은 2012년에—보수당이 주도하는 연정이 정권을 잡고 있을 때였다—심각한 테러 공격으로 이전에도 유죄판결을 받은 적이 있었다. 하지만 6년 만에 가석방 심의위원회의 심사 없이 풀려났다. "대체 왜?" 반대편 노동당 후보 이베트 쿠퍼^{Yvette Cooper}가 물었다.

내무장관이자 토리당 후보인 프리티 파텔^{Priti Patel}은 자신의 대답을 트위터에 올렸다. "2008년에 노동당 정부가 제정한 법률이 위험한 테러리스트들을 복역 기간의 절반만 채우면 자동 석방되도록 했기 때문이다. 보수당은 2012년에 그 법을 개정해서 당신들이 만든 자동 가석방 정책을 종결지었다. 하지만 칸[이 사건의 살인범]은 법 개정 전에 판결을 받은 경우였다."[13]

파텔 장관은 틀렸다. 법원에서는 자동 가석방을 금하는 여러 유형의 선고가 가능했다. 그리고 칸은 2013년 4월(보수당 연정 때)에 선고를 받았다. 2012년 법률 개정 뒤였지만 선고를 받아 절반 복역 후 가석방이 확정되었다.

하지만 틀린 건 중요하지 않았다. 파텔의 말이 트위터에 올라오자 수천 건의 리트윗이 이어졌고 트위터 전체 생태계에서 성난 답글이 이어졌다. 허위 내용을 삭제할 방법은 없었다.

이 트윗에 대한 손에 만져질 듯한 분노는 트위터에서는, 특히 정치적인 내용에 대해서는 늘상 있는 일이었다. 하지만 과거와 비교해보면 뭔가가 달라졌다. 20년 전에는 그런 주장—라디오, TV, 신문 기사에서의 인용─이 해당 법을 잘 아는 누군가의 검토를 거칠 수 있었다. 앞뒤가 안 맞는 주장이었기 때문에 파텔의 발언은 더 면밀한 조사를 거치고 입증하라는 요구를 받았을 것이다. 파텔이 그런 주장을 펼치고 싶어 할 때, 그녀와 대중 사이에서 이를 차단할 수 있는 사람들이 있었다.

트위터에서는 그 주장이 12만 명의 팔로워에게 발송될 수 있었고, 성원을 받거나 비판을 받으면서 훨씬 더 넓게 퍼져 나갈 수 있었다. 몇몇은 이를 끔찍하게 여겼다. "이건 새빨간 거짓말이다." 법정 변호사이자 스릴러 작가인 토니 켄트Tony Kent는 이렇게 트윗을 올렸다. "어떻게 내무장관이 이런 글을 올릴 수 있단 말인가!?! 이건 사실이 아니다. 전혀. 법원에서 자동 가석방을 막을 수 있었던 판결의 종류는 엄청나게 많았다. 그냥. 멈춰. 거짓말. 당신은 트럼프가 아니다. 여기는 미국이 아니다."

어떻게 내무장관이 이런 글을 올릴 수 있었을까? 왜냐하면 트위터이기 때문이다. 특정 집단을 위협하지만 않는다면 아무 문제가 없다. (그리고 당신이 어느 정도 이상의 고위직 정치 지도자라면 위협조차도 용납될 수 있다고, 트위터 측은 이전에도 설명한 바 있었다.)

정치인에게는 '참여'야말로 가장 중요한 본질이다. 욕설을 아랑곳하지 않을 만큼 낯 두꺼운 사람들은 논란을 일으키고 복잡한 문제를 둘 중 하나의 선택으로 만들어버리면서 팔로워를 늘려갈 수 있다. 트위터를 이용해서 정치 기반을 다지면 또 다른 이익을 얻었다. 이상적인 유권자는 당신 의견에 동의하는 데에 그치는 게 아니라 실제로 투표를 하는 사람이다. 트위터에 올리는 내용이 양극화되면 적당히 터무니없는 말을 올릴 수 있는 정치인들이 더 많은 표를 얻을 수 있다.

베이지가 말한 대로다. "트위터에는 사람들이 일상에서는 입에 올리지 않을 '이런 바보 자식' 같은 말을 하라고 부추기는 뭔가가 있습니다."

브래디도 이에 동의하지만, 그런 면이 정치인에게는 장점으로 작용할 수 있다고 생각한다. "정치인은 [소셜미디어에서] 공격을 받고 있다 하더라도 더 많은 노출 기회를 얻을 수 있는 등등 역설적인 효과를 누릴 수 있죠. (중략) '어떤 대통령이 당선되는 과정에서 미디어는 어떤 역할을 하는가?'에 대해 언론에서는 여러 가지로 설명하고 있습니다." 실증적으로 들여다보지는 못했지만 대체로 흥미로운 문제 제기다. 작은 역할일지라도, 의심할 바 없이 소셜미디어는 어떤 역할을 할 가능성이 있다. 노출 측면에서만이라도 말이다. 다른 미디어가 소셜미디어를 다룬다는 점도 따로 고려해야 한다. 따라서 소셜미디어를 하지 않는 사람조차도 이를테면 트럼프의 트윗 내용을 저녁 뉴스에서 다루는 장면을 보게 된다. 이런 식으로 그가 말하는 내용이 점점 더 많이 노출되는 방법이 있는 것이다.

우리는 2020년 미국 대선 전에 이야기를 나누었고 브래디는 2016년 이후 4년의 시간이 양측에 무엇을 가르쳐줬는지 알아보는 일에 크게 흥미를 느꼈다. "2016년에 클린턴은 분명히 분열을 초래하는 메시지를 아꼈어요. 하지만 약간의 변화가 생겼다고 생각합니다. 중요하게 명심할 점 한 가지는 정치인들이 전략을 바꾸기 시작하고 있다는 겁니다." 조 바이든의 트윗과 페이스북 글들을 살펴본 후에 "민주당은 2016년과 같은 전략을 쓰면서도 이번에는 트럼프 혐오 때문에 전략이 통하리라 기대하는 것 같습니다"라고 브래디는 말했다. (실제로, 그것이 정확히 바이든 캠프에서 썼던 전략이었고, 바이든이 크게 승리했으므로 소셜미디어가 외부 행사들보다 이번 선거 결과에 얼마나 중요했는지는 가늠하기 어렵다.)

정치인들이 소셜네트워크에 상주하기 때문에 발생하는 가장 큰 문제는, 그들이 끊임없이 매번 새롭게 판을 휘저어놓고 매번 중요한 업데이트를 하기 때문에, 얼마나 쉽게 변화가 이루어질 수 있는가와 관련해 평범한 유권자의 시각을 왜곡할 수 있다는 것이다. 케임브리지대학교 정치학 교수 데이비드 런시먼David Runciman은 자신의 저서 《쿠데타, 대재앙, 정보권력》에서 "포퓰리즘은 트위터 시대 민주주의 정치의 자연스러운 상태다"라고 썼다. "댓글 사이트들은 즉각적인 만족감을 부추긴다. 민주주의는 좌절해도 견뎌내는 능력을 전제로 하고 있는데도 말이다."

런시먼이 내게 말했던 큰 위험 요소는 모든 것에 끊임없이 의문을 던지는 능력이다. 선거운동의 아주 사소한 부분을 짚어내거나 세세한 데까지 정치 쟁점화해서 모든 하찮은 진술이 정말로 사실인지 캐묻고 어떤 일이 반드시 이루어져야 한다고 요구하면서, 모든 결과에 의문을 제기할 수 있고 제기해야 한다는 분위기를 조성해왔다는 것이다.

"중요한 뭔가가 사라져버렸는데요, 그건 바로 사람들이 기꺼이 패배를 받아들이는 겁니다"라고 런시먼은 말한다. 민주주의 체제에 내재된 '패자의 승복'이라는 생각—모두에게 기회가 있기 때문에 바라던 것을 얻지 못한 이들도 결과를 받아들인다—이 깨지기 시작했다. 이전에는 사람들이 "내가 이 시스템을 견디면 이 시스템도 내 관점에 동조해줄 것이다. 민주주의 선거에서 져서 우리가 이번 선거에서는 패배했지만, 다음 선거가 기다리고 있다"라고 생각했다고 런시먼은 설명했다. 그는 잠시 말을 멈추고 주변을 둘러보았다. "그런 일이 정말로 시작됐어요. 이런 생각을 이끄는 동력의 일부는, 우리 정치가 너무 분열되는 바람에 반대편 다수를 용납할 경우 그들이 권력을 이용해서 다음번에도 왜곡을 일삼을 테니 다음 선거에서는 절대 질 수 없다는 기분이 드는 거예요. 신뢰가 깨진 겁니다. 국민투표도 소용없습니다. 국민투표에 붙일 경우 다음이 있을지 불분명하니까요."

비슷한 불안감이 미국에서도 반응을 부채질한다고 그는 말한다. "미국을 보세요, 정치의 당파성을 끌어내는 깊은 두려움이 존재합니다." '대통령이 대법관을 임명할 테니 패배를 승복할 수 없어. 우리가 패배를 인정하면 이 대통령은 미국 정치를 한 세대 동안이나 왜곡할 수 있으니까'(종신 임명제로, 미국 대법관들은 평균 약 25년 동안 재직한다)라고 잠재적 패배자들이 생각한다는 것이 그의 설명이다. "[브렉시트] 국민투표도 비슷하죠. 한 세대에 한 번 있는 투표로 보이니 패배하는 쪽에서는 승복하기가 정말 어렵죠.

게다가 테크놀로지가 이런 불안을 증폭시킵니다. 그리고 이런 주제들을 중심으로 조직화할 가능성도 증폭시키죠. 그러니 제 생각엔 모든 [선거] 시스템에는 잠재적인 약점이 있습니다. 참고 견디기를 꺼리는 사람들을 이런 테크놀로지가 짓누를 수 있다는 점에서요."

그런 거리낌을 부채질하는 중요한 요소는 소셜미디어와 손안의 스마트폰이 만들어내는 초조함이다. 트위터는 끊임없이 이어진다. 페이스북에는 항상 새로운 글이 올라온다. 봐, 인스타그램에 새 게시물이 있어! 하지만 선거는 지평선만큼이나 멀어 보인다. "선거까지는 몇 년이 남아 있죠." 런시먼은 말한다. "하지만 [소셜미디어에는] 당신이 참고 견디는 동안 세상이 바뀌고 있다는 분위기가 있습니다." 그는 사람들이 선거와 선거 사이에는 "신경을 끄고" 지냈다고 지적했다. 이제는 숨 돌릴 틈이 거의 없다. "3~4년은 긴 시간입니다. 사람들은 그 3~4년 동안 모든 것이 자신들에게 불리하게 왜곡될 수 있다는 기분을 느낍니다. 이런 [정치적] 분열을 가로지르는 왜곡된 커뮤니케이션이 그런 느낌을 증폭하죠."

소셜네트워크에서 허위 정보 이용을 연구하고 있는 르네 디레스타는 2016년 9월 에세이에서 소셜미디어가 근본적으로 우리가 대중 행동에 대해 생각하는 방식을 바꿔버렸다고 썼다. '산발적, 자발적, 일시적'이었던 것을 전적으로 다른 형태의 야수로 변모시켰다.[15] "변형된 디지털 군중에 관해 가장 중요한 점은 이것이다. 실제의 군중과는 달리 그들은 무기한 지속될 수 있다. 그리고 이것이 모든 걸 바꿔놓는다." 온라인에서는 언제나 공통 관심사에 호소하여 그룹을 찾아 소집할 수 있다. "고함치거나 행진하거나 팻말을 들 필요도 없다. 소파에 누워서 그냥 공유나 리트윗 버튼을 클릭하면 그만이다."

그 결과는 과격화된 입장들 사이의 전투라고 디레스타는 말했다. "끊임없는 디지털 군중은 결국 합리적인 생각보다는 감정에 이끌리는 대중이다. (중략) 소셜 플랫폼에서 공개 대화가 이루어지기 때문에 격정적이고 조직화된 정치적 양극단이 점점 더 이런 대화를 주도한다."

마지막으로 고려해야 할 요소는 정치와 민주적 절차에서 유권자들끼리의 상호 교류다. 특히 페이스북은 자기들이 투표에 더 많은 사람들이 참여하게 할 수 있음을 보여주려 했다. 그 첫 시도로 소셜네트워크가 2010년 선거에서 민주주의에 정말 중요했다는 걸 보여주려 했다. 이 실험의 결과는 그 후 2년이 지나서야 드러났다. 저명한 과학 저널 〈네이처〉 2012년 9월 호 레터난에, 제목 그대로 '6100만 명을 대상으로 실험한 소셜 영향력과 정치적 동원'[16]을 설명한 논문이 실렸는데, 일곱 명의 쟁쟁

한 저자 목록 중에는 정치학자들, 그리고 페이스북의 데이터사이언스 팀원들이 포함되어 있었다. 그들이 답을 내리고자 했던 질문은 이것이었다. 페이스북은 사람들의 투표 가능성을 높일 수 있었는가? 가구 내에서 투표 행위는 '전염성'이 있을 수 있다고 밝힌 이전 연구가 이미 존재했다. 당신이 투표를 한다면 동거인이 투표할 가능성도 높아지고, 반대도 가능하다. 이와는 달리 투표 독려 이메일은 별로 효과가 없었다.

미국에서 2010년 11월 중간선거 기간 중 어느 날, 6000만 명이 각자의 뉴스피드에서 투표 독려 메시지와 함께 인근 투표소 위치 안내, 투표했다면 누르라는 버튼을 보았다. 일부는 페이스북 사용자 중 얼마나 많은 사람들이 그 버튼을 눌렀는지를 보여주는 투표자 수와 이미 그것을 누른 친구들 중 임의로 선택된 여섯 명의 사진―'소셜' 메시지―을 보았다. 50만 명쯤 되는 좀 더 작은 그룹의 사람들에게는 메시지와 계수기와 버튼이 보였지만 친구들 사진은 없었다. 또한 50만 명쯤 되는 대조군은 메시지, 계수기, 사진 가운데 아무것도 보지 못했다. 공개된 투표 기록을 조사하여 실험자들은 자신들이 영향을 미쳤는지를 알아낼 수 있었다.

실제로 효과가 있었다. 그 '소셜' 메시지는 약 6만 명을 직접 투표장으로 이끌었고, 투표를 했다는 페이스북 친구들의 메시지를 본 행동의 '넛지'로 인해 또 다른 28만 명이 투표했다. 가까운 친구 사이에서는 효과가 더욱 강력하게 나타났다. 하지만 가장 가까운 열 명을 제외하면 효과는 미미했다.

6100만 명 중에서 총 34만 명 투표, 또는 약 0.55퍼센트가 많은 것처럼 느껴지지 않을 수도 있다. 하지만 적절한 맥락에서라면, 엄청난 수치다.

저커버그는 처음에 페이스북의 가짜 뉴스가 2016년 미국 대선에서 투표에 어떤 영향을 끼쳤는지 주장하는 의견들을 무시했지만, 정치광고에 대해서는 비슷한 태도를 보이지 않았다. 물론, 정치광고가 선거판을 흔들었다고 떠벌리지도 않았다. 그가 이런 아슬아슬한 줄타기에 나설 리가 없었다. 광고효과를 부정한다면 자사의 비즈니스 모델이 약해질 테고, 정치광고가 효과적이라고 한다면 페이스북의 내용 규제와 면밀한 관리를 요구하는 목소리가 이어질 터였다.

페이스북의 정치광고가 트위터(정치광고가 금지되어 있다)나 구글 또는 유튜브와는 근본적으로 다르다는 사실은 널리 알려져 있지 않다. 페이스북에서 그것을 본 사람들을 '참여시키는' 광고는 가격이 더 싸다. 정치광고도 마찬가지다. 많은 사람들이 '참여하게' 하는 정치광고, 공유하거나 좋아요를 누르거나 댓글을 다는—좋아해서든 좋아하지 않아서든—광고는 같은 금액을 써도 사람들이 관심을 보이지 않는 광고보다 더 많은 사람들에게 노출된다. 어떤 종류의 콘텐츠가 소셜네트워크에서 가장 잘 전파되는지에 대해 우리가 아는 모든 것을 고려할 때, 그것은 분노를 유발하고 양극화된 콘텐츠가 이득을 볼 것이며 그런 견해를 지지하는 후보가 자신의 메시지를 더 성공적으로 퍼뜨릴 것이라는 의미다. 그리고 그런 견해를 지지하는 후보가 자신의 메시지를 더 성공적으로 퍼뜨릴 것이다. 요컨대 페이스북의 광고 모델은 포퓰리즘을 증폭시키고 장려한다.

마이크로타깃팅을 거친 정치광고—당신이 투표했으면 하거나 또는 투표하지 않았으면 하는, 작지만 중요한 집단을 규정한다—의 잠재력에 편승하면 정치적 설득의 지형을 바꿀 수 있다. 미국에서는 TV광고 시간대를 구매하여 정치광고를 할 수 있는데 후보들에게 분당 광고 요금을 동일하게 책정하는 것이 오랜 관례다. (TV광고의 중요성을 감안하면, 이는 후보자들이 엄청난 활동 자금을 모으는 이유이기도 하다.) 하지만 페이스북에서는 각자의 광고가 얼마나 참여를 이끌어내는지를 판단하는 알고리듬에 따라 후보들이 광고비를 다르게 낼 것이다. 페이스북의 정치광고가 다양한 층위의 후보자들이 유권자들에게 다가가게 해준다고 저커버그는 우기고 있지만—"정치광고를 금지하면 현직 후보나 미디어가 다루기로 선택한 후보가 유리해집니다"라고 2019년 10월에 말한 바 있다—블랙박스 알고리듬이 후보들을 정확히 얼마나 많이 보게 될지를 결정한다는 사실은 언급하지 않는다.[17]

영국에서 브렉시트 국민투표의 출발 신호가 떨어진 건 2016년 2월이었다. 의견 차이는 곧 명확해졌다. '탈퇴' 찬성파는 탈퇴 쪽에 투표하지 않을 사람들에게 동기를 부여하기 위해 전력했는데, 우선 EU 회원국으로 남을 경우 펼쳐질 결과에 대해 분노를 일으키고 이어서 행동을 촉구하는 가장 효과적인 방법으로 페이스북 광고를 활용했다.

탈퇴에 투표하라는 핵심 캠페인 그룹은 300만 파운드(약 48억 원) 가까이를 페이스북 광고에 썼다. 많은 내용이 수십 년 동안, 어쩌면 그 이상 오랫동안 투표한 적 없었던 사람들에게 도달했다. 결국 여러 번의 총선과 기타 선거들에 참여하지 않았던 280만 명이 투표에 나섰고 투표 참여율은 극적으로 높아져서 72퍼센트가 되었다.[18] 그들은 거의 모두 탈퇴에 찬성했고 찬성표가 130만 표 차이로 앞섰다. 약 3분의 1은 어느 쪽에 투표할지를 국민투표가 시행되는 그 주에 결정했고 그중 10퍼센트는 당일에 찬반을 결정했다.

이 투표의 후유증으로 조작과 초과 지출(영국에서는 캠페인 지출 규정을 엄격하게 적용한다)에 대한 비난이 난무했다. 가장 큰 의문은 '탈퇴에 투표하라'는 캠페인이 어떤 사람들을 대상으로 삼았는지, 어떤 내용을 말했는지였다. 당시 페이스북이 정치적인 독려 광고를 구매한 주체가 누구인지 들여다볼 방법을 제공하지 않았기 때문이다. 이 회사는 투표 후 2년이 더 지나고 나서야 1433편에 이르는 '탈퇴에 투표하라' 캠페인을 공개했다.[19] 그중에는 터키가 EU에 가입하려 한다든지(이민과 무슬림을 우려하는 사람들—탈퇴 찬성자들이 대개 그렇듯이—에게 걱정을 불러일으켰다) 하는 뻔한 거짓말도 있었다.[20] 이들은 엄청나게 다양한 편견과 반응을 대상으로 삼았다. 동물 애호가들(투우 이미지), 환경운동가들("EU는 우리가 공개적으로 발언하고 북극곰을 보호할 역량을 가로막는다"라는 거짓 주장이 들어간 북극곰 사진), 차 마시는 사람들("EU는 우리의 차 문화를 없애고 싶어 한다"라는 말도 안 되는 소리), 그 밖의 다른 많은 사람들을 고르는 데에, 보통 때 같으면 투표하지 않았을 사람들을 찾아낼 의도로 만든 페이스북 '경연 대회'—그해 여름 유럽챔피언스리그 마흔한 경기의 결과를 모두 정확하게 맞히는(그렇게 할 수 있는 확률을 계산해보면 50해 분의 1이 나온다) 사람에게 5000만 파운드(약 800억 원)를 준다고 했다—에서 얻은 접속 데이터를 이용했다.

페이스북은 이 광고들이 6600만 명에게 1억 6900만 회 이상 노출되었다고 발표했다. 그렇지만 어떤 사람들은 이 광고들을 한 번도 보지 못했다. 어떤 사람들은 여러 번을 보았다. 애그리게이트IQ^AggregateIQ와 케임브리지 애널리티카^Cambridge Analytica처럼 걸신들린 듯 데이터를 끌어모으는 회사들이 주도한 세밀한 타깃팅이 주요한 성공 요인이었다.

브렉시트 캠페인이 성공하는 과정에서 페이스북이 정확히 어떤 역할을 했는지는 알려지지 않았다. 그 광고들과 뉴스피드에서 벌어진 논쟁들이 브렉시트라는 결과를 끌어낸 건지는 아무도 알지 못한다. 하지만 어떤 정치광고든 마찬가지지만 그 광고들이 효과가 전혀 없었다는 건 순진한 생각이다.

데이비드 캐머런은 브렉시트 결과에 충격을 받았다. 하지만 진짜로 놀라지는 않았을 것이다. 2015년 선거에서 보수당의 승리는 자유민주당이 다수 의석을 차지하고 있었던 잉글랜드 남서부에서 구글 광고와 페이스북 마이크로타깃팅 광고를 조심스럽게 활용하여 얻은 결과였다.[21] 보수당은 자유민주당이 어떻게 자신들의 원칙을 고수하는 데에 실패하고 그 대신 연정에서 다수당에 굴복했는지를 강조하는 광고를 해당 지역 유권자들에게 내보냈다. 자유민주당은 특히 남서부에서 거의 득표하지 못했다. 타깃이 되어 의석을 잃어버린 사람들 중에는 자유민주당 대표 닉 클레그도 있었다. 그는 정부에서 일하는 동안(2010년부터 2015년 총선 전까지 부총리를 지냈다―편집자) 대학생 등록금 인상을 반대했던 선언적 공약을 180도 뒤집어야 했다. 그러나 페이스북 마이크로타깃팅 기능의 희생자였던 그는 나중에 보상을 받을 수 있었다. 3년 후에 클레그는 페이스북의 국제문제 및 커뮤니케이션 담당 부사장이 되어 페이스북의 정치광고 정책을 옹호하는 책임을 맡았다.

2016년 미국 대선은 이제 옛날이야기 같다. 하지만 소셜온난화가 정치에 미치는 영향을 설명하는 데에는 중요한 순간을 남겼다. 도널드 트럼프는 중요한 세 개 주에서 근소한 차이로 승리를 거두었다. 그는 미시간주에서 힐러리 클린턴보다 1만 704표 앞서서 투표수 차이는 0.22퍼센트에 불과했다. 위스콘신주에서는 2만 2748표, 0.79퍼센트 앞섰다. 그리고 펜실베이니아주에서는 4만 4292표, 0.71퍼센트 앞섰다. 모두 합쳐서 7만 8000표도 안 되는 차이였다. 이 세 곳에서 선거인단의 표가 트럼프에게 기울었다. 세 곳을 모두 합한 총 투표수는 1400만에 가까웠는데 차이는 고작 0.56퍼센트였다.

세 곳 모두 2008년 버락 오바마의 승리 이후 눈에 띄는 경향성을 보였다. 퍼센트를 기준으로 민주당에 승리를 안겨주었던 득표수 격차 중 절반 정도가 세 곳 각각에서 공화당 쪽으로 넘어갔다. 인구분포에서 저학력 백인 투표자가 점진적으로 늘어나고 있었기 때문에 클린턴은 지지율 하락세를 저지하려 애써야 하는 상황이었다. 이전 두 번의 선거과 비교해서 2016년에는 또 다른 미묘한 차이도 있었다. 2012년 오바마가 출마했을 때와 비교하면 '대안' 후보 득표수가 두드러지게 증가했고 클린턴의 득표수는 하락했다. 그렇기는 해도 미시간주와 펜실베이니아주에서 클린턴의 2016년 득표수는 2012년에 패배한 공화당 후보 밋 롬니보다 많았다. 즉 트럼프의 캠페인은 이전 두 번의 선거에서 공화당 후보를 지지하지 않았던 유권자들을 불러냈다.

거기에는 다양한 요소가 영향을 미쳤다. 낮아진 투표율, 다른 후보자들, 그리고 미국 선거에서 이전에는 사용된 적이 없었던 방식으로 소셜미디어를 활용해 반전을 시도하는 캠페인이 있었다. 전례 없이 대규모로 페이스북이 활용되었다.

"페이스북과 트위터 덕분에 우리가 이번 선거에서 승리했습니다." 2016년 선거에서 트럼프 진영의 디지털 캠페인 책임자였던 브래드 파스케일Brad Parscale은 선거 결과가 확정되고 일주일도 지나지 않은 시점에 〈와이어드〉와의 인터뷰에서 이렇게 말했다.[22] 핵심 원인은 피드백이었다. "이들 플랫폼은 사람들이 무엇을 좋아하고 무엇을 싫어하는지 당신에게 알려주도록 구축되어 있죠"라고 파스케일이 말했을 때, 공화당 전국 대회 광고 책임자 게리 코비Gary Coby는 거의 경이로워하는 것 같았다.

2016년 12월에 파스케일이 밝힌 바에 따르면, 11월 선거 일주일 전에 했던 분석에서 2012년에 표차가 10퍼센트 미만으로 박빙이었던 위스콘신주, 미시간주, 펜실베이니아주, 오하이오주, 플로리다주와 그 밖의 다섯 개 주에서 트럼프가 승리를 거둘 가능성이 높은 것으로 나왔다. 트럼프 선거 캠페인은 투표일 직전 몇 주 동안 디지털 메시지를 보내는 데 약 1억 달러를 썼고 세 개 주에서만 디지털 타깃광고에 500만 달러를 썼다.[23] "그렇게 저는 타깃광고비를 돌렸습니다." 파스케일은 2016년 12월 NPR 라디오방송에 나와 말했다.[24] 그는 자신이 신속하게 움직인 것이 승리의 주요 요인이었다고 생각했다. "우리가 어떻게 위스콘신주와 펜실베이니아주와 미시간주에서 이겼는지 아마 아실 겁니다. 제가 [실행하기 전에] 하루만 더 기다렸다면, 아마도 아시겠지만 10만 표의 행방이 바뀌었을 겁니다."

트럼프 선거 본부와 클린턴 선거 본부가 선택한 광고 미디어에는 또한 두드러진 차이가 있었다. 파스케일은 3900만 달러를 마지막 날 TV광고에, 2900만 달러를 디지털광고에 배정했다. 클린턴 선거팀은 7200만 달러를 TV광고에 배정했고, 1600만 달러만 인터넷광고에 배정했다. 선거 기간 동안 트럼프 선거 본부는 과장이 아닌 문자 그대로 수천 가지의 다양한 광고물을 매일 쏟아냈는데, 사소한 변화를 주면서 반응을 살폈다. 어느 날은 그 건수가 17만 5000개를 기록하기도 했다. 대부분 투표를 독려하는 내용이었다고 파스케일은 말했다. 하지만 투표하지 말라는 내용도 있었다. "우리는 중도층이라고 생각하는 사람들을 타깃으로 삼았습니다. 그들을 '부동층'이나 트럼프 지지층 둘 중 하나로 옮길 수 있을 때까지 요." 현재 트럼프 지지자들의 이름을 업로드한 후 페이스북이 비슷한 관심사를 가진 사람들을 ('맞춤 타깃' 도구로) 찾아내는 방식을 활용해 잠재적 지지자들을 찾아냈고, 그들에게 타깃광고를 내보냈다. 타깃광고 대상은—100명 내외로—아주 적은 규모였고, 유사성의 힘 덕분에 파스케일은 점점 더 결과를 자신하게 되었다. 심지어 트럼프가 TV광고에 돈을 많이 쓰지 않는다고 그를 질책했을 때에도 파스케일은 여전히 확신했고 트럼프의 면전에서 이렇게 말했다. "당신이 차기 대통령이 된다면 페이스북에서 이겨서일 겁니다."[25]

2015년 7월에도 파스케일은 트럼프 선거 본부에서 일관된 주장을 펼치고 있었다. 주로 도시 사람들만 사용했던 초반 몇 년이 지난 뒤 소셜네트워크가 팽창하여 지방 거주민에게도 필수가 되면서, 투표를 하지 않았을 사람들—'탈퇴에 투표하라' 캠페인이 대상으로 삼았던 것과 동일한 사람들—에게 도달할 완벽한 수단으로 자리매김했다.

격분을 선동하려 한 건 트럼프 선거캠프만이 아니었다. 러시아의 인터넷 조사기구IRA, Internet Reseach Agency는 수백 명을 고용해서 종일 소셜네트워크에 글을 쓰고 올리게 했다. 미국 대중의 특정 집단은 투표에 나서게 하고, 다른 집단의 사람들은 투표를 말리려는 은밀한 목적이 있었다. 온라인에서 어떤 일이 벌어졌는지 아주 철저히 조사한 내용을 담고 있는 뮬러 보고서The Mueller report는 IRA의 글, 댓글, 트윗이 최소 2900만 건에 이르렀으며 1억 2600만 명이나 되는 미국인이 그것을 보았을 것이라고 밝혔다.[26] 그 계획은 하루아침에 세워진 것이 아니었다. 적대감을 불러일으키려는 뚜렷한 장기적인 목적을 두고 2014년에 계정이 만들어지기 시작했는데 2016년 선거에서 그 양상이 확실해졌다. 그들은 유튜브와 트위터로 퍼졌고 나중에는 인스타그램과 텀블러로도 퍼져 나갔다. 그들이 생성한 페이스북 페이지 일부는 어떤 기준으로 봐도 엄청났다. '미국 무슬림 연합국United Muslims of America' 페이지는 최대 규모로 팔로워가 30만 명에 달했고 '우리를 쏘지 마세요Don't Shoot Us' 페이지가 25만 명으로 그 뒤를 이었다. 정치적으로 반대편에 있는 '애국자 모임Being Patriotic'이나 '안전한 국경 Secured Borders' 그룹은 각기 팔로워가 20만 명과 13만 명이었다. IRA는 은밀하게 두 개의 정반대되는 네트워크를 운영해서, 마이애미와 필라델피아 집회에서 서로에게 반대하는 시위에 참가하라고 진짜 미국인들을 설득했다. 하지만 때로 그 목적은 파스케일과 똑같았다. 투표 방해하기. 일부 IRA 계정은 클린턴을 우습게 여기는 흑인 활동가인 척해 흑인 유권자들이 그녀를 지지하지 못하게 막으려 했다.

그 세 개 주에서 7만 8000표가 파스케일 때문에 움직였을까? IRA 때문이었을까? 폭리를 취하려는 마케도니아인들이 더 많은 클릭을 유도하기 위해서 트럼프를 지지하는(또는 클린턴에 반대하는) 경향의 가짜 뉴스를 썼기 때문이었을까?(2016년 대선 후 AP, 〈가디언〉 등의 추적 결과 소셜미디어에 친트럼프 성향 가짜 뉴스를 올린 진원지가 마케도니아의 소도시 벨레스로 드러났다―편집자) 이런 초연결 세상에서, 어떤 대통령 후보가 소셜미디어를 이용해 경쟁자에게서 주목을 빼앗아 오거나 안건을 정하려 하고, 가장 큰 소셜네트워크에는 당파적 글이 점점 더 많이 올라오고 있는데도, 아무런 영향이 없다고 말하는 건 터무니없어 보인다. 광고도 그렇지만, 사람들의 생각에 영향을 미치지 않는다면 왜 그런 일을 하겠는가?

광고에 관해 널리 알려진 경구가 있다. "내가 쓰는 광고비의 절반은 낭

비다, 하지만 어떤 절반인지는 알 수 없다." 온라인광고는 이를 모조리 바꿔놓기 위한 대안이었다. 사람들은 관심사라고 알려진 것들을 기준으로 보다 정확히 타깃팅된다. 그것이 구글이 일하는 방식이다. 텍스트를 검색창에 입력하는 행위는 당신이 하고자 하거나 알아보고자 하는 것에 대한 의지를 드러낸다. 구글은 검색 결과 페이지 영역을 경매에 붙여서 최고가를 부를 수 있는 쪽에 낙찰한 다음 누군가 링크를 클릭하는 경우에만 광고비를 내게 했다. 이 경매는 매일 수십억 번 반복되면서 매일 수십억 달러(수조 원)를 끌어모았다. 평균적으로 검색광고 마흔 개 중 하나꼴로만 클릭이 발생했는데도 그랬다.[27]

정치에 미치는 소셜네트워크의 영향력(과 그에 따른 소셜온난화)에 대한 논의에서 일반적인 반대 의견은 소셜네트워크가 아무것도 변화시키지 않고 그보다는 이미 있던 것을 강화한다는 것이다. 하지만 그건 사람들이 사고 싶어 하지 않는 것을 광고주가 사게 만들 수는 없다고 말하는 것이나 마찬가지다. 정치에서 소셜온난화는 상호 교류가 점점 과열된다는 의미다. 입장들은 빠르게 더욱더 확고해진다.

2020년 미국 대선이 눈앞에 닥쳤을 때, 페이스북 정치광고 정책의 모순이 자세한 조사 대상이 되었다. 2019년 10월에 저커버그는 의회에 출두해서 알렉산드리아 오카시오코르테스 의원에게 질문을 받았다. 젊은 억만장자가 가장 젊은 의원 앞에 선 순간이었다. 곧바로 오카시오코르테스는 저커버그가 스스로 만들어낸 딜레마에 빠져 꼼짝 못 하게 만들었다. 심지어 어떤 표현은 페이스북의 팩트체크 기관이 이미 거짓이라고 입증했는데도 여전히 정치광고에서 허용되었다고 했다.[28]

"2020년 선거와 그 후에도 정치인들이 돈을 내고 허위 정보를 퍼뜨려도 된다는 것이 페이스북의 공식 정책이라고 최근에 발표하셨죠." 오카시오코르테스는 이렇게 말문을 열었다. "그렇다면 저는 내년에 이 정책을 어디까지 밀어붙일 수 있는지 알아보고 싶습니다. 페이스북 정책하에서 (중략) 제가 선거 날짜를 잘못 알려주는 광고를 대부분 흑인들이 모여 사는 지역을 타깃으로 해서 할 수도 있습니까?"

"아닙니다, 의원님. 그렇게 하실 수는 없습니다." 저커버그는 대답했다. "정치인들이 말하는 내용의 뉴스 가치에 대한 정책들이 있기는 하지만, 제가 믿는 일반적인 원칙은….'"

"하지만 제가 내는 광고의 사실 확인을 하지는 않을 거라고 말씀하셨잖아요?"

"누구든, 정치인이라도, 폭력을 유도한다거나 위급한 물리적 위해를 가한다거나 유권자나 인구총조사를 방해할 위험성이 있다면, 우리가 인구총조사 방해 금지 정책을 발동시켜서 그 내용이 보이지 않게 처리할 겁니다." 저커버그는 말했다. 이것이 실제로 정책으로 다루어지고 있다는 걸 떠올렸을 때, 그는 수면 위로 나온 잠수부가 참았던 숨을 내쉬는 것처럼 보였다.

"그렇다면, 일부 조건에서는 정치광고의 사실 여부를 확인한다는 거네요. 그런 뜻으로 말씀하신 겁니까?"

"의원님, 네, 즉각적인 위해 위험이 있을 것 같은 특정 건들에 대해서는 그렇습니다."

"제가 공화당 지지자들을 대상으로 페이스북에 광고를 해서 그린 뉴딜[비용이 많이 드는 기후변화 저지 계획]에 찬성투표를 하라고 말할 수도 있다는 겁니까? 그러니까, 정치광고의 사실 확인을 하고 있지 않다면요….
저는 무엇이 공정한 게임인지, 그 범위를 이 자리에서 확인하고 싶을 뿐
입니다."

저커버그는 확신이 없었다. "제 생각에는 그렇습니다, 아마도요?"

"정치광고물들에 팩트체크를 전혀 하지 않을 경우 벌어질 수 있는 잠
재적인 문제를 알고 계십니까?"

"음, 의원님, 저는 거짓말은 나쁘다고 생각합니다. 의원님이 거짓을 담
은 광고를 내려 한다면 나쁜 일이겠죠. 조금 다른 이야기인데요, 우리 입
장에서 보면, 의원님이 하는 거짓말을 보지 못하도록 의원님 지역구의 유
권자들(중략)을 막는 건 올바른 일입니다."

"그래서 거짓 광고를 내리지 않을 거라는 건가요 아니면 내릴 거라는
건가요?"

"민주주의사회에서는, 찬성투표의 대상이든 아니든, 정치인들이 뭐라
고 하는지 유권자들 스스로 알 수 있어야 하고 정치인들이 어떤 사람인지
스스로 판단할 수 있어야 한다고 믿습니다."

"광고 내용이 틀렸다고 표시할 수는 있지만 광고를 내리지는 않을 거
라는 거네요."

"상황에 따라 다릅니다만…" 저커버그의 목소리가 기어들어 갔다.

이어지는 질의에서 또 다른 민주당 의원 숀 캐스틴Sean Casten은 미국 나
치당(2년 전에 "자신들의 목적 달성을 위해서 폭력을 이용하고 찬양한다"는 이
유로 트위터에서 금지된 바 있다) 당원이 공직에 출마할 경우—출마하지 않
았다면 삭제되었을—정치광고를 통해 발언할 수 있는지 질문했다.[29]

"여러 구체적 사안들에 따라 다릅니다…" 저커버그는 대답했다.

"와." 캐스틴은 반박했다. "이게 어려운 질문일 거라고는 생각도 하지 못했습니다."

사실, 저커버그는 틀림없이 그 전에 이 질문을 곰곰이 생각해봤을 것이다. 2015년에 페이스북 고위 임원들이 트럼프의 선거운동 동영상을 금지해야 할지를 고민했기 때문이다. 그 동영상에서 트럼프는 무슬림의 미국 입국을, 그저 그들의 종교적 신념 때문에 전면 금지해야 한다고 했다. 〈워싱턴포스트〉 기사—페이스북의 실제 확인을 거쳤다—에 따르면 그들은 네 가지 선택 가능한 방안을 만들었다. 동영상 삭제, 한 번만 예외로 허용, '정치' 연설 규정의 예외 적용, 아니면 혐오 발언으로 여겨지는 것에 대한 페이스북 규정을 실질적으로 폐기하고 무엇이든 허용.[30]

페이스북 공공정책 책임자로서 이 플랫폼에서 벌어지는 모든 안 좋은 일들에 대해 진정성 없는 사과를 언론에 전달하곤 했던 모니카 비커트는 가능한 PR 효과들을 목록으로 작성했다. 그중에는 기준을 낮추거나(또는 폐기하거나) 정치적 예외 조항을 둘 경우, 페이스북이 1930년대에 존재했다면 히틀러를 위한 플랫폼을 제공했을 거라고 암시하는 내용도 있었다. 이 딜레마에는 '히틀러 문제'라는 이름이 붙었다.

전직 공화당 정보원이었다가 2015년 당시 페이스북 내 실질적인 서열 3위였던 조엘 캐플런의 입김이 일부 작용해서, 페이스북 임원들은 정치적 예외 조항을 두기로 결정했다. 거짓말은 괜찮았다. 그 점에서 정치인에게 예외를 둘 필요는 없었다. 하지만 정치인에게는 혐오 발언이 허용되었다. 다른 사람이 올렸다면 삭제되었을 내용이었다. 모두에게 동일한 발언권을 주는 대신 페이스북은 특정 집단—정치인—에게 특별한 지위를 부여했다.

저커버그가 오카시오코르테스의 심문을 받고 나서 한 달 후에, 정치풍자가 사샤 바론 코헨—바보 흉내를 내는 알리 G 역할로 유명하다—은 반유대주의와 극단주의에 맞서는 독립 단체인 반명예훼손 연맹Anti-Defamation League에서 기조연설을 했다.[31] "이런 뒤틀린 논리대로라면, 만약 페이스북이 1930년대쯤에 존재했다면 히틀러에게 '유대인 문제'에 대한 자신의 '해법'을 알리는 30초짜리 광고를 올리도록 허용했을 겁니다"라고 코헨은 말했다. 대형 소셜 플랫폼 관련자라면 어느 누구라도 피해 갈 수 없는 혹독한 비판이 담긴 연설이었다. "우리는 이 기업들에 사회 전반의 언론 자유의 범위를 정하라고 요구하고 있는 게 아닙니다. 그저 그들이 자기네 플랫폼을 책임지기를 바랄 뿐입니다. 신나치주의자가 다리를 높이 쳐드는 히틀러 군대식 걸음걸이로 레스토랑에 들어와서 다른 손님들을 위협하며 유대인들을 살해하겠다고 말한다고 칩시다. 그래도 레스토랑 주인은 그 사람에게 우아한 풀코스 요리를 제공해야 할까요? 물론 아닙니다! 레스토랑 주인은 그 나치 놈을 쫓아낼 법적 권리와 도덕적 의무가 있습니다. 이 인터넷 기업들도 마찬가지입니다."

하지만 저커버그는 그렇게 할 생각이 전혀 없어 보였다. '히틀러 문제'에 대한 대답은 물론 1930년대의 페이스북이 그 광고를 허용했을 것처럼 보인다. 페이스북은 이미 현대의 정치인들에게 민족 간, 인종 간 증오를 선동하는 광고를 허용하고 있다. 2020년 1월에 브라질의 자이르 보우소나루 대통령은 페이스북 방송에서 이 나라의 원주민들이 "점점 우리와 똑같은 사람이 되어가는 중"이라고 말했다. 이 방송은 온라인에 남아 있도록 허용되었다. 그것은 정치적 선거운동의 일부가 아니었다. 그것을 허용하는 데에는 어떤 예외가 적용되었는가? 페이스북 사용자가 가장 많은 나라인 인도에서는 집권 힌두 민족주의 정당의 정치인에게 부과된 금지령—무슬림은 총살되어야 하고 모스크는 파괴되어야 한다고 촉구한 그의 발언에 관리자가 혐오 발언 표시를 했다—을 풀도록 지역 고위 공무원이 사적으로 개입했다. 그 공무원은 정치인에게 금지 조치를 취한다면 앞으로 사업에 손해를 끼칠 수 있다고 페이스북 직원에게 말했다.

미국에서 한 페이스북 임원은 이 플랫폼에서 이루어지는 대중 선동을 암묵적으로 허용하는 데에서 한 걸음 더 나아갔다. 그는 2010년 9월 미국 정치 전문 매체 〈폴리티코Politico〉에 "우익 포퓰리즘은 언제나 더 많은 참여를 이끌어냅니다"라고 말했다.[32] 이 발언의 목적은 페이스북 알고리듬이 (〈폴리티코〉 사이트에서 가장 '참여가 높은' 글들로 끊임없이 띄워주는) 미국 보수층의 견해에 우호적이라는 생각을 부정하려는 데에 있었다. 그 임원은 그런 글들은 "국가, 보호, '저들', 분노, 공포" 등과 같은 주제를 내세워서 가장 원초적인 감정에 호소한다고 말했다. 그리고 "그런 것은 1930년대에도 있었습니다. 소셜미디어가 발명해낸 것이 아닙니다. 소셜미디어라는 거울에 반사된 상을 보게 된 것뿐입니다"라고 덧붙였다. 이 같은 분석은 베네수엘라의 우고 차베스, 쿠바의 피델 카스트로, 그리스의 알렉시스 치프라스, 스페인의 포데모스(2014년 1월에 창당된 민주사회주의 정당—편집자)와 같은 성공한 포퓰리스트 사회주의 운동이나 많은 선거에서 열렬한 지지를 얻은 영국의 제러미 코빈이 내놓은 좌익 정책들의 존재를 간과하고 있다. 역사적인 분석 면에서도 다소 부족한 면이 있었다. 조 바이든 선거 본부의 한 대변인은 댓글들에 위축되어 있으면서도 자신이 문제의 진짜 근원으로 파악한 것에 집중했다. "우리를 분열시키는 불신과 양극화, 이를 키우는 알고리듬을 만들어내는 선택이 문제입니다."

정치가 그 시스템에 내재된 역학 때문에 더욱 극단적으로 변해가는 동안, 정치인들이 유권자들에게 광고에서 거짓말을 하는 동안, 권력을 가진 사람들이 이 플랫폼을 악용해서 자신들의 자리를 확고히 해가는 동안, 페이스북은 기꺼이 방관하고 있지 않은가? 이건 답하기 어려운 질문이 아니다.

하지만 영향력에 대한 질문은 쉽게 풀리지 않는다. 저명한 학술지 〈미국 국립과학원 회보〉에 발표된, 노스캐롤라이나의 듀크대학교와 코펜하겐대학교의 공동 연구팀이 2017년 말에 수행한 한 연구는, 러시아인들의 트위터 활동이 전혀 영향을 미치지 못했다는 내용이었다.[33] 이 연구에서는 공화당 또는 민주당을 지지하는 유권자 1239명의 정치적 견해를 살펴보았다. 이들은 IRA 계정과 이야기를 나누거나 이들이 올린 글에 좋아요를 누르거나 리트윗을 하는 식으로 상호 교류를 한 사람들이었다.

연구의 첫 번째 결론은 그런 계정과 교류할 가능성이 높은 사람들은 정치에 관심이 많거나 트위터를 많이 사용했다는 점이다. (두 가지 경우 모두, 생각해보면 뻔히 알 수 있는 사실이다.) 두 번째 결론은 5점 척도로 사상을 측정해본 결과 한 달 동안 IRA의 트윗들은 누구의 정치적 견해도 달라지게 하지 못했다는 것이었다.

그렇지만 논문의 저자들은 그들이 확신할 수 없었던 내용에 관한 여러 유의 사항을 덧붙임으로써 영향이 없다는 결론을 얼버무렸다. 어쩌면 트롤들이 부동층 유권자, 또는 정치에 깊이 관심을 갖지 않는 사람들에게 더 강하게 영향을 끼쳤을 수도 있다. (미국에서는 부동층 유권자가 종종 선거를 좌우한다. 그들이 양당 어느 쪽에도 충성을 보이지 않기 때문이다.) 아마도 트롤들이 어떤 이슈에 대해 또는 정치인의 신뢰성에 대해 사회 전반의 견해를 바꿔놓았을 수도 있다. "우리는 또한 트롤과의 상호 교류가 투표를 유도했는지 여부는 연구할 수 없었다"라고 연구자들은 덧붙였다. 그렇지만 이들의 연구는 "러시아의 트롤들은 트위터에서 미국인들을 실제로 설득하지 못한다는 연구 결과가 나왔다"라고 보도되었다.[34] 분명히, 연구의 결론에서 트롤들은 선거 후에 그런 미국인 집단을 설득하지 못했다. 하지만 여전히 영향력이 없었다는 것과는 조금 거리가 있다. 조사 기간이 짧았고 조사 대상 집단은 견해를 바꿀 가능성이 낮은 사람들이었다. 그리고―결정적으로―선거는 이미 끝났다. 이 연구는 트롤의 활동이 과거에 변화를 가져왔는지는 밝혀낼 수 없었다.

특히 브렉시트와 트럼프 당선(그리고 다음 챕터에서 보겠지만 2016년 초반에 있었던 필리핀 선거, 그리고 이후 브라질과 다른 나라에서의 선거)이라는 결과를 두고도 소셜미디어가 영향력이 없다고 주장하는 연구를 믿는 데에 있어 문제는, 선거운동이 미국인에게 미치는 영향을 살핀 연구들이 아무것도 효과가 없다고 시사한다는 점이다. UC버클리의 2017년 논문은 유권자들과 실제로 접촉한 선거운동이 미치는 영향을 살핀 여러 연구를 메타 분석했다.[35] 결론은 다음과 같았다. "선거운동에서의 접촉과 광고―메일, 전화 통화, 유세 등―가 총선에서 미국의 후보자 선택에 미치는 설득 효과를 최적 추산하면 0이다." 연구자들이 "근거가 빈약하다"라고 인정하기는 했지만 온라인광고와 TV광고의 결과는 똑같았다.

그러므로, 두 연구는 영향이 없음을 보여주고 있다. 후자는 특히 정치 광고와 유세에 들어가는 수십억 달러가 순전히 낭비되었다고 시사하는 듯하다. 결과적으로 아무도 마음을 바꾸지 않았기 때문이다.

하지만 UC버클리 연구자들은 몇몇 중요한 사항을 얼버무리고 넘어갔다. 그들이 조사한 여섯 개 주 가운데 두 곳—오하이오주와 노스캐롤라이나주—에서는 평균적인 영향력이 0일 수 있다. 유세로 "더 설득하기 쉬울 듯한 유권자의 세부 집단"을 찾아내서 선거운동원들이 "결국에는 이들을 대상으로 약간의 설득 효과를 거두었다." 또는 투표 억제 활동을 펼칠 때 대다수 트롤이 특정 집단—아프리카계 미국인—을 목표로 삼았다는 점을 고려하지 않았을지도 모른다.[36] 2016년에는 1996년 이후 처음으로 아프리카계 미국인 유권자의 투표율이 7퍼센트포인트나 떨어져서 59퍼센트를 기록했다. 감소한 투표율 전부가 IRA의 트롤 활동이 영향을 미친 결과라고 할 수는 없다. 하지만 아무도 영향을 받지 않았다고는 할 수 없을 듯하다.

정치인들은 소셜온난화의 규모, 그리고 특히 자신들의 직업에 미치는 영향을 인식해왔다. 2020년 10월에 버지니아주 민주당 의원 마크 워너 Mark Warner는 페이스북[37]과 구글[38]과 트위터[39]에 각각 서한을 보내 선거와 관련하여 거짓 정보에 대해 그리고 거짓말을 증폭시키는 알고리듬에 대해 대처가 미흡하다고 나무랐다. 그는 호도하는 글, 특히 부재자투표의 신뢰성에 대한 트럼프의 비평에 페이스북과 트위터가 딱지를 붙이는 정도로는 "전적으로 불충분"했다고 여겼고, 유튜브가 이 주제에 대해 우익 블로거들이 퍼뜨리는 허위 정보의 주요 공급원이었다고 말했다. 왓츠앱은 플로리다에서 선거 관련 거짓 정보를 퍼뜨리는 데 이용되고 있었다. "다른 나라들에서 폭력과 선거 혼란을 조장했던 방식 그대로 미국에서 제기된 위험이 이처럼 커져가고 있는데, 왓츠앱은 이에 대처하기 위해 뭘

하고 있습니까?" 워너는 저커버그를 불러냈고, 2020년 9월 발표된 퓨 리서치 센터 보고서에서 미국인 중 4분의 3이 거대 플랫폼이 선거에서 악용되는 일에 맞서 싸울 수 있다는 확신이 "거의 또는 전혀" 없다고 했다는 점을 들어 세 회사(페이스북, 인스타그램, 왓츠앱—옮긴이) 모두를 추궁했다.

워너의 항의는 '정직한 광고 법Honest Ads Act' 시행에 집중되었다. 이 법안은 2018년 이후 미국 하원에서 계류 중이었지만 실제 법률로 제정되지는 못했다. 페이스북은 이 법안의 통과에 은밀히 저항했고, 입법자들에게 법안의 요구사항—광고 표시하기, 광고 저장소 생성—을 이미 준수하고 있으며 따라서 법을 제정할 필요가 없다고 주장했다. (자율 규제가 좋은 이유는 어쨌든 위반에 따르는 처벌이 훨씬 가볍기 때문이다.)

그는 또한 세 군데 플랫폼 모두 '보안 취약점 신고제bug bounty'—소프트웨어의 결함을 부당하게 이용하지 않고 기업에 알려주는 해커들에 대한 보상—와 유사한 제도를 도입하여 연구자들과 기자들이 규정 위반 사항을 확인하게 할 것을 권고했다.

페이스북, 트위터, 구글 모두가 2020년 미국 대선에 앞서 정치광고 정책을 수정했다는 사실은 그들이 선거에 영향을 끼칠 가능성을 절감하고 있었음을 보여준다. 트위터는 정치광고를 아예 금지했다. 구글은 페이스북이 가능하게 하는 식으로 사용자를 아주 세밀하게 작은 집단으로 타깃팅하려는 시도를 중단했다. 페이스북은 자체적으로 게시물 작성지가 어느 나라인지 확인할 수 있게 했고 누가 무엇을 대략 누구에게—세부 사항까지는 아니더라도 어떤 이유로 어떻게 타깃팅되었는지—광고했는지를 밝힐 수 있도록 광고 라이브러리를 신설했다. 이전 선거에서는 어디서나 두드러졌던 광고의 어두운 면에 약간의 서광이 비치기 시작했다.

핵심은 설득이 통하지 않는다는 것이 아니다. 그 영향은 불규칙적이고 무관심과 뒤섞여 있어 가려내기가 어렵다. 후보로 나온 정치인이나 정치에 대한 의견을 아무도 바꾸지 않는다고 하면 정권이 바뀌는 일은 없겠지만, 그런 일이 일어난다.

특정 인물이나 견해를 지정해서 사람들의 견해가, 그리고 투표가 이 광고 때문에 또는 저 바이럴 콘텐츠 때문에 흔들렸다고 하는 건 불가능한 일이다. 그건 어쨌든 이 과정이 작동하는 방식은 아니다. 소셜온난화는 정교하게 균형 잡힌 상황에서 티핑포인트가 발생하기 쉽게 하고, 양극단을 서로에게서 더욱 멀어지게 만든다. 국경과 통치 체제가 그대로 유지되는 지역의 정치에서 소셜온난화는 반대 의견을 점점 더 많이 마주하게 되고 싫어하는 정치인—소속 정당의 정치를 점점 더 극단적인 형태로 몰아감으로써 흥하게 된 사람들—이 집권하게 된다는 뜻이다. 특히 소셜미디어에서 노골적인 발언이 더 많은 주목을 끄는 식으로 보상을 받는 한 이런 악순환은 계속될 것이다. 또한 소셜네트워크 회사들이 혐오를 조장하는 정치인을 막을 의무보다 수익에 더 가치를 둔다면 상황은 더 나빠질 것이다.

7장

팩트에서 페이크로

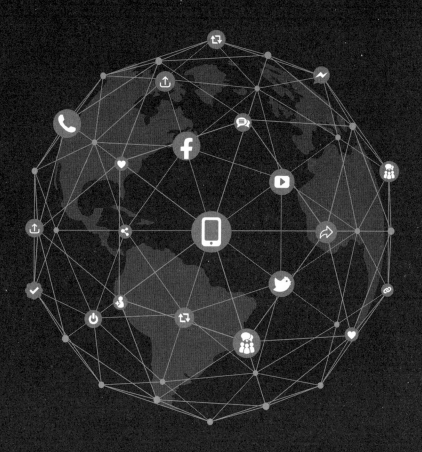

미디어 생태계는
어떻게 붕괴되었나

Social Warming

The Dangerous and Polarising Effects of Social Media

대체로 트위터는 사람들이 다른 곳에서보다 바보 천치처럼 굴 수 있도록 마련된 공간이다. 140글자만으로도 인종차별주의자나 성차별주의자나 진짜 멍청이가 되기는 쉽다. 고상해지는 건 불가능해도.

—정치 뉴스 사이트 캘버즈Calbuzz, 2012년 4월

2009년 1월 15일 오후 3시 30분경, 뉴욕에서 재니스 크럼스Janis Krums는 자기 휴대폰으로 전 세계 미디어의 궤적을 바꾼 사진을 찍었다.

크럼스는 기자가 아니었다. 이 스물세 살 젊은이는 아이폰을 갖고 있었고, 팔로워 170명을 대상으로 가끔 트윗을 올렸다. 그는 사진 찍기를 좋아했고 트윗픽이라는 서비스를 사용해 트윗에 사진을 연동할 수 있었다.

그날 오후에 크럼스가 퇴근용 페리에 타고 있었을 때, 에어버스 A320 여객기가 그 강에 불시착했다. 근처 라과디아 공항에서 이륙하자마자 거위들 때문에 이 비행기의 양쪽 엔진이 작동을 멈췄다. 크럼스는 스냅사진

을 찍었고 트윗픽에 사진을 업로드해서 트윗을 올렸다. "허드슨강 안에 비행기가 있다. 내가 탄 페리가 사람들을 구하려 하고 있다. 말도 안 돼."[1]

2009년까지만 해도 '리트윗' 기능이 없었다. 하지만 사람들은 사진 링크를 복사하고 그 트윗을 휴대폰 화면으로 찍어서 널리 널리 퍼뜨렸다. 사무실에 있던 트위터 직원들이 그 사진을 내보내는 TV 화면 주위로 몰려들었다. 사진이 바이럴되고 있었다.[2] 크럼스의 트윗은 전 세계적으로 반향을 일으켰고, 당시 출시 3년도 채 되지 않았던 트위터는 갑작스럽게 수백만 명에게 뉴스를 전송할 능력을 갖게 되었다. 게다가 무료였다. 트위터 사용자들은 그날 정규 미디어보다 15분쯤 먼저 그 뉴스를 내보냈다. "'이건 정말 뉴스감인데'라고 생각했기 때문에 그걸 올렸어요. 트위터에 있는 제 팔로워들과 공유하고 싶었거든요"라고 크럼스는 나중에 말했다.[3]

몇 년 후에 트위터 공동 창업자 잭 도시는 이 사건이 "모든 걸 바꿔놓았다"라고 회상했다. "갑자기 세상이 이쪽으로 관심을 돌렸죠. 우리가 그 뉴스의 출처였으니까요. 물론, 실은 그건 우리가 아니었어요. 보트에 타고 있던 우리 서비스 사용자였죠. 그 점이 훨씬 더 굉장한 거예요."

뉴스미디어로서 트위터가 갖는 중요성은 2009년 6월 이란의 선거 분쟁이 이어지면서 강화되었다. 거리로 나온 시위자들은 경찰과 무장단체의 폭력에 맞닥뜨렸다. 많은 이들이 분노를 표현하기 위해 트위터를 시작했다. 미국 국무부는 그들의 목소리를 듣는 데에 트위터가 아주 중요하다고 보았고, 서비스가 오프라인으로 전환될 수 있는 업그레이드를 늦춰달라는 과업을 트위터에 맡겼다.[4] 하지만 잘못된 정보와 혼란도 있었다. 일부는 이란 전체가 선거 결과에 반대하고 있다는 잘못된 인상을 받았다. 상반된 보도가 나오는 현상을 연구한 클레이 셔키는 "속도를 얻으려면 정확성을 내려놓아야 한다"라고 인정했다. 일부 내용은 이란 내에서 올린 것인지조차 확인이 불가능했다.[5] 하지만 오류는 빠르게 정정될 수 있었고 거짓 정보도 분명히 드러났다고 그는 덧붙였다. 논객 앤드루 킨Andrew Keen 은 동의하지 않았다. 트위터는 의견을 퍼뜨리기에는 아주 좋지만 위기 상황에서 거리에서 올리는 트윗은 신중하게 제대로 만든 언론 보도를 대신할 수 없다고 그는 말했다. 사건이 벌어졌을 때 런던 사무실에서 속보 블로그를 운영했던 〈가디언〉 기자 매슈 위버Matthew Weaver는 킨의 의견에 동의하지 않았다. 어떤 일이 일어나면, 트윗들이 가장 먼저 나오고, 그다음에 사진, 그다음에 동영상, 그다음으로 기자들의 보도가 나온다. "그날 어느 한 시점에 사람들이 말하고 있는 내용은 네다섯 시간이 지나서야 꽤 많은 전통적인 출처에서 확인된다"라고 그는 설명했다.

트위터는 곧 사건의 진실에 더 가까이 다가갈 수 있는 미디어로 받아들여졌다. 특히 급박하게 전개되는 사건에 대해 기자들이 작은 조각 정보나 실황을 얻을 수 있는 방법이 되면서, 지금 현재 무슨 일이 벌어지고 있는지 점점 더 알고 싶어 하는 사람들에게로 다가갔다.

이것이 트위터에게는 엄청난 사업 기회가 되었다. 언론사들이 얻게 되는 이점은 갈피를 잡기 어려운 것으로 밝혀질 터였다.

2005년에 나는 윈저성 1층의 거대한 홀에서 사람들 사이에 앉아 발표에 귀를 기울이고 있었다. 연달아 나온 발언자들은 인터넷 시대의 '뉴스'를 굉장히 중요한 것으로 정의하고자 애썼지만 대부분 실패했다. 그 자리에는 기자들, 예비 정치인들, 사업가들이 마구 뒤섞여 있었는데, 이틀 동안 뉴스의 미래—어떤 모습이 될 것인지, 어떤 기제로 작동할 것인지, 누가 뉴스를 원할 것인지, 여전히 사업 기회가 있는지 등—를 예측해보는 자리에 초대된 사람들이었다. 당시 나는 〈가디언〉 테크 담당 기자로서 막 일하기 시작한 참이었다.

뉴스가 뭔지 알게 뭐람, 나는 의구심을 품었다. 콘퍼런스가 시작될 때 몇몇 참석자가 어떻게 뉴스를 보고, 어떻게 뉴스를 얻는지, 뉴스가 뭐라고 생각하는지 짧게 발언했다. "중요한 사건… 누군가는 당신이 인쇄하지 않기를 바라는 일… 알 필요가 있는 것들….' 익숙한 문구들이 흘러 다녔다. 하지만 새로운 이야기는 아무것도 없었다. 무엇보다도, 이런 마법 같은 결과물을 종이신문에서 얻으려는 사람들이 점점 줄어들고 있는 이유를 물어봐도 그들은 대답하지 못했다. 대중 미디어는 대중에 대한 것인데, 귀족적인 관점에서 무엇이 사람들에게 이로운지 몸에 좋은 음식을 먹어야 한다는 식으로 보여줄 때가 많았다. 당연히 사람들은 외교정책에 관심을 가져야 한다. 당연히 사람들은 멀리 떨어져 있는 이들에게 기후변화가 미치는 영향에 대해 신경 써야 한다. 당연히 사람들은 도박장에서 승률이 고정된 베팅 기계의 최대 베팅 한도에 관심을 가질 것이다. 하지만 실제로 그런가?

온라인 구독자가 증가하고 있긴 했지만 종이신문의 매출 감소를 보충할 정도로 수익이 나지는 않았다. 불과 몇 년 전에 대중 앞에 나타난 구글이 온라인광고 판매로 엄청난 돈을 벌어들이고 있다는 게 얼마나 불가사의한지는 아무도 언급하지 않았다.

그러다가 한 발언자가 앞에 나왔다. 그녀는 스스로 변명하듯 설명한 대로 기자는 아니었지만 자신이 할 수 있는 이야기를 하겠다고 했다. 그녀는 자신이 아침마다 습관처럼 뉴스를 찾아본다고 설명했다. 컴퓨터로 가서 북마크해두었던 관심 있는 주제(컴퓨터, 대서양 건너편 뉴스, 그 밖의 몇 가지)를 다루는 몇몇 웹사이트를 열어서 훑어본다는 것이었다. "저는 찾고 있어요. (중략) 그러니까, 관심 가는 일, 전달하고 싶은 일을요"라고 약간 난처한 듯 말했다.

나는 그 말을 듣고 정신이 번쩍 들었다. 그렇게 여러 해 동안 뉴스의 정의를 찾으려 애써왔는데 여기 눈앞에 그것이 있었다. 관심 가는 일. 전달하고 싶은 일. 매우 간단명료한 정의였다. 어떤 뉴스는 두 가지를 모두 충족한다. (복권에 당첨되었다면, 아마도?) 어떤 뉴스는 한쪽에만 해당한다. 수입에 영향을 미치는 과세 기준 변화는 아마 '관심 가는' 일이다. 반면 귀여운 강아지가 바보 같은 행동을 하는 건 별로 중요하지는 않지만 공유할 만큼 재미있다. 그러니 그것을 전달한다.

그 콘퍼런스에서는 전혀 알 수 없었던 문제가 있었다. 그 시점에 페이스북은 아직 하버드대학교 학생들 사이에서만 쓰였고 트위터는 발명되지도 않았기 때문에, 소셜네트워크가 이 두 가지 아이디어를 취해서 어떻게 그들의 영향력을 무지막지하게 강화하게 될지 알 수 없었다. 그리고 언론사들이 '관심 가는 일'의 개별 특성에 아주 형편없이 대처함으로써 과거에 발목 잡혀 허둥대게 되리라는 것도 알 수 없었다. '전달하고 싶은 일'이 차고 넘치는 바람에 언론사들이 정작 신경 써야 할 정확성보다는 사람들이 얼마나 열렬히 공유하고 싶어 하는지에 초점을 맞추게 되고, 공유 과정이 점점 더 쉬워지고 쉬워지리라는 것도 알 수 없었다.

그 결과가 명확해지기까지는 시간이 좀 걸렸다. 언론사들이 여기에 말려들면서, 자신들의 브랜드가 가진 신뢰를 스스로 파괴하고, 페이스북의 뉴스피드 알고리듬에 따라 변덕스럽게 입장을 바꾸고, 기자들은 데스크와 공공연히 갈등을 빚고, 언론사에 대한 신뢰가 가장 절실한 바로 그 시점에 불신이라는 결과에 이르렀다.

종이신문 시대의 발행인들은 지역지든 전국지든 모두 비슷한 공식에 따라 움직였다. 일부는 사람들이 관심을 갖고 일부는 관심을 갖지 않을 다양한 글들을 묶어서, 기사 주변 광고 면을 판매하고, 사람들이 아침 출근길 또는 남는 시간에 한눈팔 만한 더 나은 방법을 찾아내지 못하기를 기대하는 것이었다. 기사를 개인화해서 '나만을 위한 신문Daily Me'(MIT 미디어 연구소장이었던 니컬러스 네그로폰테가 1990년대에 미래의 신문을 예측하면서 사용한 용어. 주문형 뉴스News on Demands의 발전된 형태로 제안했다―옮긴이)을 만든다는 것은, 온라인 출판의 미래를 의논하는 회의에서 종종 맞닥뜨리는 아이디어였다. 사람들이 원하는 기사나 방송 프로그램을 개별적으로 전달한다는 아이디어는 온라인 세상에서 모호하게나마 구현 가능해 보였기 때문이다. 페이스북과 트위터가 무료로 제공되면서 실현된 현실은 그들의 기대보다 훨씬 불편한 것으로 판명되었다.

인터넷이 뉴스의 개념과 내재적 가치―거의 제로에 가까워졌다―를 어떻게 바꿔놓을지 이해했던 사람은 거의 없었다. 1996년에 셔키는 전통적인 뉴스 조직이 직면할 문제를 예견했다. 인터넷의 상용화가 막 시작되는 참이었지만, 그는 폭주하는 기관차가 완충재를 파괴하는 방식으로 뉴스 비즈니스를 파괴할 엄청난 변화가 올 거라고 보았다.

'도와줘요, 정보의 가격이 곤두박질쳐서 되살아나지 못하고 있습니다'라는 제목의 블로그 게시물에서 그는, 인터넷 사용자들이 "결국에는 콘텐츠에 돈을 지불해야" 할 것이라는 전통적인 언론사 발행인들의 생각을 묵살했다.6 틀렸다. 정보의 가격은 자유낙하 중이다. 거의 누구라도 이제는 기사를 만들거나 배포할 수 있기 때문이다. 그는 이렇게 말했다. 인터넷은 기사의 공급과 유통, 두 가지 측면 모두를 극심하게 바꿔놓았는데, 부족했던 공급은 과잉이 되었고 유통 측면에서는 여러 형태의 기사가 사실상 공짜로 풀렸다. "흔히들 회자되는 '정보 경제'의 주된 영향 중 하나는 정보를 더 빠르게 더 완전히 평가 절하하는 것이다"라고 그는 썼다. 셔키는 독립 뉴스 사이트의 부상 가능성을 미국 TV 방송국 세 곳이 1950년대부터 1980년대까지 누린 독점적 지위의 종말에 비견했다.7 케이블TV가 출현해서 주목을 두고 경쟁하는 수백 개의 채널과 시청자를 나눠 가지게 되기 전까지, 이 방송국들은 실질적으로 돈을 찍어내는 허가증을 갖고 있었던 셈이다. 인터넷도 비슷한 일을 하게 될 터였다. 다만 훨씬 더 세밀한 평가 기준으로. "인터넷은 엄청나게 큰 미디어다. 하지만 매스미디어는 아니다"라고 그는 썼다.

셔키가 이 글을 썼을 당시만 해도 누구에게나 무료인 정보는 머나먼 이야기처럼 보였다. 많은 미국 도시에서 신문들은 고수익 제품으로서 갖는 실질적인 독점 지위를 누렸다.

이 생태계에 대한 최초의 위협은 크레이그리스트Craigslist의 등장이었다. 크레이그리스트는 사용자들에게 판매하거나 빌리거나 구하고자 하는 제품 또는 서비스를 일람할 기회를 제공했다. 1995년에 이메일 목록으로 시작한 크레이그리스트는 빠르게 웹서비스로 성장했다. 처음에는 샌프란시스코에서, 그러다가 2000년에 미국 다른 지역으로 확장했다. 크레이그리스트는 안내광고—수십 년 동안 사람들이 지역신문에 상당한 비용을 지불하며 실었던 짧은 광고 종류—와 똑같은 것을 인터넷에서 제공했다. 크레이그리스트는 무료였다. 2004년에야 요금 부과 체계가 생기기 시작했고, 구인광고에 대해서만 일정하게 25달러(샌프란시스코에서는 75달러)를 받았다.

미국 전역에 유통되는 수천 종의 신문에게 크레이그리스트는 경제적으로 자신들의 지반을 서서히 갉아먹는 흰개미 같은 존재였다. 2004년에 미국의 신문광고 수입 480억 달러 중에서 36퍼센트, 즉 170억 달러가량이 안내광고 수입이었다.[8] 한 연구에 따르면, 같은 해에 크레이그리스트는 신문사들로부터 5000만 달러 상당의 광고비를 빼앗아 갔다. 하지만 실제로 크레이그리스트가 벌어들인 금액은 대략 그 10분의 1이었다. 창립자 크레이그 뉴마크Craig Newmark는 2015년 〈포천〉과의 인터뷰에서 "미디어 재벌들은 여전히 엄청난 수익을 내고 있습니다"라고 밝혔다.[9] 그는 기자들의 일자리가 타격을 입는 걸 보고 싶지 않다고 했다. '진지한 저널리즘'은 계속해서 수요가 있을 것이며 미래에도 수익을 내리라고 확신했다. 게다가 170억 달러 중에서 5000만 달러는 걱정할 만큼 많아 보이지 않았다. 주식시장에 상장된 2004년 여름, 구글의 총수입은 32억 달러였다. 신문은 여전히 그보다 훨씬 수익 규모가 큰 산업이었다.[10]

실제로는 신문 산업을 지탱하는 서식지가 붕괴되고 있었다. 미국에서 신문광고 수입은 2005년에 494억 달러로 최고점을 찍고 2006년에 비슷한 수준을 유지한 다음 금융위기와 구글 및 크레이그리스트의 뚜렷한 부상이 맞물린 결과 무너져 내렸다. 2008년에는 신문광고 수입이 전년 대비 17퍼센트 떨어진 378억 달러였고 이듬해에는 경기 대침체로 30퍼센트 가까이 떨어졌다. 신문사 직원들도 그만큼 일자리를 잃었다.

동시에 소셜네트워크가 비약적으로 성장하고 새로운 발행 주체로 등장하면서 기존 언론사들과의 경쟁이 가속화되었다. 광고 인벤토리와 블로그 작성 템플릿을 손쉽게 이용해 아무나 뉴스 웹사이트를 구축할 수 있었다. 또한 인터넷이 좁은 관심사를 파고드는 사람들을 한데 모으는 일을 잘 해냈기 때문에 거의 모든 주제로 광고 기반 사이트를 운영할 수 있었다. 소셜네트워크는 독자들을 끌어오기에 아주 좋은 장이었다. 이들 덕분에 지형이 기본적으로 평평해졌다. 트위터나 페이스북에서, 대형 언론사에서 심층 취재한 기사로 연결되는 링크는 그 기사에 대한 의견을 개진한 개인 블로그로 연결되는 링크와 나란히 놓였고 (크럼스의 사진처럼) 속보성 뉴스의 사건 현장에서 찍은 사진도 함께 놓였다. '전달하고 싶은 일'은 모든 것을 가리키는 대명사가 되어버렸다.

그런 링크는 뉴스 조직에 기회였을까 위협이었을까? 소셜네트워크 사용자 수가 거대해지고 계속 늘어나면서 신문을 본 적이 없던 독자들을 붙잡아 오거나 그들의 흥미를 사로잡을 기회가 생겼다. 하지만 주목을 두고 경쟁을 벌이다 보면 한때 신문의 충성 독자였던 이들이 경쟁 상대인 컴퓨터나 휴대폰 화면에 주의를 빼앗길 수도 있었다. 물론 소셜네트워크가 뉴스 사이트에 들어오지 않았을 사람들을 데려오는 측면도 분명히 존재했다. 언론사들은 소셜미디어와 불편한 공생에 들어갔다.

오래된 언론사들이 자신들에게 익숙한 방식으로 움직이는 동안 신생 언론사들은 독자 노선을 걸었다. 그들이 차세대 〈뉴욕타임스〉나 〈가디언〉이 되려고 애써봐야 거의 소용없는 일이었다. 기존에 있던 단일 구조의 뉴스 조직들은 일반 뉴스부터 정치, 스포츠, 패션, 레저에 이르기까지 전 영역을 다루었다. 업워디Upworthy나 버즈피드의 경우, 바이럴을 의도한 기사를 쓰는 것이 성공 비결이었다. 그래서 충분한 조회수로 대박을 치면 그것으로 바이럴되지 않은 기사의 손실을 만회했다.

뉴스로 와글와글하는 트위터가 출현하면서 저널리즘에는 크고 작은 변화가 생겼다. 트위터는 '사람들이 아침에 먹은 메뉴를 이야기하는 곳'이었다가, 전문이든 반쯤 요약된 형태든 뉴스를 볼 수 있는 곳으로 확장되었다. 트위터는 '검열받지 않은' 이야기들을 기자가 아닌 사람들이 이야기할 수 있는 곳이기도 했다. 종종 나타나는 정말 좋은 이야기들은 모른 척 넘길 수 없다는 이유로 뉴스에서 다루어졌다. 이런 피드백 루프로 트위터의 효용성이 입증되자 기자들은 더 열심히 그곳에 머물렀다. 그리고 기자들은 라이벌 기자(또는 아마추어)에게 선수를 빼앗기기 싫어하기 때문에 속보성 뉴스를 먼저 '발굴해서' 내놓으려고 경쟁했다. 몇 년만에 이 관계는 확고해졌다. "끊임없이 지속적으로 정보를 제공해주는 실시간 채널이 생긴 이상, 다시는 그것 없이는 지낼 수 없게 되었죠." 테크크런치 TechCrunch와 기타 사이트에서 그 부상 과정을 다루었던 테크 전문 기자 매슈 판자리노 Matthew Panzarino는 이렇게 말했다.[11] "트위터가 파산하거나 쫄딱 망했다면 누군가가 나서서 비슷한 일을 다른 식으로 해야 했을 겁니다. 특별한 소방 호스(송신자 측이 수신자 측에 너무 빨리 데이터를 전송해서 야기되는 네트워크 현상을 '소방 호스 효과'라고 한다. 여기서는 송신자와 수신자 사이에서 데이터를 중개하여 전송하는 역할이란 뜻으로 사용되었다―옮긴이)의 존재가 필요했으니까요."

다수의 다른 소셜네트워크들과 다른, 트위터의 첫 번째 업적은 기자들이 원했던 바로 그것이었다. 기자들 기준에서 보면 트위터가 페이스북보다 나은 세 가지 중요한 장점이 있었다. 상호 연결이 필수가 아니었고, 즉

석 대화가 우후죽순처럼 생겨날 수 있었으며, 모든 것은 기본적으로 공개되어 있었다. 그러므로 트위터에 올라온 정보는 무엇이든 사용할 수 있었다. 그리고 (2016년까지는) 타임라인에 알고리듬의 간섭이 없었다. 따라서 모든 것이 정확히 시간 역순으로 보여서, 주식 시세표가 바뀌듯 가장 최근 사건이 맨 위에 놓였다.

마지막 장점의 중요성은 미주리의 한 도시 퍼거슨에서 시위가 시작되었던 2014년 8월에 입증되었다. 마이클 브라운Michael Brown이라는 아프리카계 미국인 남성이 강도 용의자로 몰리는 바람에 경찰이 쏜 총에 맞아 사망한 사건을 두고 벌어진 일이었다. 소요가 며칠 동안 지속되었고 트위터를 포함한 모든 뉴스소스에서 크게 다루어졌다. 하지만 대부분의 뉴스피드가 '아이스 버킷 챌린지'로 도배되었던 페이스북에는 올라오지 않았다고 디지데이Digiday의 존 맥더모트John McDermott는 말했다.[12] 페이스북은 뉴스가 아니라 친구들이 공유하는 내용을 이야기하는 곳이기 때문이었다. "페이스북 알고리듬을 거친 콘텐츠 배치에 지나치게 의존하는 건 사실상의 검열이 될 수 있다"라고 맥더모트는 경고했다. "독자들은 그들이 알아야만 하는 것에 대한 발언권을 빼앗긴다. 반면 트위터에서는 무슨 일이든 나온다."

어떤 형태든 뉴스거리를 찾아내려고 인터넷을 샅샅이 뒤지는 열정적인 젊은 직원들 덕분에, 신생 언론들은 엄청나게 효율적으로 운영되었다. 페이스북에 올린 글, 트위터에 올린 유명인의 트윗, 자금 사정이 더 나은 사이트들의 뉴스 등이 모두 해당되었다. 페이스북, 트위터, 인스타그램에 투항하는 건 어찌 보면 당연했다. 이 서비스들은 정치인, 유명인, 보통 사람들의 말—수백 년 동안 저널리즘을 키워온 소재—을 직접 인용할 수 있는 엄청난 뉴스 공급원이었다. 누군가 인스타그램에 사진과 설명을 올리거나 트윗을 쓴다면 그들에게 전화를 걸어서 어떤 사안에 대해 이야기 해달라고 요청할 필요가 없었다. 소셜네트워크는 대언론 발표 또는 보도 자료 발송, 그리고 때로는 사진 촬영 같은 기능을 했다. 언론사 직원 수는 감소했지만, 한때 더 많은 독자를 찾아내는 흥미로운 수단으로 보였던 소셜네트워크는 개의 몸통을 흔드는 꼬리가 되었다.

'뉴스' 조직이 내놓은 결과물에서 진실과 정확성이 필수적이지 않다는 점이 분명해졌다. 수십 년 동안 영국와 미국의 타블로이드 신문은 실제 벌어진 사건에 가볍게 동조하는 수준의 기사들만 발행하면서 번창해왔다. 이제는 이런 신문들조차도 조회수를 높이려고 사건에 대해 극단적으로 편파적인 견해를 거리낌 없이 써대는 사이트들에 비하면 수준이 높아 보였다. 결국 '관심 가는 일, 전달하고 싶은 일'은 정확성을 전혀 언급하지 않게 되었다. 격렬하게 들끓는 소셜네트워크는 진실이 아닌 주목을 선택 했다.

"2014년에도 그건 여전히 정말 심각한 문제였죠." 현재 버즈피드 뉴스의 미디어 담당 기자이고 당시에는 컬럼비아대학교의 토 디지털 저널리즘 센터Tow Center for Digital Journalism에 재직하며 각종 루머를 추적했던 크레이그 실버먼Craig Silverman의 말이다. "트래픽을 늘려주고, 기사를 바이럴되게 하고, 뉴스룸에 공개되어 있는 차트비트Chartbeat나 파슬리Parse.ly 현황판에서 순위를 올려줄 만큼 많은 사람들이 읽을 만한 기삿거리를 빠르게 찾아내면 인센티브를 받았습니다." 그는 어떤 기사가 얼마나 많은 조회수를 얻고 있는지를 보여주는 분석 도구를 언급했다. "이런 인센티브 때문에 디지털 뉴스룸 또는 디지털 변환을 시도하는 전통적 뉴스룸 내부에서 정말 나쁜 일이 많이 일어났어요. 아시다시피 2010년부터 2018년 무렵까지, 그쯤에 벌어진 일입니다. 바이럴이 되고 트래픽을 크게 일으킬 가능성이 있는 일이라면 누구든 뛰어들어서 그것에 대해 썼고, 엄격한 사실 확인은 필요하지 않았습니다. 모든 뉴스 사이트가 가장 쉽게 바이럴이 될 만한 사건을 찾는 일에 매달리고 있었습니다."

고커Gawker 같은 일부 사이트는 얼마나 많은 페이지 조회수를 얻느냐를 기준으로 기자들에게 급여를 지급했다. 이런 압박은 (TV 방송국 임원들에게는 새롭지 않았지만) 문서 중심으로 일하는 기자들에게는 완전히 새로운 일이었다. 기자들은 대개 상여금이 포함되지 않은 단순한 체계로 월급을 받았고 딱히 기사 할당량도 없었다.[13] 그리하여 기자들은 또 다른 순전히 이기적인 이유로 트위터에 주목했다. 트위터에서 자신들의 영향력을 과시하고 자기네 언론사로 트래픽을 끌어올 수 있다면 다음 연봉 협상에서 유리한 위치를 차지할지도 몰랐다.

기자들이 새로 발견한 뉴스소스에 기뻐하는 동안, 트위터는 언론사들에게 타격을 입힌 다른 효과, 즉 뉴스의 원자화를 더욱 악화시켰다. 디지털 음원 다운로드가 도입되면서 음악이 '앨범'이라는 노래 모음집으로 나오지 않고 각각의 노래가 따로따로 선택받게(또는 무시되게) 되었듯이, 트위터 때문에 '신문'이 각각의 구성 요소로 흩어졌다. '기사'가 저널리즘의 단위가 되었다.

하지만 뉴스 산업은 음악 산업보다 더 큰 어려움에 직면했다. 음악인들과 음반사들은—기자들과 언론사들에 해당했다—여러 곡이 담긴 고수익 꾸러미인 CD가 다운로드 가능한 개별 곡들로 쪼개지는 과정을 고스란히 지켜보면서, 자신들의 위치를 새로운 방식에 맞게 재조정했고 똑같은 곡을 믹스, 플레이리스트, 또는 스포티파이 같은 회사의 월정액 등 다양한 형태로 발표했다. 그 결과 2019년 미국의 음반 수입 총액은 1999년 대비 3분의 2 수준까지 회복되었다. 참고로 1999년은 CD가 전 세계를 지배하며 음반 산업이 가장 커졌던 1990년대 중에서도 최고점을 찍은 해였다.[14]

음악인들은 그런 음원 서비스에서 사촌네 신생아의 옹알이 녹음이나 친구들이 부르는 '생일 축하 노래'와 경쟁하지는 않았다. 이와는 대조적으로 페이스북과 트위터에서 눈에 잘 띄려고 경쟁하는 뉴스 조직들은 주목을 끌 가능성이 있는 모든 정보 조각, 이를테면 앞서 언급한 신생아나 가족과 친구들이 올린 모든 콘텐츠와 맞서 싸웠다. 이론상 페이스북 알고리즘은 어떤 주제들에 관해 사람들이 읽고 싶어 할 만한 외부의 뉴스소스를 뉴스피드에 띄워줘야 했다. 하지만 그런 일은 일어나지 않는 듯했다.

기자들과 언론사들이 페이스북과 유튜브에서 조회수를 두고 경쟁을 벌인 탓에, 음악인들이 음원 스트리밍 업체에 대해 늘어놓은 것과 똑같은 불평이 다수 생겨났다. 과거와 비교했을 때 기자가 타당한 보상을 받으려면 엄청나게 많은 사람들이 기사를 소비해야 한다고. 어떤 날은 잘 보이게 했다가 그다음 날은 잘 안 보이게 했다가 하면서, 뭘 잘못했는지 다시 잘 보이게 하려면 뭘 해야 하는지 명확하게 설명도 해주지 않는 주인들의 변덕에 휘둘리고 있다고. 독자들 눈에 비친 언론의 신뢰성은 소셜네트워크가 주도한 두 가지 새로운 국면, 즉 페이스북이 장려한 '동영상 중심pivot to video', 그리고 '가짜fake 뉴스'의 증가로 크게 훼손되었다.

'동영상 중심'은 언론 조직이 페이스북의 거대하면서도 계속 확장되고 있던 도달 범위와 점점 더 황금알을 낳는 거위—그가 요구하는 먹이가 낳는 알의 크기에 따라 천차만별이었는데도—처럼 보였던 뉴스피드에 편승하려다 생겨난 결과였다. 분수령이 된 시점은, 많은 데이터가 새롭게 보여주는 내용에 따르면 사람들이 피드에서 정말 보고 싶어 하는 것은 동영상이라고 페이스북이 언론사와 광고주에 발표한 2014년이었다. 활자들, 심지어 사진마저도 구식이 되어버렸다.

페이스북은 이 같은 방침을 밀어붙였다. 저커버그가 구글 유튜브와의 경쟁에 촉각이 곤두서 있었기 때문이다. 유튜브는 어마어마한 양의 '시청 시간'을 달성하고 있었다. 하지만 언론사들 또한 동영상이 매력적으로 보인다고 생각했다. 동영상에 삽입되는 광고의 '조회수'당 광고비는 (업계 표준에 따라 측정해보면) 텍스트에 붙는 광고보다 여섯 배에서 열 배 정도 비쌌다.

저커버그가 내린 전투 준비 명령에 따라 수많은 언론사들은 '동영상 중심'에 참여하는 과정에서 도움이 되지 않는 기자들은 잉여라고 결론 내렸고 절차에 따라 그들을 해고했다. 남아 있는(또는 새로 고용된) 직원들은 점점 더 많은 동영상 기사를 만들라는 요구를 받았다. 하지만 뉴스 품질의 동영상을 만드는 일은 글과 사진에 비해 훨씬 더 어려웠고 시간도 많이 들었다. 가장 효과가 좋을 듯한 짧은 동영상을 잘 만드는 일은 인터뷰 동영상보다도 훨씬 더 어려웠다. 짧고 분명한 편집, 연이어 쏟아지는 메시지, 복잡한 효과. 어떤 동영상 제작도 몇몇 사실을 찾아내고, 몇몇 사람에게 의견을 물어보고, 이를 종합해서 글을 쓰고 웹페이지에 올리는 것만큼 쉽고 빠르지 않았다.

그럼에도 기사를 작성할 사람들이 충분하고 페이스북 뉴스피드 알고리듬의 조력을 받는다면 분명히 동영상은 크게 히트할 거였다. "우리는 이제 동영상의 새로운 황금기에 들어서고 있습니다." 저커버그는 2016년 4월 버즈피드 뉴스와의 인터뷰에서 말했다.[15] "5년 후로 빨리 감기를 해본다면 사람들이 페이스북에서 매일같이 보고 공유하는 대부분의 콘텐츠는 당연히 동영상일 겁니다."

몇 달 뒤에 페이스북의 유럽 지역 부사장 니컬라 멘덜슨 Nicola Mendelsohn 은 몇 가지 수치를 언급했다. "일일 동영상 조회수가 1년만에 10억 회에서 80억 회로 증가했습니다." 2016년 6월 런던에서 열린 〈포천〉이 주관하는 콘퍼런스에서 발표한 내용이다.[16] "5년 뒤에는 (중략) 아마도 모든 게 동영상이 될 겁니다." 그녀는 이렇게 예상했다. "해마다 텍스트 조회수는 감소하고 있습니다. (중략) 감히 내기를 걸어도 좋은데, 말하자면, 동영상, 동영상, 동영상이에요." 사실은 멘덜슨도 약간 뒤처져 있었다. 저커버그는 앞서 2015년 11월에 페이스북 결산 보고에서 80억 회라는 수치를 발표하면서 4월에 40억 회였던 것이 이렇게 늘어났다고 말했다.[17]

페이스북의 지침을 충실히 따르며 동영상에 집중했던 언론사들은 한 가지 일로 당황했다. 바로 방문자 수에 구멍이 난 것이다. 페이스북은 동영상이 대세라고 했지만 독자들—이제는 시청자들—은 다르게 생각하는 것 같았다. 자사 사이트에 들어오는 사람들의 수가 줄어들수록 언론사들은 페이스북 뉴스피드와 구글 유튜브의 블랙박스 알고리듬에 점점 더 의존하게 되었다. 그러는 동안 기자들은 '동영상 중심'이 정말로 얼마나 효과적인지 의문을 품기 시작했다.

그들이 알지 못했던 건 멘덜슨과 저커버그가 전파한 복음이 엄청난 결함이 있는 데이터에 근거했다는 사실이었다. 동영상은 어디에서도 페이스북이 발표했던 수준만큼 인기 있지 않았다. 뉴스 사이트들과 광고주들은 방문자 수가 계속 떨어지는 것을 보고서야 이를 깨닫기 시작했다.

페이스북이 '조회수'를 세는 방식에 결함이 있었다. 동영상은 뉴스피드에서 자동 재생되도록 설정되어 있었는데 3초 이상 재생되면 '조회한' 것으로 기록되었다. 유튜브가 설정한 업계 표준과 비교해도 현저히 짧은 시간이었다. 유튜브는 계속해서 30초 이상 본 경우로 광고 조회수를 정의했다. 페이스북은 보는 사람이 재빠르게 넘기지만 않으면 거의 무엇이든 '조회수'로 계산했다. 그리하여 사람들의 실제 관심이 몹시 과장되었다.

2016년 9월에 이 오류가 밝혀지기 시작했다. 페이스북의 '광고주 지원 센터'에 올라온 글 중 하나가 이를 언급했다. 약 2년 동안, '시청한 동영상의 평균 시청 시간'은 상당히 과대평가되었다. (3초 미만 시청 집단을 포함해) 동영상 한 편을 보는 데 쓴 총시간을 가져와서 그 동영상에 노출된 사람들─빠르게 다음으로 넘긴 집단도 포함─의 수로 나누는 대신, (3초 미만 시청 집단을 포함한) 총 시청 시간을 그 동영상을 '시청한' 사람들─3초 이상 시청한 사람들─의 수로만 나눈 것이다. 그러니까 15초 동영상이 두 명에게 노출되었을 경우 한 명은 끝까지 보고 다른 한 명은 2초 만에 넘어갔다면, 시청자는 한 명뿐인데도 총 시청 시간은 17초가 되었다. '평균값'은 8.5초가 아니라 실제 동영상보다도 더 긴 17초로 잘못 계산되었다. 동영상이 재생되기도 전에 빠르게 넘긴 사람들이 더 많을수록 오류는 더욱 커졌다. 역설적으로, 사람들이 광고주가 올린 동영상을 정말 싫어했을 경우 잘못된 계산은 그 영상이 꽤 성공했다고 알려주었다. 왜곡된 신호가 언론사들의 상황을 악화시켰다.

페이스북은 신중하게도 이 차이가 얼마였는지 말하지 않았고, 이전에 발표했던 '동영상 시청 시간'과 '동영상 시청자 수(3초 이상 시청자 수)'가 여전히 맞는 수치라고 주장했다. 일부 광고주는 이 '차이'가 60~80퍼센트쯤 과장된 수치라는 이야기를 슬쩍 들었다. 하지만 다른 광고주들은 그 격차가 훨씬 더 컸다고—열 배 수준이었고 이는 정말 미미한 규모의 사람들만이 실제로 시청했다는 뜻이라고—했다. 그래서 그들은 2015년에 페이스북에 우려를 제기했다. 동영상 재생 시간보다 평균 시청 시간이 길기 때문에, 페이스북이 발표한 일부 수치는 말이 안 된다고 지적했다.

광고주들은 사기 혐의로 소송을 제기하면서 페이스북이 1년 동안 이 사실을 밝히지 않고 있었다고 주장했다. 페이스북은 범법 행위를 인정하지 않았지만 이 소송 건은 결국 4000만 달러(약 480억 원)의 보상금을 지급하는 선에서 합의되었다.[19] 소송 중에 일부 드러난 기록을 보면, 페이스북은 자신들의 잘못된 계산법이 주목받지 않도록 하기 위해 '무대응no PR' 전략을 논의한 적이 있었다.

그러나 소송이 진행되고 있던 2018년 10월에 슬레이트Slate(그들도 동영상 중심-쓰레기 동영상 정리의 순환 과정을 겪었다)에서 윌 오레머스Will Oremus가 논평했다시피, 그 아이디어 전체가 거짓말을 기반으로 한 것이었다.[20] 사용자들은 더 많은 뉴스 동영상을 원하지 않았다. "그것은 언제나 광고주들이 원했던 것이었다. 소비자들의 주목을 사로잡는 일 말이다"라고 그는 썼다. 이와 별도로 이루어진 1억 건의 동영상 분석에 따르면 30초에서 60초 동안 시청한 동영상에서 가장 많은 참여를 이끌어낸 주제는 음식, 패션, 뷰티, 동물(특히 반려동물), DIY였다.[21] 수상하리만치 먹함수 분포와 꼭 닮아 있는 그래프에서 유머, 게임, 테크, 음악, 스포츠, 건강, 여행 모두가 정치보다 앞서 있었다.

사람들이 시사 풍자 웹사이트 어니언The Onion에 주목했다면 많은 고통을 피할 수 있었을 것이다. 어니언은 2014년 5월에 이미 '빌어먹을, 기사가 동영상일 줄이야Christ, Article A Video'라는 제목의 짧은 동영상에서 사람들이 동영상 '기사들'을 어떻게 생각하는지 압축적으로 설명했다.[22] 그것은 자연스럽게 1분짜리 동영상 형식을 취했고, 사람들이 멀쩡한 링크 뒤에 감춰져 있는 뉴스 동영상을 얼마나 성가셔하는지 잘 정리해서 보여줬다.

"관심이 가서 기사를 클릭했다가 30초 만에 나왔어요. 그랬더니 버퍼링 영상이 뜨더라고요. 그래서 '망할, 또 시작이네'라고 생각했죠"라고 한 사람이 패러디 인터뷰에서 말한다. 또 한 사람은 이렇게 말한다. "봐요, 저는 보도도, 인터뷰도, 토론회도, 뭔지 모를 이따위 것들도 보고 싶지 않아요. 그냥 기사 하나 빠르게 훑어보고 하던 일을 계속하려는 거예요. [동영상 링크] 옆에다가 조그만 카메라 아이콘 같은 거라도 좀 넣어주든지, 그만 좀 낚아대라고요." (근본적인 진실을 정확히 포착했기 때문에, 많은 동영상 중심 사이트들의 작업물이 사라진 이후에도 어니언 사이트의 이 동영상은 오래도록 남아 그들의 가치를 유지하고 있다.)

한편 뉴스 사이트들은 저커버그의 이야기를 귀담아들은 대가를 치렀다. 〈애틀랜틱〉은 2016년부터 2018년까지 미국 전역의 미디어 기업들이 350개의 일자리를 줄였다고 했다. 필자를 해고하고 동영상 제작자를 고용하고, 또다시 동영상 제작자를 해고했다.[23] "동영상의 노동 집약적 특성 때문에 [뉴스 사이트와 통합된] 뉴스룸에서는 보도를 하는 사람들은 줄어들고 동영상 화면에 자막을 만들어서 넣거나 동영상을 설명하는 기사를 쓰는 사람들은 늘었다"라고 〈애틀랜틱〉의 알렉시스 매드리갈과 로빈슨 마이어Robinson Meyer는 언급했다.

동영상은 언론의 구세주가 아니었다. 더 나아가, 페이스북도 구세주가 아니었다. 2018년 미국에서 신문사들의 직원 수는 절반 가까이 줄어들어 3만 8000명도 채 되지 않았다. 하지만 신문 광고비 총 143억 달러 가운데 종이신문 광고비는 93억 달러였고 나머지는 신문사들의 웹페이지로 옮겨 갔다. 2004년부터 2018년 사이에 8900개 중 1800개의 신문사가 사업을 접었다.[24] 일일 총 신문 발행부수는 5600만 부에서 2800만 부로 반토막이 났고 광고 수입 400억 달러와 수만 개의 일자리가 사라졌다.

마침내 2018년 1월에 대실패의 대단원이 시작되었다. 페이스북은 뉴스피드에 흥미로운 변화를 발표했다. 친구들과 가족들의 글이 더 많이 올라오게 하고, "사람들 간의 의미 있는 교류"에 더욱 주안점을 두며, "상업 언론사들의 동영상이나 게시물 등 공적 콘텐츠는 덜" 노출될 것이라는 내용이었다.[25] '동영상 중심'은 회전문을 거쳐 제자리로 돌아갔다. 믹Mic, 바이스Vice, 매셔블Mashable 같은 뉴스 사이트들은 되돌리기에 너무 늦었다. 이들은 '사용자 참여'가 동영상에 있다는 잘못된—또는 오도된—믿음 때문에 더 긴 동영상에 자원을 쏟아부었다. 신기루를 쫓던 언론사들에는 엄청난 쓰라림이 남았다. 친구들, 동료들이 해고되는 과정을 지켜보았거나 또는 해고된 사람들에게는 특히 더 그랬다.

'동영상 중심' 흐름이 재앙을 불러왔다는 것이 일부 드러난 건 미국 언론사들이 앞다퉈 대통령 선거 보도에 나서던 시점이었다. 그리하여 동영상이 허깨비임을 알았던 다른 언론사들 또는 동영상 제작을 감당할 형편이 안 되었던 중소 언론사들이 재앙을 피해 빈 자리를 차지했다.

비운의 동영상 전략을 작동시켜보느라 뉴스 사이트들이 산만해진 사이에 '가짜 뉴스'가 활동하기 좋은 공간이 열렸다. 가짜 뉴스는 날조나 심한 왜곡이나 과장된 이야기와 제목으로 사람들의 클릭을 유도해서 광고가 쏟아져 들어오게 하는 것이 목적이었다. 가짜 뉴스 생산자들은 2015년 말부터 페이스북을 휩쓸었고 2016년 미국 선거 주기에 올라탔다.

한 가지 측면에서, 그들은 비옥한 땅을 목표로 삼은 셈이었다. 소셜네트워크들은 거짓 정보를 퍼뜨리기에 최고의 장소이기 때문이다. 2018년 중반에 MIT 연구자들이 발표한 연구에서는 소셜네트워크에서 정보를 수월하게 전달할 수 있는 세상에서 진실이 거짓에 어떻게 대항하는지 살폈다.[26] 트위터에서는 리트윗—바이럴 확산의 원형—이 원흉으로 밝혀졌다.

이 연구에서는 2006년 트위터가 출시되었을 당시와 2017년 사이에 트위터에서 루머가 어떻게 퍼져 나갔는지를 살펴보았다. 여기에는 대략 300만 개의 계정에서 나온 12만 6000건의 '루머 폭포'(사실이든 아니든 상관없이 루머를 소셜네트워크에 퍼뜨리는 트윗들)를 조사하는 일도 포함되었다. 원래의 정보를 리트윗한 계정이 많을수록 '폭포'의 물줄기는 거세졌다. (두 개의 다른 계정이 같은 정보—쓰나미 경보 같은—를 별도로 트윗했다면 그것은 별도의 폭포로 계산되었다.) 각각의 폭포에 붙인 '사실'과 '거짓' 딱지는 수많은 팩트체크 사이트의 합의에 따라 결정되었다. 연구자들은 폭포의 개수가 늘어나는 순서대로 일곱 개의 카테고리를 조사했다. 자연재해, 엔터테인먼트, 과학과 테크, 테러리즘과 전쟁, 비즈니스, 도시 전설, 정치가 그것이었다. 마지막 두 가지가 전체의 절반 이상을 차지했다.

연구 결과는 명백하고도 놀라웠다. "진실이 신발을 신기도 전에 거짓말은 지구 반 바퀴를 돌 수 있다"는, 윈스턴 처칠의 말이라고 (잘못) 알려진 명언이 실증되었다. 거짓 이야기가 진짜보다 더 멀리, 더 빠르게, 더 깊이 소셜네트워크에 퍼진다. 연구자들은 "진실은 1000명 이상 퍼지는 경우가 거의 없지만, 가짜 뉴스가 쏟아질 때에는 보통 1000명에서 10만 명까지도 퍼져 나간다"라고 기록했다. 가짜 뉴스가 더 많은 사람들에게 도달했으며 리트윗될 가능성도 더 높았다. 가짜 정치 뉴스는 특히 더, 다른 종류의 거짓 정보보다도 세 배는 더 빠르게 네트워크를 통해 이동했다. 연구자들은 거짓말이 진실보다 얼마나 더 빨리 퍼져 나갈 수 있는지를 수치로 나타낼 수 있었다. 1500명에게 도달하기까지 걸리는 시간은 거짓이 진실 대비 무려 6분의 1 수준이었다. 이는 표본에서 '봇들bots'을 걸러내고 난 뒤에도 사실로 드러났다. 밝혀진 내용에 따르면, 봇들은 진실을 전달할 때에도 지어낸 이야기를 전달할 때만큼이나 똑같이 근면 성실했다.

이제는 예측 가능하겠지만, 거짓이든 진실이든 트윗에 반응을 보이면서 가장 흔히 표현하는 감정은 역겨움이었다. 거짓 뉴스에 대해 가장 강력했던 감정은 특별한 형태의 분노였고, 따라서 그런 트윗은 바이럴될 가능성이 더 높았다.

2018년에 모든 트윗 가운데 4분의 1 이상은 리트윗이었다. 분석 결과, 사람들이 단 한 번의 동작만으로 어떤 내용을 전달하는 것이 하나의 트윗을 스스로 작성하는 것보다 더 쉽다는 걸 알게 되면서 이 비율은 꾸준히 증가했다.27 정확성의 영향력은 신통치 않았다.

2016년 충격적인 미국 대선 결과가 나오고 나서 나흘 뒤, 저커버그는 페이스북에서 가짜 뉴스는 사람들이 투표한 방식을 바꿔놓을 수 없었다고 우겼다. "페이스북에서 가짜 뉴스가, 그건 올라가 있는 콘텐츠 가운데 아주 적은 양이었는데요, 어떤 식으로든 선거에 영향을 미쳤다는 건 말도 안 되는 생각이라고 봅니다"라고 저커버그는 말했다. 샌프란시스코에서 열린 테코노미Techonomy 콘퍼런스에서였고[28] 당시 그는 서른두 살이었다. "누군가 가짜 뉴스를 봤다는 이유만으로 투표를 그렇게 했다고 주장하는 건 공감 능력이 극심하게 부족한 겁니다."

'가짜 뉴스' 콘텐츠가 변화를 일으켰다는 생각에 대해 그는 이렇게 반박했다. "왜 한쪽 진영에만 가짜 뉴스가 있었고 반대쪽 진영에는 없었다고 생각합니까?" 많은 관찰자들에게, 이는 그가 지난 몇 년 동안 이 사안에 별로 관심을 기울이지 않았음을 보여주었다. 토 디지털 저널리즘 센터의 클레어 워들Claire Wardle은 저커버그의 발언 하루 전에 발행된 〈가디언〉 기사에서 "페이스북은 시스템, 편집 체제, 편집 가이드라인도 없이 뉴스 산업에 우연히 발을 들여놓게 되었다"라고 말했다.[29] "그리고 이제는 경로를 바로잡으려 애쓰고 있다."

버즈피드 뉴스의 크레이그 실버먼이 2016년 페이스북에서 가장 많이 공유된 가짜 뉴스 기사 50건—단순히 편파적으로 와전된 정도가 아니라 "100퍼센트 거짓이고 가짜 뉴스 웹사이트에서 만들어낸"기사들—을 분석한 결과, 22건이 미국 정치 관련 내용이었다.[30] 선거가 있던 해였으니 놀랄 일도 아니었다. 그중 12건이 트럼프 지지 또는 클린턴 반대였고 거의 750만에 가까운 조회수를 달성했다. 반면 6건의 클린턴 지지 기사는 180만 조회수를 모았고, 나머지 4건의 중립적인 기사들(예를 들어 "오바마 대통령은 조부모들이 주말마다 손주들을 만나게 하는 법안을 통과시켰다")은 110만 조회수를 모았다. 저커버그는 틀렸다. 한쪽 진영의 가짜 뉴스가 실제로 반대쪽보다 더 많았다. 또한 단순히 사람들이 원하는 것을 주는 데에서 그친 게 아니라 피드백 프로세스가 작동했다. 앞에서 보았듯이 충격

요소는 확실히 중요했다. 프란치스코 교황이 트럼프를 대통령으로 지지했다는 가짜 뉴스는 100만 가까운 조회수를 얻었다. 반면 같은 이야기의 다른 버전인 교황이 클린턴을 지지했다는 기사의 조회수는 5분의 1에 그쳤다. 그런 발상이 공상에 불과하다 해도 사람들이 후자에 대해서는 별로 놀라지 않았다는 표시다.

가짜 뉴스 공급자들에게는 사람들이 자신들의 기사를 클릭하게 만들겠다는 단순한 동기가 있었다. 그러면 그들은 거기에 붙은 광고로 약간의 수익을 낼 수 있을 터였다. ('제2차 세계대전 때의 폭격기, 달 표면에서 발견되다' 같은 기이한 1면 기사로 유명한) 〈위클리 월드 뉴스Weekly World News〉 같은 슈퍼마켓용 타블로이드 신문처럼, 가짜 뉴스를 만드는 일이 이 사업체의 가장 중요한 목적이었다. 이런 신문을 판매하는 슈퍼마켓은 별다른 관심이 없었다. 불법이 아닌 이상, 그들은 신경 쓰지 않았다. 페이스북은 이와 비슷한 입장을 취했다: 이 기사를 믿고 안 믿고는 사람들의 자유다. 사람들이 계속해서 우리 사이트로 돌아오기만 한다면 상관없다. 정치와 영향력은 남의 얘기다.

그렇지만 여기에는 페이스북도, 저커버그 개인도 인정하지 않았던 모순이 존재했다. 사람들이 투표에 참여하는 데에 페이스북이 영향을 미칠 수 있다는 것이 과학적으로 입증되었다. 그리고 뉴스피드 콘텐츠가 사람들의 감정을 조작할 수 있다는 것도 과학적으로 증명되었다. 뉴스피드에 올라와서 사람들을 분노시키는 가짜 뉴스들이 투표 참여를 독려하지 않을 이유가 있겠는가? 이것이 소셜온난화다. 효과가 커야만 상황을 바꾸는 게 아니다.

게다가 대선 직후 글로벌 여론조사 기관 입소스Ipsos 공공조사팀이 수행한 온라인 조사는 가짜 뉴스—특히 정치 뉴스—가 사람들의 눈길을 끌지 못했다는 저커버그의 설명이 틀렸음을 입증했다.[31] 선거 때 나왔던 열한 개의 헤드라인(일부는 진짜고 일부는 거짓)을 제시하자 평균적으로 응답자 가운데 약 4분의 1이 그 기사를 본 적이 있다고 답했다. 하지만 기사가 진짜인지 거짓인지 판단해달라고 요청하자 약 4분의 3이 가짜 뉴스가 진짜라고 생각했다. 게다가 그 뉴스를 주로 접한 곳이 페이스북이라고 한 사람들은 더욱더 그랬다. 또한 양당 지지자들 간에도 통계적으로 유의미한 차이가 있었다. 당시 공화당 지지 유권자들의 84퍼센트가 가짜 헤드라인이 정확하다고 말한 반면 민주당 지지 유권자들 중에서는 70퍼센트에 그쳤다.

확실히 가짜 뉴스는 쉽게 잘 믿는 독자를 이용한다. 그리고 언론사들은 여러 해 동안 독자에게 말도 안 되는 이야기를 퍼뜨렸다. 하지만 가짜 뉴스는 페이스북, 트위터, 인스타그램, 기타 소셜네트워크의 설계에서 비롯된 당연한 부작용이었다. 시선을 끄는 헤드라인을 붙인 간단한 사진과 ('덴버 가디언Denver Guardian', '크리스천 타임스Christian Times', '폴리티캅스닷컴 politicops.com' 같은) 그럴듯한 제호나 URL이 합법적인 사이트들만큼이나 설득력이 있었다. 언론사들은 링크에 붙어 있는 헤드라인을 편집해서 효과를 증폭하거나 여러 버전을 만들어서 무엇이 더 잘 퍼지는지 알아볼 수 있었고, 지금도 그렇게 할 수 있다. (사용자들은 2017년 중반부터 이렇게 하지 못하도록 통제되었다.) 44퍼센트의 사람들이 페이스북에서 뉴스를 접하는 현실에서 모두에게 문제가 되는 건—또한 가짜 뉴스 판매자들에게는 기회가 되는 건—분명했다.[32]

테코노미 콘퍼런스에서 열린 대담에서 저커버그는 가짜 뉴스 문제를 일축하며 이렇게 말했다. "저의 목표, 제가 신경 쓰는 것은 사람들에게 공유할 권한을 주고 모든 이가 목소리를 낼 수 있게 해서 이 세상을 더욱 개방적이고 연결된 곳으로 만드는 겁니다. 그것이 페이스북의 사명입니다." 그러나 조금만 확대 해석해보면 이 사명이 가짜 뉴스를 불러낸 셈이었다. 가짜 뉴스 작성자들은 오보든 아니든 신경 쓰지 않으며, 가짜 뉴스가 미치는 영향에 무관심하지 않을 경우 '사람들에게 공유할 권한을 주기'도 한다.

그렇다면 가짜 뉴스가 사람들에게 미치는 영향은 무엇일까? 일반적으로는 사람들이 듣고 싶어 하는 것과 내용이 일치하지 않으면 그 작성 기관이나 정보원에 대한 신뢰가 낮아지리라고 예상한다.

이 문제는 측정이 가능하다. 적어도 미국에서는. 여론조사 기관 갤럽이 1979년부터 연례조사를 시행하여 사람들에게 교회, 의회, 대기업, 협회, 신문사, 정부, 은행, TV 뉴스, 그 밖의 기관들에 대한 조직 신뢰도를 물었다.[33] 중간중간 (지금까지 세 차례, 1999년, 2014년, 2017년에) '인터넷 뉴스'에 대한 신뢰도도 질문했다. 이 조사에서는 사람들이 다양한 기관들에 갖고 있는 신뢰 정도를 '전적으로 믿는다', '꽤 많이 믿는다', '일부 믿는다', '거의 믿지 않는다', '전혀 믿지 않는다' 중에서 골라 응답하게 했다.

결과는 그리 좋지 않다. 신뢰한다는 응답('전적으로 믿는다'와 '꽤 많이 믿는다'를 더한 값)에서 가장 부정적인 응답('거의 믿지 않는다' 또는 '전혀 믿지 않는다')을 빼면 신뢰 또는 불신에 대한 광범위한 측정값을 얻는다. 전적으로 또는 꽤 많이 믿는다고 응답한 사람이 60퍼센트이고 '거의 믿지 않는다'라고 응답한 사람이 15퍼센트라면 신뢰값은 45이다. 대부분의 기관에 대해 이 수치는 수십 년 동안 계속해서 내려갔다. 군대와 중소기업(이들 둘은 조금씩 높아져서 60이 넘는다)을 제외한 모든 기관에 대한 정서가 2003년쯤 이후로 눈에 띄게 악화되었다. 미국 의회는 1991년에 처음으로 마이너스로 떨어졌고, 1997년부터 2005년 중반까지 플러스 구간에 있다가 내리막을 달려서 2019년 6월에는 −37을 기록했다. 그리하여 가장 나쁜 점수를 받은 기관이 되었다.

언론의 사정도 대체로 별반 다르지 않았다. 신문사와 TV 뉴스 둘 다 2003년에 긍정적 정서가 갑자기 무너진 듯 보였다. 미국인 중 60퍼센트 이상이 인터넷에 접속하게 된 시기와 맞아떨어진다. 2006년에는 부정적인 정서 쪽으로 기울었다. 하지만 가장 급격한 감소는 2011년 이후에 시작되었다. 그 무렵 성인의 3분의 1 이상이 스마트폰을 보유했고 소셜미디어 사용자가 50퍼센트를 넘어섰다.[34] 2019년 중반에 TV 뉴스는 −27, 신문사는 −11이라는 점수를 받았다.

테코노미 콘퍼런스에서 자신만만한 모습을 보인 지 딱 일주일 만에 저커버그는 태도를 바꾸었다. 2016년 선거에서 페이스북의 역할이 불러온 좋지 않은 결과와, 페이스북 관리자들이 밀려드는 거짓말과 가짜 뉴스를 따라잡는 데 실패했음을 받아들이면서, 페이스북은 외부 조직들, 즉 수적으로 증가하고 있는 '팩트체크' 사이트들에 도움을 구하기로 결정했다. 인터넷상에서 거짓 정보와 날조된 이야기가 양적으로 폭발하면서, 몇 년 동안 이런 사이트들이 계속 성장해왔다. 선거 2주 후에 올린 페이스북 게시물에서 저커버그는 "우리는 사람들에게 목소리를 부여하는 일이 필요하다고 믿는다. 가능할 때마다 사람들이 스스로 원하는 것을 공유할 수 있는 쪽으로 치우쳐 있다는 뜻이다. 우리는 견해를 공유하는 일을 막지 않도록 또는 실수로 정확한 내용을 제한하는 일이 없도록 신중할 필요가 있다. 우리는 스스로 진실의 결정권자가 되려 하지 않는다. 우리 커뮤니티와 신뢰할 만한 제3자 입장에 있는 회사들을 믿고 맡기려 한다."[35]

페이스북의 신뢰도를 높이는 쪽으로 180도 방향을 바꾸는 일을 말끔하게 해낸 셈이었지만, 실제로 그런 말을 입 밖에 내지는 않았다. 페이스북은 진실의 결정권자가 되려 하지 않는다. 왜냐하면 페이스북의 사명에 전혀 중요하지 않기 때문이다. 진실, 거짓말, 거짓 정보. 이들 모두는 더 많은 광고를 보여주고 사람들을 이 사이트에 더 오래 머물게 만드는 돈벌이 수단이다.

그렇다면 잘못 판단된 글, 거짓 정보에는 어떤 일이 일어날까? "낚시성 뉴스, 스팸, 스캠과 마찬가지로 뉴스피드에서 이런 콘텐츠들에 불이익을 주어서 확산 가능성을 한결 낮출 것이다."

이 문장을 곱씹어보자. 저커버그는 스팸과 스캠이 페이스북에서 삭제되지 않는다고 말했다. 이것들은—예를 들어 모유 수유하는 엄마의 유두 같은 것과는 달리—불쾌하지 않기 때문이다. 사람들에게서 훔치고 사람들을 속이는 콘텐츠는 허용된다. 다만 모든 것을 감독하는 알고리듬에 의해 표면에 떠오르지는 않을 것이다. 그리고 이제 거짓 정보도 같은 부류에 들어갈 것이다. 허용되는, 참고 봐줄 만한.

2016년 12월에 당시 페이스북의 뉴스피드 담당자였던 애덤 모세리는 의도적인 거짓말(또는 아마도 '수익 창출을 위한 거짓말')을 통제하려는 시도가 어떤 결실을 맺었는지 발표했다. 그는 "사람들에게 목소리를 부여하는 일"이 필요하다고 믿으며 진실의 결정권자가 되려 하지 않는다는 저커버그의 말을 그대로 되풀이했다. 그러고 나서 무엇이 되겠다는 것인지 공표했다. 앞으로 사용자들은 '가짜 뉴스' 콘텐츠를 신고할 수 있다. 이전까지는 '짜증 나게 한다/관심 없다'와 '페이스북에 올라오면 안 된다'와 '스팸' 중에서만 선택할 수 있었다.[36]

"우리는 다른 신호들과 함께 커뮤니티로부터 [가짜 뉴스] 신고를 받아서 이것들을 [팩트체크] 기관들에 보낼 겁니다." 그러면 그들이 이것들이 허위인지를 가려낼 테고, 허위라고 한다면 페이스북은 그 콘텐츠들에 '이의 제기disputed' 라벨을 붙이고 뉴스피드 알고리듬에서 순위를 떨어뜨릴 것이라고 모세리는 설명했다.

배트맨 영화 같은 이야기였다. 가짜 뉴스 신호를 밤하늘로 쏘아 올리면 팩트체크하는 이들이 컴퓨터 단말기에 즉각 뛰어들어 기사가 사실이라는 걸 확인하거나 아니면 땅바닥에 쓰러뜨린 다음 거짓이라고 쓰여 있는 수갑을 채운다는 식이었다.

현실은 훨씬 재미없다고 브룩 빈코브스키Brooke Binkowski는 설명했다. 모세리의 발표가 있던 시점에 그녀는 스놉스Snopes 편집장이었다. 스놉스는 1994년에 만들어진 오래된 팩트체크 사이트로, 새롭게 페이스북과 협력하게 된 초기 업체들 중 하나였다. 최초의 팩트체크 결과는 2017년 3월에 그 모습을 드러냈다.[37]

"그들은 우리 개개인에게 따로따로, 페이스북 개인 계정으로 이런 목록을 보내줍니다. 이야기 하나당 URL 하나씩을 보여주면 우리는 그것이 진짜인지 거짓인지 찾아내서 표시하고 틀렸음을 밝혀주는 내용에 링크를 겁니다. 그러고 나서 다음으로 이동하죠." 할당량은 따로 없었다. 대개 조사해야 할 콘텐츠가 최소 250개쯤 있었고 스물다섯 개씩 열 페이지로 나뉘어 있었다. 기사 목록은 끝이 없었다. 인터넷에서 틀린 내용을 올리는 사람들을 없애버릴 수는 없기 때문이다. "컵은 끊임없이 채워집니다." 빈코브스키가 기억을 떠올렸다.

페이스북에서는 가짜 게시물들에 조그만 태그가 붙는다. 그리고 누군가가 이 내용을 공유하려 하면 진실성을 둘러싼 논란이 있다는 작은 경고 메시지를 보게 될 것이다. 그렇지만 여전히 그것을 공유할 수는 있다. 얼마 지나 빈코브스키는 이 이야기들이 어떻게 선택되는지 궁금해지기 시작했고 사람이 아니라 알고리듬이 표시를 붙이고 있다는 의심이 들었다. 게다가 그것들은 이상할 정도로 획일적이었다.

"좀 기괴했어요. 그들이 흔히 우리에게 보여주는 내용은, 같은 이야기인데 어구가 약간 다르다거나 다른 사이트에서 가져온 똑같은 기사였거든요. 저는 계속 [페이스북에] 물었죠. [팩트체크를 해달라는 기사들의] 기준이 뭐냐고요. 우리는 '좌익'으로 간주된다는 건들과 관련해서 많은 기사들을 받았어요. [백신접종에 반대하는] 안티백서anti-vaxxer 건도 있었고, 총기 반대 건도 있었고, 사람들을 낚기는 해도 [정치적 의미에서] 정말로 좀먹지는 않는 건들도 많이 있었죠. 그저 상황을 무마하려는 것 같았어요."

페이스북은 그녀에게 어떤 기사들이 선정되는지 기준을 흔쾌히 밝히지 않았고, 반복해서 나오는 같은 기사의 변주를 막는 데에 무력한 듯 보였다.

빈코브스키는 문제를 깨달았다. 이것은 기울어진 전쟁이었다. 페이스북이 설정한 매개변수 범위 내에서는 거짓 정보, 허위 정보, 거짓말의 홍수를 저지할 방도가 없었다. 가짜 뉴스 게시에 부과하는 처벌은 미미했다. 그 내용을 페이스북에서 삭제하지 않고 노출 '순위만 낮추었기' 때문이었다. 반대로 그것을 퍼뜨릴 경우의 잠재적 보상은 컸고, 새로 제목을 달고 단어 몇 개나 사진을 바꿔서 같은 이야기의 (페이스북 알고리듬에게는 완전히 새로운 내용으로 보였던) 다른 버전을 생성하는 비용은 저렴했다.

페이스북은 팩트체크 기관 네 군데를 파트너로 선정했다. 이들에게는 크누트Canute 대왕(11세기 잉글랜드, 덴마크, 노르웨이의 왕. 바닷가에서 자신의 땅을 깎아내는 파도에게 멈추라고 명령한 일화가 유명하다—옮긴이)만큼이나 승산이 없었다. 버즈피드 뉴스 기사에서 빈코브스키는 나중에 그때의 경험을 돌아보며 "세상에서 가장 승산 없는 두더지 잡기 게임, 또는 그리스 신화에 나오는 히드라(머리가 여러 개 달린 괴물로, 머리 하나를 자르면 잘라낸 자리에서 새로 두 개가 나왔다고 한다—옮긴이)와 싸우는 듯한 일이었다. 우리가 가상의 머리 하나를 잘라낼 때마다 그 자리에서 두 개가 자라났다"라고 설명했다.[38]

2017년 9월에 저커버그는 적어도 가짜 뉴스의 영향력에 대해서만큼은 태도를 완전히 바꾸었다. 이 회사는 러시아 작전 세력이 미국에서 기존에 있던 사회적, 정치적 분열을 더욱 확대하려는 목적으로 광고비로 10만 달러를 썼다는 사실을 인정했다.[39] 트럼프는 당치도 않다며 "페이스북은 항상 반트럼프였다"라고 주장하는 글을 즉각 트위터에 올렸다. 자신의 창조물에 아무런 영향력이 없었다는 생각에 발끈했던지, 저커버그는 가짜 뉴스를 포함해 사람들이 페이스북에서 보는 것들의 잠재적 영향력을 무시한 건 개인적인 판단 착오였다고 답했다.[40] "너무 중요한 이슈라서 이대로 넘어갈 수가 없다." 그는 페이스북에 올린 게시물에 이렇게 썼다. 그냥 넘어가겠다고 논평한 지 1년도 지나지 않았다는 사실은 아무래도 잊어버린 듯했다. "하지만 데이터에서 한결같이 드러나듯이 우리의 광범위한 영향력—사람들에게 목소리를 부여하는 일, 후보자들이 직접 소통할 수 있게 하는 일, 수백만 명의 투표를 독려하는 일—은 이번 선거에서 훨씬 더 큰 역할을 했다.”[41] 그는 해당 데이터는 공개하려 하지 않았다.

다시 한번 말하지만 온난화의 요지는, 소셜온난화든 지구온난화든, 위력을 발휘하기 위해 반드시 규모가 클 필요는 없다는 점이다. 저커버그는 '가짜 뉴스' 제작자들이 진짜 뉴스 공급자들보다 유리하다는 사실을 간과하고 있었다. 가짜 뉴스는 진짜 뉴스보다 더 만들기 쉽다. 현실의 제약을 받지 않으며 따라서 독특하면서도 이목을 끌게 만들 수 있다. 이 두 가지는 모두 가짜 뉴스의 확산을 촉진한다.

2017년 말에 버즈피드 뉴스는 다시 한번 페이스북에서 가짜 뉴스 문제가 어느 정도 규모인지를 조사했다.[42] 2017년에 가장 많이 바이럴된 50건의 가짜 뉴스에는 2016년 최상위 50건보다 더 많은 '참여'(공유, 좋아요, 댓글)가 있었다. 그때쯤에는 온 세상이 이 문제의 폭넓음과 심각성에 눈을 떴다. 상황은 점점 나빠지고 있었고 좋아질 기미는 없었다. 버즈피드 데이터는 상위 50건이 전년 대비 거의 10퍼센트나 더 많은 참여를 얻었음을 보여주었다. 대선이 끝나자 정치 카테고리는 상위 50건에서 11건까지 떨어지며 기세가 꺾였다. 이제 기이한 '범죄' 이야기가 가장 두드러졌다.

페이스북은 버즈피드의 결론을 소심한 태도로 무시했다. 페이스북의 팩트체크 시스템이 1년 내내 시행되었다면 상황이 많이 달라졌을 거라는 발언이 이를 보여준다.

그렇지만 그것은 현실을 무시한 생각이었다. 팩트체크에는 사흘이 걸렸고 대다수의 클릭은 그 전에 일어났다. 바이럴의 본질이 그렇다: 파도를 타라, 그리고 기다렸다가 다음 파도를 타라. 버즈피드의 분석에 따르면, 팩트체크된 게시물이 한 번 클릭될 때마다 거짓 게시물은 200번 클릭 되었다. 진실은 거짓에 밀려나고 있었다. "우리가 많은 걸[가짜 뉴스를] 놓치고 있다는 건 우리도 압니다." 당시 페이스북의 뉴스 파트너십 관리자 제이슨 화이트Jason White는 팩트체크 회사에 보낸 이메일에서 이렇게 인정 했다.[43] "이런 어려움에 맞서려면 추가 조치를 취해야 합니다."

가짜 뉴스 발행인에게 유일한 기준은 바이럴을 성공시켜서 보는 사람 들을 끌어모을 수 있느냐 하는 것이었다. 그래서 자사 사이트의 광고 조회 수를 높이려는 것이다. 팩트체크 사이트들과 가짜 뉴스 사이트들은 다른 속도로 다른 규칙에 맞춰 움직였다. 그러나 페이스북은 이들을 함께 얽어 매는 기어박스 역할을 하면서 양쪽의 장점을 모두 다 취하려 했다. 사용자 들이 '아이 돌보미가 자기 질 속에 아기를 넣었다가 병원으로 실려갔다'라 든지 '시체안치소 직원이 낮잠을 자다가 실수로 화장되었다' 따위의 제목 을 단 이야기에 현혹되어 클릭을 하면 페이스북은 가짜 뉴스 사이트가 만 들어내는 참여로 이익을 얻었다. 한편으로는 팩트체크 사이트들의 활동 을 들먹이며 평판을 쇄신하면서 사용자들에게 광고를 보여주었다.

사실상 팩트체크 사이트들의 활동은 페이스북이 바랐던 것과는 반대 되는 결과를 불러왔다. 2019년 8월에 예일대학교, MIT, 캐나다 리자이나 대학교의 공동 연구팀은 '이의 제기' 태그를 붙여도 사람들이 그 내용을 믿을 가능성이 줄어드는 효과는 아주 미미하다는 사실을 발표했다. 다른 이야기에는 없는 태그를 보고 사람들은 이 이야기들이 확인되었으니 틀 린 부분을 정정했으리라고 생각했다. 연구자들은 이런 현상에 '암시적 진 실implied truth'이라는 이름을 붙였다.[44] 가짜를 가려내기까지 평균 사흘이 지체되었기 때문에 그런 태그는 해당 가짜 뉴스의 인기를 누그러뜨리기보다는 오히려 부채질할 수 있었다.

팩트체크 문제를 훨씬 더 복잡하게 만드는 건, 가짜 뉴스 사이트들이 사람들을 오도했다고 기소될 경우에 쓸 수 있는 감옥 탈출 카드를 찾았다는 점이었다. 2018년 3월에 바빌론비Babylon Bee라는 사이트는 'CNN이 발행 전에 뉴스를 넣고 돌리려고 역대급으로 커다란 세탁기를 구매했다'라는 제목의 글을 올렸다. 스놉스의 공동 창업자이자 소유주인 데이비드 미켈슨David Mikkelson은 절차에 따라 사실관계를 확인했다. 그는 여기에 거짓 라벨을 붙였다. 페이스북은 바빌론비에 이 글은 '이의가 제기된 정보'이므로 뉴스피드에서 순위가 내려갈 것이고 그러면 더 이상 페이스북 광고가 붙지 않을 거라고 경고했다.[45]

바빌론비는 다음과 같이 짧게 대답했다. 물론 그 이야기는 거짓이다. 우리는 풍자를 한 것이다. "우리는 풍자 사이트다"는 거짓을 퍼뜨리고자 하지만 아직 팩크체크에 걸린 적이 없는 사이트들이 참고할 수 있는 응답이 되어버렸다. 몇몇은 자기네 사이트에 일부는 뉴스이고 일부는 풍자라는 설명을 넣었다. 그렇다면 어떤 이야기가 뉴스이고 어떤 이야기가 풍자인가? 그건 누가 묻느냐에 따라 달랐다. (스놉스의 미켈슨이 바빌론비의 글에 붙였던 라벨은 2018년 9월 이후 '거짓'에서 '풍자'로 바뀌었다.[46] 스놉스는 언제 이렇게 되었는지 묻는 질문에 답하지 않았다.)

절대로 줄어들지 않는 가짜 뉴스 탓에 빈코브스키는 좌절했지만, 이전에 페이스북의 엄청난 도달을 이용해서 사람들을 자기들 사이트로 유입시켜서 수익을 냈던 이들에게는 팩트체크가 영향을 미쳤다. 2018년 8월에 뉴스 사이트 포인터Poynter는 가짜 뉴스 생태계에서 활동하는 여러 사람이 자기네 사업 모델이 망가졌다고 심하게 불평하는 것을 알게 되었다. 스놉스가 팩트체크를 연동하여 트래픽 증가를 가져가고 있기 때문이라고 했다.[47] "미켈슨이 풍자 사이트들에서 돈을 뜯어내서 성과를 올리고 있으니 고소를 당해야 마땅합니다." 메인주에 살면서 (스스로 설명하기로는) 풍자와 패러디 사이트를 운영하고 있는 중년 남성 크리스토퍼 블레어Christopher Blair의 말이다. 그의 사이트는 스놉스의 팩트체크에 여러 번 걸렸다. 2017년 5월 팩트체크 사이트 폴리티팩트PolitiFact와의 인터뷰에서 블레어는 자신이 운영하는 사이트 '최후의 보루Last Line Of Defense'의 유일한 목적은, 스스로 설명한 대로, "우익 미치광이들 사이에서 심각해져가는 극심한 편견과 혐오와 그에 따르는 맹신을 폭로하려는 것"이라고 주장했다.[48]

하지만 스놉스의 팩트체크가 블레어의 사이트(예시: "폭스 뉴스의 스타 방송인 터커 칼슨Tucker Carlson이 귀갓길 차량 정면충돌로 위독하다(그리고 죽었다)", 풍자와 패러디는 구별하기 어려울 수도 있다)가 페이스북에서 사람들에게 도달하는 역량을 파괴하고 있었다.[49] 부정적인 팩트체크를 많이 당할수록, 페이스북은 그들 사이트로 연결되는 링크의 공유를 더욱더 어렵게 만들었고 2018년 중반에는 그런 시도로 "이 링크로 방문하려는 사이트가 악의적인 것으로 보입니다. 안전을 위해 이 사이트를 차단했습니다"라는 메시지를 생성했다.

가짜 뉴스 사이트들도, 많은 뉴스 사이트들이 자신들을 구원할지도 모른다고 생각했던 '동영상 중심' 형식을 자체적으로 시도했다. 그들은 '이미지 중심'으로 전환해서 충격적인 설명을 붙인 사진들을 만들었다. 그렇게 하면 머신러닝 시스템이 해독해서 찾아내기가 더 어려우리란 생각이 깔려 있었다. 하지만 그것들 또한 신고당하고 걸러질 수 있었다.

이야기와 이미지를 만들어내는 사람들, 특히 블레어는 그것이 가짜 뉴스가 아니고 풍자라고 주장했다. "가짜 뉴스는 선거판을 뒤흔들고 미국을 파괴하는 끔찍한 짓이죠." 블레어는 포인터에 이렇게 말했다.[50] "저는 그런 일에 가담하려는 게 아닙니다. 그냥 소설을 쓰는 거죠."

어쩌면 이렇게 말하는 자동차 운전자가 있을지 모르겠다. "저는 운전하는 동안 기후변화에 가담하려는 게 아닙니다. 거기에 반드시 가야 하니까요. 다른 사람들이 문제죠."

팩트체크 시스템이 2017년에 아홉 달 동안 작동한 데 이어 1년 내내 운영되고 나서 2018년 말에 버즈피드는 가장 크게 화제가 되었던 가짜 뉴스들을 다시 한번 살펴보았다.[51] 참여(좋아요, 공유, 댓글) 수준은 2017년보다 6퍼센트쯤 낮아졌다. 하지만 여전히 2016년보다는 높았다. 일부 가짜 뉴스 사이트들이 정리되고 있기는 했지만 가짜 뉴스 문제는 여전히 그대로였다.

빈코브스키는 가짜 뉴스를 분류하는 시스템의 설계상 불편함이 자신이 확실히 해내려는 일을 방해한다고 느꼈다. 페이스북은 진실되고 투명해져야 했다. "이 일을 활용해 자신들의 알고리즘을 최적화하는 것 같았지만 제가 물어볼 때마다 그들은 대답하지 않았습니다. 오히려 '어떤 글이 틀렸다는 걸 밝혀주시면 그 글은 도달이 80퍼센트쯤 줄어듭니다' 같은 상투적인 말만 늘어놓았습니다. 그래서 저는 말했죠. '알겠어요, 그걸 뒷받침하는 연구는 어디에 있죠? 보여주세요.' 그렇지만 그들은 절대 보여주지 않았어요." 점점 더 갈등이 심해졌고 "결국 그들이 저를 [다른 팩트체크 사이트들과의] 회의에 부르지 않는 지경까지 갔어요." 하지만 그녀는 여전히 투명성의 결여에 좌절했다. "이건 약한 무기 같은 거였어요. 그들은 '우리는 스놉스와 일합니다. 우리는 AP와 일합니다. 우리는 AFP와 일합니다'라고 말하기 위해 우리에게 바쁘지만 쓸데없는 일을 시켜놓은 것 같았어요. 정말이지 솔직히 딱 그런 느낌이었습니다."

빈코브스키는 페이스북과의 전화회의에서 적어도 1회 이상, 페이스북이 사용자 가운데 더 많은 사람들을 뽑아서 콘텐츠를 관리하게 한다면 더 잘 해낼 수 있을 거라고 제안했다. 어떤 사람들은 관리자 역할을 좋아하고, 정확성을 교차 점검하기 위해 크라우드소싱을 활용하면 뛰어난 관리자가 자연스럽게 나타날 것이다. "제가 IRC Internet Relay Chat[초창기 인터넷 토론방 중 하나]에서 활동했을 때 거기에도 관리자가 있었어요. 우린 재미 삼아 그 일을 했죠. 그렇게 커뮤니티가 자율적으로 관리되었어요. 저는 페이스북에 계속해서 이 이야기를 했어요. '여러분, 나이 든 사람 이야기 좀 들어보세요. 마흔 살 먹은 사람이 하는 말에 귀 기울여주세요. 제가 거기서 온종일 살면서 관리자를 했던 X세대라고요.'" (나중에 2020년 학술 연구를 통해 그녀의 발언이 정당했음이 입증되었다. 연구에서 밝혀진 바에 따르면, 팩트체크 담당자들은 홍수가 난 곳에서 수건 한 장을 들고 서 있는 셈이었다. 페이스북이 공식 계약을 맺은 팩트체크 회사 여섯 곳은 상근 인원 스물여섯 명을 고용했다. 이들은 한 달 평균 약 200개, 또는 근무일 기준 하루 평균 열 개의 콘텐츠를 검토할 수 있었다. 이 연구는 정치적으로 균형 잡힌 시각을 가진 페이스북 사용자 집단 하나가 그만큼의 일을 해낼 수 있었을 거라고 지적했다. 심지어 더 빠르게.)[52]

페이스북은 빈코브스키의 제안을 받아들이지 않았다. 그 대신에 이런 팩트체크 방식이 관계자들 모두에게 좋다고 계속 주장했다. 스놉스와 AP

가 2019년 2월에 계약을 철회하면서 재원에 대해 항의했을 때조차도 그랬다. 대놓고 말하진 않았지만 페이스북이 충분한 비용을 지불하지 않는 다는 불평이 있었던 것 같았다.[53] 스놉스의 부사장 비니 그린Vinny Green은 그 프로세스가 여전히 수동으로 이루어졌고 시간이 많이 들었다고 포인 터에 말했다. 그는 페이스북이 사실상 팩트체크 담당자들의 시간을 허비 하고 있었고, 가짜 뉴스 사이트들은 다른 방법으로 간단하게 신고되었어 야 했으며, 그랬으면 그들을 페이스북 사이트에서 퇴출할 수 있었을 거라 고 시사했다.[54] 그린은 포인터에 이렇게 말했다. "어느 시점에서 우리는 단호하게 반대를 표하며 '아뇨, 당신들은 API—콘텐츠를 검토하기 위한 더 나은 도구를 구축하는 데에 사용될 수 있는 데이터 피드—를 구축해야 합니다'라고 말해야 했죠." 그러면 모든 팩트체크 사이트가 그것을 사용 할 수 있게 되어 모두에게 이로웠을 거라고 그린은 말했다.

페이스북과 결별하는 대가는 만만치 않았다. 2018년 스놉스의 연간 매 출 122만 달러 가운데 3분의 1이 페이스북이 지불하는 팩트체크 비용에 서 나왔다.[55] 그 돈이 없었다면, 그리고 '주주의 자금 투입shareholder infusion' 50만 달러가 없었다면, 이 사이트는 도산하거나 직원들을 대폭 해고했을 것이다. (2019년에 매출은 128만 달러로 늘어났다. 그중 116만 달러가 크라우드 펀딩과 독자들의 기부금이었다.)

이들이 페이스북과 결별하기로 한 결정은 이 소셜네트워크가 책임을 떠맡지 않으려 했다는 문제점을 분명히 드러냈다. 머신러닝이 잠재적인 나쁜 콘텐츠를 특정할 수 있었는데도 사람들이 모든 기사에 대해 최종 결 정을 내려야 했다. 페이스북이 기꺼이 자사 시스템을 기반으로 사람들에 게 일거리를 주면서도, 같은 시스템으로 콘텐츠를 차단하려 하지 않았던 건 이상한 일이었다. 매일 수백만 개의 가짜 계정 생성에 대응했던 것과는 정반대였다. 페이스북은 인간의 개입 없이도 머신러닝 시스템을 이용해 엄청나게 많은 가짜 계정을 찾아내서 차단할 수 있었다. 그건 우선순위의 문제였다. 페이스북의 자금원인 광고주들은 존재하는 사람에게 노출되지 않는다고 판단되는 광고에는 돈을 지불하지 않을 것이었다. 그래서 페이스북의 모든 계정이 실재하는 사람과 연결되어 있음을 입증하는 일은 재정적 이익과 직결되는 문제였다. 이와는 달리 진짜 사람이 완전히 허위 콘텐츠를 읽고 공유한다 해도 페이스북이나 광고주들에게는 눈곱만큼도 문제가 되지 않는다.

그렇지만 구글과 마찬가지로 페이스북이나 트위터에서 사람들이 무엇을 보게 될지를 담당하는 알고리듬은 당신에게 진실을 보여주는 데에 맞춰져 있지 않다. 알고리듬은 당신과 비슷한 사람들이 참여할 콘텐츠를 골라내려 애쓴다. (즐거워서든, 역겨워서든, 믿을 수 없어서든) 시간을 들여서 볼 콘텐츠, 그러고 나서 공유할 콘텐츠. "트위터를 열었는데 그다지 흥미로운 게 없을 때도 있습니다." 디레스타는 말한다. "하지만 트위터를 열었는데 열세 시간 전에 올린 트윗이 나올 때도 있죠. 그것이 거대한 늪, 거대한 전쟁터가 되었기 때문에 피드 상단에 노출되는 겁니다. 트위터의 개선된 노출 순위 설정 알고리듬에서는 그것이 이 플랫폼에서 가장 흥미로운 사건이기 때문이죠."

알고리듬의 역할은 중요하다고, 디레스타는 말한다. "당신이 인터넷 맘mom 그룹에서 주로 시간을 보낼 경우, 당신이 보고 있는 건 플랫폼의 알고리듬이 당신이 봐야 한다고 결정한 내용입니다. 그건 대개 참여가 높은 콘텐츠예요. 선정적인 것, 정서적인 반향이 있는 것들을 먼저 보게 되고 그러면 그 콘텐츠는 더 많은 참여를 얻습니다. 문제는, 우리가 '알고리듬이 우리에게 다른 것도 보여줘야 하는 것 아니야? 이 과정 어디쯤에서는 더 권위 있는 정보원을 강조해서 보여줘야 하지 않아?'라고 말할 방법을 아직 찾지 못했다는 겁니다. 그건 문제의 일부입니다. 사람들은 어느 그룹에 들어갈지 자유롭게 선택해요. 하지만 전에는 그런 것[알고리듬 의존]이 우세한 환경이라서 오히려 공신력 있는 정보가 자리 잡을 수 없는, 그런 시스템이 아니었습니다."

빈코브스키는 페이스북에서 팩트체크를 하면서 그런 일을 겪고 나서도 인터넷에서 팩트체크를 하려는 마음을 접지 못했다. 2018년 7월 분쟁 끝에 스놉스를 그만둔 뒤에—미켈슨이 앞뒤가 맞지 않는 여러 이유를 대면서, 구조 조정의 일환으로 그녀의 자리가 없어졌다고 통보한 게 마지막이었다고 그녀는 말한다—빈코브스키는 또 다른 오래된 팩트체크 사이트 '진실 혹은 허위Truth Or Fiction?'에 입사했다. 스놉스에서 일했던 다른 직원들과 함께였다. "저는 더 이상 페이스북을 할 수 없었어요. 몹시 우울했거든요." 그녀는 말했다. "그저 성난 우익들이 서로에게 고함을 치면서 이런저런 끔찍한 거짓 이야기들을 자기들끼리 공유하고 그러다가 언론을 욕하는 게 전부였죠."

그녀는 페이스북이 팩트체크 프로그램을 외주로 진행하는 건 헐값에 책임을 회피하는 수단이라고 여전히 생각한다. "그게 더 싸게 먹혀요. 내부 직원에게 돈을 줄 필요도 없고, 평판이 떨어지는 일은 외부 회사에 맡기는 편이 더 쉽죠. 그리고 통제하기도 쉬워요. 잘 통제되지 않으면 해고하거나 계약을 해지하면 되니까요. 처음에 그들은 팩트체크 사이트 모두에게 연간 10만 달러를 주겠다고 했어요. 회사 스무 곳을 쓰고 거기에 각각 10만 달러를 지불한다 해도 위기관리 PR 회사를 쓰는 것보다 저렴한 방법이죠. 관리자들과 기자들을 직원으로 두는 것보다, 그들에게 건강보험을 제공하는 것보다 비용이 덜 들어요. 그건 그냥 여론 때문이었어요. 제 생각에 그들이 그렇게 한 건, 자신들에 대한 비난을 멈추게 하려는 속셈이었죠."

대중이 가짜 뉴스 사이트를 진짜일 수도 있다고 받아들이게 된 건, 어느 정도는 뉴스 사이트들 자체가 새로운 세상에 적응하려 노력했던 결과였다. 이 새로운 세상에서 소셜네트워크들은 조금이라도 더 많은 독자를 만나게 해주지도 않으면서 실제로는 뉴스 사이트들의 운명을 좌우했다. 언론사들은 페이스북의 변덕이나 수익률이 박한 구글의 애드센스AdSense에 휘둘리지 않아도 될 새로운 광고 수입원을 찾아 나섰다. 그들 앞에 나타난 것은 타불라Taboola, 레브콘텐트Revcontent, 아웃브레인Outbrain, 애드블레이드Adblade 같은 '콘텐츠 마케팅 네트워크CMN, content marketing networks'였다.

제휴는 수익성이 좋아 보였지만 장기적으로는 손해였다. 인터넷광고 기준으로 CMN은 후한 비용을 지불했고 명망 있는 언론사들과 거래 제휴를 맺었다. 그중에는 〈패스트컴퍼니〉 〈와이어드〉 같은 테크 사이트들과 오랜 전통의(그러나 어려움을 겪고 있는) 〈타임〉 같은 브랜드들도 있었다. 그 대신에 그들은 정통 뉴스 기사 아래쪽 공간에 '광고성 기사' 또는 '네이티브 광고' 같은 박스를 덕지덕지 붙였고 눈길을 끄는 사진과 낚시성 제목을 선명하게 새겼다. 이런 제목들이다. '뱃살을 빼는 신묘한 한 가지 비법', '톰 셀렉, 대담한 사생활 고백', '정말 재미있는 강간 농담을 하는 여성들을 만나다'. 어떨 땐 '뉴스' 위치에 유료 기사형 광고가 나왔다. 일부는 '등록'을 통해 이메일 주소를 수집하려는 수법이었고 그리하여 사람들은 스팸 메일 폭탄을 받게 되었다.

2016년 10월에 나온 비영리단체 '광고를 바꾸자ChangeAdvertising'의 분석을 보면 대형 뉴스 사이트 쉰 곳 가운데 마흔한 곳이 그런 '콘텐츠광고'를 이용하고 있었다.[56] 광고들 가운데 4분의 1이 '낚시성'('일주일 만에 시력을 2.0으로 바꾸는 신통방통한 비법 한 가지')으로 분류되었고 거의 모든 광고가 소유주를 알 수 없는 모호한 사이트에서 나왔다.

하지만 사람들이 돈을 벌고 있다면 누가 신경이나 쓰겠는가? 아웃브레인은 자신들이 일부 언론사들에는 매출의 30퍼센트를 올려주고 있으며 한 달에 2500억 클릭을 얻었다고 주장했다. 이는 제공되는 링크들 가운데 20분의 1, 배너광고의 업계 평균 클릭률 대비 쉰 배에 달하는 수치다. 다른 사이트들도 타불라가 하는 대로 두면 연간 100만 달러 이상의 수입을 기대할 수 있었다. 가장 좋은 점은? 각각의 웹페이지에 코드 몇 줄을 심어두면 페이지가 로딩될 때마다 CMN 서버에서 콘텐츠를 가져왔다. 이는 언론사들에게 남는 장사였다. 유일하게 어려운 점은 광고를 보여주도록 페이지 조회수 목표를 맞추는 일이었다. 따라서 사이트 곳곳에 광고를 배치했다.

하지만 이는 직접 측정할 수 있는 방식으로만 성공을 측정하고 정서나 평판의 중요성을 무시하는 전형적인 사례다. 고급 신문의 독자들은 CMN 광고들을 보고서도 외면했다.

영국 컨설팅 회사 리빌링 리얼리티Revealing Reality의 임원 데이먼 데이오노Damon De Ionno는 그 광고들은 자해가 남긴 상처라고 했다. "자신들이 발행한 내용의 출처에 책임지는 언론 브랜드라는 신념이 훼손되었습니다.”
종이신문은 신문 속 광고주의 평판에 크게 신경 썼다. 사기성 광고는 거
부되었다. 하지만 온라인으로 옮겨 오자 광고비가 너무 크면 거부할 수
없게 되었다.

　2016년 말에 언론사들은 이미 입장을 재고하기 시작했다. 〈뉴요커〉나
슬레이트 같은 대형 언론사 일부는 그런 광고를 그만두었다.[57] 언론사들
은 자신들이 입고 있는 피해를 인식하게 되었다. 2017년에 〈와이어드〉의
취재 결과 CMN이 애초에 가졌던 의도—작은 언론사가 각각의 사이트
에 있는 더 많은 독자에게 도달하도록 돕는다—가 다른 것으로 대체되었
음이 밝혀졌다.[58] 그 대신에 이들은 가짜 뉴스를 퍼뜨리는 데에 이용되었
다. 아니나 다를까 2016년에는 늘 나오던 내용(‘상상 초월 케이트 미들턴, 윌
리엄 왕세손은 운 좋은 남자’)이 클린턴과 미국 대선 선거운동에 관한 가짜
뉴스로 대체되었다(‘나는 힐러리 클린턴을 지지했다, 이 사실을 알기 전까지’).
“우리도 이게 정말 싫어요. 하지만 돈벌이를 외면할 수가 없습니다.” 누군
가가 디지데이에 이렇게 말했다.[59]

　하지만 손해도 있었다고 데이오노는 말했다. 미디어 콘텐츠가 시각적
으로 뒤죽박죽 섞여버렸다. 최고의 브랜드들 외에는 어디든 눈에 띄거나
신뢰를 얻기 힘들었다. 하지만 동시에 어떤 손쉬운 돈벌이라도 권위를 가
장할 수 있었다. “뉴스 사이트에 어떤 형태로든 존재하는 로고 덕분에 혹
자는 ‘이건 사실이네’라고 받아들입니다. 그들에게는 그 내용이 BBC만큼
괜찮게 느껴질 수도 있죠. 소셜미디어에서는 완전히 참여하지 않고 돌아
다니다가 조금씩 훑어보는 정도로만 보기가 쉬우니까요.” 그는 뉴스가 파
편화되고 내부에서만 반향을 일으키기 전의 이상적인 세상과 현재를 비

교했다. "준비된 꾸러미가 있었죠. 이 이야기와 저 이야기가 함께 있어야 유용하고 균형 잡혔다고 생각하는 사람이 있었고요. 그건 일종의 품질 관리였어요. 지금은 그런 권한을 대중의 손에 넘겼고 사람들의 게으름이 그걸 걷어차 버렸죠. 스스로 음식을 만들기보다는 나가서 패스트푸드를 사오는 게 쉬운 것처럼요."

지난 몇 년간의 경험 이후에 사람들이 뉴스 식단을 개선할지도 모른다는 기대는 2020년 10월의 한 연구 결과로 무너졌다. 이 연구에 따르면 미국 대선 선거운동 기간 동안 페이스북에서 '기만적인' 뉴스 사이트들에 참여하는 경우가 2016년 같은 기간보다 두 배로 늘었다.[60] 일부 특정 사이트에서는 세 배였다. 집중 현상이 눈에 띄었다. 브라이트바트 뉴스Breitbart News, 블레이즈The Blaze, 데일리 와이어Daily Wire, DJHJ 미디어DJHJ Media, 페더럴리스트The Federalist를 포함한 열 군데 사이트에서 일어난 상호 교류가 전체에서 거의 3분의 2를 차지했다. 거의 모두 우익 사이트로, 미국 정치 담론의 위협적인 태도에 들어맞았다. 이 연구자들은 "온라인광고 수입에 수수료를 부과하는 방식으로 자금을 마련해서, 저널리즘이 훼손되며 생겨난 공백을 새로운 공영방송(PBS[미국의 독립 공영방송, 영국의 BBC와 비슷하다])으로 채울 필요가 있다"라고 제안했다. 페이스북은 좋아요, 공유, 댓글이 사람들을 오도한다는 분석은 오해라고 대응하며 '대다수 사람들'이 페이스북에서 보는 것을 대표하지 못하기 때문이라고 했다. 하지만 으레 그랬듯이 그 또한 가식이었다(그러고 나서 페이스북은 주장을 뒷받침할 다른 데이터를 내놓지 않았다). 핵심은 대다수가 거기에서 무엇을 보는지가 아니다. 무엇이 영향력을 행사하고 서사를 꾸며내는가 하는 것이다. 그런 것들이 없으면 페이스북은 즉각 더 차분하고 불화가 줄어든

공간이 될 것이다. 하지만 그런 일을 이 회사가 바라지 않는다는 건 자명하다.

한편 트위터 계정은 기자의 필수 도구가 되었다. 트위터—접촉과 토론의 장—에서 이야깃거리를 찾는 일과, 전화와 이메일과 별다른 수확 없는 조사를 묵묵히 해나가는 일 사이에서 적절한 균형을 잡기 어려울 수 있다. 트위터는 유혹적으로 항상 그곳에 있으며, 강물에 불시착한 비행기까지는 아니더라도 언제나 속보성 이야기가 떠돌아다니는 것 같았다. 그러나 사실상 기자들이 고용주로부터 지급받은 농지를 벗어나 배회할 수 있게 한 트위터의 작동 기제 때문에, 기자와 발행인 양쪽 모두에게 새로운 골칫거리가 생겼다. 정치 담당이 아닌 기자가 개인의 정치 견해를 피력하면 그것은 언론사의 견해인가? 때로 트윗들은 법적으로 위험할 수도 있다. 〈가디언〉 재직 시절 나는 트라피구라Trafigura라는 회사를 언급한 위키리크스의 트윗을 한 번 리트윗한 적이 있었다. 그것이 〈가디언〉의 모든 직원에게 적용되는 법원 명령을 위반하는 행위인 줄은 몰랐다. 그런 명령의 존재 자체가 몇몇 임원을 제외한 모든 직원에게 비밀이었다. 〈가디언〉 직원 누군가가 트라피구라에 대한 기사를 쓴다면, 발행되기 전에 임원들이 개입할 수 있으리라는 게 법원의 판단이었다. 그들은 소셜미디어를 감안하지 못했다.

미국에서 트위터의 더 큰 위험은 기자가 자신의 트윗에 얼마나 개성을 투입할 수 있는지 또는 투입해야 하는지에 달려 있는 것 같다. 뉴욕대학교 저널리즘 교수 제이 로즌Jay Rosen이 명명한 '입장이 없는 관점the view from nowhere'—기사의 대상이 되는 사람이나 사건에 관해 평가를 내리지 않도록 최우선적인 노력을 기울이는 객관성의 한 형태—을 제공하기 위해 저널리즘은 오랫동안 애써왔다. 그리하여 "거지 소굴 같은 나라들^{shithole}countries"이란 대통령의 말을 논평할 때에도 "인종차별주의자"가 아니라 "인종적으로 반감을 살 만한"이라고 썼다. 기후변화는 정확도에 상관없이, 과학적 사실이라고 하지 않고 양측이 논쟁을 벌이고 있는 사안이라고 했다. 그저 공명정대한 수준이 아니다. 적당히 거리감을 갖는 형용사들을 조심조심 골라다 쓰는 듯한 방식이다. 트위터가 이것을 바꿔놓았다. 기자들은 인기 있는 것과 없는 것을 판단할 수 있게 되었다. 어뷰즈^{abuse}(조롱, 고함, 모욕, 스토킹, 따돌림 등을 통틀어 일컫는 말—편집자)도 흔해졌다. 2017년에 뉴스 사이트들은 과거에 썼던 '부적절한, 편파적인, 분별없는' 트윗들을 근거로 구직자들을 떨어뜨렸다.⁶¹ 해고 또한 가능해졌다.

2020년에 '입장이 없는 관점'은 언론사의 가시성을 높이기 위해 기자들이 트위터에 머물러야 한다고 주장하는 입장과 극적으로 충돌했다. 한 미국 신문은 2020년 봄 내내 어느 기자에게 '흑인의 생명도 소중하다' 시위를 보도하지 말라고 명령했다. 그 기자가 백인 컨트리송 가수 케니 체스니^{Kenny Chesney}의 콘서트 후유증을 약탈의 후유증에 비유하는 사진을 장난으로 트윗했기 때문이다.⁶² 우익 상원의원 톰 코튼^{Tom Cotton}이 〈뉴욕타임스〉에 쓴 논평—"미국 내 여러 도시"에 군대를 투입해서 "폭도들"을 진압해야 한다고 과장되게 요구했다—을 보고 우려한 몇몇 기자가 "이[기사]를 싣는 것은 〈뉴욕타임스〉의 흑인 직원들을 위험에 빠뜨리는 처사"라고 트위터에서 불만을 제기했다. 그중 한 명인 니콜 해나존스^{Nikole Hannah-Jones}는 "우리 신문이 이런 기사를 실었다는 게 몹시 부끄럽다"라고 트윗을 올렸다.

뉴스룸에서의 저항은 흔한 일이 아니지만 트위터 때문에 여기에 속도와 언론의 관심까지 붙었다. 며칠 뒤, 논란을 일으킨 논평이 나왔던 오피니언난 담당 편집장이 사임했다. 〈뉴욕타임스〉가 그 논평을 싣고 사임을 수락하기까지 그사이에 했던 모든 일이 옳았는지 틀렸는지를 놓고 신문업계 사람들이 많은 기사를 썼다. 그렇지만 기자들이 자신의 견해를 트위터에 올리는 것이 허용되어야 하는지 가부를 묻는 사람은 아무도 없었고, 그것은 미디어 지형의 일부가 되어버렸다. 글자를 입력할 수 있는 빈 공간이 주어지면 기자들은 대개 참기 어려운 유혹에 빠져든다. 트위터는 의견 대립을 점화할 불꽃을 제공했다.

현상을 유지하려는 노력은 수압을 견디면서 버티고 있는 제방과도 같았다. 또 다른 미국의 유력 전국지 〈워싱턴포스트〉는 2020년 4월 내부 검토를 통해 이해관계의 충돌을 해결하려 노력했고, 이제는 뉴스 기자들을 포함한 '전미 데스킹national desk' 팀을 운영하고 있다.[63]

이런 검토가 이루어지게 된 근본적인 원인은 그해 1월 펠리시아 손메즈Felicia Sonmez 기자의 정직 사건이었다. 스타 농구 선수 코비 브라이언트와 그의 딸이 헬리콥터 추락 사고로 사망하고 나서 몇 시간 뒤에 손메즈는 뉴스 웹사이트 데일리비스트The Daily Beast의 2016년 기사 링크를 트윗했다. 2003년에 브라이언트가 성폭행 혐의로 고소되었던 내용을 상세히 다룬 기사였다. 손메즈는 브라이언트에 대한 기사를 맡은 적이 없었고, 그에 관해 뭔가를 쓴 적도 없었고, 스포츠 담당도 아니었다. 이전에 성폭행을 경험했기 때문에 처음에 나온 부고 기사들에서 그 사건을 다루지 않는 점이 "거슬렸다"고 나중에 밝혔다.[64] 손메즈는 자신의 트윗이 동료들이 쓴 브라이언트 기사를 깎아내리지 않았다고 주장했다. 다만 "[성폭력] 생존자들에게 우리가 그들을 보고 있고 듣고 있으며 모른 척 외면하지 않는 다는 걸 보여주려 했다"라고 말했다.

트위터 사용자들은 그 트윗을 그런 식으로 보지 않았다. 수천 개의 계정으로부터 손메즈에게 욕설이 쏟아졌고 그중에는 그녀의 집 주소를 언급한 위협도 있었다. 하지만 그녀는 지지를 받는 대신, 상사에게서 '보도 영역'을 지키지 않아 동료들의 일을 망쳤다는 주의를 들었고 정직 처분을 받았다. 이것이 또 다른 항의를 불러일으켰고, 또한 그 신문사의 기자 노동조합이 낸 공동 서한 형식으로 트위터에 공개되었다. 손메즈는 복직했지만 신문사의 소셜미디어 정책은 너덜너덜해졌다.

〈워싱턴포스트〉는 내부 검토 과정에서 쉰 명 이상의 기자와 이야기를 나누었다. 그 결과, 트위터에 머무르는 것이 신문사의 디지털퍼스트digital-first 태도를 천명하는 일이자, 필수적인 기사 작성 도구이자, 신문사의 다른 기사들을 공유하는 방법이자, 그들이 내놓은 기사에 맥락을 더해주는 방법임을 기자들에게 확인시켜주었다. 물러선다는 건 손해를 감수한다는 의미였다. "저는 트위터에서 더 이상 적극적으로 활동하지 않기 때문에 TV 방송국에서 많이 부르지 않아요." 그 검토 과정에서 한 기자는 이렇게 말했다. 일부 기자들은 트위터를 더 나은 미래를 향한 탈출구로 여겼다. "[신문사] 정상에는 이미 사람들이 몰려 있죠. 눈에 띄기를 바란다면 아마 다른 곳—소셜미디어 같은 곳—에서 눈에 띄는 편이 더 나을 겁니다"라고 어느 기자는 말했다.

다른 기자는 핵심을 짚었다. "소셜미디어에는 근본적인 모순이 있는 것 같아요. 우리는 많은 팔로워를 확보하기를 요구받으면서도 개인적인 의견을 내세워서는 안 됩니다. 많은 팔로워를 확보하는 방법이 치마를 살짝 들어 올리는 건데도요."

또 다른 기자는 이렇게 말했다. "제가 운전을 죽을 것같이 두려워한다면 운전을 안 하기로 선택할 수 있죠. 버스를 탈 수도 있고요. 그런데 트위터에서 벗어난다는 선택권은 없는 것 같아요."

또 다른 기자는, 이제 실시간으로 공개적으로 눈에 띄어야 하는 뉴스의 특성은 "옛날 좋았던 시절에 비해 기사 작성 과정이 근본적으로 엉망진창이 되었다"라는 뜻이라고 했다. 해결책? 유일한 해결책은 존재하지 않는다. "그 사실을 인정하고 우리 독자들도 거기에 익숙해지게 해야죠"라고 그 기자는 말했다.

2019년 말에 소셜온난화가 페이스북과 트위터의 왜곡된 렌즈를 통과하면서 어떻게 저널리즘에 악영향을 끼치는지 완벽한 예시가 될 만한 사건이 발생했다. 12월 8일 일요일, 그날은 영국의 2019년 총선 투표일을 나흘 남겨놓은 날이었다. 따분한 뉴스가 이어지다가 반짝 불이 켜졌다. 폐렴 증상이 의심되는 네 살배기 소년이 리즈 종합병원 응급실 바닥에 누워 있어야 했다는 사진이 소셜미디어에 퍼져 나가기 시작했다. 소년이 바닥에 누워 있었던 건 빈 침상이 없었기 때문이었다. 의자는 편안하지 않았기 때문에 외투 위에 누워 있어야 했다. 산소마스크에 연결된 투명한 줄이 소년 옆에 늘어뜨려져 있는 모습을 찍은 사진에는 〈요크셔 이브닝 포스트Yorkshire Evening Post〉의 기사가 붙어 있었다. 그 병원의 임원이 사과하는 내용이었다.[65] 아이의 어머니는 직원이 "할 수 있는 최대한의 도움을 다 주었"지만 국민보건서비스NHS는 위기에 처했다고, 자신의 아이가 응급실에서 법에 규정된 것보다 두 배나 더 오래, 도착 후 열세 시간 이상을 기다려서야 병실의 침상을 구할 수 있었다는 사실이 그 증거라고 말했다.

월요일 아침에 이 이야기와 사진이 좌익 성향 전국 일간지 〈데일리 미러Daily Mirror〉 지면에 실렸다. 그러나 그것—사진, 여러 차례 이루어진 병원 책임자의 사과—이 분명한 사실이었는데도 이 기사는 빠르게 논란이 되었다. 논란이 된 것은 병원 때문도 정부 당국 때문도 정치계 때문도 아니었다. 기사를 부정하는 내용이 페이스북과 트위터에 같은 형태로 올라오기 시작했다. 원문은 이랬다. "대단히 흥미롭네요. 제 친한 친구가 리즈 병원 선임 수간호사예요. 언론에 나온 바닥에 누워 있던 소년은 실은 그 애 엄마가 거기 눕혀서 자기 휴대폰으로 사진을 찍어 매스컴에 올린 겁니다. 그러고 나서 그 애는 자기 침상으로 다시 올라갔죠." 예상대로 이 게시물의 페이스북 버전은 이 사진을 '가짜 뉴스'라고 했다. 게시물의 다른 버전들은 산소마스크 줄의 기능에 이의를 제기하면서 폐렴 증상이 있는 환자가 그런 줄을 쓰는 게 맞느냐고 했다.

이 게시물은 페이스북에서 바이럴되었다. 특히 보수당과 브렉시트 지지자 사이에서 널리 퍼졌는데, 그들이 듣고 싶어 했던 모든 것에 들어맞았기 때문이다. NHS가 위기에 처했다는 이야기는 과장되었다, 좌익 성향 언론이 지어낸 이야기다, NHS가 위기라고 이야기하는 엄마들은 언론과 관계가 긴밀한 거짓말쟁이다. 하지만 그 '폭로'가 거짓이었다. "리즈 병원"(그 병원은 '리즈 종합병원'이었고 의료계 종사자들은 그런 이름에 까다로운 편이다)이란 건 없었고 그 병원에는 "선임 수간호사"란 직책도 없었다. 하지만 사람들은 귀찮게 확인하려 하지 않았다. 보수당 후보 다섯 명이 그 '폭로'를 페이스북과 트위터에서 퍼뜨리면서 그 사진이 날조되었다고 했다. "제 친한 친구가…" 게시물을 처음 올린 페이스북 계정의 주인은 〈가디언〉에 자기 계정이 해킹당했다고 말했다. "저는 간호사가 아니고 리즈 병원에는 아는 사람이라고는 아무도 없습니다"라고 그녀는 강경하게 주장했다.[66] 그 게시물 때문에 살해 협박을 받았다고도 했다.

하지만 그 소년이 겪은 곤경, 그 병원의 열악한 상황 탓에 NHS는 중요한 뉴스 안건이 되었다. 월요일 늦은 오후에 보건부 장관이자 보수당 후보인 맷 행콕Matt Hancock이 그 병원을 방문했다. 그저 PR 활동이었을 뿐, 겨울이 악영향을 미치기 시작하던 시점에 직원을 늘리거나 기금을 마련하는 실질적인 효과라고는 전혀 없었다. 하지만 행콕이 일행과 함께 어둠이 밀려오던 그 병원을 떠나서 주차해둔 차를 향해 걸어가고 있었을 때, 무슨 일이 벌어졌다.

군사 전략가들은 일단 교전이 시작되면 무슨 일이 일어날지 잘 알기 어려운 상황을 두고 '전장의 안개'라는 표현을 쓴다. 그날 저녁, 그 안개는 흩뿌려져 있는 극렬한 분노와 구별하기가 어려웠다.

오후 4시 30분쯤 대중적 인지도가 높은 정치 기자들이 갑자기 극적인 이야기를 트위터에 올렸다. 노동당 '플래시 몹'이 서둘러 그 병원으로 모여들었고 "도착해서는 난폭하게 굴었다. 그들 중 한 명이 행콕의 보좌관을 후려쳤다"라고 BBC 정치부 기자 로라 쿤스버그Laura Kuenssberg가 트윗을 올렸다. ITV 정치부 기자 로버트 페스톤Robert Peston은 그 보좌관이 "시위대 중 한 명에게 얼굴을 가격당했다"라고 트윗을 올렸다. 일간지 〈선Sun〉의 정치 담당 기자 톰 뉴턴 던Tom Newton Dunn은 한술 더 떴다. "오늘은 과격해지는 뉴스. 맷 행콕의 특별 보좌관이 리즈 병원 밖에서 노동당 지지 활동가들의 플래시 몹에 폭행을 당했다고 한다"라고 올렸다.[67]

갑자기, 선거운동이 발화점을 넘어선 듯했다. 양측은 실제로 물리적으로 충돌했고 노동당이 배후로 지목되었다. 토리당이 취하고 싶어 하는 노선에 딱 들어맞는 이야기였다. 노동당이 이 나라에 위험을 끼쳤다. 그뿐만이 아니었다. 그 플래시 몹 무리를 병원에 태워다준 택시의 요금을 노동당이 댔다는 소문이 퍼졌다.

세 기자 모두 정보원 두 명(기자들이 사실 여부를 확인하는 일반적인 기준)에게서 폭행 소식을 들었다고 말했다. 그들의 트윗과 긴밀하게 연결된 그룹은 그 말에 놀랐다. 사건 현장에 있었던 별개의 두 사람을 찾아내기가 어렵기 때문이었다. 실제로, 그 사건이 빠르게 드러났을 때 정보원 둘은 모두 토리당이었는데 아무도 이름을 밝히지 않았다.

당연하게도 사건 동영상이 약 한 시간 후에 나왔고 그 주장이 몹시 과장되었음이 밝혀졌다. 플래시 몹은 없었고 화가 난 활동가 한 명이 자전거를 타고 있었다. 그는 주차된 곳까지 장관을 쫓아가면서 비난을 쏟아냈고, 장관이 탄 차가 내빼는 동안에도 계속 팔을 앞뒤로 휘둘렀다. 그 활동가가 소리치며 돌아서는 순간 토리당 보좌관이 지나가면서 그의 팔에 닿았다. 의도치 않게 비스듬히 치게 된 바람에 둘 다 놀랐다.

그 동영상이 나오기까지는 시간이 걸렸고, 그사이에도 트윗들은 바이럴될 수 있다. 카타르의 하마드 빈 칼리파 대학교Hamad Bin Khalifa University 중동 연구와 디지털 인문학 전공 조교수 마크 오언 존스Marc Owen Jones가 그 트윗들의 확산을 분석했다. 뉴턴 던이 그 주장을 트윗한 첫 번째 사람이었고 그의 트윗은 1000번 이상 리트윗되었다. 이야기에 불이 붙는 건 순간이었지만, 2시간 30분쯤 뒤에 동영상이 나온 후 애초에 트윗을 올렸던 사람들이 취소했는데도 불구하고―그리고 원래 선동했던 트윗들은 대부분 삭제되었는데도 불구하고―진화되는 데에는 한참이나 걸렸다.

그 일에서 떨어져 있던 많은 기자들이 보기에, 정치 기자들이 형편없는 사기에 넘어간 듯했다. 토리당 정보원들이 그럴듯한 이야기를 투척하자, 기자들은 정확성을 확인해보지도 않고, 이를테면 현장에 있던 사람의 의견을 구한다든지 하지도 않고 숨 가쁘게 그것을 트윗에 올렸다. 사실이 중요했을까? 그 주장이 적절한지 조사해보지도 않고 트윗하는 게 BBC나 ITV에게 왜 그토록 중요했을까?

어떤 사람들은 이 사건이 허위 정보와 조작에 관한 근본적인 문제를 제기한다고 보았다. 그들은 탈퇴 찬성파가 페이스북 광고에 집중하도록 이끌었고 이제는 보수당 선거운동에 협조하고 있는 도미닉 커밍스Dominic Cummings가 여기에 책임이 있다고 비난했다. 〈선〉 기자였던 데이비드 옐런드David Yelland는 "도미닉 커밍스가 어제 언론을 갖고 놀았다. 맷 행콕과 관련한 가짜 뉴스 소동을 벌이고 그다음에는 BBC를 공격했다. 모두 병원 바닥에 누워 있던 아이에게서 관심을 돌리려는 수작이었다. 작전이 통해서 승리를 거두었다. 그렇지만 왜 현직 기자들이 이런 일을 용납하는 걸까?"라고 트윗을 올렸다.[69]

커밍스가 '정보원' 중 한 명인지는 알려지지 않았다. 하지만 설사 그가 정보원이었다 하더라도 페스톤, 쿤스버그, 뉴턴 던에게 트윗을 올리라고 강요할 수는 없었다. 무엇을 쓸지, 얼마나 빨리 쓸지 선택한 것은 전적으로 그 기자들의 몫이었다. 그들은 모두가 '뉴스'라고 생각했던 것—전달하고 싶은 일—을 알게 되자마자 즉시 널리 알려야겠다고 생각했다.

이것은 소셜온난화의 전체 흐름을 보여주는 완벽한 사례였다. 예전에는 페스톤도 쿤스버그도 뉴턴 던도 애초에 부정확한 메시지를 퍼뜨릴 수가 없었다. TV 방송국이나 신문사의 기자들은 자료 화면이 준비되거나 기사가 인쇄될 때까지(또는 좀 더 최근에는 컴퓨터에 접속하거나 인터넷판 최신 기사를 쓸 때까지) 기다려야만 했을 것이다. 그들이 누군가가 말해준 이야기의 정확성을 확인하고 덜 극적인 진실을 발견할 수 있을 정도로 지체할 시간이 있었다는 뜻이다. 뉴스 속보라도 아마 침착했을 것이다.

쿤스버그와 페스톤은 사과했고 자기들이 썼던 트윗을 지웠다. 뉴턴 던은 자신의 트윗을 남겨두었고 첫 트윗 후 1시간 30분 후에 스레드로 트윗을 추가했다. 그 사건은 "의도적으로 주먹을 날린 게 아니었고 팔이 잘못 나간 것이었다. 토리당도 이제 그것이 우연한 사고였을 수 있다고 이야기하고 있다. 하지만 그 보좌관은 당시에는 그렇지 않다고 생각했다. 이번 선거 기간 중 가장 험악했던 날."[70]

삭제와 정정은 트위터 저널리즘이 만들어낸 문제를 두드러지게 한다. 언론사라면 어디든, 기사를 쓰고 발행하는 일에는 보통 적어도 한 명 이상의 타인, 이를테면 편집자의 관리 감독이 요구된다. 발행 전에 기사를 없애거나 철회하는 일은 고통스러운 과정이며 기자라면 많은 굴욕을 맛보게 된다. 그렇지만 BBC의 소셜미디어 이용 규정이 아무리 엄격하다 해도 블로그나 자사 웹사이트에 올리는 기사만큼은 아니다. 그런 기사들은 발행 전에 다른 두 사람의 검토를 거쳐야 한다.

하지만 소셜네트워크와 스마트폰의 시대에는 세 기자 모두 자사 직원들의 일반적인 편집 범위를 벗어날 수 있었고, 자신들의 회사와 직접 경쟁 관계에 있는 회사가 소유한 소셜네트워크에서 '뉴스'라고 간주한 내용을 내보낼 수 있었다. 주목을 끌기 위해서, 그리고 ITV와 〈선〉의 사례처럼 광고 수입을 위해서.

대체 왜? 기자들이 으레 그렇듯이 그들도 신속한 보도에 매력을 느꼈기 때문이다. 뉴스 기자들은 '특종'의 노예로 살아간다. 그들은 특종을 빼앗길까 봐 두려워하고 가장 먼저 특종을 잡기를 열렬히 바란다. 마찬가지로 미래의 시청자를 늘 찾고 있는 조직들은 시청자가 있을 만한 곳으로 가야 할 의무감을 느낀다. TV 시청과 신문 구독 시간의 급락은 소셜네트워크에서 보내는 시간의 급증과 대조를 이루었다.

클레이 셔키가 2009년에 이란의 시위와 트위터를 보고 내놓았던 의견―속도를 얻으려면 정확성을 내려놓아야 한다―이 입증되는 동안, 그 수혜자는 오직 트위터와 페이스북뿐인 듯했다. 이 보도의 영향으로 분노가 조장되었다. 처음에는 최초의 보도 때문이었고 그다음에는 뒤따른 정정보도 때문이었다. 어느 쪽 입장을 취할지는 정치적 성향에 따라 달라졌지만 어느 편에도 도움이 되었다고 보기는 어려웠다. 이 사건과 관련된 그 무엇도 유권자들이 한 정당의 정책과 정치인들이 다른 쪽보다 바람직한지, 어떻게 그들이 통치할 것인지 깨닫게 해주지는 못했다. 하지만 그것은 사람들의 주의를 빼앗았고, 성난 트윗과 페이스북 게시물을 써서 장관을, 시위자를, 기자들을 공격하거나 또는 그들 가운데 몇몇을 싸잡아 한꺼번에 공격하도록 부추겼다. 조정하는 사람이나 시간을 재는 사람도 없는 상태에서 과열된 논쟁이 목적 없이 계속 이어지면서, 소셜네트워크에 돈을 벌어다주고 광고주들을 만족시켰다. 그 병원의 어린이 폐렴 환자 수용력 문제는 세 기자의 트윗에 대한 반응에 묻혀버렸다.

이런 일련의 사건은 거의 30년 전에 있었던 또 다른 영국 총선에 비견할 만하다. 1992년 3월에 제니퍼라는 다섯 살 소녀에 관한 TV 정당 정책 방송(사실상 정치광고)이 방영되었고 수백만 명이 이를 시청했다. 영상은 NHS에서 귀 수술을 기다리고 있는 소녀의 모습, 치료받지 못한 채 학교에 다녀야 하면서 점점 비참해지는 모습을 담았고, 같은 조건에 있던 익명의 다른 소녀가 민간 의료로 치료받는 모습을 빠르게 보여주었다.[71] (전달하려 한 메시지는 보수당이 NHS에 충분한 지원을 하지 못하고 있다는 것이었다. 언제나 잘 먹히는 주제다.)

이 방송이 나간 다음 날 아침, 우익 성향 신문 〈데일리 익스프레스Daily Express〉의 1면 기사 제목은 '탄로 나다: NHS의 구역질 나는 연기'였다. 제니퍼의 성을 포함한 본명을 밝히고, 그 소녀의 문제가 재원 부족이 아니라 실은 행정상 오류 때문이었다고 폭로하는 기사였다. 노동당은 정치적 이익을 얻고 대중을 오도하려고 아이의 불편을 이용했다는 비난을 받았다. 이에 대응하여 노동당은 그 우익 식문과 보수당(아이의 성을 유출한 주체로 밝혀졌다)이 이들 가족의 사생활을 침해했다고 비난했다.

며칠 동안 치열한 공방이 벌어졌다. 병원 관계자, 아이의 부모, 〈데일리 익스프레스〉 편집자, 보수당 중앙 본부가 모두 휘말렸다. 모든 일이, 거의 일주일이나 지속되었다.

그렇지만 결정적으로 모든 토론과 정보는 방송국과 신문사를 통해 나왔다. 모든 과열과 오보는 대체로 제어되었고 양측의 주장은 균형을 유지했다. 사람들이 그에 대해 의견을 표명하고 싶다면 편집자에게 편지를 쓸 수 있었다. 편지는 인쇄되어 나올 수도 있었다, 대부분은 그렇지 못했지만. 당시 투표 결과를 보면 유권자들은 정치인들의 행동에 현혹되지 않았다. 그 공방은 영국과 스페인 사이에 끝없이 이어졌던 카리브해 해상무역 패권전쟁인 젱킨스의 귀 전쟁에 빗대어 제니퍼의 귀 전쟁으로 알려졌다.

현대와 첨예하게 달랐던 점은 전쟁을 끝내는 방식이었다. 지시에 따르기. 토리당의 중도주의 정치인 마이클 헤슬타인Michael Heseltine이 양측에 이에 관한 논쟁을 그만두고 그 대신에 이번 선거의 다른 주제에 집중해달라고 요청하는 연설을 했다. 그리고 그들은 그렇게 했다.

그런 일이 지금도 일어날 수 있을까? 그때의 제니퍼는 지금은 잉글랜드 남동쪽 켄트주의 한 도시에서 교사로 일하고 있다. 그녀는 자신의 경험과 병원 바닥에 누워 있던 아픈 아이를 비교하는 데에 놀랐다. 뉴스의 전파 속도는 빨라졌지만 여전히 "아픈 아이를 공격 무기로 삼는 행동은 역시 충격적이네요"라고 제니퍼는 말했다. 그녀는 1992년에 무슨 일이 있었는지 잘 알지 못했다. 하지만 그때 그 경험의 결과는 그들 가족 모두에게 지대한 영향을 미쳤다. (제니퍼의 아버지는 노동당 지지자이고 어머니는 보수당 지지자였다.) "아마도 그 파급 효과는 제가 살아 있는 내내 지속되겠지요. 그래서 저는 정치적 견해를 공개하지 않습니다." 그녀는 말했다. "저는 앞으로 어떤 선거에서도 '이길' 마음이 없어요!" 최근 사례는 그냥 소셜미디어 숲이 불타는 거였을까? 그 가족이 피해 갈 수도 있었을? 나는 물었다. "진심으로 그러기를 바랍니다. 그 가족을 위해서 빨리 가라앉기를요." 그녀는 말했다. "의심할 여지 없이 언론은 변했습니다. 하지만 정치는 시대에 발맞춰 같은 정도로 바뀌지는 않은 것 같네요."

1992년에 '권위 있는' 언론의 세상에서 그 논쟁은 주로 정당과 기자 사이에서 이루어졌고 대중은 구경꾼이었다. 2019년에 대중은—정보에 기반하거나 유용하지 않다 하더라도—자기 견해를 내놓을 수 있었다. 대부분은 그야말로 쓸모가 없었다. 상대방이 무슨 말을 하든 설득되려 하지 않는 사람들 사이에서 결론 없는 논쟁을 벌이는 트위터와 페이스북의 소셜온난화 때문에 아픈 아이에 관한 허위 정보가 NHS 재정 지원이라는 주제를 밀어냈다는 뜻이었다. 비록 몇 달만 지나면 코로나19 팬데믹으로 그 주제가 중대한 사안임이 밝혀지긴 할 테지만.

더 나쁜 건, 소셜네트워크가 권위 있는 소식통에 대한 사람들의 신뢰를 갉아먹었다는 점이었다. 소셜네트워크 이전에 사람들은 언론이 진실을, 그리고 중요한 사안—둘 다 중요한 게이트키핑 기능이다—을 알려준다고 기대했다. 이제는 믿었던 언론들에 대한 신뢰도 휩쓸려 사라졌다. 2019년 12월 10일 화요일 아침에 〈요크셔 이브닝 포스트〉의 자매지 조간 〈요크셔 포스트〉 기자 제임스 미친슨James Mitchinson은 자신이 한 독자에게 대답한 내용을 트윗했다. 그 독자는 병원 바닥에 누워 있던 아이에 관한 거짓말에 너무 화가 나서 종이신문을 그만 사겠다고 썼다. 페이스북에서 그게 사실이 아니라는 걸 알았다고 했다.[72]

개를 산책시키는 동안 미친슨은 신중한 답변을 정성 들여 작성했다. 자기네 신문은 아이 어머니의 말을 그대로 싣지 않았고 그 대신에 병원에 요청해서 간부 직원 두 명으로부터 그 사건에 대한 확인을 받았다고 대답했다.

반면 '가짜 뉴스'를 주장하는 게시물을 올린 계정은 사라졌다고 지적했다. 하지만 자신과 자기네 신문은 그대로 남아 있다고 했다. 페이스북 게시물의 작성자에게 책임을 물을 방법이 없다고도 했다. "심지어 그 계정이 진짜 사람인지도 알 수 없습니다. 어째서 여러 해 동안 옳다고 믿으면서 봐왔던 신문을 저버리고 페이스북에서 본 주장을 믿는 건가요?" '좋은 친구'가 보냈다는 것 말고는 그 게시물의 출처가 아무것도 없는데, 좋은 친구란 인간처럼 보이지만 "현혹하려고 아주 세심하게 그리고 냉소적으로 만들어진" 것이다. 미친슨은 항의했던 여성이 여전히 그를 믿지 못할 거라는 점을 인정했다. 그는 그녀에게 다음과 같이 간청했다. "하지만 무슨 일이 있어도 소셜미디어에서 낯선 사람을 믿지 마세요. 그들은 밤이 오면 어둠 속으로 사라지니까요."

2019년 총선 이틀 후에 〈요크셔 포스트〉 1면은 사람들이 더 이상 언론을 믿을 수 없게 되었다는 데에 낙담한 미친슨의 논평으로 채워졌다.

"이 신문의 티핑포인트는 충성스럽고 열성적인 평생 독자들이 편집장에게 연락해서 자신들이 더 이상은 〈요크셔 포스트〉를 사지도 읽지도 않을 거라고 알리기 시작했을 때 찾아왔다. '우리가 거짓말을 하고 있다는 사실을 알려준 페이스북 게시물을 보았기 때문'이라는 거였다." 그는 계속해서 글을 이어갔다. "저널리즘은 힘들여 사실 여부를 확인하고 꼼꼼하게 출처를 밝히는데도, 최면을 걸 듯 유혹적이지만 음모론 신봉자들이 퍼뜨리는 속임수에 불과한 디지털 질병digital disease(디지털 기술을 이용해 사회에 해를 끼치는 행위로, 바이러스, 스파이웨어, 스팸, 사이버폭력, 섹스팅 등을 포함한다—옮긴이) 때문에 신뢰를 잃었다." 이런 속임수는 돈 문제만이 아니며 "진실을 거짓과 자신 있게 구별해내는 능력을 교묘하게 약화시킨다."

이 신문의 (짐작건대 오랜) 독자들에게 페이스북에서 읽은 내용을 믿지 말라거나 싸잡아 버려버리라고 호소한다기보다는, "이번 선거운동의 내용과 행위"에 대한 조사를 시작하라고 선거관리위원회에 촉구하는 것 같았다. "이 나라 국민이 누구에게 정권을 맡길지 결정하기 위해서 오보의 대혼란을 헤쳐 나가야만 하는 사태가 다시는 일어나선 안 되기" 때문이었다.

선거는 그대로 지나갔다. 선거관리위원회는 선거운동의 내용과 행위에 관련하여 어떤 계획도 발표하지 않았다.

"언론이 진실과 맺는 관계, 저널리즘과 진실이라는 면에서 모든 게 점점 나빠지고 있다고 생각해요."《검은 마녀》논란과 관련하여 브루클린에서 활동하는 제시 싱걸 기자를 만났을 때 그는 이렇게 말했다. "이런 종류의 거짓 바이럴 문제가 있고, 그 과정에서 그것들이 팩트체크나 품질 관리 없이 끝없이 전달됩니다. 소셜미디어에서 불특정 다수가 분명 루머를 퍼뜨리겠지요. 하지만 언론 조직에서 나타나기 시작하는 균열을 지켜보자니 아주 맥이 빠집니다."

또한 트위터는 기자들이 각자의 전문 분야를 다루는 역량을 손상시킬 수 있다. 어떤 기자가 어떤 주제에 대해 '편향된' 트윗을 올리면(이때 편향은 해석에 따라 크게 달라질 수 있다) 인터뷰 대상자가 그들과 엮이는 것을 거절할 구실로 삼을 수 있다.

"트위터에 대해 너무 많이 불평하면 사람들은 아주 회의적인 반응을 보입니다. 트위터를 하는 사람들이 [절대적으로] 많지는 않기 때문이죠." 싱걸의 말이다. "하지만 중요한 사람들이 트위터에 몰려 있어요. 그리고 트위터는 그 사람들이 매일매일 하는 일을 해로운 방식으로 처리하도록 왜곡합니다."

그는 이렇게 설명했다. "당신이 뉴스룸에 있는 미국 기자라고 합시다. 매일 아침 눈을 뜨면 트위터에 접속합니다. 그리고 나서 일하는 내내 트위터에 접속해 있죠. 그러면 논란이 생길 때마다 친구들이나 동료들, 당신과 성향이 비슷한 사람들이 그 논란에 어떻게 반응하고 있는지 즉각 알겠죠. 무슨 일에 관해서든 자기 의견이랄 것을 생각할 겨를이 없습니다. 우린 사회적 동물이니까요."

싱걸은 자신이 목격했던 사례로 성추행 관련 기사(자세한 내용을 밝히지는 않았다)를 들었다. "언론사에 있는 많은 사람들, 제가 아는 사람들이 허점투성이라고 생각했던 가짜 미투^{MeToo} 기사가 있었습니다. 하지만 아무도 온라인에서는 그렇게 얘기하지 않았죠. 반여성주의자나 성추행 옹호자 취급을 당하면서 강력한 비판에 직면할 수 있었으니까요. 하지만 많은 강성 급진 페미니스트들은 그것이 나쁜 언론의 행태라고 생각했습니다. 언론 종사자들은 대부분 소셜미디어를 무서워했어요. 바람이 어느 방향으로 불고 있는지 알 수 있었으니까요."

언론은 '완전히 순수한 산업'인 적이 없었다고 싱걸은 말했다. "물론 진실을 얻기 위해 노력하는 것이 언론이라는 의식이 잠시나마 있었지만 그런 규범은 조금씩 사라져가고 있는 것 같습니다. 지켜보려니 암울해요. 언론의 재정 구조가 무너진 탓도 있지만 솔직히 말하면 소셜미디어 탓입니다."

소셜미디어 조회수를 좇는 것이 BBC를 위한 일이 아닐 수도 있다는 자각이 영국 공영방송에서 서서히 나타나고 있었다. 2020년 봄, 전직 임원 리처드 샘브룩$^{Richard Sambrook}$은 직원들과 진행자들이 소셜미디어를 어떻게 이용하고 있는지 살펴서 BBC의 현재 가이드라인과 비교해달라는 요청을 받았다.[73] 이 가이드라인에 따르면 사람들은 "소셜미디어에서 공평무사한 태도를 유지하도록 특별한 주의를 기울여야" 했고 직원들은 "소셜미디어에서 저지른 행동 때문에 BBC를 불명예에 빠뜨리는 일을 피해야" 했다. 공평무사—논쟁에서 어느 쪽도 편들지 않고, 반대편 목소리도 마땅히 들어볼 만한 타당한 권리가 있는 대상으로 다룬다—는 종종 편파적인 언론들에 둘러싸여 있는 BBC 기자들이 정말 소중하게 지키는 덕목이다. 특히 BBC의 소셜미디어 가이드라인은 "각각의 개별적인 기사 내용은 각각의 장점에 따라 판단되어야" 한다고 밝히며 "짧은 제목, 트윗, 공유될 만한 내용을 작성하라는 압박이 공평무사를 무너뜨릴 위험을 인식하고 있어야" 한다고 경고했다.

하지만 이것은 단순히 트위터가 일부 기자에게 너무 매력적인 탓일까? 2020년 7월 영국 상원 청문회에서 BBC 편집 정책 표준 국장 데이비드 조던David Jordan은 "최근에 소셜미디어—특히 트위터—는 더욱 적대적이고 더욱 논쟁적이고 더욱 호전적이고 더욱 양극화하고 때로는 유독한 존재가 되는 방식으로 발전해왔습니다"라고 인정했다. "트위터는 사람들을 끌어들일 수 있습니다. 그것의 즉시성이 매력적일 수 있어요. 생생한 역동성이 어떤 사람들에게는 유혹적일 수 있죠."[74]

재니스 크럼스가 허드슨강에서 비행기 사진을 찍은 순간부터 먼 길을 왔다. 그러나 똑같은 본능—'이건 정말 뉴스감인데'—이 사람들을 움직이게 만든다. 관심 가는 일, 전달하고 싶은 일. 설사 그게 모두를 좀 더 혼란에 빠뜨린다 해도.

8장

위험에 빠진 민주주의

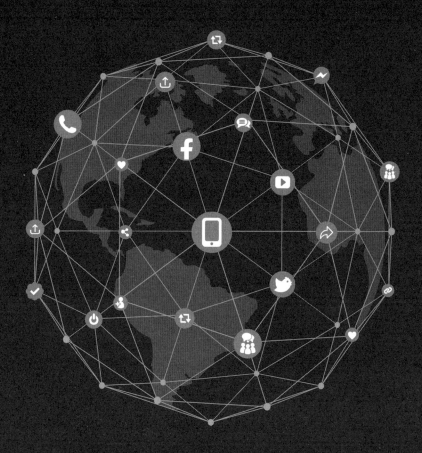

소셜미디어가
선거를 망치는 이유

Social Warming

The Dangerous and Polarising Effects of Social Media

어떤 견해를 표현하지 않고 침묵함으로써 비롯되는 특별한 해악은 이렇다. (중략) 그 견해가 옳다면, 오류를 진실로 바꿀 기회가 박탈된다. 그 견해가 틀렸다면, 오류와 충돌하면서 생겨나는 진실에 대한 더욱 분명한 인식과 생생한 표현이라는 커다란 이점을 잃게 된다.

—존 스튜어트 밀,《자유론》중에서

소셜온난화가 진실, 정치인, 언론을 대하는 우리의 태도에 미치는 영향은 모두 중요하지만, 분노가 퍼져 나가도록 설정되어 있고 주목에 굶주린 알고리듬의 영향 아래 놓인 민주주의에 어떤 일이 일어날 수 있는지만큼 중요하지는 않다. 민주주의는 부서지기 쉽다. 권한에 집착하는 소수의 사람들이 국가의 조종간을 쥐고 있다면 민주주의 제도나 법치는 붕괴할 수 있다.

지금까지 살펴본 내용만 놓고 보면 스마트폰과 소셜네트워크의 보급률이 낮을수록 법치가 안정될 거라고 느낄지도 모른다. 하지만 미얀마의 사례나 스마트폰이 보급되기 전 르완다와 보스니아의 경험에서 알 수 있듯이 반드시 그렇지만은 않다. 수십 년 수백 년 동안 긴장감이 쌓여 있다가 배출구를 찾는 것일 수도 있다. 그리고 마치 화산이 분출할 때처럼 그 결과가 주변 사람들에게 처참한 재앙이 될 수도 있다.

아랍의 봄이 독재정권 타도로 이어졌을 때, 소셜미디어는 사람들이 비슷한 생각을 가진 불평분자들을 찾아내고 조직하는 과정에서 도움이 되는 중요한 기본 시스템이었다. 아낌없는 찬사가 쏟아졌고 소셜네트워크는 웅얼웅얼거리면서도 돋보이려 들었다. "트위터나 다른 비슷한 서비스는 일종의 조연이라고 생각하고 싶군요." 당시 트위터 CEO였던 비즈 스톤은 2011년 2월에 이렇게 말했다. "우리는 그곳에 있으면서 그 사람들이 원활하게 일을 진행하고 속도를 높일 수 있게 해주었습니다."[1] 저커버그도 비슷한 이야기를 했다. 2010년에 그 회사가 사용자 5억 명이라는 기념비적인 수치를 달성했을 때, 그는 이렇게 말했다. "이 시스템에서 민주주의가 발휘하는 힘이 뭐냐 하면, 모두에게 목소리를 부여하고 사람들에게 권한을 부여할 때, 이 시스템이 결국 정말로 좋은 곳에 도달하게 만들어준다는 겁니다. 따라서 우리의 역할은 사람들에게 그런 권한을 부여하는 일입니다."[2]

하지만 소셜미디어가 널리 사용되지 않는다면, 사람들이 그런 목소리를 갖지 못한다면, 민주주의에 어떻게 영향을 미칠 수 있을까? 아니면 반대로 생각해서, 소셜미디어가 널리 퍼져 있는데도 '사상의 자유 시장'에서의 자연스러운 균형이나 정치 논쟁의 밀고 당기기가 존 스튜어트 밀이 제안한 대로 진실과 정확성이 승리해서 유권자들이 진실을 이야기하는 사람을 선출하게 된다는 뜻이 아니라면? 세상을 더 개방적이고 연결되게 만드는 일이, 저커버그가 줄기차게 주장하듯이, 모두에게 전반적으로 이롭지 않다면?

포크 가수 우디 거스리Woody Guthrie의 기타에는 '이 기계는 파시스트를 살해한다'라는 라벨이 붙어 있었다. 하지만 궁극적으로 그런 무기는 소셜 미디어가 될 것이었다. 스탠퍼드대학교 커뮤니케이션학과 프레드 터너 Fred Turner 교수는 제2차 세계대전 후에 히틀러와 무솔리니가 어떻게 집권하게 되었는지(그리고 미국에서 어떻게 파시즘이 1938년에 잠깐이나마 양지에 모습을 드러냈는지) 가장 잘 설명해주는 이론이 매스미디어의 힘이라고 지적했다.[3] 거대한 규모의 청중에게 소수의 목소리 또는 단 하나의 목소리를 내보내는 능력은 일대다 형태의 파시즘을 위한 전제조건이었다. 그러므로 수많은 정보원들이 모두에게 따로따로 도달할 수 있다면 사람들의 생각을 한 군데로 몰아넣으려는 어떠한 시도도 무력화할 수 있으리라는 생각은 당연한 흐름이었다. 그렇지 않은가? 파시즘과 독재를 미연에 방지하는 데에 필요한 것은 매스미디어가 아니라 개인 미디어였다. 페이스북과 트위터가 내세운 약속은 "소셜미디어는 우리가 각자의 진짜 자아를 서로에게 내보이도록 만들어줄 것이다. '연결'하기, 그래서 평등주의를 구현하고, 심지어 암묵적으로 반독재를 실현할, 대동단결"이었다고 터너는 말했다.

그 말이 옳다는 몇 가지 증거가 있는 듯했다. 네바다대학교 정치학 조교수 스티븐 윌슨Steven Wilson은 인터넷이 독재정권에 미친 영향을 여러 해 동안 탐구 분석했다. 지난 20년 동안 인터넷의 영향을 돌아본 그는 말했다. "유토피아적인 관점이 곧바로 유토피아적인 결과에 이르지 않았다는 건 분명합니다. 하지만 소셜미디어와 인터넷이 많은 부분 예측된 결과를 가져왔다는 증거도 상당합니다." 2000년과 2016년 사이에 독재자들이 축출된 경우는 앞선 30년—이 기간 중에는 소련의 몰락도 포함되어 있다—보다 두 배나 많아졌다. 그리고 페이스북의 국제문제 및 커뮤니케이션 담당 부사장—실제로 페이스북 PR 최고 책임자—닉 클레그는 2020년 6월에 이렇게 말했다. "인터넷 이용이 많아지면서 많은 나라에서 양극화가 줄어들었습니다."⁴ (이는 그해 1월 발표된 브라운대학교 제시 샤피로ᴶᵉˢˢᵉ ˢʰᵃᵖⁱʳᵒ 의 연구⁵를 참고한 것 같다. 이 연구는 미국, 캐나다, 뉴질랜드, 영국, 독일, 스웨덴, 노르웨이, 스위스, 오스트레일리아, 이렇게 9개국을 살펴보았는데, 실제 결과에서 양극화의 감소는 오직 스웨덴과 독일에서만 통계적으로 유의미했다.)

클레그는 더 큰 다른 문제, 즉 민주주의가 표방하는 자유의 가장 선명한 표현 방식인 선거에 개입하고 영향을 미치기 위해 소셜미디어가 점점 더 많이 사용되고 있다는 점에 대해서는 이야기하지 않았다. 심지어 선거 결과를 바꾸기 위해 선거가 치러지는 나라 내부에서만 주로 사용할 필요가 없다는 점도 언급하지 않았다.

거듭 살펴보았듯이 선거는 늘 접근 가능한 스마트폰과 소셜네트워크의 조합이 빚어내는 영향력을 키울 수 있는 온상으로 완벽한 조건을 갖추고 있다. 가장 시끄럽고 가장 오래 외쳐대는 극단적인 주장들이 상대편 목소리를 묻어버릴 수도 있고, 토론을 이분법으로 갈라놓을 수도 있다. 모 아니면 도 사이에 어떤 절충안도 있을 수 없다. 지지자 아니면 적이다. 뒤섞인 증폭, (가짜 계정들로 중앙 통제하는) 봇들, 소셜네트워크에서의 자제력 상실—무엇을 말하든 불안하지 않다. 왜냐하면 되돌려받기라도 하겠는가?—게다가 스마트폰은 도처에 깔려 있다. 그리하여 문제의 전개 양상이 명백해지기 시작한다.

민주주의가 취약한 데다—민주주의와 언론 제도가 이미 위협당하고 있거나 타협해버렸다—정확한 정보에 접근하려면 비용이 너무 많이 들기 때문에, 유권자들의 교육 수준이 낮고 정보에 어두운 나라들은 더욱 걱정스러운 상황이다.

아프리카 북동쪽 에티오피아는 인구가 약 1억 1000만 명인 나라다. 전 세계에서 가장 가난한 나라로, 인터넷 서비스 구매력—1인당 평균 소득 대비 인터넷 사용 비용—이 전 세계에서 거의 최하위이며 따라서 인터넷 보급률도 마찬가지였다. 2010년에는 미얀마와 몇 안 되는 나라들만이 이보다 더 낮았다. 2010년 이후 아시아 국가들에서 인터넷을 사용할 수 있는 휴대폰이 급증하기 시작했을 때에도 에티오피아는 뒤처져 있었다. 그런데 미얀마와 마찬가지로 다수를 차지하는 오로모족과 다른 민족들 간 종족 갈등이 에티오피아 정치에 섞여들었다.

따라서 소셜미디어가 선거에 영향을 미치는 데 이용될 수 있다는 생각은 터무니없어 보였다. 인구의 5분의 1 정도인 2200만 명만이 인터넷에 접속했고 5퍼센트에 해당하는 620만 명이 소셜미디어—거의 대부분 페이스북—를 이용했다. (이젠 익숙해진 '많은 국민들이 페이스북이 곧 인터넷이라고 생각했다'는 말이 이곳에도 적용되었다.) 그처럼 비교적 소수의 사람들이 그렇게 인구가 많은 나라의 민주주의에, 그것도 에티오피아처럼 허약한 민주주의에 영향을 미칠 수 있었을까? 사람들이 오프라인의 정치적 행위를 조직하는 데에 얼마나 자주 소셜미디어를 이용하는지를 측정한 값에서도 에피오피아는 전 세계 꼴찌에 가까웠다.[6] 하지만 2016년에 군대와 경찰의 폭력을 폭로하는 동영상이 온라인에 퍼지면서 이전에 아랍의 봄 동안 보았던 것과 같은 분노가 불붙었다.7

그런데 상대적으로 소수의 사람들이 페이스북과 트위터에서 메시지를 퍼뜨린다면 훨씬 더 많은 사람들에게도 그게 중요할까?

"이런 면에서 완벽한 시험대 같은 거죠." 윌슨이 말했다. "여기에 이전에 독재국가였다가 최근에 민주국가로 바뀐 나라가 있습니다. 5퍼센트 정도가 소셜미디어를 하고 있죠. 그리고 우리는 소셜미디어와 인터넷이 그 나라의 정치에 미치는 주요한 영향을 실제로 알아낼 수 있습니다."

2018년에 야당이 조직을 꾸려서 민주정권으로의 이행을 감행할 수 있었던 게 결정적인 순간이었는데, 이는 그들이 온라인으로 조직화한 덕분이었다고 윌슨은 설명했다. 몇 년 전만 해도 에티오피아 정부는 이동통신 시스템을 통제해서 인터넷 사이트들, 특히 정권에 비판적인 블로그들을 차단하고 걸러냈다.

외부인들에게는 소셜미디어가 중요해 보이지 않았어도 에티오피아 정부는 중요하다는 듯이 행동했다. 2018년 1월 해외에 거주하는 활동가들에게 유출된 문서들을 통해 당시 에티오피아 정부가 돈을 내고 사람을 써서 소셜미디어에서 정권을 찬양하게 했다는 사실이 밝혀졌다.8 에티오피아 뉴스 발행 사이트 두 곳을 포함해 많은 사람들이 평균 연봉의 여섯 달치에 해당하는 금액(미화 300달러)을 받으면서 블로그와 페이스북에 정권을 지지하는 댓글과 게시물을 올렸다. 그 결과 저항이 일어나 당시 총리였던 하이을러마리암 더살런Hailemariam Desalegn이 사임했다. 그 뒤를 이어 2018년 4월에 취임한 아비 아머드Abiy Ahmed는 더살런 정권에서 디지털 감시를 담당한 사람이었다.

아비 총리는 분명 긍정적인 변화를 원하는 듯했다. 그는 정치사범 수백 명을 사면했고, 반대파 세력을 합법화했으며, 내각에 여성들을 임명했고, 수많은 부패 관료를 몰아냈다. 그는 1998년에 시작되어 18년째 교착 상태에 있던 북쪽 접경국 에리트레아와의 전쟁을 종식하려 노력했다. 그도 소년병으로 그 전쟁에 참전한 적이 있었다. 그는 에티오피아에서 소셜미디어를 적극적으로 활용하는 최초의 지도자가 되었고 인터넷 검열은 해제되었다.

아비의 진보적인 행보는 해외에 거주하는 많은 활동가들에게 칭송받았다. 그중에는 자와르 모하메드Jawar Mohammed라는 인물도 있었다. 그는 에티오피아 사람들이 많이 살고 있는 미네소타에서 망명 생활을 해왔다. 여러 해 동안 그는 자신의 페이스북 페이지와 개인 미디어—에티오피아 남부에 주로 살고 있는 다수 민족 오로모족을 대상으로 하는 TV 채널과 뉴스 사이트도 여기에 포함되었다—를 통해 2016년 시위 조직을 도왔다. "그에게는 100만 명의 페이스북 팔로워가 있었어요. [에티오피아에서는] 소셜미디어 접속률이 매우 낮았지만 어느 정도는 의기양양한 귀환이었습니다"라고 윌슨은 설명했다.

그는 처음에는 아비를 지지했지만 둘 사이에 불화가 커지기 시작했다. 2019년 중반, 온라인에서 퍼진 루머가 오프라인에서 재생되면서 이 나라의 종족 갈등이 과열되고 있었다. 아비는 이전 정권에서 자기가 했던 대로 인터넷 통제를 시행하는 식으로 이에 대처했다. 나중에 국제 인권 단체 휴먼라이츠워치Human Rights Watch는 아비가 집권 이래 일상적으로 인터넷 통제를 해왔다고 밝혔다.⁹ 2019년 8월 군사 쿠데타를 기도한 정부 관료 다섯 명이 암살된 후에 아비는 인터넷 접속을 '영원히' 끊을 수도 있다

고 선포했다. 인터넷은 유용하긴 하지만 "물도 공기도 아니다"라는 게 그의 말이었다.[10]

그 무렵 다시 인터넷 통제가 완화되면서 에티오피아에서 자체적으로 유튜브나 페이스북 라이브로 인종 세력 간 선동하는 콘텐츠나 사건들에 대한 음모론 방송을 모아 볼 수 있게 되었다. "대개는 해외 거주자들이 거실에서 촬영한 1인 방송이었는데 에티오피아 정부를 격렬하게 비난하고 서로를 공격했다." 엔달카추 찰라Endalkachew Chala 박사는 글로벌 활동가 네트워크 애드복스Advox 기고문에서 이렇게 평했다.[11] 동영상과 게시물 아래 달린 댓글들은 사람들이 주고받는 욕설로 가득했다고 그는 강조했다. 페이스북에는 좋은 비즈니스 기회였지만, 에티오피아에는 몇 년 전 미얀마를 휩쓸었던 위기를 그 나름의 방식대로 되풀이하는 소셜온난화였다. 퍼지고 있던 음모론 중에는 아비 총리가 [다른 민족인] 암하라 민족주의를 탄압하려고 군사 쿠데타를 일으켰다는 내용도 있었다.

이 상황을 염려한 수많은 활동가들이 그런 허위 정보 그리고 관련된 혐오 발언에 표시를 하자는 캠페인을 페이스북과 유튜브에서 시작했다. 그중에는 민족 언어 가운데 하나인 암하라어로 되어 있는 동영상과 게시물도 있었다.

그들은 그런 콘텐츠들이 대부분 그대로 남아 있는 걸 보고 크게 실망했다. 그중에는 어떤 극단주의자가 오로미아에 살고 있는 암하라족 가족들을 살해하겠다고 위협하는 내용의 유튜브 동영상 편집본도 있었다. 그 동영상은 몇 달이 지나도록 여전히 페이스북에서 돌아다녔고 활동가들의 불만을 샀다고 찰라는 보고했다. 활동가들은 "페이스북이 에티오피아에 일으킬 수 있는 피해에 관심이 있는지 궁금해했다."

종족 갈등, 음모론, 영어가 아닌 언어, 관리자의 무관심. 소셜온난화의 몇 가지 요소는 지리적 위치와 미세한 세부 사항만 바꾸면 같은 이야기를 되풀이하는 것처럼 익숙하다. 당사국 바깥에 있기에 갖게 되는 이러한 무심한 태도 탓에 소셜미디어 기업들은 정부가 국민에 대한 데이터를 요구해도 무시하거나 일을 질질 끌게 되고, 이는 사회를 선동하는 위험한 게시물이 조금씩 퍼져 나가는 분위기에서 국민에게 불리하게 작용한다.

하지만 대부분의 국민이 온라인이나 소셜미디어에 접속하지 않는 나라에서 어떻게 소셜미디어가 정치에 영향을 미치는가? 윌슨은 가장 중요한 요인이 '빙산의 일각 효과'라고 생각한다. 그는 이렇게 설명했다. "이 나라의 아주 많은 사람들이 인터넷에 접속하지 않거나 적극적으로 소셜미디어를 사용하지 않는다 해도 엘리트와 준엘리트는 인터넷의 조직화 역량을 이용할 수 있습니다. 그리고 그로 인해 거대한 증식 효과가 나타날 수 있습니다."

2019년 10월에 아비 총리는 에리트레아와의 전쟁을 끝낸 공로로 노벨 평화상을 받았다. 그 후 2주도 지나지 않아서 자와르는 이 정부가 자신을 체포하거나 살해할 계획을 세우고 있다고 페이스북에 올렸고 이 나라는 소요로 들썩이게 되었다. 거대한 군중이 자와르의 집 앞에 모여들면서 그의 소셜미디어 영향력이 입증되었다. 상황은 빠르게 폭력적으로 전개되었다. 수천 명이 아비에게 저항하는 시위를 벌였고 여든 명 이상이 사망했다. 이틀 후에 자와르가 시위 중단을 촉구하자 그들은 이에 따랐다.

2019년 12월 노벨상 시상식 수상 연설에서 아비는 "우리는 배제의 정치가 불러일으키는 극단주의와 분열의 길에서 벗어나야 합니다. (중략) 혐오와 분열의 전파자들이 우리 사회에서 소셜미디어를 이용해 일대 혼란을 일으키고 있습니다"라고 경고했다. 그리고 국민들에게 "혐오라는 독소를 중화시키자"라고 촉구했다.[12] 그의 해결책은 극단적이었다. 그중에는 2020년 1월부터 시행된 오로미아 세 개 지역 인터넷 폐쇄도 있었다. 그 지역에서는 군대가 반란군과 싸우고 있었다.

에티오피아 정부와 야당의 행동을 볼 때, 그들이 소셜미디어를 중요한 성공 요인으로 여겼다는 점만은 확실했다. 아비 총리의 페이스북과 트위터 계정(각각 120만 명, 35만 명의 팔로워가 있었다)에는 매일 사진이 올라왔다. 자와르는 2020년 말로 예정되어 있는 선거가 조작된다면 자신의 팔로워들을 동원하겠다고 위협했다. 양쪽 진영 모두에게 분명히 가장 중요한 전쟁터는 소셜미디어였다.

"이제 소셜미디어에는 문턱이 없습니다." 윌슨의 말이다. "예전에는 수백만 명에게 소식을 전하려면 대형 언론사를 소유하고 있어야 했습니다. 이제는 트위터 계정만 있으면 되죠. 그리고 점점 극단적으로 행동할수록 더 많은 사람들에게 메시지를 전달할 수 있습니다. 중도 입장인 온건파는 모두 이렇게 말하겠죠. '음, 내가 그걸 꼭 믿는 건 아니야. 하지만 그게 사실이라면….'"

윌슨이 제시한 핵심 문제는 온라인에 온건파 세력이 부족하다는 점이다. "공개 토론회에 들어가려면 보통 일정 수준의 참가비가 있습니다." 하지만 온라인에서는 누구나 참여할 수 있다. 그것이 더 공정하고 더 합리적인 세상을 만들지는 않는다. 오히려 더 많은 사람들이 자기 목소리가 들리게 하려고 아우성치는 세상을 만든다. 공정한 경우도 있지만 더 큰 세력의 명령에 따르는 경우도 있다. "극단주의, 가짜 뉴스, 선전선동, 그리고 온라인에서 뻔뻔한 거짓말을 늘어놓는 사람들이 엄청나게 많아졌을 뿐입니다." 월슨의 말이다.

필리핀은 전 세계에서 가장 연결이 잘 되어 있는 나라에 속한다. 이 나라의 1억 명에게는 정치적 변화를 달성하는 데 이용할 테크놀로지가 있다. 2001년 1월에 의원들이 조지프 에스트라다Joseph Estrada 대통령을 탄핵할 수 있는 증거조사를 거부한 데에 저항하는 수천 명의 시위가 벌어졌다. 이 시위가 조직되는 과정에서 유명 성지에 모이자고 사람들을 불러내는 문자메시지 홍수가 큰 역할을 했다. 에스트라다는 그 후 나흘 동안 집무실에서 버텼다.

2012년에 인터넷은 필리핀에서 뉴스를 확인하는 출처로 급성장했다.[13] 90퍼센트 가까이는 TV에서 정보를 얻었지만, 그다음이 인터넷으로 45퍼센트나 되었다. 라디오, 신문, 잡지는 매년 큰 하락세를 보이고 있었다. 2016년에는 이 나라 인터넷 사용자 중 97퍼센트가 페이스북을 사용했다. ("나머지 3퍼센트는 뭐죠?" 저커버그는 이 수치를 듣고 이렇게 말했다.) 2013년 10월 그곳에서 프리베이식스가 도입되었기에 가능했던 일이다.[14] 다른 사이트들에서는 댓글과 사진이 삭제되거나 줄어들었고 그것들을 제대로 보려면 유료 요금제에 가입해야 했다. 당연히 사람들은 몇몇 무료 사이트, 특히 페이스북만 줄기차게 사용했다.

저커버그는 이 무료 요금제의 성공에 만족스러워했다. 출시 몇 달 후에 그는 그것이 "대박"이 났고 "순조롭게 진행"되었다고 말했다.[15] 2016년에는 필리핀 국민 가운데 절반 이상이 이동통신망을 사용했는데(반면 유선 통신망 사용자는 10퍼센트였다) 그들 중 80퍼센트가 가장 느리고 저렴한 데이터 요금제에 가입했다.[16] 그렇지만 2017년에 필리핀 사람들의 일일 소셜미디어 이용 시간은 전 세계에서 가장 많은, 하루 평균 4시간 30분 이상이었다.[17] 브라질(3시간 45분)이나 아르헨티나(3시간 32분)보다도 훨씬 많았다. 하지만 이는 많은 사람들이 소셜네트워크에서 이루어지는 조작에 취약하다는 뜻이기도 했다. 2018년에 전체 인구의 3분의 2가 페이스북을 이용했다. 나머지는 인터넷에 접속하지 않는 사람들이었다.

실질적으로 프리베이식스가 인터넷의 다른 영역이 들어오지 못하게 담을 쌓은 셈이다. 거기에 실제 자금을 투입한 이동통신사들 입장에서는 이 요금제가 소비자를 붙잡을 수 있는 아주 좋은 방법이다. 페이스북 입장에서는 사람들을 자기네 사이트에 붙들어두고 광고를 보여주는 아주 좋은 방법이다. 프리베이식스에 들어 있지 않은 뉴스 사이트를 보려고 돈을 내는 사람은 거의 아무도 없을 터였다.

하지만 모두가 그것이 '대박'이라고 생각하진 않았다. 2017년 글로벌 보이스Global Voices는 보고서를 통해 프리베이식스를 "디지털 식민주의"라고 비판했고 "사이트와 서비스의 불균형을 특징으로 하"며 "사용자들이 인터넷을 중립적으로 이용하지 못하게 하는" 시스템이라고 지적했다.[18] (정확히 같은 이유를 들어 인도는 2016년에 이 제도를 금지했다.) 마찬가지로 걱정스러운 일은 데이터 요금을 낼 수 없는 사람들이 인터넷에 접속할 수 있도록 하자는 페이스북의 의도대로 이 제도가 굴러가지 않았다는 점이었다. 그 대신에 이미 데이터 요금을 내고 있던 열 명 중 아홉 명이 데이터를 다 쓰고 나면 프리베이식스 사이트들을 이용했다. 그 기간에 그들은 뉴스 사이트에서 오로지 기사 제목과 사진 설명만 볼 수 있을 뿐, 실제 기사를 볼 수 없었다.[19]

아무렴, 그로써 소셜온난화의 조건이 완벽히 마련되었다. 외부의 관리가 지극히 제한적인 하나의 사이트에서, 치열하게 선거운동을 벌이며 경합하고 있는 모든 사람이 자기 목소리를 크게 내려고 애썼다. 필리핀에서 정치가 깨끗했다거나 존경받을 만했던 적은 없었다. 페이스북과 폐쇄형 네트워크는 사람들을 그 안으로 불러들여서 선거의 열기를 훅 달아오르게 할 압력솥을 제공한 셈이었다.

극단주의자의 의제를 밀어붙이려는 사람들이 게이머게이트 이후 몇 년 동안 배웠던 정치권과 운동권의 메시지는 간단했다. 온라인 캠페인의 성공은 진실을 기반으로 할 필요가 없었다. 논란거리를 찾아내고 주목을 추구하는 알고리듬을 자기편으로 조작할 수 있을 정도로 헌신적인 사람들의 그룹을 보유하고 있느냐가 중요했다. 온라인 캠페인에서는 그 일에 모든 시간을 쏟아부으려는 사람이 몇 명 있는 편이 가벼운 관심을 보이는 사람들이 많이 있는 것보다 훨씬 가치 있다. 이는 의견 충돌이 있을 때에도 마찬가지다. 가장 완강한 사람들이 우세할 것이다. 부분적인 이유는 알고리듬이 이들의 콘텐츠를 이쪽도 저쪽도 아닌 사람들에게 보여줄 것이기 때문이다. 또한 가짜 계정을 만들어서 이런 콘텐츠를 증폭시킬 수 있다면 알고리듬도 따라올 것이다. 기계는 그것이 진짜가 아니란 걸 알지 못한다.

2016년 초 필리핀 대통령 선거 후보자 가운데는 범죄에 강경한 입장을 취하는 당시 나이 일흔하나인 다바오시 시장이 있었다. 그의 이름은 로드리고 두테르테였다. 사람들과 직접 연결하여 자신의 포퓰리즘과 인정사정 가리지 않는 메시지를 퍼뜨리는 데에 소셜미디어가 어떻게 사용될 수 있는지 빠르게 이해한 것을 보면 나이가 무색할 지경이다. 미묘한 뉘앙스는 중요하지 않았다. 균형도 중요하지 않았다. 두테르테는 소셜미디어 전략팀을 통해 자신의 전략을 기꺼이 확산시킬 수백 명의 블로거 및 페이스북 계정 소유자와 가공할 만한 규모의 제휴를 맺고, 노골적인 거짓말을 하면서 상대편을 중상모략했다.

하지만 페이스북 뉴스피드 입장에서는 페이스북에 있는 누군가가 작성한 내용을 다른 누군가가 읽고 싶어 하기만 하면 좋은 일이었다. 그중에는 실제로는 지어낸 이야기만 가득한 뉴스 사이트들도 있었다. 3월에 페이스북의 한 선거운동 페이지에 두테르테를 칭찬하는 듯한 내용의 긴 설명이 덧붙은 프란치스코 교황 사진이 올라왔다. 그 게시물은 "나는 그의 정직함을 정말 존경합니다"라는 말로 끝났다. 이 말은 분명히 독실한 가톨릭신자 유권자들에게 강렬한 영향을 미쳤다. 그것이 사실이 아니라고 필리핀 가톨릭 주교 회의에서 지적하려고 애썼는데도 말이다.[20] "교황님 말씀이라는 이것은 **사실이 아닙니다**"라고 그들은 자신들의 페이스북 페이지에 올렸다. "이것은 풍자 기사에 나온 내용이고 가짜입니다." (페이스북의 팩트체크를 피하려는 '풍자'라는 단어의 사용이 두드러져 보인다.) 주교들의 강력한 비난 아래에 달린 댓글들은 두테르테 지지자와 반대자 사이의 진흙탕 싸움으로 번졌다.

이번 건은 차원이 달랐다. 특히, 뒤이어 조직화에 동원된 방법들은 2001년에 사용되었던 것처럼 문자메시지를 보내서 사람들에게 실제 행동에 나서라고 하는 식이 아니었다. 그 대신에 그들은 온라인에서 행동에 나설 것을 촉구했다. 화면에 나오는 링크를 클릭하기만 하면(때로는 그보다도 더 쉬운 방법으로, 콘텐츠를 읽기만 해도) 되었다. 아무도 어떤 곳의 시위에도 나갈 필요가 없었다. 따라서 많은 계정들이 가짜라는 사실은 엄청나게 쏟아지는 게시물들에 가려져 드러나지 않았다. 두테르테의 상대 여성 후보가 나온다는 가짜 섹스 테이프가 돌아다니기 시작했다. 페이스북은 이 모든 것이 흘러 다니는 통로가 되었다. 틀림없이 사람들은 투표를 해야 한다. 하지만 그것은 민주주의사회에서 가장 소극적인 행위다.

페이스북은 선거 기간 동안 두테르테가 거둔 효과를 자체적으로 인정했다. 경쟁자들이 최고의 자리를 두고 다툴 때, "필리핀 대선에서 가장 많이 거론된 인물"이라는 게 신문에 나온 보도였다. 페이스북의 아시아태평양 지역 공공정책 책임자 엘리자베스 허낸데즈Elizabeth Hernandez는 자랑스럽게 밝혔다. "후보자들은 페이스북을 이용해 직접적이고도 개인적으로 국민들에게 가닿는다. 그들은 중요한 공공정책 이슈에 관해 있는 그대로의 대화를 나누고 유권자들에게서 솔직한 피드백을 받는다." 그렇지만 그녀가 인용했던 "거론된" 정도를 측정하는 방법은 두테르테에게 얼마나 많은 '지지자'가 있는지(그는 후보 다섯 명 중에 3등이었다), 얼마나 많은 게시물을 올렸는지(그는 5등이었다), 또는 '유권자에게서 받은 피드백'이라 할 수 있는 댓글이 그의 게시물에 얼마나 많이 달렸는지(그는 4등이었다)가 아니었다.[21] 페이스북이 집중적으로 본 것은 얼마나 많은 사람들이 그에 관한 콘텐츠를 공유했는지였고 그 점에서만큼은 그가 경쟁자들을 훨씬 앞지르고 있었다.

페이스북의 이 문서는 뭔가를 측정할 수 있다고 해서 그걸 측정하는 것이 반드시 옳은 일은 아님을 보여주는 완벽한 예시다. 두테르테가 거론되고 있었던 건 확실하다. 하지만 그건 사법 절차를 따르지 않는 경찰의 살인을 눈감아주고 있다는 악명 때문이지 않았는가? 혹은 봇들과 선동하는 콘텐츠들 때문에 논의가 왜곡되고 있지 않았는가? 이건 마치 빙하가 없는 북극해를 얼마나 오랫동안 운항할 수 있는지를 측정해서 해상 운송의 성공 여부를 가리는 것(추운 날씨 때문에 1년 내내 얼어붙어 있던 북극해가 지구온난화로 점차 관통이 쉬워지면서 아시아와 유럽을 잇는 새로운 항로로 주목받고 있다—옮긴이)이나 마찬가지다. 수치가 너무 커지면 더 큰 그림을 놓칠 수도 있다.

이런 측정값이 반드시 사실인 것도 아니었다. 필리핀 사람으로 전직 CNN 탐사 전문 기자이자 필리핀에서 래플러Rappler라는 독립 뉴스 사이트를 설립한 마리아 레사Maria Ressa(2021년 노벨 평화상 공동 수상자—옮긴이)는 선거 기간 동안 스물여섯 개의 가짜 페이스북 계정이 300만 명에게 도달한 콘텐츠를 만들어냈다는 사실을 후속 취재를 통해 밝혔다.[22]

두테르테는 2016년 5월에 당선되었다. 스스로도 약간 놀란 결과였다. 하지만 그는 소셜미디어 덕분에 자신이 집권했다는 사실을 실감했고 통치에서도 계속 그것을 이용해나갔다. 그의 취임식은 페이스북 라이브로 생중계되었으나 언론은 현장에 들어갈 수 없었다.

온라인 공격과 중상모략은 선거 후에도 계속 이어졌다. 두테르테 선거운동 지지자들이 퍼뜨리고 있던, 분열을 일으키는 부정확한 콘텐츠와 위협에 너무 놀란 필리핀 사람들은 페이스북에 어뷰즈 사례를 신고하려 애썼다. 레사는 2016년 8월에 페이스북 고위 임원진을 만나서 두테르테 지지자들이 페이스북에 올린 인신공격과 가짜 뉴스가 계속 남아 있다는 점을 지적했다. 나중에 그녀는 페이스북 임원들은 자사 사이트에 익숙하지 않은 듯했다고 말했다. 페이스북은 여러 달이 지나도록 아무런 조치도 취하지 않았다. 그동안 레사는 가짜 정보 책략에 관한 3부작 기사를 쓰고 나서 수천 건의 온라인 공격을 당했다. 2016년 10월에 나온 첫 기사의 제목은 '선전전: 인터넷을 무기로 삼다'였다.[23] 레사는 페이스북에 여러 차례 항의했고 그때마다 반복해서 의례적인 무관심에 마주쳤다. 페이스북은 항상 그것을 표현의 자유 문제라고 여겼다. "마크 저커버그는 거짓말을 해도 괜찮고, 그냥 원래부터 있었던 결함이라는 입장을 고수합니다." 2020년 6월에 레사는 말했다.[24] "사실보다 거짓말을 더 많은 사람에게 더 빠르게 퍼뜨린다면 그건 거짓말 사회를 만드는 일입니다."

하지만 정치 토론을 진정시키는 일도, 과격한 주장을 자제시키는 일도, 심지어 온라인 토론이 실제 유권자들과 그들의 견해를 반영하도록 보장함으로써 민주적 절차를 보호하는 일도, 페이스북의 관심사가 아니었다. 그런 일들은 사람들을 자사 사이트로 데려오지 못할 것이다. 가장 과격한 사람들이 게시물을 가장 많이 올리고 가장 많은 주목을 끌게 마련이므로, 그들을 덜 보이게 한다면 역생산성, 즉 성장에 반하는 결과를 불러올 것이다. 특정한 나라 국민에게 광고를 보여주어서 나는 수익이 그리 많지 않다 해도—미얀마와 필리핀은 1인당 GDP 순위가 전 세계에서 150위와 120위쯤이다—페이스북 입장에서는 아무런 비용도 들이지 않고 추가 사용자를 늘리고 잠재 경쟁자들로부터 사용자를 빼앗아 오는 일이었다. 페이스북은 선거에서의 진실 따위는 신경 쓰지 않는다. 유권자와 비유권자가 페이스북 사이트를 이용하는지에만 신경 쓴다.

민주주의의 불안정성이 언제나 페이스북의 증폭 때문만은 아니다. 알고리듬이 굳이 필요하지 않은 경우도 있다. 화나게 하거나 눈길을 확 잡아끌거나 음모론을 담은 내용을 전달하려는 타고난 성향 탓에 사람들이 알아서 많은 일을 할 것이기 때문에, 그리고 우리 인간의 본성이 그렇기 때문이다. 그러고 나면 이 시스템은 거짓, 오류투성이, 눈길을 확 잡아끌지만 가짜인 내용이 널리 퍼져 나가게 돕는다.

브라질에서는 왓츠앱이 그런 경우였다. 이 앱의 사용자는 2억 1000만 인구 중에 1억 2000만 명이 넘었다. "브라질의 모든 가족이 왓츠앱에 그룹이 있는 것 같아요." 브라질의 페르남부쿠 연방대학교Federal University of Pernambuco 방문 교수인 인류학자 베냐민 융게Benjamin Junge는 2018년 선거를 앞두고 뉴스 사이트 복스Vox에 이렇게 말했다.[25] 가족, 친구, 학생, 교사, 교회까지, 모든 사람이 그 앱을 쓴다고 했다. "왓츠앱이 없었다면 이번 선거가 어떤 양상으로 흘러갔을지, 저로서는 정말 상상도 할 수 없습니다." 그는 이 메신저 앱이 유권자들에게 정보를 전달하는 데에 중요한 역할을 한다고 확신했다.

하지만 데이터 연결(와이파이 또는 모바일)이 되는 휴대폰이 있어야 하는데 어떻게 왓츠앱이 이토록 널리 퍼졌을까? 빈민가에 사는 많은 사람들은 데이터 요금을 감당할 능력이 없다. 브라질은 휴대폰 데이터 요금이 가장 비싼 나라로 다섯 손가락 안에 꼽힌다.

짐작대로 왓츠앱을 소유한 페이스북은 왓츠앱에 사용되는 데이터에 요금을 부과하지 않도록 협상했다. 2016년에 브라질 인터넷 사용자 중 약 4분의 3이 무료 요금제를 이용했고, 무료로 쓸 수 있는 앱 가운데는 왓츠앱, 페이스북, 그리고 (몇몇 통신사에서는) 트위터가 있었다.[26] 집이나 직장에서 인터넷에 연결되어 있는 사람은 유튜브 콘텐츠를 왓츠앱 그룹에 전송할 수 있었는데, 왓츠앱 그룹에서는 개별 동영상이 끊임없이 공유 가능하다. 하지만 누군가가 동영상에서 본 내용을 팩트체크하려 할 경우 값비싼 데이터 연결 없이는 검색엔진에 직접 접속할 수 없었다. 게다가 인도나 다른 나라들에서와 마찬가지로 오도하는 가짜 정치 메시지가 노리는 사람들은 리터러시 수준이 낮았고 브라질의 TV 방송국은 뉴스 품질에 별로 관심을 기울이지 않았다. 정치적인 가짜 정보와 거짓 정보가 자라나는 비옥한 땅이었던 셈이다.

그 땅에 물을 대는 샘으로 유튜브가 있었다. 2019년 8월에 〈뉴욕타임스〉가 한 조사에 따르면, 우익 성향 공급원들이 선거 기간 동안 시청자에게 분노와 공포를 유발하는 음모론 콘텐츠를 내보낸 뒤 더 널리 퍼뜨렸다.[27] 유튜브의 추천 알고리듬은 사람들에게 점점 더 극단적인 정치 콘텐츠를 보여주기 시작했다. 그것이 사람들의 관심을 온통 빼앗아 가면서 이후 수많은 후보들을 당선시키는 데에 중요한 역할을 했다. 결국 페이스북이나 트위터와 마찬가지로 유튜브 알고리듬도 누군가 말하는 내용이 진실이거나 적어도 진실에 기초한 내용인지 결정하도록 되어 있지는 않다. 알고리듬이 중요하게 보는 건, 벽돌 깨기 게임에서처럼 사람들의 취향을 저격하는 동영상으로 시청 시간이라는 벽돌벽을 깨느냐 하는 것이다.

〈뉴욕타임스〉 조사에서 관련된 부분을 살펴보면, 알고리듬을 강화하지 않았는데도 2018년 브라질 선거 기간 동안 거짓 정보가 증폭되는 중요한 채널이 왓츠앱이었음을 확실하게 알 수 있다.[28] 정말 얼마나 중요했는지는 브라질 벨루오리존치에 있는 미나스제라이스 연방대학교Federal University of Minas Gerais에서 비르질리우 알메이다Virgílio Almeida가 이끄는 연구팀이 수행한 명쾌한 연구로 설명되었다. 2017년 말에 이들은 브라질을 기반으로 한 여든한 개의 왓츠앱 공개 그룹에서 3주 동안 주고받은 메시지를 수집했다. 이 그룹들에 속한 사용자들은 총 7000명에 달했다.[29] 대통령 선거가 이듬해로 예정되어 있었기 때문에 이 그룹들 가운데 3분의 2에서는 정치 이야기를 했고, 다른 주제를 이야기하는 나머지 그룹들보다 네

배 더 많은 메시지를 쏟아냈다. 특히 올라온 내용 중 5분의 1이 텍스트가 아니라 오디오클립, 사진, 동영상이었다. 지프의 법칙도 적용되었다. "대부분의 콘텐츠는 논의를 양적으로 주도하는 극소수 사용자들이 올린 것이었다"라는 사실을 알메이다팀이 밝혀냈다.

유권자의 44퍼센트가 왓츠앱에서 정치와 선거 정보를 얻는 나라에서 지프의 법칙을 조정할 사람이 없다는 점은 걱정스럽다. 제대로 된 민주주의에서 기대되는 보통의 검토와 균형에서 완전히 벗어난 채 극소수가 논의를 주도한다는 뜻이기 때문이다. 한쪽 정당이나 후보자가 충분히 많은 그룹들에게 제공하는 정보를 도배해버린다면, 그것이 다른 그룹들에까지 흘러 들어가서 유권자들이 그 내용이 사실인지 검토할 수도 없고 검토하지도 않을 것이고, 그러면 민주주의 절차가 와해된다. 미얀마를 덮쳤던 대재앙과 완전히 닮은꼴이다. 물론 미얀마에서는 페이스북 관리자들(한 명 이상인 적도 있었다)은 자신들의 유니코드 기반 컴퓨터가 정확히 번역할 수 없는 주어기 콘텐츠를 힘들여 읽어야 하는 불리한 입장에 여전히 놓여 있었다. (그런 권한을 이 회사에 부여하는 이유는 결코 논의된 적이 없지만) 회사가 의심스러워 보이는 계정에 조치를 취할 수 있기는 하지만―그리고 취하고 있기도 하지만―왓츠앱에서는 각 그룹의 관리자가 유일하게 조정 역할을 한다.

알메이다는 나중에 브라질의 왓츠앱 그룹들에서 사용자들이 열네 개의 메시지마다 하나의 동영상을 업로드하고 있음을 밝혀냈다. 이는 눈에 띄게 높은 비율이었다. 유튜브는 페이스북보다 열 배는 더 자주 링크되었는데 다른 어느 사이트와 비교해도 가장 많았다.

2018년 말에 자이르 보우소나루가 이끄는 선거캠프가 소셜미디어 조작의 소용돌이를 일으켰다. 유튜브와 왓츠앱 사이에서 왔다 갔다 하는 거짓 정보의 피드백 루프를 이용한 것이었다. 왓츠앱 그룹들의 반향실 효과, 관리 부재, 시끄러운 소수의 목소리 우세, 데이터가 부족한 사용자들이 (설사 하고 싶다 하더라도) 주장을 검토하는 과정에서 겪는 어려움은 증폭 알고리듬만큼이나 효과적이었다. 더 가난하고 글을 읽지 못하는 브라질 사람들이 보우소나루에게 찬성표를 던지는 쪽으로 입장이 바뀌었다. 전직 군인인 보우소나루는 인종차별, 여성 혐오, 동성애 혐오에 대한 논평과 이전의 브라질 독재정권(1985년에 이르러서야 종식되었다)에 대한 찬양으로 그를 반대하는 많은 유권자들에게 충격을 주었다.

하버드대학교 버크먼 클라인 센터의 연구팀도 브라질의 유튜브 콘텐츠에 관해 다른 사실을 밝혀냈다. 유튜브 알고리듬은 사람들이 관련 없는 콘텐츠를 시청한 후에도 우익 동영상을 점점 더 많이 추천했다. 사실상 그 나라 사람들이 어떤 동영상을 시청하는지에 주목한 이 시스템은 다른 사람들 또한 그것을 볼 거라는 결론을 내렸다. 알고리듬에는 정치적 중립성이란 개념이나 상대 정치인에게 동일한 방송 시간을 할당한다는 개념이 없었다. 게다가 피드백 루프를 만들어내고 있다는 자각도 없었다. 〈뉴욕타임스〉 기사에서 막스 피셔Max Fisher와 어맨다 타우브Amanda Taub는 브라질 극우 정치인들이 운영하는 채널의 시청자 수가 "폭발적으로 증가"(2018년 선거에서 다수의 극우 브라질 유튜브 운영자들이 다양한 직위에 선출되었다)했다고 언급했다.[30] 유튜브는 이들의 연구를 인정하지 않았고 〈뉴욕타임스〉에 "내부 데이터는 이들의 연구 결과와 배치된다"라고 밝혔다. 하지만 늘 그렇듯이 그때도 데이터 공유는 거부했고 어떤 일이 벌어지고 있는지 해명할 어떤 통계도 내놓으려 하지 않았다. 구글과 페이스북의 '투명성' 약속은 다른 이들에게만 적용되는 듯하다. 자사 제품이나 데이터에만큼은 한없이 불투명하다.

일방의 정치 세력이 유튜브에 홍수를 일으키고 알고리듬에 손을 대는 방법을 알아낸다면, 시청자들 사이에 도미노효과가 발생할 수 있고 시청자들을 극단적인 정치적 성향 쪽으로 점점 더 많이 이끌 것이라는 점은 큰 걱정거리다. 유튜브는 민주적인 절차(선거)에 적극적으로 개입하지 않았다고 주장할 수 있는가? 그렇다면 소극적으로는? 그건 다른 문제일 수 있다.

내가 유튜브에 문의해서 받은 답은 이랬다. "누구든 간섭받지 않고 정치적 성향과 관계없이 유튜브에 동영상을 올리는 선택을 할 수 있습니다. 우리의 커뮤니티 가이드를 따르기만 하면 됩니다. 덧붙여, 우리의 추천 시스템은 특정 정치 성향에 따라 동영상이나 채널을 걸러내거나 끌어내리도록 설계되어 있지 않습니다."

초점을 흐리는 말이다, 당연하게도.

보우소나루의 당선은 2016년 도널드 트럼프의 아슬아슬한 당선과 비교가 되지 않는다. 보우소나루는 결선투표에서 55 대 45로 승리했다. 경선 초기에 그는 전임 대통령 룰라 다시우바에 큰 차이로 뒤지고 있었다.[31] 룰라가 수감 중이기 때문에 출마 자격이 없다고 선언되기 전까지는 그랬다.[32] 그 후 보우소나루가 메시지를 강화하면서 탄력을 받는 양상이 나타났다. 그의 선거운동에서 특히 눈에 띈 부분은 상대 후보인 좌파 페르난두 아다드Fernando Haddad를 겨냥한 엄청난 양의 거짓 정보였다. 미나스제라이스 연방대학교 컴퓨터공학과에서 소셜미디어를 연구하는 파브리시우

베네베누투Fabricio Benevenuto 교수는 2018년 중반에 수많은 공개 그룹들에 넘쳐나는 콘텐츠를 관찰할 수 있는 '왓츠앱 모니터'를 만들었다.[33] 그것은 거짓의 왕국을 들여다볼 수 있게 해주었다. 베네베누투는 그것을 "틈새로 들여다보는, 열쇠 구멍"이라고 불렀다.

선거 일주일 전에 세 명의 브라질 학자는 〈뉴욕타임스〉에 기고한 글에서 "브라질 정계의 오염을 줄이도록" 왓츠앱이 바뀌어야 한다고 주장했다.[34] 8월 중순부터 10월 초까지 350개 가까운 공개 대화 그룹을 모니터 해보았더니, 그 안에서 가장 많이 공유되는 사진 쉰 장 중에서 어떤 식으로든 거짓이나 조작이 아닌 것은 네 장뿐이었다. 나머지는 대부분 진짜라고는 해도 음모론이나 과격한 주장을 담은 설명이 붙어 있었다. (룰라와 'FHC'—1995년부터 2002년까지 브라질 대통령이었던 페르난두 카르도주—가 바에서 만나서 은행 강도를 모의하다가 사망했다고 말하는 식이었다.)

연구자들은 "브라질의 가짜 뉴스 문제는 사상적 차이 수준을 넘어섰다"라고 지적하면서 보우소나루에 반대하는 콘텐츠 또한 광범위하게 공유되었다고 언급했다. 문제를 막으려면 왓츠앱이 콘텐츠의 전달을 엄격히 제한해야 한다고 제안했다. 다섯 개 그룹까지만 전달할 수 있게 상한선을 두고(왓츠앱에서 영향을 받은 린치 사건이 몇 번이나 일어난 후에 인도에서 취해진 조치다) 새로 생기는 그룹의 규모를 제한하는 식으로. 그들 말에 따르면, 이 회사는 그들에게 선거 전까지 그렇게 하려면 "충분한 시간이 없다"라고 했다. 인도에서 같은 일을 처리하는 데에는 불과 며칠밖에 걸리지 않았다고 연구자들이 지적했는데도 그랬다. 이 기고문에서 그들은 "브라질 사람들이 거짓되고 왜곡된 정보를 가지고 투표를 하게 해서는 안 된다"라고 호소하면서 "이 중요한 투표를 앞두고 가짜 뉴스와 위험한 루

머가 퍼져 나가는 걸 멈추기 위해 반드시 조치를 취할 필요가 있다"라고
했다.

미국에서 가장 유명한 두 신문 중 하나인 〈뉴욕타임스〉에 기고함으로
써, 이 연구자들은 미국 중간선거 준비 기간에(이 선거도 몇 주밖에 남지 않
았다) 페이스북에 왓츠앱에 대한 불만을 들려주었을 뿐 아니라, 너무 커
져버려서 통제가 되지 않고 스스로 불러일으키고 있는 사회적 해악에 무
관심해 보이는 이 소셜미디어 회사에 미국 국회의원들이 제재를 가하는
조치를 강구하게 했다.

브라질 선거 며칠 전에 페이스북은 명백하게 보우소나루 진영에서 돈
을 받은 마케팅 회사가 운영하는 왓츠앱 계정 10만 개를 차단했고, 최대
스무 개의 그룹에게까지만 콘텐츠를 전달할 수 있도록—그래도 왓츠앱
그룹의 평균 규모(여섯 명)를 감안하면 여전히 한 개의 메시지가 전 국민
에게 전달될 수 있었다—제한했다.[35] "의문의 여지 없이 왓츠앱은 선거
논의의 일부다." 왓츠앱의 정책 커뮤니케이션 부사장 빅토리아 그랜드
Victoria Grand의 말이다. 문제는 페이스북이 멘로파크에 '상황실'을 마련하
고 주시한 걸 보면 무슨 일이 벌어지고 있는지 암묵적으로 알았을 텐데
도 그런 선거 논의에 허위가 가득했다는 점이다. 10월에 발간된 선거 후
연구에서는 왓츠앱을 추적 관찰하여 우익에서 퍼뜨린 정보의 절반 가까
이가 허위였음을 밝혀냈다. 그중에는 선거 개입에 관한 음모론도 있었다.
반면 우익 쪽에서 밝힌 수치는 3퍼센트에 불과했다.[36]

필리핀과 마찬가지로 브라질 선거 후에도 소셜미디어 공격은 멈추지
않았다. 2019년 4월에 브라질 교육부 장관은 대학교들이 "벌거벗은 사람

들"로 가득한 "아수라장"이라는 이유를 들며 대학 예산의 30퍼센트 삭감을 강행했다. 기자들이 빠르게 팩트체크를 해서 사실이 아니라고 밝혔지만, 아무 옷도 걸치지 않은 대학생 나이대의 학생들(그리고 학생이 아닌 사람들) 사진 수십 장이 왓츠앱에 돌아다니는 것을 막지 못했다. 연구자들이 공개 그룹들을 열쇠 구멍으로 관찰해본 결과, 하루도 지나지 않아 그런 사진의 개수가 100배로 늘었다. 페이스북에서는 오도하는 콘텐츠가 담긴 게시물이 10만 번 이상 공유되었다. 그 사진들은 아무 관련이 없는 오래된 허위 사진이었지만 확산을 막지는 못했다.

선거 후에 '브라질 민주주의를 뒤흔드는 가짜 뉴스 산업'이란 것을 살펴보기 위해서 정치 위원회가 소집되었고 보우소나루의 측근들이 그 산업의 중심축으로 부각되기 시작했다. 2020년 6월에 왓츠앱 그룹들에 열쇠 구멍을 갖고 있던 그 연구자들이 코로나19 팬데믹(이에 대해 보우소나루는 처음에는 부인하다가, 별것 아니라고 하다가, 무시하다가, 혼쭐이 났다) 국면에서 보우소나루에 비판적인 사람들에게 가해지는 온라인 공격의 출처를 분석했다. 온라인 공격의 출처 데이터는 대통령의 자녀들, 보좌관들, 경영인들, 블로거들 같은 대통령 측근을 가리켰다. 보우소나루와 사이가 틀어진 한 정치인의 가짜 포르노 사진이 왓츠앱 그룹들에 돌아다녔다. 그 정치인은 대통령의 아들들이 허위 정보를 이용해서 정적들을 쓰러뜨리려 하는 조직에 관여하고 있음을 알아냈다고 증언했다.[37] "상대를 도덕적으로 살해하는 행위입니다." 그녀는 말했다. 보우소나루의 또 다른 정적들은 이렇게 평했다. "소셜미디어에 가짜 뉴스를 퍼뜨리지 않았다면 그는 당선되지 못했을 것이다."

여기에서 명백한 효과가 드러난다. 정치 권력은 소셜미디어를 이용해 거짓과 중상모략을 퍼뜨릴 수 있으며 그것을 퍼뜨리는 일은 없애는 것보다 훨씬 쉽다. 사람들이 사용 가능한 채널에 적응하는 모습을 보면―그들은 유튜브에서 콘텐츠를 찾아 왓츠앱에 보낸다. 그러면 공짜로 볼 수 있다―우리가 어떤 채널이든 이용해서 가십거리를 찾아내는 데에 얼마나 열심인지 알 수 있다. 한 번 더, 자동차 비유가 적절할 듯하다. 자동차는 정말이지 엄청나게 편리하고 그걸 타고 어디든 갈 수 있다. 몇 년쯤 지나서야 스모그가 도시를 뒤덮은 모습이 뚜렷해지고 호흡 곤란 문제가 만연해진다. 정치 담론이 소셜미디어 콘텐츠에 가망 없이 오염되고 있다면, 문제는 정치에만 있는 게 아니라 소셜미디어가 정치에 미치는 영향력에도 있다. 소셜미디어 콘텐츠 그리고 주목을 좇는 유튜브 알고리듬이 정치에서 일어나는 일과 정치인들이 노출되는 방식에 영향을 끼치기 시작하자, 무엇이 공유되고 있는지를 보고 무슨 일이 일어났고 무엇이 공약되고 있는지 정확히 아는 것이 중요해졌다.

왓츠앱은 특별한 문제를 일으킨다. 적어도 누구나 볼 수 있는 유튜브와는 달리 왓츠앱에는 중앙 통제가 없고, 메시지 전송에 제한을 둔다고 하더라도 한 명의 사용자가 여러 그룹에 속할 수 있기 때문에 사실상 관리 감독이 불가능하다. 왓츠앱 기술팀이 무슨 일이 일어나고 있는지에 대해 헬리콥터 뷰(전반적인 조망 능력)를 갖추었다 해도 도시 상공을 선회하면서 사람들이 사무실이나 집으로 들어가는 모습을 지켜볼 뿐이다. 실내에서 무슨 일이 벌어지는지까지 정확히 파악할 방법은 없다.

그런데도 왓츠앱 부사장 크리스 대니얼스Chris Daniels는 선거를 앞두고 브라질의 유력 일간지에 논평을 내야 한다는 압박을 느꼈고 "브라질에서 왓츠앱으로 보내는 메시지의 90퍼센트 이상이 두 사람 사이에서 오가며, 대부분의 그룹에는 여섯 명 정도가 있어서 거실에서 나누는 사적 대화 같다'라고 주장했다.[38] 10억 명 이상을 연결하다 보면 "인류가 할 수 있는 모든 선의를 보게 되지만, 일부 어뷰즈도 존재한다"라고 이야기했다. 단언컨대 좋은 것과 나쁜 것의 비율은 완전히 틀렸다. "우리에게는 좋은 것을 더 늘리고 나쁜 것을 줄여야 할 책임이 있다." 그가 이어서 한 말이다.

그룹 크기가 최대 256명으로 제한되어 있기 때문에 100만 명에게 도달하려면 한 사람이 약 4000개의 그룹을 만들어야 할 것이라고 그는 말했다. (하지만 당연하게도 문제는 어느 한 사람이 행동하기 때문이 아니라 확산 속도 때문이다.) 그러고 나서 그는 수십만 개의 스팸 계정이 폐쇄되었고 팩트체크하는 사람들이 왓츠앱에서 활동하고 있으며 5000만 명에게 도달하는 것을 목표로 '루머 말고 사실을 공유하자'라는 공공 캠페인을 벌이며 "이 문제의 심각성을 환기하고 있다"라고 했다.

선거에서 왓츠앱이 중립적인 요소라고는 그도 확신하지 못하는 것 같았다.

"브라질에서 가짜 뉴스가 성행하게 하는 조건은 라틴아메리카, 아프리카, 아시아의 여러 나라에도 존재합니다." 제툴리우 바르가스 재단 로스쿨에서 인터넷 통치와 규제 전공 교수인 루카 벨리Luca Belli는 경고했다. 그는 너무 많은 이들에게 (무료 데이터 요금이 일부 사이트에만 적용되기 때문에) 사용 가능한 인터넷 사이트가 제한되어 있다는 특성이 핵심 문제라고 지적한다.[39] "'나머지 인터넷'이야말로 2018년 선거 기간 동안 왓츠앱을 통해서 받은 정치 뉴스를 검증할 수 있는 곳입니다. 기본적으로 보통의 브라질 사람들에게는 팩트체크 비용이 너무 비싸요." 더욱 역설적인 건,

텍스트 위주의 위키피디아 같은 페이지나 팩트체크 사이트에서 한 페이지를 전송하는 것보다 유튜브 동영상을 전달하는 데에 수백 배 많은 데이터가 필요하다는 점이다.

2020년 6월에 국제문제를 다루는 미국 싱크 탱크인 대서양 위원회 Atlantic Council는 산하의 디지털포렌식 연구소Digital Forensic Research Laboratory가, 튀니지에 근거지를 두고 아프리카 선거에 영향력을 행사하려는 PR 회사가 운영 중인 복잡한 페이스북 조직을 찾아냈다고 발표했다.[40] 별칭 '카르타고 작전'은 합법적인 언론매체인 척하는 페이스북 페이지들을 만들어서 토고, 코트디부아르, 튀니지, 세네갈, 기니, 마다가스카르, 차드 등 열 개 국가의 유권자들을 대상으로 삼았다. 이 작전은 주목을 끄는 데에 확실히 능숙했다. 관련 국가들에서 이들 가짜 페이지를 팔로워하는 페이스북 계정이 400만 개에 달했고 인스타그램 계정도 20만 개에 가까웠다.

이번이 처음이 아니었다. 2019년 5월과 8월에 페이스북은 언론사 행세를 하기 위해 이스라엘, 이집트, 아랍에미리트에 근거지를 둔 PR 회사들이 만들었던 계정들을 폐쇄했다. 이들은 허위 정보와 깜짝 '인플루언스 Influence' 캠페인으로 팔로워 수백만 명을 모았다.[41] 이런 회사들은 자신들이 선거 결과에 영향을 미치는 '승리 캠페인'을 제공한다고 광고했다. 소셜네트워크가 이제는 선거의 열기를 높이는 데에 얼마나 기본 요소로 여겨지는지 언뜻 봐도 알 수 있는 대목이다. 거듭거듭 페이스북이 찾아내서 폐쇄한 페이지들은 테러리스트 자금 지원에 대한 날조된 이야기나 정치 후보들을 무시하는 밈으로 분노를 부추기려 시도하고 있었다. '나이지리아를 다시 더 나쁘게 만들자'는 2018년 나이지리아의 한 대통령 후보를 겨냥해 만든 페이지였다. 디지털포렌식 연구소는 이 회사가 같은 후보를 지지하는 페이스북 페이지 또한 운영하고 있는 것을 밝혀냈다. 이 후보의 지지자들을 찾아내서 상대편을 저격하는 콘텐츠를 보여주려는 목적이었다. 연구소가 폭로한, 아프리카 말리에서 가짜 뉴스를 내보내고 있던 한 페이스북 페이지의 경우에는 그곳 학생들이 게시물을 쓰고 있었다고 했다. 그 밖에도 그 페이지의 관리자들이 포르투갈과 세네갈에 근거지를 두고 있다는 사실을 밝혀냈다.

어쩌면 사소해 보일지도 모르겠다. 하지만 거기에 들어간 비용을 보면 결코 그렇지 않다. 이스라엘 회사는 미국 화폐 기준으로 100만 달러를 페이스북 광고에 썼으며 광고비는 미국 달러, 이스라엘 세겔, 브라질 헤알 등 여러 나라 통화로 지불되었다. 디지털포렌식 연구소는 "인플루언스 캠페인 활동은 파렴치한 마케팅 회사가 제공하는, 수익성이 좋고 수요가 많은 서비스다"라고 평했다.

그처럼 영향력을 행사하려는 시도는 민주주의를 무너뜨리기 위해 선거 기간 동안에만 발생하는 것이 아니다.

영국의 홍보 회사 벨포틴저Bell Pottinger가 남아프리카공화국에서 펼친 거대한 '인플루언스 작전'은 2016년 중반에 시작되었다. 이 작전은 100개 이상의 트위터 계정과 페이스북 페이지를 만들어서 그 나라에 있는 백인 자본가들을 겨냥해 (분열을 조장하는 '백인 독점 자본'이라는 문구를 이용해서) 완전히 조작된 분노를 조장하려 노력하는 한편 인도인 억만장자 굽타 형제의 이미지를 개선하려 했다. 이 캠페인 비용을 댄 굽타 형제는 당시 남아프리카공화국 대통령이었던 제이컵 주마와 부패한 거래를 주고받은 혐의에 깊이 연루되어 있었다.

남아프리카공화국에서는 트위터가 널리 사용되었다. 당시 5600만 인구 가운데 트위터 사용자가 800만 명쯤이었고 페이스북 사용자는 거의 1500만 명쯤 되었다.[42] 가짜 트위터 계정들이 서로 리트윗을 했고 페이스북 페이지들은 인기도와 중요도에 잘못된 인상을 심어주었다.

선거가 다가오면서 인종 간 갈등이 고조되었고, 굽타 형제의 영향력 아래에 있는 주요 언론매체와 손잡은 소셜미디어 계정들의 네트워크는 재무부 장관(그는 굽타 형제의 은행 계좌를 해지해버렸다)을 불신임하여 장관직에서 몰아내려 하는 한편 부패한 주마 대통령이 사익을 위해 정부 자금을 유용했다는 보도를 막으려 했다.

소셜미디어와 매스미디어를 한데 얽어 사용하는 전략은 악행을 저지르는 이들에게 확실한 성공을 가져다준다. 소셜미디어가 사실을 거르지 않고 전해준다고 믿는 사람들에게 소셜미디어는 '매스미디어가 당신에게 알려주지 않는 사실'을 제공한다. 그리고 나서 매스미디어가 소셜미디어에서 회자되는 내용을 기사화하면 그 이야기에 정당성이 부여된다. 일부 매스미디어가 그 이야기가 틀렸다는 걸 철저히 밝혀내도 그 이야기가 사실이라는 믿음을 놓지 않는 사람들은 여전히 존재할 것이다.

"취약한 민주주의를 성장시키고 번성시키려면 현재 그들의 음흉한 영향력을 막아내고 앞으로 일어날 일에 대비해야 하며 이를 위해 그런 캠페인이 어떻게 작동하는지 반드시 이해해야 합니다." 아프리카 탐사보도 센터 네트워크ANCIR, African Network of Centers for Investigative Reporting에서 발표한 보고서에는 다음과 같이 쓰여 있다.[43] 약간 위안이 될 만한 일도 있었다. 이 스캔들에서 벨포틴저의 역할이 드러났던 2017년에 이 회사는 800만 파운드(약 130억 원) 상당의 고객사 비즈니스를 이틀 만에 잃었고 얼마 지나지 않아 파산 신청을 했다.

"이 사건은 남아프리카공화국에서 최초로 일어난 대규모 가짜 뉴스 선동이었고 이 나라의 정치와 경제에 악영향을 미쳤다." 남아프리카공화국 신문 〈선데이 타임스Sunday Times〉 기사에서 ANCIR은 이렇게 말했다. "수백만 랜드(수억 원)를 들인 굽타 가문의 선동 조작 캠페인은 경제 정의를 위한 싸움과 부를 축적하기 위한 자기들의 캠페인을 한데 뒤섞어놓는 데 성공했다."

하지만 이 일화는 또한 상대적으로 인터넷 보급률이 낮은 나라에서조차 이제는 소셜미디어가 여론에 영향을 미치는 주요 도구로 여겨질 수 있음을 잘 보여주었다. 있을 법한 일이다. 국민 중에서 아주 소수인 부유한 사람들만 보는 미디어를 이용해 정부 고위 관료에 대한 가짜 분노를 일으키려는 것은 소셜미디어의 역할이 어떻게 보여지는지를 시사한다. 대립하는 분노의 막대기 두 개를 비벼서 그 힘으로 불을 낼 수 있는 불꽃을 피우고자 한 것이다.

실제로 그렇게 되었다. ANCIR의 분석에 따르면, '굽타 가문의 가짜 뉴스 캠페인'으로 두 명의 재무장관(둘 중 한 명은 수십억 랜드가 해외 은행 계좌로 불법적으로 오가고 있다며 주의를 준 사람이었다)이 경질되었다. 세무조사국은 부패를 눈감아주는 쪽으로 변질되었다. 남아프리카공화국의 최대 석탄 자산은 스위스에 본사를 둔 페이퍼컴퍼니에 팔려 나갔다. 이 모든 일은 인종과 무관한 부패보다는 백인 자본가들에게 국민들의 이목을 집중시킨 뉴스와 소셜미디어 캠페인에 힘입어서 이루어졌다.[44]

민주주의에 미치는 또 다른 영향은 외부 국가가 소셜미디어를 이용해 개입하는 과정에서 생겨난다. 자국에 위협이 될 수도 있는 다른 나라에 불신과 분열을 일으켜서 그 나라를 불안정하게 만듦으로써 외교정책에서 이득을 취할 수도 있고, 또는 그 외부 국가 세력이 우호적인 자금원이나 교역 상대나 기타 지원 세력인 것처럼 가장할 수도 있다. 외부 국가가 선전선동에 소셜미디어를 이용하여 얻을 수 있는 장점은, 운영 비용이 저렴하면서도 보통 사람들이 막아내기가 매우 어렵다는 것이다. 페이스북 페이지를 만들어서 특정 후보자를 부양하거나 야유하는 자가 누구인지, 특정 후보에 대한 선동적인 트윗을 투표권이 있는 사람이 썼는지 여부를 한눈에 구분해낼 수 있겠는가?

하지만 소셜미디어 회사들은 그런 작전을 막아내는 데 필요한 모든 정보에 접근권이 있다. 예를 들어 게시물을 올리는 IP 주소라든지, 게시물을 올리는 빈도라든지, 게시물에 사용되는 인터페이스, 계정이 처음 만들어진 날짜, 시간, 장소라든지, 일반 사용자들은 볼 수 없는 훨씬 많은 메타데이터들이 있다. 이런 것을 활용해 '진짜가 아닌' 계정에 맞설 수 있다. 이런 계정들은 때로 옮겨 다니면서 인터넷이나 민주주의나 정부가—또는 이들 셋 모두가—무너질 듯 위태로운 나라들을 노린다.

"아프리카는 이들 허위 정보 캠페인이 엄청나게 빈발하는 지역입니다"라고 윌슨은 말한다. "특히 2019년 중앙아프리카공화국에서는 인터넷 접속자 수가 열 손가락 안에 들 정도였습니다. 전 세계 다른 지역보다 엄청나게 뒤처져 있었죠. 그런데도 그 나라의 온라인에 굉장한 양의 선전선동을 밀어붙이는 러시아발 사이비 국가 작전이 집중적으로 쏟아졌습니다. 이런 테크놀로지를 이용하면 외부에서 활동하는 사람들이 전통적인 미디어만으로는 불가능한 방식으로 증폭을 시키거나 영향력을 행사할 수 있습니다."

소셜미디어는 이제 독재자들에게 놀라움의 대상이 아니다. 그들은 신문물이 가져온 충격에 적응했고 자기들 뜻대로 그것을 갖고 놀았다. "필리핀에서, 브라질에서, 그리고 솔직히 미국에서 우리가 목격했던 일은 특히 소셜미디어가 극단적 포퓰리즘 정당에 유리한 영향을 일으키는 이런저런 형태의 도구로 사용되어왔음을 보여줍니다." 윌슨은 말했다. "전통적인 정치 세력 바깥에 있던 엘리트들이 자신들의 지지 기반에 직접 호소하는 구조를 짜고 이를 독립적으로 구축할 수 있습니다. 정당 구조를 통해 점잖게 차근차근 올라가는 게 아니죠. 그들은 '외부인'으로서 들어올 수 있습니다. 그리고 일반적으로 그런 서사는 포퓰리즘과 밀접하게 연계되어 작동합니다."

스탠퍼드대학교 커뮤니케이션학과 프레드 터너 교수는 소셜미디어가 '다대다' 관계로 포퓰리즘과 파시즘에 해독제가 되리라는 기대는 사실과 다르다는 걸 알고 있었다. 미국의 도널드 트럼프 대통령 당선 직후에 그는 이렇게 썼다. "트럼프의 대통령직 약탈은 디지털 미디어의 반독재 전망을 분명히 배반했다." 소셜미디어에서 트럼프의 존재감은 경쟁 후보들의 기회를 효과적으로 차단했다. 처음에는 공화당 후보가 되는 과정에서, 다음에는 대통령이 되는 과정에서. 트럼프의 트윗이 너무나 크게 미디어의 관심을 끌었기 때문이었다. 그가 말하는 내용이 참이든 (거의 대부분 그랬듯이) 거짓이나 허풍이든, 그런 건 중요하지 않았다. 극단적인 정서 때문에 미디어는 먼저 그 내용을 논했고, 그러고 나서 사람들이 그에 반응하고 있다는 사실, 그다음으로 사람들의 반응이 맞는지 틀리는지를 전했는데, 이런 식으로 뉴스거리에 굶주린 TV 방송 시간을 하루 종일 채웠다.

매스미디어는 소셜미디어를 먹고 산다. 매스미디어는 소셜온난화를 상징하는 분노를 가라앉히기보다는 일부러 증폭시키는 일이 잦다.

포퓰리즘에 이르는 잘 다져진 경로가 있으며 이는 소셜미디어가 존재하기 한참 전부터 사람들이 밟아왔던 길이다. 하지만 소셜미디어 때문에 포퓰리즘이 확산되기가 더 쉬워졌다. 그리고 분노를 이용하는 메커니즘과 알고리듬의 증폭이 이를 돕는다.

"극단주의자들이 민주주의를 어떻게 장악했는지 생각해보니 거의 항상 인종 간 폭력과 위협을 통해서였습니다"라고 윌슨은 설명한다. "말하자면, 1990년대 유고슬라비아에는 다른 민족이 정권을 잡으려 획책하고 있으며 그들이 정권을 잡을 경우 아이들을 모두 잡아다가 수용소에 가두거나 한꺼번에 모아놓고 가정에서 쓰는 언어도 배우지 못하게 금지할 거라고 주장하며 노골적인 선전선동을 펼친 우익 극단주의자들이 있었습니다. 세부 사항은 중요하지 않았어요. 뭐든 원하는 대로 만들어냈죠.

그게 통했던 이유는 이렇습니다. 정당하게 일을 진행한다면 사회 다수를 구성하는 보통의 온건한 사람들은 분명 그런 것을 믿지 않을 겁니다. 하지만 그들은 일종의 확률 가중치를 계산할 거예요. 그들은 말하겠죠. 보세요, 보스니아인 무슬림은 그럴 계획이 없다는 걸 우리도 잘 알고 있습니다. 하지만 혹여나 그들이 그렇게 한다면 그 결과가 너무 끔찍할 테니 우익 정당을 지지하는 수밖에는 선택의 여지가 없습니다. 만일을 대비해서요. 그러면 우익 정당은 계속해서 이 이야기를 퍼뜨리는 거죠. 그들을 지지하지 않는 결과가 최대한 엄청나게 괴이하고 무시무시해 보이도록 하는 편이 그들 입장에서 유리하니까요."

상대 후보가 자신은 그런 끔찍한 일을 하지 않을 거라고 부인하게 (그래서 그 끔찍한 일이 상대 후보와 함께 연상되도록) 만드는 건 옛날부터 있었던 정치적 수법이다. (1960년대 미국에서 린든 존슨이 상대 후보가 돼지와 그짓을 했다는 루머를 퍼뜨렸다는 일화는 유명하다.[45] 충격을 받은 선거운동 관리자가 말했다. "린든 씨, 그가 그런 짓을 하지 않았다는 건 당신도 알잖아요!" 존슨이 대답했다. "나도 압니다. 그냥 그가 그런 일이 없었다고 부인하게 하려는 겁니다.") 소셜미디어 시대에 달라진 점은 그런 거짓말에 알고리듬이 곁들여져서 더 멀리, 더 빠르게 퍼져 나간다는 것이다.

그렇다면 이런 문제는 불가피한 것일까? 2018년 6월에, 페이스북의 글로벌 정치 및 선거 협력 부사장 케이티 하배스는 베를린의 한 행사에서 온전한 선거를 지켜내는 일에 대해 발언했다.[46] "저는 필리핀이 최초 감염지였다는 데에 100퍼센트 동의합니다." 하배스는 쾌활하게 말하면서 페이스북이 현재 집중하고 있는 다섯 영역을 설명하는 슬라이드를 올렸다. 외국의 개입, 가짜 계정, 광고 투명성, 가짜 뉴스의 확산, "유권자가 충분한 정보를 얻도록 지원". 페이스북이 민주주의에 얼마나 잘못된 영향을 끼쳐왔는지 느닷없이 인정한 것이다. 더욱이 하배스의 토론 상대는 자국에서 그토록 열렬한 증오의 대상이 된 마리아 레사였다. 하배스는 페이스북에서 가짜 계정을 없애는 일을 하고 있는 사람이 약 1만 명에 달하며 2019년에는 그 두 배가 될 거라고 말했다. 하지만 하배스는 선거팀이 아주 애를 먹고 있다는 사실 또한 인정했다. 너무나 많은 나라에서 페이스북을 사용하는데 늘 어딘가에서는 선거운동이 진행되고 있기 때문이다.

같은 해 9월에 레사는 샌프란시스코 외곽의 페이스북 사무실에서 페이스북 고위 임원과 미팅을 했다. 온라인에서 돌아다니는 소셜미디어 콘텐츠가 어떻게 오프라인 세계에 해를 끼칠 수 있는지 논의하고자 하는 자리였다. 이는 UN이 미얀마 대량 학살에 대한 보고서를 발간하면서 성사되었다. 페이스북은 미얀마 대량 학살에서 인종 간 갈등을 부추겼다는 비판을 받았다.

국제 언론인 센터International Center for Journalists의 글로벌 연구 책임자 줄리 포세티Julie Posetti가 찾아낸 소식통에 따르면, 레사는 미팅에서 페이스북 임원들에게 이렇게 말했다고 한다. "당신들이 하고 있는 일을 바꾸지 않는다면 저는 감옥에 가게 될 겁니다."[47]

"페이스북의 사명은 이 세상을 더 연결되고 투명하게 만드는 것이다." 이는 페이스북이 종교처럼 떠받드는 주문이다. 하지만 후자는 종종 사라지고 만다. 레사는 2019년 7월에 래플러를 설립하기 전에 자신이 일했던 CNN에 출연해서 이렇게 말했다. "최소한 교전 지역에 있을 때는 발포가 한 방향에서 이루어지고 어떻게 자기 자신을 보호하면 될지 압니다."[48] 반면 그녀에게 닥친 정보 전쟁에서는 "이곳 어디에 적이 있는지조차 알지 못합니다." 그녀는 민주주의의 자유가 "눈앞에서" 무너지고 있다고 경고했다. 래플러 기자들은 두테르테 집회에 변장을 하고 참석해야만 했다. 그들이 가면 환영받지 못했기 때문이다. 레사는 온라인과 정부로부터 끊임없이 당하는 괴롭힘이 마치 "대기오염 같다"고 말했다.

페이스북에 찾아가 미팅을 한 후 2년도 지나지 않아서 레사는 '사이버 명예훼손'이라는 죄목으로 유죄를 선고받았다. 그녀가 유죄판결을 받은 기사는 이 법안이 발의되기 전에 나온 것이었다. 최초 감염지의 상태는 점점 나빠지고 있었다.

그러나 이 모든 사례도 아마 이 문제를 상당히 축소해서 말하고 있는 수준이다. CIA와 백악관에서 10년을 근무한 경력이 있는 야엘 아이젠스탯Yael Eisenstat은 2018년 6월에 '글로벌 공정 선거 작전 책임자head of Global Elections Integrity Ops'라는 직책으로 페이스북에 합류했다. 흥미를 일으키는 직책명만큼이나 그녀는, 선거에 영향을 미치려는 시도들의 급류를 헤쳐 나가는 페이스북에 자신이 도움이 되리라 생각했다. 하지만 도움은커녕 둘째 날부터 자신이 실질적으로 할 수 있는 일이 없다는 사실을 알게 되었다. (첫날은 신규 채용자 전원이 이수하는 보통의 입사 교육을 받았다.) 이 회사는 언제나 민감하게 반응했고, 현재 근무하고 있는 사람들을 화나게 할까 봐 늘 걱정했고, 어떤 해결책이 그것이 적용되고 있는 특정한 국가나 특정한 상황에 적절한지보다는 그 해결책이 '확장 가능한지'—어떤 문제에든 두루 맞는 해법인지—를 항상 더 신경 썼다. "우리는 어떤 특정 국가의 선거나 정치적 쟁점에만 있는 고유한 복잡성을 전혀 해결할 수 없었습니다." 2020년 7월에 그녀는 회상했다.[49] 아이젠스탯은 여섯 달 뒤에 사직했다. 약속받았던 권한을 부여받지 못해서 낙담하고 짜증 난 상태였다. "면접을 봤을 때만 해도 제 역할은 아주 명확했습니다. 제가 관심 있었던 건 페이스북이 우리 민주주의에 미치는 영향이었죠." 하지만 그녀의 윗선은 거기에 영향력을 행사할 권한을 결코 그녀에게 쥐여주지 않았다.

그런 영향력에 대한 페이스북의 무관심에 낙담했던 건 그녀만이 아니었다. 2020년 9월에 버즈피드 뉴스는 전직 페이스북 데이터사이언티스트가 쓴 메모에서 발췌한 내용을 발표했다. 그녀는 여러 선거, 유권자, 민주주의, 정부에 영향을 미치려 사용되고 있는 가짜 계정을 가려내서 제거하는 일을 했다.[50] 소피 장Sophie Zhang은 페이스북에서 일했던 3년 동안 아제르바이잔, 볼리비아, 브라질, 에콰도르, 온두라스, 스페인, 인도, 우크라이나, 그리고 미국에서도 영향력을 행사하려는 작전 세력들과 맞붙었다. 대개 그들은 자금이 풍부했고, 정당에서 고용한 사람들이 상근하면서 상대편 정치 세력에 불리한 조작된 정보와 중상모략을 만들어내고 있었다. 그러나 그녀는 그런 작전 세력들을 승인하거나 거부할 수 있는 자신의 권한에 공포를 느꼈다. "서구 이외의 대부분의 나라들은 시간제 독재자인 나에게 서부 황야의 무법 지대나 마찬가지였다"라고 그녀는 썼다.

장은 몹시 낙담했다. 페이스북은 다수의 인플루언스 작전들을 "멈추게 하는 데에 별로 신경 쓰지 않는" 조직이었다. 그보다는 스팸을 없애는 데에 주력했다. "[페이스북의 영향력이 갖는] 공리적 측면은 규모가 작다는 이유로 폄하되었고, 충격 효과가 불균등하다는 점은 무시되었다"라고 장은 썼다. 페이스북에게는 사람들이 신용 사기를 당하지 않게 해서 페이스북을 신뢰하도록 만드는 일이 민주주의를 지키는 일보다 더 중요했다. 정치인들이 인용하거나 전국지에 실릴 만한 사건이 일어날 위험성이 있을 때에만 내부적으로 공동 대응이 이루어졌다고 쓰면서, 단기적인 의사 결정은 "대개 PR이나 부정적인 관심을 끌 가능성이 주된 동기"였다고 불만을 토로했다. 사실상 전 세계의 민주주의를 보장하는 일은 어떤 나라가 미국 신문에 보도될 가능성이 얼마나 되는지에 따라 좌우되었다.

페이스북은 이 상황을 멈출 수 있었다. 유튜브도 이 상황을 멈출 수 있었다. 정치 후보들에 대한 게시물, 그들에 대한 화를 돋우는 댓글을 찾아내도록, 그리고 그런 게시물이나 댓글들이 빨리 퍼져 나가지 않도록, 논의를 장악하려 드는 사람들—잘못 알아서든 나쁜 의도를 가졌든—을 늦추는 마찰—돌발 질문이나 경고—을 일으키도록 머신러닝 시스템을 조정할 수 있었다. 머신러닝 시스템은 이미 가짜 계정을 가려낼 수 있고 그런 계정들을 만들지 못하게도 할 수 있다. 정치 토론을 감시하는 일은 더욱 어려워지겠지만 극복할 수 없을 정도는 아니다. 그런데도 진짜와 가짜를 구별하는 데에 실패했고, 증폭 알고리듬이 평평한 운동장을 만들기에 적합하지 않다는 사실을 깨닫는 데에도 실패했다.

"이 나라들은 신흥 민주주의국가입니다." 2019년 9월 인터뷰에서 레사는 말했다. "우리에게는 제도가 없습니다. 아니, 설사 있다고 해도 아주 아주 허약하죠. 우리가 훨씬 더 공격에 취약하다는 뜻입니다. 우리 지역에서 허위 정보나 정보 전쟁이 즉각 폭력으로 이어지는 건 부분적으로는 그 때문입니다." 그녀는 소셜미디어가 위험한 존재가 되었다고 지적했다. "민주주의가 신체이고 바이러스 하나가 거기에 침투하도록 내버려둔다면, 그 바이러스는 빠르게 복제를 거듭해서 우리의 정치적 신체를 죽게 만들 겁니다."[51]

사람들이 소셜미디어와 휴대폰을 이용해서 '좋은' 쪽으로 조직화할 것인지—2011년 아랍의 봄 시위에서 그랬듯이, 민주주의에 더 가까이 다가가고 무슨 일이 일어나고 있는지 발언한다—아니면 그것들을 '안 좋은' 식으로 이용해서 점점 자유(특히나 적들의 자유)를 갉아먹을 독재정치를 지지하게 될 것인지 어떻게 판단할 수 있을까? 존 스튜어트 밀은 거짓은 공짜로 접할 수 있지만 진실 여부를 확인하는 비용은 비싼 환경에서, 풍부한 자금이 뒷받침된 허위 정보 캠페인이 알고리듬으로 증폭되는 상황에 대해 고민할 필요는 없었다.

소셜미디어에서 선거 결과에 영향을 끼치려는 캠페인이 내부적으로든 외부적으로든 정확히 어떤 효과를 일으켰는지 파악하려는 노력은 어쩌면 핵심을 놓치고 있다고 윌슨은 말한다.

"모두가 알고 싶어 하죠, 러시아가 소셜미디어에 개입해서 [2016년에] 트럼프를 당선시킨 거냐고 말입니다." 그는 말한다. "스파이 소설에는 정답이 있겠지만 현실은 그렇지 않습니다. 그때 최종 선거 결과는 세 개 경합주에서 나온 5만 표로 갈렸습니다. 그리고 그 5만 표는 세 개 경합주에서 천둥 번개가 쳤다는 사실 때문에 바뀌었습니다. 아마도 비슷하게 영향을 끼친 다른 요인이 열두 가지쯤 있을 테고 모두 잡음을 일으켰겠지요. 하지만 우리가 주목해서 보아야 할 것, 중요한 것은 그 일이 선거를 한쪽으로 몰아갔는지를 확실히 입증할 수 있느냐 없느냐가 아닙니다. 중요한 건 민주적인 결과에 의도적으로 영향을 미치려 시도하는 외국 작전 세력이 있었다는 겁니다. '러시아가 선거 결과를 가름했는가?'는 중요하지 않습니다. 그들이 시도했다는 것 자체가 중요합니다. 은유적으로 보나, 정치적으로 보나, 민주주의적으로 보나, 이거야말로 전쟁 행위니까요."

9장

팬데믹

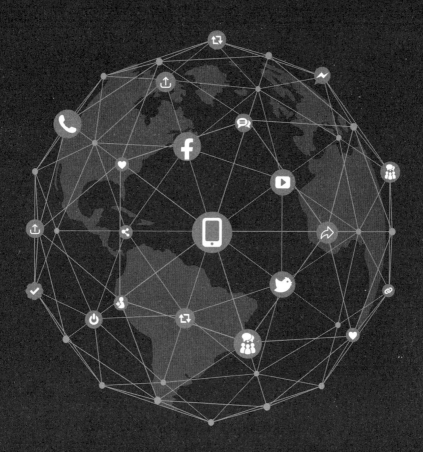

진실 예방접종

Social Warming
The Dangerous and Polarising Effects of Social Media

우리는 전염병epidemic과만 싸우고 있는 게 아닙니다. 거짓 정보의 확산 infomdemic과도 싸우고 있습니다.

—테워드로스 아드하놈 거브러여수스Tedros Adhanom Ghebreyesus

세계보건기구WHO 사무총장, 2020년 2월 13일[1]

2020년 6월의 어느 날 아침 8시, 온화한 날씨의 토론토. 크레이그 실버먼은 이미 걱정에 빠져 있었다. 솔직히 말하면 그건 내 탓이었다. 나는 그에게 소셜미디어와 관련해 내년에 가장 걱정되는 일이 무엇인지 물어보았다.

"지금 제가 가장 걱정하고 있는 부분은 코로나19 백신이 나오면 어떤 일이 벌어질까 하는 것입니다." 그는 말했다. (우리가 이 이야기를 나눈 시점에는 백신이 하나도 승인되지 않았다.) "여러 해 동안 그런 토대가 마련되어 오긴 했지만, 특히 지금은 어떤 백신이 나와도 사람들의 믿음을 약화시킬 태세가 갖춰진 것 같습니다."

버즈피드 뉴스의 미디어 기자인 실버먼은 소셜네트워크상에서 그리고 언론매체를 통해서 진실과 거짓이 퍼졌다가 사그라드는 양상에 대해 몇 년 동안 천착해왔다. 2007년에 나온 그의 첫 책《오류 유감Regret the Error》은 동명의 블로그를 기반으로 쓴 것이다. 블로그에서 그는 신문들이 저질렀던 엄청난 오류를 수집 및 분석하고 바로잡았다. 이 책의 부제는 다음과 같다. '미디어의 오류는 어떻게 언론을 오염시키고 표현의 자유를 위험에 빠뜨리는가.'

하지만 지금 현재 큰 문제는 미디어가 아니라는 것이 그의 생각이다. 그보다는 소셜미디어에서 의도적으로 허위를 퍼뜨리는 데에서 위험이 비롯된다.

"백신 반대 커뮤니티가 조직되고 있습니다. 그런 커뮤니티에서는 백신 반대가 중력장 비슷한 역할을 해서 백신을 믿지 못하는 사람들, 백신의 역사나 백신의 중요성을 이해하지 못하는 사람들을 끌어들입니다. 그러고는 '백신접종을 망설이는' 또는 '백신접종에 회의적인' 사람들로 만들었다가 결국에는 일부 열렬한 안티백서가 되게 하는 거죠." 그는 말했다. "1년이나 1년 반, 2년 뒤면 백신을 맞을 수 있게 되고 충분한 양이 생산될 텐데요. 전 세계적으로 소셜미디어 때문에 기본적으로 과격해진 탓에 접종을 하지 않으려는 사람들이 있을까 봐 걱정입니다."

소셜네트워크들이 무엇이 진실인지 자기들은 결정할 수도 없고 결정해서도 안 된다는 기존 입장을 고수했다면 그런 시나리오가 거의 당연하게 느껴졌을지 모른다. 2018년 9월 첫 주, 트위터 CEO 잭 도시는 미국 의회에 나와 다음과 같이 말했다. "여론을 규제하거나 진실의 심판자가 되라고 트위터에 요구하는 건 위험하다고 저희는 믿고 있습니다." 2019년 10월에 저커버그는 조지타운대학교 학생들에게 이렇게 말했다. "대부분의 사람들은 테크 회사들이 100퍼센트 진실이라고 판단하는 내용만 올릴 수 있는 그런 세상에 살고 싶어 하지 않으리라 생각합니다."[2]

그러나 그 연설이 있고 나서 몇 달 지나지 않아 페이스북, 유튜브, 트위터, 그 밖의 소셜미디어 회사들은 정책을 급선회하여 정확히 그런 일을 하게 되었다. 여러 해 동안 자기들은 중립적인 입장이고 온갖 종류의 다양한 견해를 적어 넣을 수 있는 칠판일 뿐이라고 강조해왔던 회사들이 가장 논쟁적인 주제, 즉 진실을 가리는 일을 결정하게 되었다. 코로나19에 대해 소셜미디어 기업들은 무엇이 진실인지 자신들이 확정할 수 있고 확정해야 하고 확정할 거라는 결정을 내렸다.

코로나19가 맨 처음 중국에서 발생했을 때, 중국 소셜미디어에서의 논의는 무자비하게 탄압받았다. 그러나 국경을 넘어 바이러스가 퍼져 나가자 그 논의는 정확성에 무관심한 소셜네트워크로 옮아갔고 알고리듬은 논쟁과 분노에 열렬히 반응했다.

우한이 봉쇄되고 나서 나흘이 지난 1월 27일에 WHO는 코로나19 위험이 "전 세계적으로 높다"라고 공표했다. 소셜네트워크는 이에 주목했다. 이틀 후에 트위터는 이 주제와 연관된 '주요 용어들'을 검색하면 '보건당국의 자료'에 연결될 거라고 발표했다.[3] 트위터는 또한 많은 사람들이 거짓 정보 또는 허위 정보라고 부르는, '플랫폼 조작'을 퍼뜨리려는 시도를 감시할 거라고도 했다.

그다음 날, WHO는 코로나19가 "국제 공중보건 비상사태"라고 선포했다. 이는 가장 높은 수준의 보건 경보다. 페이스북의 보건 책임자 강싱 진 Kang-Xing Jin은 전과 마찬가지로 외부 팩트체크 담당들이 허위라고 표시한 콘텐츠는 확산이 제한될 것이라고 강조하는 글을 올렸다. 그리고 더 중요한 건 "우리의 현재 정책을 확장해서 신체적 손상을 일으킬 수 있는 콘텐츠를 삭제할 것"이라고 발표했다.[4] 이런 새로운 해석을 적용하면, 코로나19 치료를 미루게 하거나 코로나19에 걸리도록 부추기거나 (아무것도 알려지지 않은) 치료법을 주장하거나 하는 견해들은 노출 순위를 내리는 정도가 아니라 아예 삭제될 터였다.

페이스북과 인스타그램에는 괄목할 만한 출발점이었고, 또한 새로운 규칙이 적용될 것이었다. 여러 해 동안 암 치료 '대체 요법', 자폐증 '치료법', 백신접종을 반대하는 장광설—이것들을 믿고 피해를 입은 아이들을 위해 조치를 취해야 할지 말지를 결정하는 부서조차 없었다—처럼 해로울 수도 있는 허위 콘텐츠를 삭제해달라는 외부의 요구를 거부하거나 묵살해왔던 페이스북은, 이제 콘텐츠와의 전쟁에 저돌적으로 뛰어들고 있었다.

그 반응의 규모와 속도를 두고 여러 서구 정부와 눈에 띄게 불화가 생겼다. 이는 소셜네트워크들이 여론에 의지하지 않고도 전 세계 수십억 명에게 직접적으로 영향을 미칠 수 있는 의사 결정을 일방적으로 내릴 수 있는 실질적인 독재체제라는 점을 부각시켰다.

저커버그는 코로나19의 위험성에 대해 초기에 들었다. 소아과 의사인 아내와 함께 2100년까지 모든 질병을 '치료 또는 예방하는 것'을 목표로 삼는 챈 저커버그 이니셔티브라는 야심 찬 프로젝트에 자금을 대고 있기 때문이다. 이 프로젝트에는 다수의 뛰어난 의사들이 참여하고 있다. 그중에는 미국 질병통제예방센터CDC, Centers for Disease Control and Prevention 센터장이 었던 톰 프리든Tom Frieden도 포함되어 있었다. "그들에게서 받은 쪽지에는 이렇게 쓰여 있었어요. 음, 이건 억제가 안 될 거 같네요." 저커버그는 나중에 한 인터뷰에서 이렇게 고백했다.[5] "진짜로 온 세상에 퍼져 나가서 모든 나라에 어떤 식으로든 영향을 미칠 것 같습니다."

그는 페이스북 고위 임원들에게 극적으로 변화하려면 어떻게 해야 할지 준비하라고 지시했다. 페이스북의 PR 임원 닉 클레그에 따르면, 이 경고는 "페이스북 내부의 그 누구보다도 먼저였고, 진짜 전문적인 전염병학자들을 제외하면 그 어떤 사람보다도 먼저였다"라고 했다. 그다음 한 달동안 이루어진 페이스북 콘텐츠에 대한 조치는 가장 두드러지는 외부적인 변화였고, 이로써 바이러스 확산의 파급 효과가 나머지 세상 사람들에게도 분명해졌다.

기능적으로 소셜네트워크의 작동 방식이 바뀐 건 아무것도 없었다. 하지만 그들은 자기들이 제공하는 서비스를 다른 시각으로 바라보기 시작했다. "코로나19 때문에 우리의 접근방식이 바뀌었습니다. 한마디로 표현하자면 '해로움의 정의가 넓어진' 겁니다." 소셜네트워크 내부 사정에 정통한 소식통이 말했다. "우리는 대중을 교육하는 역할이란 관점에서 스스로를 바라봅니다. 이번 코로나19 위기 동안 많은 기업들이 실제로 더욱 직접적으로 교육하는 역할을 맡게 되었다고 생각합니다."

WHO는 잘못된 정보, 오해, 허위의 맹공이 있으리라는 걸 눈치챘기에 그에 맞서 정확한 정보를 유통하기 위해 '리스크 커뮤니케이션 팀'을 신설했다. "중세 시대에도 이런 현상이 있었다는 걸 우리는 알고 있습니다." WHO 전략을 수립한 실비 브리앙Sylvie Briand은 의학 저널 〈랜싯The Lancet〉

에서 이렇게 말했다.[6] 흑사병이 전 세계를 휩쓴 이후 수백 년 동안 과연 사람들이 전문가를 신뢰하게 되었을지가 문제였다.

페이스북은 이미 위험한 전염병에 대한 허위와 거짓 정보의 발생에 대응한 경험이 있었다. 그리고 많은 과학자들은 그 대응이 부족해 보인다고 느꼈다. 2016년 5월과 6월에 지카바이러스가 브라질에서 감염된 모기를 통해 북쪽으로 퍼져서 플로리다까지 갔다. 그해 2월 이후 그 전염병은 30개국으로 퍼져 나갔고 대부분은 남아메리카 국가들이었다. 어른, 아이 모두에게 심각한 영향을 미칠 수 있는 병이었다. 페이스북은 그에 맞서는 과정에서 형편없었다. "허위로 올리는 게시물이 정확하고 적절한 공중보건 정보보다 훨씬 더 인기 있었습니다." 위스콘신에서 일하는 소아과 의사 메가 샤르마Megha Sharma 팀이 그해 11월에 보고한 내용이었다.[7] 차이는 극명했다. 각각 가장 많이 공유된 게시물을 기준으로 비교해보면, 유용한 정보, 즉 WHO가 언론에 배포한 동영상이 담긴 게시물은 조회수가 4만 3000회였고 1000개 미만의 계정에 공유되었다. 지카바이러스에 대해 "사기 치려고 만들어낸 의학적 속임수"라고 한 거짓 정보 게시물은 조회수가 53만 회 이상이었고 2만 명 가까이 공유했다. 조회수는 열두 배 정도, 공유 수는 스무 배 정도 차이가 났다. 몇 년 후에도 지카바이러스에 대한 거짓 정보가 여전히 브라질에서 돌아다녀서 현지 의사들을 좌절시켰다.[8] 사람들이 완전히 새로운 바이러스로 인한 질병에 대한 정보를 어떻게 처음부터 잘못 이해된 전파 방식으로 얻었는지를 보면 좋은 전조가 아니었다.

문제의 씨앗은 오래전에 뿌려졌다고 실버먼은 말했다. "2014년에 페이스북 직원과 이야기를 나눈 적이 있어요. 당시에 바이럴되는 소문과 속임

수와 폭로에 대해 연구하고 있었거든요." 그는 말했다. "우리 데이터를 보여주는 웹사이트가 있었어요. emergent.info라고요. 페이스북 사람은 제게 이렇게 묻더군요. '그렇다면 어떻게 이 루머를 찾아냅니까, 어떻게 그게 사실인지 아닌지 밝혀내죠?' 그래서 저는 설명했죠. '음, 아시다시피 우리는 기자라서 추적 조사를 하고 있죠. 우린 구글 애드워즈 일부를 사용하고 트위터 리스트도 몇 개 만들었어요. 하지만 결국 가장 중요한 건 기자로서 그리고 연구자로서 검증하는 과정이에요.' 그러자 그들은 몹시 실망했습니다. 그들은 어느 정도 규모 있는 것을 원했어요. 그래서 자동화할 수 있게요. 페이스북은 너무 커져버렸어요. 너무 오랫동안 성장을, 그리고 성장에만 신경 썼기 때문입니다. 스스로 만든 덫에 걸린 거죠. 그 솔루션이 아주아주 많은 나라들에 제공되어서 거대한 규모로 작동할 수 없다면 페이스북이 거짓 정보나 허위 정보 문제를 실제로 해결하는 건 불가능할 거예요."

이번 일이 팬데믹이라는 사실에는 그러므로 한 가지 장점이 있었다. 페이스북은 어디서나 똑같은 질병에 대응하고 있었다. 이 문제는 어느새 아주아주 많은 나라들에서 규모를 키워가고 있었다.

코로나19가 미국에서 그들의 레이더망을 벗어났다기보다는─최초의 확진자는 2020년 1월 21일 시애틀에서 나왔는데 트위터나 페이스북의 발표가 있기 전이었다─소셜네트워크의 고질병이 되어버린 문제들, 즉 바이러스의 기원과 영향력, 여기서 누가 이익을 얻을까에 대한 음모론 등이 이미 뿌리를 내리고 있었다. 팬데믹은 유례없는 사건이고, 음모론자들은 이 기회를 최대한 이용할 태세를 갖추고 있었다. 소셜네트워크는 진화론 신봉자들이 터무니없는 생각을 키워내서 크게 반향을 일으키는 온 상이 되어 있었다. 이를테면 이런 것들이다. 코로나19는 우한 수산 시장에서 멀지 않은 중국의 한 실험실에서 생산해 그곳 주민에게 풀어놓은 생화학 무기다. 혹은, 미군이 생산해서 중국 국민에게 풀어놓은 생화학 무기다. 혹은, 이 바이러스는 2018년 미국의 '딥 스테이트'가 의도적으로 퍼뜨렸으며 빌 앤드 멀린다 게이츠 재단이 2015년에 특허를 낸 백신으로 치료 가능하다. 이 재단은 코로나19를 치료하면서 막대한 이익을 챙길 것이며 트럼프를 몰아내는 데에도 활용할 것이다(이 같은 계획이 시사하는 선견지명에는 누구라도 감탄을 금치 못할 것이다). 혹은, 코로나19는 2019년 11월 우한 주변의 5G 이동통신망 송전탑이 세워지면서 활성화되었다(이것의 변형으로, 5G 통신망이 작동하는 과정에서 박쥐 몸 안에 서식하던 바이러스를 '깨워내는 바람에' 그것이 인간에게 전파되었다는 이야기도 있다. 전파, 박쥐, '코로나19'라는 단어를 보여주는 도표와는 별개로, 어떤 메커니즘도 이런 과정으로 발현되지 않는다).

이처럼 괴상하지만 파급력이 있는 밈들은 2020년 1월 22일 벨기에 안트베르펜 지역의 한 일반의GP, general practitioner에게서 비롯된 것으로 보인다. 〈와이어드〉 기고문에서 제임스 템퍼튼James Temperton은 조사를 하던 중, 벨기에 신문 〈HLNHet Laatste Nieuws〉 지역판에서 한 기사(나중에 삭제되었다)를 찾아냈다고 밝혔다.[9] 이 지역신문은 평소 '교통신호등을 없애면 교차로가 더 안전해진다', '인터랙티브 월interactive wall을 이용한 운동은 아이들에게 숫자 세는 법을 가르쳐준다' 같은 기사를 내보냈다. 그런데 빌레이크 구역에 사는 한 일반의에 관한 기사의 제목은 '5G가 생명을 위협한다, 아무도 모르는 진실'이었다. 이 일반의는 "5G 출시가 해롭다는 충분한 과학적 증거가 있습니다. 하지만 아무도 그 사실을 모르고 있어요"라고 주장했다.[10] 길게든 짧게든 휴대폰에 대한 글을 써왔던 사람에게는 이런 두려움의 표현이 아주 익숙했다. 휴대폰에서 나오는 '전자파'가 (약간) 위험하긴 하지만, 의사들은 우리가 지나칠 정도로 조심하는 것에 대해 우려를 표했다. 적어도 25년 이상 같은 의혹이 제기되었지만 휴대폰 사용과 어떤 질병 사이에는 아무런 역학적 관련성도 나타나지 않았다.

그래서 기자는 질문했다. 2019년 2월 이후 주변에 5G 송전탑이 들어선 우한에서 전 세계 집계 기준 (인터뷰 당시인 2020년 1월까지) 아홉 명이 사망하고 440명이 감염되었다. 그런데 5G와 코로나19 사이에 관련성이 있단 말인지? "그에 대해서는 제가 팩트체크를 하지 않았습니다." 그 일반의는 애매하게 대답했다. "하지만 지금 일어나는 일들과 관계가 있을 수 있습니다." 이 기사는 종이신문과 온라인으로 발행되었다. 그리고 신문사 편집부가 과학적 근거가 전혀 없다는 사실을 깨닫고 난 뒤에는 신문사 웹사이트에서 삭제되었다. 하지만 피해는 이미 발생했다. 지니는 호리병을 빠져나와 버렸다. 물론 이번 시도가 실패했어도 또 다른 사람이 지니를 내보냈을 것이다. 세상에 나오지 못해 이미 들썩거리고 있던 생각이 있었기 때문이다. 먼 나라에서 시작된 새로운 기술과 똑같이 먼 나라에서 발생한 신종 질병.

위험한 트윗과 페이스북 게시물과 음모론 사이에서, 소셜네트워크들은 자신들이 스스로 만들어낸 시스템과 싸우고 있다는 것을 알아차렸다. 알고리듬은 정확성을 따지기보다는 바이럴이 잘 되는 쪽으로, 심사숙고하기보다는 속도를 우선하는 쪽으로 설계되었다. 별다른 노력 없이, 힘들이지 않고, 콘텐츠를 전달하도록 최적화되어 있었다.

음모론은 페이스북과 유튜브를 타고 네덜란드의 5G 반대 그룹을 통해 영어권으로 확산되었고 더 유명한 인플루언서들에게 알려지기 시작했다. 템퍼튼이 지적한 대로 "바이럴 확산 트렌드를 포착하는 데에는 똑똑하지만 그 내용의 멍청함은 알아차리지 못할 만큼 바보 같은 참여 중심 알고리듬"이 작동한 결과였다.

수많은 밈의 각축장에서 '5G 바이러스'는 특별히 큰 반향을 일으킨 것으로 밝혀졌다. 5G는 새롭고 더 빠른 이동통신 기술이지만 대부분의 사람들에게 그 유용성이 완전히 알려지지 않았고, 가정용 이동통신 송수신기 안테나는 오랫동안 대중에게 불신의 대상이 되어왔다. 집에 들어앉아 무슨 일이 생길지 두려워하면서 어떤 식으로든 상황을 이해하려던 수백만 명에게 자신들의 생각을 퍼뜨릴 궁궁이를 품고 있던 음모론자들에게, 발원지가 분명치 않은 신종 바이러스와 용도가 분명치 않은 기술은 천생 연분과도 같은 조합이었다. 코로나19가 전 세계에 맹위를 떨치면서 음모론 또한 소셜네트워크에서 맹위를 떨쳤다. 문제는, 이번 대응을 통해 둘 중 어느 한쪽이라도 제어할 수 있는가 하는 것이었다.

2020년 3월 16일 오후에 페이스북, 구글, 유튜브, 마이크로소프트와 그 자회사 링크드인, 그리고 레딧은 공동성명을 발표했다. 그 시점에서 미국 내 확진자 수는 4200명을 넘어섰고 사망자는 100명에 이르렀다. 이들은 "코로나19에 대한 엉터리 정보와 거짓 정보에 맞서 합동 전투를 벌일 것이며 공인된 내용을 플랫폼에 잘 보이도록 올리겠다"라고 발표했다.[11] 미국에서는 록다운에 대한 거짓 소문이 이미 마구 퍼져 나가 있었고, 나흘 앞서 중국도 음모론의 장에 가담했다. 중국 외교부의 한 대변인이 캐나다의 음모론 사이트를 그대로 인용한 트윗을 반복해서 올렸다. 코로나19는 미국에서 발생했고 2019년 10월 세계 군인 체육대회 기간 동안 전파되었다는 내용이었다.[12] 이들 소셜네트워크 기업들은 힘겨운 일을 떠맡은 듯했다.

3월 16일 월요일, 공식 블로그에서 트위터의 법무 및 '고객 주도' 담당 임원은 전염병 국면이라는 맥락을 고려해 자체적으로 "트위터 규정을 재검토"하겠다고 설명했다.[13] 이틀 뒤에 이 게시물은 보다 구체적인 조언으로 업데이트되었다. 재정비된 정책으로 사람들에게 (중략) 잠복기 동안의 감염에 대해 검증된 과학적 사실을 부정하거나 WHO 또는 지역별 보건당국의 감염병 지침을 부정하는 내용을 담은 트윗의 삭제를 요구할 것이다. 예를 들어 "코로나19는 어린애들에게는 감염되지 않는다, 아이들이 걸린 경우는 본 적이 없다" 같은 것들이다.

같은 날, 저커버그는 기자들과의 전화 간담회에서 페이스북과 기타 기업들이 하고 있는 일에 대해 이야기했다.[14] 그는 페이스북이 "거짓 정보가 퍼져 나가지 않도록 하는 데에 몹시 주의를 기울였습니다"라고 주장했으며 "확실히 해결해야 할 거짓 정보나 그와 유사한 것들을 규명하기 위해 [다른 기업들과] 기본적으로 협력하고 있습니다. 다른 기업들과의 공조는 지난 몇 년 동안 나쁜 콘텐츠와 싸워오면서 대체로 더욱 강화되었습니다"라고 말했다. 반테러를 위한 초기 활동을 언급하면서 당시 AI 시스템이 먼저 해당 콘텐츠를 98퍼센트 이상 규명했고 그 후 그 콘텐츠들을 내렸다고 했다.

하지만 코로나19 거짓 정보에는 태그만 붙었을 뿐 '즉각적인 해를 끼칠 위험'이 없는 경우라면 삭제되지 않았다.

이에 대해 저커버그는 다음과 같이 설명했다. "어떤 장난이 유행하고 있고 당신이 그걸 해봐야겠다고 생각한다면요. 예를 들어 표백제를 마시면 코로나19가 나을 거라든지. 그건 끔찍한 일이죠. 명백하게 즉각적인 해를 끼칠 겁니다."

그렇다면 페이스북은 전에는 하지 못했으면서도 어째서 지금은 잘못된 의료 정보에 조치를 취할 수 있게 되었을까? 그리고 정치적인 거짓 정보에 대해서는 어째서 그렇게 할 수 없었을까? 저커버그는 "우리는 즉각적으로 신체에 해를 가할 일들을 결코 허용하지 않았습니다. (중략) 여기서 기준은 사람이 꽉 찬 극장에서 거짓으로 불이 났다고 외치면 안 된다는 겁니다"라고 주장했다. 폭력을 선동하거나 건강과 관련해서 '위험한' 거짓 정보를 올리는 경우라면 정치인의 콘텐츠도 삭제되었다고 그는 말했다.

비슷하게 중요한 건 이런 상황에서 "널리 신뢰받는 당국의 입장이 있고 (중략) 사회 전반에서 사람들이 모두 동의하면 어떤 주장이 음모론이거나 장난인지, 무엇이 믿을 만하고 무엇이 아닌지 판정할 수 있는" 거라고 저커버그는 말했다. 그런 입장은 정치와는 구별된다고도 했다. "팬데믹이나 이런 발병 사태 기간 동안 건강에 관한 거짓 정보는 아마 예상 가능한 범위에서 흑백 구분이 가장 뚜렷한 상황일 겁니다." 반면 정치 연설은 "그런 종류의 연설을 어떻게 판정하고 통제해야 하는가 하는 면에서 보면 아마 가장 어려운 일일 겁니다." 이 말은 정치적 맞수가 제기하는 음모론, 거짓 정보, 허위 정보도 줄일 거라는 뜻처럼 들렸다.

알고 보니 저커버그가 한 말을 너무 낙관적으로 해석한 거였지만.

트위터는 콘텐츠가 사실에 부합하는지 감시하기가 까다롭다는 것을 이미 알고 있었다. 3월 16일에 트위터는 논란이 되었던 전직 밀워키 보안관 데이비드 클라크David Clarke의 트윗을 삭제했다. 술집과 식당이 문을 닫을 거라는 뉴스에 반응하여 그는 90만 명의 팔로워가 있는 자신의 계정에 "떨쳐 일어나서 반발할 때. 술집들과 식당들은 이 명령에 거역해야 한다. 나가고 말고는 사람들이 알아서 결정할 문제다"라고 썼다.[15] 그 트윗을 포함해 비슷한 트윗들이 '자해를 부추기는' 내용을 금하는 트위터 정책을 위반했다는 이유로 삭제되었다. 10대 소녀들이 자기 몸을 칼로 긋지 못하게 하려던 규정이 밝혀지지 않은 전염성을 운에 맡기는 사람들에게 적용되고 있었다. 트위터는 존 맥아피John McAfee의 트윗 하나도 삭제했다. 소프트웨어 바이러스 백신 회사를 설립한 후 그의 행보는 "코로나19는 중국산 바이러스이기 때문에 흑인들은 걸리지 않는다" 같은 주장에서 짐작할 수 있듯 '이채롭다'고 설명할 수 있다.[16] (존 맥아피는 탈세 혐의로 스페인 경찰에 체포되어 미국 송환을 기다리던 중 스페인 구치소에서 자살로 생을 마감했다. 이 책의 원서가 발간된 날짜 하루 전인 2021년 6월 23일이었다—옮긴이)

하지만 진실을 결정해야 하는 새로운 시대를 살아가는 일이 클라크나 맥아피의 트윗들을 처리하는 일만큼 항상 간단하진 않았다. 3월 19일에 자동차 회사 테슬라 CEO 일론 머스크가 (당시 트위터 팔로워는 3300만 명이었다) 중국 뉴스 한 꼭지를 들먹이는 트윗을 올렸다. 그는 "중국 내에는 신규 확진자가 없다"라고 썼다.[17] 다른 사용자가 그 뉴스를 믿느냐고 묻자 그는 "현재의 추이를 보건대 미국에서도 4월 말쯤에는 신규 확진자가 0명에 가까워질 것이다"라고 스레드로 트윗을 추가했다.[18] 또 다른 사람이 상점 폐쇄, '사회적 거리두기', 여행 제한, 마스크 착용을 한 후에 그렇게 되는 거냐고 물었다. 그는 이렇게 대답했다. "아이들은 기본적으로 면역이 형성되어 있다. 하지만 기저질환이 있는 노인들은 취약하다. 아이들과 조부모가 가까이 접촉하는 가족 모임이 가장 위험할 것이다."[19]

하지만 아이들은 면역이 되어 있지 않았다. 이틀 앞서 〈뉴욕타임스〉는 아이들 중 6퍼센트가 심각한 증세를 나타냈으며 열네 살 청소년 한 명이 사망했다고 밝힌 과학 연구를 인용한 기사를 냈다.[20]

그렇다면 일론 머스크의 트윗은 '기존의 과학적 사실을 부인'한다는 트위터의 기준에 부합할까? 이 트윗은 삭제되어야 할까? 트위터는 잠시 곰곰이 생각해본 후에 지우지 않기로 결정했다. 이 기업은 IT 전문 뉴스 사이트 버지The Verge에 "전체적인 맥락과 이 트윗의 결론을 고려할 때, 이 트윗은 우리 규정을 위반하지 않는다"라고 말했지만, 자세한 설명은 거부했다.[21]

그렇다면 과학적 추측에도 여지가 있을까? 며칠 후 자유주의 우익 사이트 페더럴리스트는 한 무면허 피부과 의사가 코로나19 팬데믹에 맞서는 보다 나은 전략은, 20세기에 의도적으로 아이들을 가벼운 병에 걸리게 했던 '수두 파티' 같은, "통제된 자발적 감염"이라고 주장했다는 기사를 실었다. 이번에는 트위터가 행동에 나섰다. 먼저 클릭하려는 사람들에게 이 링크된 기사가 "안전하지 않다"라는 경고를 띄웠고(악성소프트웨어가 숨어 있다는 느낌이 들게 한다) 곧이어 기사를 링크한 트윗을 삭제할 때까지 이 계정을 정지시켰다.[22] 사실상 이 기사는 그 후 트위터에서 사라졌다. 트위터에 올라온 모든 링크가 트위터의 자체 소프트웨어로 중개되어 시스템 차원에서 링크들을 차단하기 때문이다. (주된 목적은—대개 어느 사이트에서나 골칫거리인—불법 콘텐츠, 스팸, 악성소프트웨어, 포르노의 확산을 막는 것이다.)

'진실'을 판정하는 미묘한 차이가 이제 분명해졌다. 머스크는 상대적인 위험을 지적하고 있었던 반면, 클라크와 페더럴리스트는 위험에 처할 만한 일을 하라고 직접적으로 사람들을 부추겼다. (트위터의 '안전' 계정은 3월 18일에 "코로나19에 걸리거나 바이러스를 전염시킬 가능성을 높이는 내용이 포함된 트윗들"을 삭제하겠다는 트윗을 올렸다.[23] 머스크의 트윗은 실제로 사람들이 모일 경우의 위험을 지적했지만, 클라크와 페더럴리스트는 위험을 무시했다.)

트위터와 페이스북은 콘텐츠에 대해 계속 적극적인 태도를 취해나갔다. 3월 30일에 트위터는 한 나라 대통령의 트윗을 삭제하는 극단적인 조치를 취했다. "코로나19 감염 인자를 제거하는 기적의 물약"을 먹으라고 하는 베네수엘라 니콜라스 마두로 대통령의 트윗이었다. 뒤이어 브라질의 자이르 보우소나루 대통령이 당시 검증되지도 않은 코로나19 치료제로 말라리아 치료제 하이드록시클로로퀸을 지지하면서 사회적 거리두기를 그만두자고 주장한 트윗도 삭제했다. 페이스북 또한 보우소나루의 동영상을 '신체적 해를 가할 수 있는 거짓 정보'로 간주하고 삭제했다. 다음으로 트위터는 트럼프 대통령의 측근 인사인 루돌프 줄리아니가 하이드록시클로로퀸이 코로나19 치료에 "100퍼센트" 성공률을 보였다고 한 트윗도 삭제했다. 일주일 후에 트럼프를 공개적으로 지지하는 자매 동영상 블로거 다이아몬드 앤드 실크Diamond and Silk가 "우리는 이 환경에서 바깥으로 나가야 한다", "사람들을 장기간 집 안에 격리하면 병에 걸리고 말 것이다!"라는 트윗을 올리자 계정을 폐쇄했다. 트위터는 이것이 "우리의 코로나19 거짓 정보 정책을 위반했다"라고 밝혔다. 이러한 삭제 조치들은 "표현의 자유당 내 표현의 자유파the free speech wing of the free speech party"(2012년 3월 영국 〈가디언〉이 주관한 회담에서 당시 트위터에서 일하던 토니 왕Tony Wang이 사용자들이 올리는 게시물에 대해 '중립적'인 입장을 강조하면서 소셜네트워크는 '표현의 자유당 내 표현의 자유파'라고 설명한 바 있다—옮긴이)로부터 트위터가 얼마나 멀리 왔는지를 보여주었다.

페이스북 또한 전보다 더 적극적으로 경고 표시를 달기 시작했다. 터무니없이 틀린 내용의 콘텐츠가 바이럴될 경우 '거짓' 표시를 붙였다. 하지만 그것은 다른 문제를 일으켰다. 트위터와 페이스북이 이제 콘텐츠를 감시해서 위험한 내용을 삭제하고 있다면 우리가 보고 있는 모든 것은 맞는 내용이라고 생각해야 할까? 이것은 예일대학교, 하버드대학교, 리자이나대학교 공동 연구팀이 2019년에 밝혔던 '암시적 진실' 문제였다. 가짜 뉴스에 그런 라벨(그들의 실험에서는 '거짓' 경고가 페이스북의 절제된 '이의 제기' 표시보다 훨씬 더 컸다)을 붙이면 라벨이 붙지 않은 모든 게시물은 암시적으로 진실로 받아들여진다는 뜻이다. 유명인들의 계정에서 트윗들이 삭제되고 있는 분위기에서는 그 주제와 관련된 수백만 개의 다른 트윗 또는 게시물에 암시적 진실이 부여될 가능성이 높았다.

실제로 바이럴과 알고리듬의 증폭이 만나다 보니, 소셜미디어라는 비옥한 토양에서는 늘 헛소리가 번성하고 퍼져 나갔으며 네트워크의 통제 능력을 넘어서는 일이 다반사로 발생했다. 4월 첫 주에 발표된 퓨 리서치의 조사 결과를 보면, 미국인 가운데 4분의 1 이상이 코로나19가 연구실에서 일부러 개발되었다고 믿고 있었다. 이런 믿음은 서른 살 미만, 고졸 이하, 히스패닉, 특히 보수 공화당원에게서 가장 강하게 나타났다.[26] 대졸, 예순다섯 살 이상, 민주당 지지 그룹 내에서도 극단적인 자유주의자에게서 가장 약하게 나타났다. 이 주장을 뒷받침할 근거는 없었다. 과학적인 연구에서는 모두 우한의 야생동물 시장에서 이루어진 야생동물 밀거래에서 유통된 박쥐로부터 자연스럽게 건너왔다고 했다.

소셜네트워크들이 비유적인 의미에서 불을 끄고 있는 동안, 이동통신 사업자들은 문자 그대로의 불을 끄고 있었다. 일부 사람들이 휴대폰 송전탑이 5G를 가능하게 한다고(일부는 그렇고 일부는 아니었다) 믿고 그들의 논리대로라면 위험하다는 이유로 그것을 불태우려고 했다. 4월 첫 주말, 영국에서 송전탑 스무 기가 공격을 받았다.[27]

이는 소셜네트워크, 특히 크고 작은 그룹의 생각—결함이 있든 없든—을 찾아내어 모아주는 소셜네트워크의 능력이 불러일으킨 결과였다. 알고리듬 때문에 말도 안 되는 계획이 증폭되기 전까지는 그런 생각들이 광범위하게 영향력을 행사하려면 엄청난 노력이 들었다. 소셜네트워크들은 이 같은 행동을 일상화했다. 어떤 견해를 가졌든, 그 견해에 동의하는 사람들을 어느 정도, 또는 꽤 많이도 찾을 수 있었다. 따라서 그 생각이 정말로 합리적인 검토를 거쳤는지 의문을 품지 않아도 되었다.

이 플랫폼들이 진실에 새롭게 접근한다는 건 팩트체커fact-checker에 대한 수요가 늘었다는 뜻이었다. 옥스퍼드대학교 로이터 연구소의 연구에 따르면, 2020년 1월과 3월 사이에 팩트체크 수요는 열 배나 늘었고 거짓 정보의 양은 거의 확실하게 훨씬 더 늘어났다.[28]

대부분의 거짓 정보는 존재하던 정보를 가져와서 비트는 '재구성' 수준이었다고 그 보고서는 밝혔다. 하지만 3분의 1 조금 넘는 정도는 완전히 새로 만든 것이었다. 정치인과 유명인이 생산한 것은 20퍼센트 정도에 그쳤지만 소셜미디어 참여 중 3분의 2 이상을 끌어내서 주목을 불러일으키는 힘을 입증했다. 그렇지만 연구자들은 비공개 그룹과 대화방의 어두운 웅덩이는 들여다보지 못했다고 자인하며, 그것이 "거짓 정보가 처음 시작되는" 중요한 출처로 추정된다고 언급했다.

트위터가 거짓 콘텐츠 삭제를 가장 잘하지 못한 것으로 드러났다. 거짓으로 평가된 트윗의 59퍼센트가 여전히 올라와 있었다. 유튜브와 페이스북은 그 수치가 각각 27퍼센트와 24퍼센트였다.

이 보고서의 저자들은 희망적이지 않았다. 그들은 "코로나19에 대한 거짓 정보에 관해서는 어떤 묘책이나 예방접종, 어떤 '치료제'도 없을 것이다"라고 관측했다. 그 대신 팩트체커, 미디어, 관계 당국, 그리고 플랫폼 자체적으로 "지속적이고 조직화된 노력"이 이루어져야 할 것이다. 그렇지만 팩트체커들은 일정 속도로만 활동할 수 있는데 소셜네트워크에 내장된 공유 메커니즘은 정보가 사실이든 거짓이든 훨씬 더 빠른 속도로 그것을 옮겨놓는다는 점이 끊임없이 문제가 된다. 거짓이 진실보다 더 빠르게 더 널리 확산되기 때문에 팩트체커들은 언제나 기하급수적으로 늘어나는 요구에 대처할 수밖에 없다.

4월 초에 왓츠앱은 자체적으로 이를 제한하려는 조치를 취했다. 전 세계 사람들 대부분이 바이럴 확산이라는 개념을 더 잘 알게 되면서 선동적인 메시지가 그런 방식으로 퍼져 나갈 가능성은 현저히 줄었다. 기존에는 메시지를 다섯 번까지 동시에 전송할 수 있었는데 이제는 한 번에 하나의 새로운 채팅방(개인 채팅이든 그룹 채팅이든)에만 전달할 수 있도록 새로운 제약이 생겼다.[29] 묘하게도 이 회사는 이런 내용을 발표하는 블로그에 '왓츠앱을 개인적이고 사적인 용도로 유지한다'라는 제목을 달았다. 의도는 분명 "왓츠앱이 거짓 정보를 퍼뜨리는 데에 이용되지 않도록 막는다"였는데도 그랬다. 이 블로그는 "우리는 전달량이 현저히 증가하는 현상을 목도해왔고, 사용자들이 우리에게 말하기를 (중략) 거짓 정보의 확산에 기여할 수 있다고 했다"라고 언급하면서 기본적인 부분은 인정했다. 전달을 통해 거짓 정보가 주로 유통된다는 것은 왓츠앱에 새로운 사실이 아니었다. 그들은 인도와 브라질에서 그것이 어떻게 전개되어서 치명적인 결과에 이르렀는지 이미 본 적이 있었다. 바이럴 확산을 줄이면—그 블로그에서 직접 이런 표현을 쓴 건 아니다—"왓츠앱을 개인적인 대화의 장으로 유지"할 수 있을 것이다. 바이럴에서 제거되는 것은 오로지 분노였다. 그달 말에 그 회사는 "왓츠앱에서 많이 전달되는 메시지의 양이 70퍼센트 감소"했다고 밝혔다.[30] 이처럼 극적으로 감소했다는 건 대부분의 바이럴 메시지가 이전에는 수십 배쯤 전달되었다는 뜻이었다. 소셜네트워크에서 폭포처럼 쏟아지는 정보의 성질에 대해 우리가 이미 알게 된 사실로 유추해보면, 거짓이 진실보다 두 배쯤 많았을 터였다.

테크 기업들이 코로나19에 대한 정보에 수시로 집중하게 되자, 그 밖의 일들에 대해 수수방관해온 접근방식 때문에 야기되었던 피해가 부각되었다. 4월 10일 기준으로 구글에서 '코로나19'를 검색하면 직접적으로 사실에 입각한 정보—정부 권고 사항, WHO 권고 사항, 예방에 대한 사실들—만 딱 한 페이지 나왔다. 연관 검색어는 '영국 코로나19', '미국 코로나19', '코로나19 통계'였다. 심지어 '코로나19 5G' 같은 검색어를 넣어도 검색 결과 첫 페이지에 음모론이 나오지 않고 잘못된 정보라는 내용만 떴다. '코로나19 치료 허브'라는 검색어를 넣으면 최상단에 "코로나19 예방약이나 치료제는 없습니다"라는 박스가 떴다. 그리고 자가 치료나 의료 정보에 관한 세부 사항을 설명하는 더 많은 박스가 보였다. 의료 정보는 '의사와 상의하세요'로 압축되어 있었다.

사람들은 알아차렸고, 받아들였다. 하지만 구글이 '암 4기 허브 치료'와 같은 검색어에 대해서는 같은 조치를 취하지 않고 있다는 것도 알아차렸다. 이 검색어를 치면 수백만 개의 결과가 나오는데 최상단의 네 개는 고수익 광고였다. 그중에는 '베이킹소다 암 치료제', '4기 암을 자연요법으로 치료하는 방법'(4기 암 환자들은 대개 몇 년 혹은 몇 달 안에 사망한다) 등이 포함되어 있었다. 시나리오 작가 댄 올슨Dan Olson은 '허브 치료'를 구글 검색창에 입력하면 상위 다섯 개의 추천 검색어에 '암 4기'가 자동으로 붙어 나왔다고 말했다.

그는 트위터에 "모든 가짜 약에 대해서도 구글이 이 일[검색 결과를 권위 있는 출처로 돌리는 일]을 할 수 있지만 그렇게 하고 있지 않다는 점을 지적하고 싶다"라고 썼다.[31] 이 광고들은 그렇게 하지 않는 이유를 보여주었다. 돈벌이가 되는데 무엇 때문에 애써 권위를 내세우겠는가?

페이스북도 정확히 같은 문제를 안고 있었다. 4월 16일에 저커버그는 블로그에 코로나19와 관련된 게시물에 얼마나 많은 경고가 떴는지 칭찬하는 글을 쓰면서 이렇게 말했다. "이 위기를 헤쳐 나가는 과정에서 우리의 최우선 순위는 우리 앱 어디에서나 무조건 정확하고 권위 있는 정보를 접하도록 만드는 겁니다."[32] 같은 날 에런 샌킨Aaron Sankin은 페이스북을 돌아다니다가 이런 광고를 보았다. "머리를 따뜻하게 하면서 휴대폰 전자파로부터 보호하는, 전자파 차단 양모 모자!" 이 광고는 평범해 보이는 비니를 보여주면서 확실히 '전자파 차단' 효과가 있다고 했다. 호기심이 동한 샌킨은 페이스북이 자신에게 이 광고를 보여준 이유를 확인했다. 판매자는 스물다섯에서 쉰네 살 사이의 미국에 거주하며 "페이스북이 보기에 유사과학에 관심 있는" 사람에게 도달하려고 했다.

샌킨은 유사과학에 정말 관심 있었던 게 아니다. 우연히 그렇게 되었을 뿐이다. 그는 비영리 뉴스 스타트업 더마크업The Markup의 탐사보도 기자이며 페이스북에 자리 잡은 넘쳐나는 코로나19 음모론 그룹들을 조사 중이었다. 하지만 그 광고는 페이스북이 광고 타깃팅에 '유사과학'이라는 카테고리를 만들었다는 사실뿐 아니라 미국에서만 그 카테고리로 도달할 수 있는 사람이 7800만 명이나 된다는 점도 알려주었다. 그가 그들을 대상으로 하는 광고를 만들어서 승인받는 데에는 몇 분밖에 걸리지 않았다. 인스타그램도 마찬가지였다. '전자파 차단 비니' 광고주가 자기들은 그런 카테고리가 있는 줄도 몰랐다고 말하는 바람에 샌킨은 더 놀랐다. 페이스북 알고리듬은 판매하려는 물건과 가장 잘 맞는 사람들에게 도달할 방편으로 이 광고를 그 카테고리에 끼워 넣었다. 달리 말해, 페이스북 광고 알고리듬은 이 세상에 합리적이고 과학적으로 접근하려는 사람들의 노력을 약화시키고 있었다.

더마크업이 페이스북에 연락해서 유사과학 광고 카테고리에 관해 문의한 다음 날, 이 회사는 '광고에 남용될 가능성을 방지하기 위해' 그 카테고리를 삭제했다. 그런 광고들은 어느 정도나 매출을 올려주었을까? 더마크업은 추정치를 계산하지 않았지만, 2019년 미국과 캐나다에서 페이스북의 광고 수입이 340억 달러였던 점에 비춰 볼 때 2억 5000만 명의 사용자 중에서 그 카테고리에 7800만 명이 해당되었음을 감안하면 오롯이

100억 달러짜리 광고 타깃인 셈이었다.[34] (한 명의 사용자가 동시에 여러 광고 카테고리에 해당될 수 있기 때문에 전체 사용자 대비 하나의 카테고리에 해당하는 인구 비율을 적용한 이 같은 계산이 정확하다고 보기는 어렵다―옮긴이) 페이스북 입장에서 보면 그들은 분명 매력적인 인구통계 집단이었다.

그런 카테고리가 남용될 가능성이 있다고 생각했다면, 왜 그 회사가 그런 카테고리를 만들었는지는―그리고 당시 뉴스 사이트 프로퍼블리카ProPublica가 수집한 데이터에서 밝혀졌듯이 2016년 이후로 왜 그것이 계속 존재하도록 허용되었는지는―설명되지 않은 채로 남았다. (당시 광고 대상 카테고리 중에는 '신천지', '켐트레일(비행운) 음모론' 같은 것들도 있었다. 나중에 삭제되기는 했다.) 2019년에 〈가디언〉은 광고주들이 '백신 논란'으로도 타깃을 구분할 수 있다는 사실을 밝혀냈다. 페이스북이 과학적 정확성에 대해 갖는 책임은 기껏해야 느슨한 수준에 그쳤다. 이제 페이스북은 기꺼이 음모론을 양산하는 장소가 되어가는 것 같았다. 아니면 적어도 음모론을 이용해 돈을 벌어들이고 있었다. 임원진이 공개적으로 뭐라고 선언했는지는 중요하지 않았다.

하지만 문제는 음모론을 조장해서 일단 그것이 자리를 잡고 나면 사실, 특히 반증에도 둔감해진다는 것이다. 마이클 바컨은 음모론을 주제로 2016년에 발표한 독창적인 논문에서 "관계 당국에 배척당했다는 것은 [그것을 믿는 사람들에게는] 자신들의 믿음이 틀림없이 사실이라는 표시다"라고 밝혔다.[35]

음모론, 특히 그것을 잘 믿는 사람들을 걱정해야 할 또 다른 이유가 있었다. 런던 킹스 칼리지가 2020년 4월 내놓은 연구에 따르면, 그런 이들은 코로나19 확산의 위험을 최소화하기 위해서 손을 잘 씻으라든지, 집에 머물라든지, '사회적 거리두기'를 하라는 정부의 과학적 권고를 따르려 하지 않는 사람들이었다. 이 연구에서 무작위로 뽑은 성인들(가중치를 두지 않았고 3분의 2가 여성이었다)의 5퍼센트가 "코로나19 증세는 5G 이동통신 방사선과 연관되어 있는 것 같다"라고 했다(게다가 거의 10퍼센트가 이번 팬데믹은 제약 회사들과 정부 기관이 기획한 것이라고 생각했고, 24퍼센트가 이 바이러스는 "아마 연구실에서 만들어졌을 것이다"라고 응답했다).36 음모론, 특히 5G 음모론을 신봉하는 사람들은 의학적 권고를 신뢰할 가능성이 두드러지게 낮았다. 5G 음모론 신봉자들 중 3분의 1 이상이 집에 머물러야 할 이렇다 할 이유가 없다고 생각했다. 팬데믹이 '기획된' 것이라고 생각하는 그룹의 사람들은 공공안전에 실제로 더 큰 위험을 끼쳤다. 이들 중 4분의 1, 즉 조사 대상자의 6퍼센트가 집에 머물 "이렇다 할 이유가 없다"는 입장이었다.

이런 점을 염두에 두면 갑자기 음모론을 퍼뜨리는 글과 동영상 들은 표현의 자유를 누리는 것과는 달라 보이며, 그보다는 사람들의 건강을 위협하는 것, 소셜온난화의 과도한 형태로 보인다. 음모론에 대한 신봉은 또한 눈덩이처럼 불어나는 경향이 있다. 한 사람을 믿게 하면 다른 사람을 믿게 하는 건 더 쉬워진다. 결국 사악한 세력이 거대한 음모론을 만들어내서 한 가지 일을 은폐하려 한다면, 두 가지, 또는 세 가지, 네 가지도 은폐하려 하지 않을 이유가 없지 않은가? 그런 맥락에서 보면 플랫폼에서 작동되는 추천 알고리듬은 일부 사람들이 자신들을 병에 걸리게 할 일들을 믿도록 만드는 엔진처럼 보이기 시작한다.

하지만 최소한 그 과정에서 그들에게 비니를 사게 할 광고 영역을 팔수는 있다.

음모론자들을 더욱 충격에 빠뜨렸을지도 모르는 점은, 조사된 박쥐와는 별도로, 새로운 조치들이 각각의 플랫폼에서 며칠 내로 혹은 몇 시간 내로 서로 시행되도록 하기 위해 소셜네트워크들이 어느 정도 자신들의 계획을 함께 조정한 규모였다. 3월 초에 며칠을 사이에 두고 구글과 페이스북과 인스타그램은 폭리를 막기 위해 의료용 마스크 광고를 금지하기 시작했다.[37]

"매주 회의를 해서 동향을 공유합니다." 한 플랫폼의 믿을 만한 내부 소식통이 귀띔했다. "하지만 '그쪽에서 X를 삭제하고 있으니 우리도 X를 삭제하겠습니다'와 같은 수준까지 조정하지는 않습니다. 우리에게는 각기 다른 규정이 있어요. 그래서 당신이 'A 플랫폼은 그것을 내렸고, B 플랫폼은 [팩트체크] 담벼락에 그것을 남겨두었으며, C 플랫폼은 아무것도 하지 않았다'와 같은 기사를 보게 되는 거죠. 그런 일이 꽤 자주 일어납니다."

그들은 신중하게도 조정이라는 표현을 쓰지 않았다. 그들에 대한 관심이 높아질 경우 그들의 서비스에서 정확히 무엇이 가능하고 가능하지 않은지에 대해 의회 청문회나 조사를 더 많이 요구받을 거라는 데에 확실히 동의한다는 암시처럼 비칠 수 있었기 때문이다.

소셜네트워크들과 허위 정보 유포자들 간의 전쟁은 이번 전염병을 계기로 격렬해졌다. 5월 1일, 페이스북은 음모론자이자 전직 프로축구 골키퍼 데이비드 아이크David Icke의 페이지를 삭제했다. "해로운 거짓 정보에 관한 페이스북의 정책을 여러 번 위반했기" 때문이라고 했다. 아이크의 글과 동영상 중에서 국면에 영향을 줄 만한 것들은 올라온 즉시 지워졌다. 아마도 5G 이동통신이 코로나19를 퍼뜨리고 있다는 내용, 코로나19는 악수를 할 때 전염되지 않는다고 하는 동영상 등이었다. 다음 날, 유튜브는 아이크의 채널을 삭제했다. 이 또한 "WHO와 NHS가 설명한 코로나19의 존재와 전파를 반박하는 콘텐츠"에 대한 규정을 반복해서 위반했기 때문이라고 유튜브 대변인이 BBC에 나와 말했다.[38]

하지만 그것은 두더지 잡기 게임의 음모론 버전이었다. 며칠 후 전직 과학 연구자를 사칭하는 주디 미코비츠Judy Mikovits라는 사람이 나오는 동영상이 소셜미디어에서 인기를 얻기 시작했다. 그는 팬데믹이 기획된 "플랜데믹Plandemic"이라고 주장했다. 30분짜리 동영상은 페이스북, 유튜브, 인스타그램, 트위터, 링크드인에 링크되거나 올라갔다. 마스크를 쓰면 병에 걸릴 수 있다든지 해변의 모래가 코로나19 면역을 증진시킨다고 주장하는 한편, 바이러스 백신은 어떤 종류든 그 자체가 위험하다고 말했다.

이 동영상 조회수와 연관 서적 판매량이 치솟았고, 곧바로 모든 소셜 네트워크는 자기네 사이트에서 사본들이 보이지 않도록 조치를 취했다. "마스크를 쓰면 병에 걸릴 수 있다고 하는 건 즉각적인 피해를 입힐 수 있습니다. 따라서 우리는 이 동영상을 삭제합니다." 페이스북의 한 대변인이 버즈피드 뉴스에 한 말이다.[39]

폭발적인 감염과 사망이 속속 이어지는 가운데 대부분의 사람들이 백신이 개발되면 일상이 회복될 수 있으리라고 희망을 품는 것을 빠르게 기회로 활용한 그룹이 있었다. 비주류 안티백서들은 거의 모든 사람이 필요로 하는 백신에 대한 기대가 널리 퍼져 있는 것을 보고 더 깊은 내막을 의심했다. 즉 음모론이었다. 지난 10년 동안 빌 게이츠와 미국의 보건 책임자 앤서니 파우치는 1918년 독감 팬데믹 이후 경과된 시간과 세계의 상호연결성이 높아지는 상황을 감안하면 또 다른 팬데믹이 나타날 수 있다고 꾸준히 경고해왔는데, 이들이 했던 발언에서 뽑아낸 말들을 엮어서 이 두 사람이 수상하게도 팬데믹 발발을 준비해왔다는 이야기를 지어냈다. 개발도상국에 대대적인 백신접종을 지원해서 수백만 명의 목숨을 구하고자 하는 빌 게이츠의 인도주의 활동은 백신을 의무화하여 백신접종 시 '사람들을 추적하는' 마이크로칩을 심어서 세계를 지배하려는 사악한 음모로 치부되었다.[40] (유머 작가들은 모두 다 이미 동일한 역할을 하는 스마트폰을 들고 다니기 때문에 마이크로칩 따위는 필요하지 않다고 지적했다.)

분별 있는 성인들이 눈을 부라리며 현재 팬데믹에 시달리고 있는 것은 이 세상에 백신이 없기 때문이라고 이야기하는 동안, 안티백서 그룹은 자신들 눈에 보이는 현상을 터무니없이 해석해놓고서, 의도와 그에 따른 실행을 확고히 입증한다고 여겼다. 소셜네트워크가 자신들의 콘텐츠를 계속 지운다는 사실은 자신들이 믿는 음모론을 더욱더 입증했다. 믿는 사람들에게 음모론은 절대로 틀린 것이 아니라 다만 불완전한 것일 뿐이기 때문이다.

2020년 5월 버즈피드는 안티백서 선동가들의 활동이 활발해진 것은 높은 참여율에 민감하게 반응하는 페이스북과 인스타그램의 알고리듬 때문이라고 보도했다. 백신 찬성자들이 자신들의 페이지나 계정에서 반대자들과 의견을 주고받는 경우에는 더욱 그러했다.[41] 알고리듬은 분노에 찬 의견 충돌과 환호하는 찬성을 구별하는 데 애를 먹었다. 양쪽 다 아기 사진을 걸고 있는 경우라면 특히 더 그랬다.

독려와 반대를 구별하지 못하는 무능한 알고리듬 때문에 이미 일부 엄마들은 몹시 화가 났다. 아이들의 백신접종과 자폐증을 부당하게 이용하려는 사람들이 들끓고 있으며 그 두 가지가 종종 잘못 연결되기도 한다는 걸 알게 되었기 때문이다. 2013년에 멀리사 이턴Melissa Eaton은 네 살 생일을 앞둔 아들에 대해 걱정하기 시작했다. 아이의 행동은 또래들과 미묘하게 달랐다. "의사들은 '감각 처리 장애'라는 말을 했어요. 그래서 저는 온라인에서 정보와 도움을 구했습니다." 노스캐롤라이나에 사는 이턴은 부모들이 만든 페이스북 그룹에 올라온 질문들에 사람들을 '생체의학' 그룹으로 유인하려는 답변들이 달린 것을 보았다. "누군가가 제 아들에게 고수와 유향으로 만든 관장제를 써보라고 했어요. 그리고 제게 그걸 하는 방법을 알려주고 싶다고도요. 15달러를 내면요." 그녀는 말했다. "저는 정보를 얻기에 더 나은 곳들을 찾기 시작했습니다. 그들이 이해하지도 못하면서 해로운 조언을 하고 있다는 걸 알 수 있었거든요."

그건 시작에 불과했다. 2014년에 이턴의 아들은 공식적으로 자폐증 진단을 받았고, 이턴은 입증되지 않았거나 해로울 수도 있는 자폐증 '치료제들'을 쉽게 속아 넘어가는 부모들에게 판매하는 업계가 소셜미디어에 숨어 있음을 알게 되었다.

2018년 8월부터—그 전에는 없었다—페이스북 규정은 "불법 의약품의 제조 또는 사용을 홍보하거나 권장하거나 조율하거나 설명서를 제공하는 콘텐츠를 금지했다." 그렇지만 금지와 시행은 별개였다.[42]

"어떤 부모가 확신을 품게 되면 그들은 '이 방법을 써보라'며 페이스북 그룹에 있는 다른 부모들에게 정보를 퍼뜨립니다." 이턴은 설명했다. "그들은 판매자들이 운영하는 비공개 그룹으로 부모들을 초대합니다. 그런 식으로 이 비공개 그룹의 회원은 수천 명까지 늘어나죠. 이 그룹은 자신들의 '규약과 치료법'에 감히 문제를 제기하는 사람이 있으면 바로 퇴출시킵니다. 그리하여 이곳은 거짓 정보의 거대한 반향실이 됩니다. 부모들이 일단 이 그룹에 가입하고 나면 그들을 빼내 오기 어렵죠."

자폐증은 분명한 원인이 밝혀지지 않은 신경계 장애이며 알려진 치료제가 없다. 하지만 일단 진단이 내려지면 아이의 미래에 엄청나게 충격적인 영향을 미칠 수 있기 때문에 부모들은 자연스럽게 해결책을 찾아 나선다. 그러면 그런 그룹에 있는 사람들은 기꺼이 이 부모들에게 그 원인이 실제로는 기생충이라거나 (당연하게도) 백신이라고 한다. 흔히 제안하는 치료제는 경구용 또는 관장용 '기적의 미네랄 보조식품MMS, Miracle Mineral Supplement'이었는데, 이는 플로리다에 사는 한 부동산 중개인이 2013년에 발간한 책《자폐증이라고 알려진 증상 치료하기Healing the Symptoms Known as Autism》에 나오는 아이디어였다.[43] MMS는 실제로는 공업용 표백제인 이산화염소로, 특정 효소가 결핍된 사람들에게 심각한 혈액질환, 구토, 복통을 일으킬 수 있다.

몇몇 부모는 아이들을 관장한 후에 장에서 빠져나온 기생충이라고 믿는 것을 찍어서 사진을 공유했다. 실제로는 장 내벽의 일부가 화학물질로 인해 벗겨진 것이었다. 이턴은 너무 화가 나서 플로리다에 사는 다른 엄마 어맨다 시글러Amanda Siegler와 협력하여 그 페이스북 그룹에 잠입했고, 사진을 찍어서 지방 아동보호국에 그 부모들을 신고했다.[44]

소셜네트워크들은 얼마나 잘 대응했을까? "페이스북이 최악이었어요"라고 이턴은 말했다. "콘텐츠를 삭제하지 않겠다는 강경한 입장이 이런 환경을 촉발한 겁니다. 그들이 당장 조치를 취한다 해도 피해를 원상회복하는 데에만 몇 년이 걸릴 정도로 지금은 처리하기 몹시 어려운 상태가 되어버렸습니다."

이와는 달리 핀터레스트는 강경한 태도를 취했다고 그녀는 말했다. '안티 백신'과 자폐증 책의 저자 이름 같은 잘 알려진 해로운 키워드의 검색 결과를 걸러냈다. "그들은 검색 결과를 제한하고 사람들에게 의료 종사자를 만나보라고 조언합니다." 트위터에 비공개 그룹이 적은 건 양날의 검이었다. "트위터는 공개적으로 드러나 있어서 모두가 거짓 정보의 타깃이 됩니다." 하지만 그와 동시에 모두가 무슨 일이 일어나는지 볼 수 있고 이의를 제기할 수도 있다. "2019년부터 유튜브는 MMS 표백제 같은 용어를 사용하는 수많은 콘텐츠를 금지했어요. 하지만 위반 동영상을 삭제하고 상습범들을 막는 데에는 실패하고 있죠."

이턴은 유용한 대응을 이끌어내려다가 가장 큰 좌절에 직면했다. "유명한 기자를 부추겨서 그들에게 문제 제기를 하고 입장 표명을 요구하게 만드는 경우에만 소셜네트워크를 움직일 수 있습니다." 그녀는 말했다. "그들은 미디어에 나쁘게 노출되는 것을 피하려고 가끔씩 게시물을 삭제하죠. 페이지를 삭제할 때에도 개인 프로필은 삭제하지 않아요. 그러니 나쁜 짓을 하는 사람들은 자기 팔로워들에게 어떤 신규 플랫폼으로 옮겨갈지 미리 알릴 수가 있죠."

이턴과 더불어, 사람들을 속여서 유사과학 '치료제'를 구매하게 하는 사람들에 맞서 싸워온 앤 보든 킹Anne Borden King도 비슷한 절망감을 토로했다. 그녀는 페이스북의 지속적인 의사 진행 방해를 지켜보고 화가 치밀었다. "몇 번이고 되풀이해서 '이것은 우리의 커뮤니티 기준을 위반하지 않습니다'라는 답을 받았습니다. 어떤 시점이 되면 '음, 그들의 커뮤니티 기준은 아마도 PR용인가 보네'라고 생각하게 되죠."

2020년에 청원 운동 단체 디지털 혐오 대응 센터CCDH, Center for Countering Digital Hate가 분석한 바에 따르면, 페이스북은 백신 반대 운동가들에게 "가게 앞쪽 진열대"를 열어준 셈이었다. 이들은 또한 유튜브 음모론자들을 활용해서 자신들의 생각을 퍼뜨렸다.[45] 이 분석에서 CCDH 대표 임란 아메드Imran Ahmed는 "백신에 반대하는 사용자를 고립시키지 않기로 결정함으로써 소셜 플랫폼들은 추정컨대 1년에 10억 달러 상당을 벌어들였습니다"라고 말했다. 공개적으로 안티 백신 콘텐츠를 퍼뜨리는 데에 반대하는 수많은 조치를 취하면서도, 페이스북은 여전히 안티 백신 유료 광고를 받았고 유튜브는 사람들이 그런 생각을 퍼뜨리도록 허용하면서 동영상에 광고를 붙여 돈을 벌었다고, 이 조사는 밝혔다. (2020년 10월에 페이스북은 백신접종에 대한 정부 정책을 지지하는 건 아니지만 백신접종을 말리는 광고는 금지하겠다고 발표했다. 유튜브는 코로나19 백신에 관한 허위 정보를 퍼뜨리는 동영상을 삭제하겠다고 했다.)[46] 이턴과 킹이 그랬듯이 CCDH도 가격표를 붙인 채 유사과학을 퍼뜨리는 많은 페이스북 그룹들이 숨어 있고 그 그룹들에는 초대를 받아야만 가입할 수 있다는 사실을 알아냈다. 일단 가입하더라도 반대 견해를 표명하는 사람은 제명된다. 이 주제에 관해 사람들을 효과적으로 과격해지게 만들 수 있는 반향실인 셈이다.

피해는 이론적인 것에서 그치지 않는다. 홍역에 걸려서 죽을 수도 있다. 2014년과 2019년 사이에 미국 독극물 통제 센터 협회American Association of Poison Control Centers는 1만 6000건 이상의 이산화염소 중독을 기록으로 남겼다. 이 중에는 열두 살 미만의 아이도 2500명이나 포함되었다. ('투약'으로 인한 사례가 얼마나 많은지는 알려지지 않았다. 병원 직원은 이 아이들이 사고—가정에서 흔히 일어나는 사고—로 표백제를 마셨는지 아니면 받아 마셨는지는 기록하지 않았다.) 자폐증에 걸린 여섯 살 여자아이가 2017년에 이 물질의 부작용으로 짐작되는 간 손상으로 병원에 입원한 적도 있었다.

조지워싱턴대학교의 닐 존슨Neil Johnson을 주축으로 한 연구팀이 페이스북에서 안티 백신 옹호자들의 조직을 살펴보았다(이 연구는 2020년 5월 〈네이처〉에 실렸다).[47] 연구자들은 '백신접종'과 관련된 계정을 약 8500만 개나 찾아냈는데 거의 모든 계정이 '미정'으로 분류되었다. 690만 개는 백신 찬성 페이지들에 가입되어 있었고, 420만 개는 백신 반대 페이지에 가입되어 있었다. 하지만 백신 반대 페이지가 백신 찬성 페이지보다 더 많았고 그 개수는 빠르게 증가하고 있었다. 직관에 어긋나지만, 홍역 같은 질병에 걸리면 곧바로 백신 반대 페이지에 가입하는 경우가 많았다. "마음을 정하지 못한" 참여자들 주변을 어슬렁거리는 일은 "내전에서 개개인의 '마음'을 얻기 위한 전투와 유사했다"라고 저자들은 기록했다.

그러나 현실은 약간 다르다. 대부분의 사람들은 백신을 맞고 자기 자녀들도 백신을 맞히기 때문이다. CDC 통계를 보면, 미국에서 90퍼센트 이상의 어린이가 소아마비, MMR, B형간염, 수두 백신을 맞았고, 80퍼센트 이상이 뇌수막염, 폐렴구균, DPT 백신을 맞았다.[48] 어린이 예방접종은 압도적으로 지지되고 있다.

하지만 실버먼이 두려워했던 그대로, 트럼프 정부가 2020년 11월 선거 전에 백신을 대량 승인하면서 안전성 부실에 관한 타당한 우려를 부채질했다. 개발된 백신들은 예상치 못한 부작용에 대비하기 위해 엄청나게 많은 수의 아주 다양한 사람들에게 임상시험을 거쳐야 한다. 백신 반대 그룹은 합리적인 걱정에 올라타서 그것을 신입 회원 모집용 재료로 삼았다.

2020년 6월쯤 되자 팬데믹이 소셜미디어 회사 고위층에 새로운 자각을 가져다준 듯했다. 그들이 진실과 허위를 다루는 방식에 따라 세상이 달라질 수 있었고, 거기에 사람들의 생명이 달려 있었다. 이것이 오도하거나 증오를 선동하려는 콘텐츠에도 적용될 수 있다면 어떨까? 2020년 중반에 팬데믹 첫 단계가 종료되면서, 소셜네트워크들은 자신들이 만들어내는 데 일조한 세상을 평가할 순간을 맞았고, 자기들의 접근방식 덕분에 나아진 면이 있었다는 것을 깨달았다.

그들에게 압력을 가했던 이들 중에는 공익을 위해 테크 기업의 자정을 촉구하는 압력단체 인도적 기술 센터Center for Humane Technology도 있었다. 센터의 멤버들과 고문들 중에는 전직 구글 직원들(그중에는 불만을 품고 나온 유튜브 프로그래머 기욤 샤슬롯도 있었다), 핀터레스트와 리프트Lyft(우버와 유사한 미국의 공유 차량 호출 서비스 기업—옮긴이)의 공동 창업자들, 애플 시리 발명자도 있었다.[49] 그래서 이 조직들을 바꾸고자 할 때, 조직 내부의 논리를 속속들이 고려할 수 있었다. 팬데믹 덕분에 이들 테크 기업이 정치인과 언론의 샌드백을 그만둘 수 있도록 스스로 행동을 변화시킬 이상적인 기회를 맞이했다고, 동원mobilisation 책임자 데이비드 제이David Jay는 생각한다.

"페이스북은 특히 2016년[의 선거] 이후로 신뢰 회복 방법을 찾기 위해 열심이죠. 제 생각에 그들은 코로나19 대응이 그 방법일 수 있다고 기대하는 듯합니다." 그는 말했다. "테크 플랫폼들 내부에서 벌어지는 대화를 추적해보면, 이건 성서에 나올 법한 대홍수 같은 겁니다." 근본적으로, 이번 팬데믹과 그로 인한 테크 기업과 소셜네트워크에 대한 사람들의 의존이 그들에게 자신들의 존재 이유를 재고할 기회—그들이 이것을 살리고자 한다면—를 주었다고 그는 보았다.

"다음과 같이 고쳐 쓰고 있는 것처럼 보입니다. '우리는 중립적인 플랫폼이 되려고 노력해왔지만 이제 우리의 사회적 목적의식을 뚜렷이 하겠습니다.' 어쩌면 이렇게 말할 수도 있겠죠. '우리는 견해를 내세우지 않으려 노력해왔지만 결국 신흥 독재 정부에 이용당하고 말았습니다.' 이번을 계기로 앞으로 수십 년 동안 테크 플랫폼들의 존재 이유라는 신화는 다시 쓰일 것입니다."

그러는 동안에도 그는 안티 백신 커뮤니티가 더 직접적으로 체감이 될 정도로 상황을 바꿔놓을까 봐 걱정하고 있다. "정말로 아주 강력하고 적극적인 안티 백신 커뮤니티가 전 세계적으로 조직되고 연결되어 있습니다." 그는 말했다. "이번 팬데믹으로, 안티백서와 반反약물, 반反과학 커뮤니티와 음모론 커뮤니티─큐어논 신봉자든 반정부 극단주의자든─사이에 일종의 위험한 동맹이 맺어졌습니다. 이들 모두가 이번 팬데믹이 실제로는 신종 바이러스 때문이 아니고, 부패한 엘리트 집단이 전 세계 사람들을 지배하려는 의도로 기획한 사건이라고 믿는 데에서 공동의 목적을 찾았습니다. 그들은 모두 각자의 방식으로 그것이 사실이라고 믿습니다."

이것은 그에게 소셜네트워크가 양날의 검이라는 점을 분명히 보여준다. "사람들을 한데 모이게 하고, 목소리를 높이게 하고, 그 어느 때보다도 효율적인 방법으로 사람들에게 도달하고 특정인을 타깃으로 삼을 수 있게 해주는 소셜미디어의 굉장한 능력은 올바르고 선한 활동에 활용될 수 있습니다. 하지만 근본적으로 여러 가지 면에서 개방적이기 때문에, 그리고 이 플랫폼들이 덩치가 너무 커져서 사실상 효과적으로 스스로를 관리하지 못하기 때문에, 나쁜 짓을 하는 이들에게, 또 조작을 일삼는 세력에게도 엄청난 기회를 제공하게 됩니다."

그렇기 때문에 실버먼은 안티 백신 그룹이 백신과 관련된 안 좋은 뉴스를 찾아내서 과장하는 식으로 산업 전체를 위험에 빠뜨릴까 봐 걱정하고 있다.

하지만 다른 가능성은 없을까? 백신을 접종하고 '일상'을 회복할 것인지 거부하고 배제될 것인지, 선택의 기로에 놓인 사람들이 더 나은 판단을 내리고 안티 백신 음모론에 반박할 수 있을까?

"그거야말로 최선의 시나리오겠죠." 실버먼은 말한다. "맞아요, 이번이 전 세계적으로 보건의 가치와 제대로 검증된 안전한 백신에 재투자하고 이를 보강할 기회가 될 수 있습니다." 그는 잠시 멈췄다가 말을 이었다. "하지만 안티 백신 커뮤니티도 절호의 기회라고 여기는 것 같아 걱정입니다. 그들은 이 작업을 몇 달씩이나 계속해왔습니다." 그는 백신 찬성 그룹보다 백신 반대 그룹이 더 효과적으로 세력을 키워왔다는 〈네이처〉 연구를 인용했다. "제 생각에 백신 반대 그룹은 아주 전략적입니다. 그들은 기본적으로 기관들, 사람들, 재단들, 과학 공동체의 신뢰성을 공격합니다. 그러니 이 모두가 일관되게 행동하더라도, 음모론이나 의심을 불러일으킬 다른 것들에 대해서 기초 작업이 이미 이루어져 있는 셈이죠." 그의 우려는 2020년 12월 영국의 아흔 살 노인 마거릿 키넌Margaret Keenan이 코로나19 백신을 전 세계에서 처음 접종한 사람이 된 순간 현실이 되었다. 그녀가 실제로는 2008년에 사망했으며 공개된 인물은 배우라는 주장이 페이스북에 즉각 올라왔다.[50]

언제나 그랬듯이 페이스북은 사회에 분열을 일으키고 싶어 하는 사람들을 막으려 하지 않았다. 2020년 9월 미국의 뉴스 사이트 액시오스Axios와의 인터뷰에서 저커버그는 다음과 같은 질문에 직접 맞닥뜨렸다. 코로나19 거짓 정보에 맞서 얼마나 빠르게 대응했는지를 고려할 때, 코로나19 백신 발표에 확실히 뒤따라 나타날 '안티 백신' 선동과 거짓 정보에도 똑같이 행동하고 이들을 없앨 것인가?[51]

"안티 백신과 관련된 까다로운 의문들, 솔직히 수많은 거짓 정보들은 몇몇 피해 사례에서 비롯된 것입니다. 하지만 사람들이 이걸 터무니없이 부풀려서 실제보다 더 흔히 일어나는 일처럼 이야기합니다." 저커버그는 대답했다. "그렇다면 어떤 의사가 백신을 잘못 섞어서 피해가 발생했다는 게 사실일까요? 백신이 전반적으로는 도움이 되지만 언제나 100퍼센트 효과가 있는 건 아닐 수 있다는 것도 사실일까요? 네. 이 두 가지는 참인 명제입니다. 하지만 그렇다고 백신접종을 하러 가면 안 된다는 뜻일까요? 대체로 보면 그렇지 않죠."

사람들이 뭐든 훨씬 더 많이 올리게 하려는 페이스북의 바람 때문인지, 대중이 더 나은 정보를 얻음으로써 생기는 이로움을 강력히 지지하는 것 같지는 않았다. 그리고 실제로도 강력히 지지하지 않았다.

"누군가가 백신 피해 사례를 지적해 보이거나 그에 대해 걱정할 경우, 아시다시피 제 입장에서만 말하기는 어려운 문제이고, 따라서 제 의견을 내서도 안 된다고 생각합니다. 하지만 이것만큼은 말하려 합니다. 사람들이 사건을 지나치게 일반화하고 있다면, 거짓 정보를 퍼뜨리고 있다면, 제3자인 팩트체커나 CDC나 WHO 같은 기관의 분명한 보건 지침을 따르지 않을 경우 즉각적인 해를 입을 수 있는 일에 대해서는 그것을 따라야 합니다. 그러니 우리는 그런 일들에 대해서는 조치를 취하려 노력할 겁니다."

늘 그래왔듯이 그는 이 문제—개인적 차원의 경험이 아니라 대규모 안티 백신 선전선동에 대해 제기되어온—를 회피하고 책임을 전가했으며 삭제에 대해서 높은 기준을 세웠다. 그 콘텐츠가 즉각적인 피해를 일으킬 수 있다고 팩트체커가 지적한 경우에만 페이스북은 조치를 강구했다. 그 조치도 삭제가 아니라 '순위 낮추기'에 불과했다. '즉각적인 피해'는 백신의 경우 입증이 불가능하다. 실버먼의 희망은 저커버그의 확고한 원칙과 안티 백신 그룹들의 들끓는 억지 주장에 맞서가며 버텨내야 할 것이다. 눈 깜빡할 새에 전 세계 수십억 명에게 정보를 전달할 수 있다는 측면에서, 소셜네트워크들은 이번 팬데믹을 계기로 자신들의 막대한 사회적 책무에 직면하게 되었다. 그러나 (심지어 페이스북이 민병대와 큐어논을 엄중 단속한 후에도) 음모론이 번성하고 해야 할 일들에 대한 의견 충돌이 점점 더 확고부동해지고 있는 상황에 비춰 볼 때, 그들이 통제에서 벗어난 자사 시스템의 자연스러운 흐름을 어떻게든 저지해왔다고 보기는 어렵다.

10장

규제

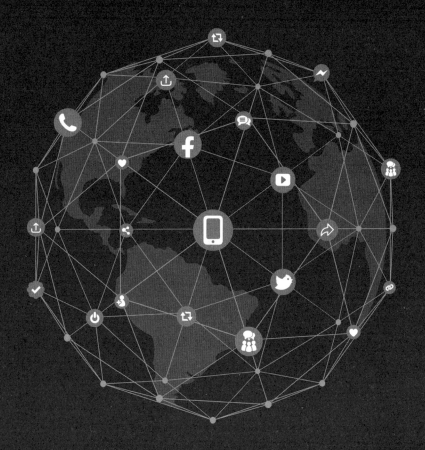

문제를 적당한 크기로 나누기

Social Warming

The Dangerous and Polarising Effects of Social Media

우리가 공연히 어떤 산업을 중단시키게 되는 건 아닌지 하는 문제가 항상 쟁점이다. 대기에 뒤바꿀 수 없는 변화를 불러일으킬 위험을 감수하게 되는 건 아닌지가 아니라.

—셔우드 롤런드,
프레온가스가 오존층을 어떻게 파괴하는지 발견한 과학자들 가운데 한 명
(1995년 노벨 화학상 수상자—옮긴이)[1]

누구도 이런 일이 일어나게 하려 하지 않았다. 친구들을 찾고 가족들과 연락하며 지내고 새로운 영역으로 관심사를 넓혀가고 더 '개방적'이고 '연결된' 세상을 만드는 데 조력하고자 하는 의도였지, 민주주의를 위협하고 무고한 사람들에 대한 살해를 조장하고 살던 주거지에서 쫓겨나게 하고 사회를 양극화하고 정치를 무너뜨리려는 게 아니었다.

하지만 그런 일이 벌어지고 있다. 소셜온도가 올라가고 있다. 불화와

의견 충돌이 더 쉬워지고, 거짓 정보와 허위 정보가 더 빠르게 퍼져 나가고, 분노가 무기로 쓰이고, 국가 지도자가 되려는 사람들은 전체 국민보다 소셜미디어에 있는 사람들이 자신들이 내놓은 정책에 어떻게 반응할지에 휘둘리고 있다. 우리는 중요한 것, 흥미로운 것을 놓치지나 않을까 하는 은근한 불안감에 이끌려 소셜 플랫폼으로 되돌아온다. 그리고 화면을 스크롤하기 시작하면 교묘하게 진화한 편가르기 진술 때문에 양극화된 분노에 압도되고 만다.

소셜미디어가 널리 보급되지 않은 곳에서도 그 효과는 상당하다. 상대적으로 작지만 목소리를 높이는 집단이 소셜 트렌드를 이끌거나 영향을 미치면서 한 나라의 정치를 왜곡할 수 있다.

2016년 한 인터뷰에서 저커버그는 "사람들은 먼저 비행기를 개발하고 나서 비행의 안전성에 신경을 썼지요"라고 말했다. "사람들이 안전에 먼저 중점을 두었다면 아무도 비행기를 만들지 못했을 겁니다."[2] AI와 그것이 불러올지도 모르는 위험과 관련하여 이야기를 나누던 중에 그가 한 말이다. 하지만 이 비유는 소셜네트워크 임원들이 자신들의 책임에 대해 취하는 태도를 대변한다. 일단 비행부터 시작합시다. 그러고 나서 추락하지 않는 방법을 생각해보기로 해요.

하지만 이런 접근방식 때문에 모든 사람이 감당해야 하는 무시 못 할 비용이 사회에 발생한 반면, 페이스북, 트위터, 구글(유튜브를 통해서), 그 밖의 소셜네트워크들은 부를 거머쥐었다. 소셜네트워크들의 온난화 효과—정확히 지침에 따라 규제받지 않고 널리 사용되는 데 따르는 부작용—는 어디서나 눈에 띈다. 민주주의에 미친 영향만 보더라도, 특히 외국 정부가 선거 결과에 영향을 미칠 수 있는 기회를 준 것만으로도, 그 자체로 관리 감독의 필요성이 타당해진다.

매일 약 18억 명이 페이스북에 로그인한다. 인스타그램과 왓츠앱 사용자까지 더하면 한 달에 총 사용자 수는 중복을 제외하고도 30억 명 이상이다.[3] 트위터에는 매일 전 세계에서 1억 9000만 명이 접속한다.[4] 유튜브에서는 매일 약 50억 편의 동영상이 시청되며 한 달 동안 20억 명 이상이 그 사이트를 방문한다.

이들은 노력을 기울여야만 간신히 이해할 수 있을 정도로 어마어마한 수치다. 간단히 말하자면, 미국에서 성인 인구 가운데 약 4분의 3이 하루에 한 번 이상 페이스북을 들여다보고, 거의 같은 규모의 사람들이 유튜브를 보고, 5분의 1이 트위터를 사용한다.

이렇듯 막대한 양의 상호 교류를 관리 감독해야 하는데도 이들 플랫폼에는 상대적으로 아주 적은 수의 직원만이 있다. 페이스북 직원 수는 6만 명이 조금 못 된다. 트위터 직원 수는 5000명을 약간 넘는다. 구글에는 약 20만 명의 직원이 있는데 (두 회사가 분리되어 있지 않기 때문에) 유튜브 직원 수는 한 번도 발표된 적이 없다. 구글의 직원 수만 보더라도 미국에서 직원 수 순으로 상위 30위 안에도 들지 못한다. 이 회사들은 모두 빠르게 군더더기 없이 성장하도록 만들어졌다. 실리콘밸리에서 신봉되는 해커 문화에서 가장 중요한 질문은 '규모의 경제를 이룰 수 있을까?'이다. 같은 비율로 추가로 직원을 채용하거나 비용을 들이지 않으면서 훨씬 더 많은 사람들에게 이 서비스를 제공할 수 있는가를 묻는 것이다. 무슨 수를 써서라도 성장을 추구하고 외부 비용은 거부할 수 있는 만큼 무시하는 게 소셜네트워크의 특징이었다.

실리콘밸리에서 통용되는 또 다른 만능 주문은 '허가를 받기보다는 용서를 구하는 편이 낫다'이다. 세상을 변화시키려면 앞뒤 가리지 않고 돌진해야 하고, 그 변화가 이로운지 알아내는 일은 나중이라는 뜻이다. 그로 인한 부정적인 변화가 직접적으로 네트워크 탓이라고 하기 어렵다면, 구해야 할 용서가 줄어드는 셈이니 더욱 좋다.

하지만 소셜네트워크의 규모가 통제를 넘어서는 순간, 티핑포인트가 온다. 사용자 수가 산술적으로 증가하는 동안 소셜 연결 가능성은 기하학적으로 증가한다. 이것이 사이버네틱스(인공두뇌학)에서 자주 인용되는 멧커프의 법칙Metcalfe's Law으로, 네트워크효과는 사용자 수 제곱으로 성장한다는 것이다. 어떤 네트워크에 1000명이 있다면 100만 가지 연결이 가능하다. 여기에 1000명이 추가되면 사용자 수는 2000명이 되지만 가능한 연결은 400만 가지가 된다. 네트워크 크기가 두 배가 되면 관리 문제는 네 배로 커진다. 여기에 멱법칙을 더하면 가장 인기 있는 사용자들(이들은 또한 가장 큰 문제를 일으키는 사람들이다)이 극단적으로 많은 청중을 거느리게 될 것이고 훨씬 더 많은 골칫거리를 가져올 것이다. 이들에 대해 어떤 식으로든 조정하려는 조치를 취한다면 훨씬 눈에 띌 것이고 확실히 안 좋은 이야기를 들을 것이기 때문이다.

함께 공유하는 관심사로 사람들을 모으려고 휘젓는—그 동기에 대해서는 무지한—알고리듬이 없다 해도, 시스템이 연결 가능성에 따라 규모를 늘리지 않는다면 콘텐츠를 장악하려는 모든 시도는 빠르게 제압될 것이다. 그렇게 하지 않으면 네트워크는 적절하게 제어될 수 없다.

페이스북은 자주 이런 제안을 부인하거나 회피하려 했다. 2020년 중반 대형 광고주들의 보이콧으로 언론의 주목을 받게 되었을 때, 페이스북의 PR 담당 닉 클레그는 "[페이스북에서 이루어지는] 수십억 건의 대화 가운데 압도적 다수가 긍정적인 내용입니다"라는 주장을 고집했다.[5] 미국에 살면서 〈가디언〉에 글을 쓰는 줄리아 캐리 웡Julia Carrie Wong은 이 주장을 날카롭게 맞받아쳤다. 그녀는 페이스북에서 활동하는 나치와 우익 네트워크의 존재를 페이스북에 거듭 지적한 바 있었다. (그 결과 그런 네트워크 회원들로부터 괴롭힘을 당해왔다.) 손자 손녀의 귀여운 사진에 붙는 좋아요 수가, 페이스북 그룹에서 만나 공격을 계획한 사람들이 저지른 경찰 살인과 상쇄된다는 말인가?[6] 팬데믹 록다운 기간 동안 얼마나 많은 가족이 페이스북에서 연락을 주고받았는지가, 자신이 페이스북에 보냈던 175개에 달하는 백인우월주의자 그룹 리스트를 상쇄할 수 있단 말인가? 그래서 이들을 근절할 수 없단 말인가? 그녀는 물었다. "거듭거듭 기자들, 연구자들, 활동가들은 페이스북 알고리듬이 방치한 탓에 실제로 치르게 된 엄청난 대가 그리고 증오를 수용해준 기록을 문서화했다"라고 그녀는 썼다. 페이스북에서 이루어지는 대부분의 대화가 긍정적이란 말은, 체르노빌에서 원자로 네 기 가운데 세 기는 폭발하지 않았다는 말이나 마찬가지다. 그건 사실이다. 하지만 실제로 중요한 것을 묵살한다.

페이스북, 유튜브, 트위터는 자신의 창조물을 제어할 수 없게 되었다는 사실을 인정하지 않을 것이며 인정할 수도 없다. 줄리아 캐리 웡과 수많은 다른 기자들과 연구자들이 이들 소셜네트워크의 실패를 조명하면서 해온 일들이 그들에게 부담이 되었다. 소셜 플랫폼들은 사용자의 활동을 충분히 관리한 적이 없었기 때문이었다. 그건 그들이 의도한 바가 아니었다. 그들의 목적은 최대한 빠르게, 최대한 커지는 것이었다.

덜 소모적인 존재가 되도록 소셜네트워크를 개조할 수 있다고 또는 개조해야 한다고 생각하는지 사람들에게 물었을 때, 콘텐츠 공유는 조금 덜 쉬워져야 한다는 이야기가 여러 번 언급되었다. 트위터에서 리트윗 기능을 고안했던 크리스 웨더렐은 악의적인 사용이 늘어나고 있는 것 같아 걱정이라고 했다.

케임브리지대학교의 존 너턴은 소셜네트워크들이 콘텐츠를 퍼뜨리는 일을 더 쉽게 만들 것이 아니라 더 어렵게 만들어야 한다고 제안한다. "리트윗 버튼은 가장 파괴적인 도구 중 하나입니다. 온갖 종류의 일을 리트윗할 수는 있지만 속도를 늦춰야 해요." 그는 말했다. "품질 관리 엔지니어는 피드백 루프가 너무 빨라지면 제어해야겠다는 생각과 영영 작별할 수 있고 그러면 분명히 돌이킬 수 없다는 점을 알아야 합니다."

페이스북이 어떻게 제어력을 잃어버렸는지, 큐어논 음모론의 출현과 확산이 가장 잘 설명해준다. 큐어논은 아이들이 그들의 피를 노리는 강력한 비밀 도당에 의해 희생되고 있고, 트럼프가 이끄는 훨씬 더 비밀스러운 조직이 그 비밀 도당을 추적하고 있으며, 트럼프는 언제든 줄줄이 이들을 체포했다는 소식을 발표할 준비가 되어 있다는 생각을 퍼뜨렸다. (실제로 이것은 오래된 반유대주의자들의 부당한 비방에다 트럼프 숭배를 곁들여 개작한 것이었다.) 2016년에 다른 토론 게시판에서 시작된 이 음모론의 개념이 페이스북으로 전이되었다. 2019년 5월에 FBI는 이를 대내적 위협 요인으로 규정했다.[7] 그러나 페이스북에서 폭주 열차는 1년 이상 계속 운행되었고, 페이스북은 2020년 8월에야 처음으로 결연한 노력을 기울여서 이 주제와 관련된 그룹과 페이지를 삭제하고 광고를 금지했다. 이 같은 노력은 10월에 재개되었고 이번에는 불가사의한 대의명분을 "표방한다"고 주장하는 계정들을 추적했다. 페이스북은 큐어논을 "소셜에서의 무장 시위"로 간주한다는 성명을 발표했다. 테러리즘을 방치하면서 책임 있게 행동하지 못한다는 비판을 몇 년씩이나 끊임없이 받은 후에야 조치를 취한 셈인데, 그 전에는 더 일찍 행동에 나서야 했다고 생각하는 사람이 페이스북에 없었을까? "폭력적인 위협을 이해하고 맞서 싸우기 위해 우리가 할 일들에 진짜로 근거해서 타이밍을 잡아야 했기 때문입니다." 바로 이 질문을 던진 한 기자에게 페이스북 대변인은 이렇게 말했다.[8] 다시 말해 너무 통제하기가 어려운 탓에 FBI가 위협으로 규정한 것에도 대응할 수 없었다는 뜻이다. 실제로도 통제하기가 너무 어려워서 페이스북은 잇달아 벌어지는 문제들에 제대로 대응하지 못했고 그것에 표시를 붙이는 일에 외주 관리팀 약 1만 5000명을 고용했다. "확실히 페이스북이 이해하는 유일한 언어는 대중의 당혹감이다." 한 관리자는 2020년 10월 〈뉴요커〉에 이렇게 말했다.[9]

트위터와 유튜브, 그리고 페이스북의 자회사 인스타그램과 왓츠앱 또한 무고하지 않다. 초창기 트위터에서 여성과 소수자를 괴롭히는 경향이 나타났던 건, 개발자 인력 다수가 백인 남성인 데 따른 부작용이었다. 서비스를 만드느라 바빴기 때문이기도 했지만 아이러니하게도 그들 자신이 트위터의 핵심 사용자가 아니었기 때문에, 개발자들은 그런 문제들을 겪을 가능성이 별로 없었다. (트위터 직원들이 문제의 소지가 될 만한 것들에 얼마나 둔감했는지 한 가지 예를 들자면, 2018년 연말에 그들은 '출석 표시'를 해서 누가 접속해 있는지 보여주자고 제안했다. 이것은 트위터 서비스가 2000년대 초반 메신저 서비스를 살짝 변형한 데서 출발했다는 사실을 떠올리게 했다.[10] 이 아이디어에 대중은 거의 하나같이 부정적인 반응을 보였다. 그들은 스토커나 치한이 목표 대상의 활동을 추적할 수 있기 때문에 활개를 칠 것 같다고 지적했다. 트위터는 그 기능을 도입하지 않기로 했다.) 유튜브의 고질적인 문제들은 잘 문서화되어 있다. 하지만 이 회사는 자기들이 스스로 만들어낸 문제의 엄청난 규모를 마주하고도 매번 대수롭지 않은 듯 넘겨버린다.

플랫폼 쪽에서도 권력과 얽히는 일을 서로 꺼리는 부분이 있다. 앞에서 보았던 대로, 페이스북과 트위터는 일반 사용자가 올렸다면 금지되었을 내용이라도 정치 지도자가 발표하면 검열하지 않겠다고 했다. 2020년 6월에 트위터의 한 계정 때문에 이것이 직접 시험대에 올랐다. 트럼프의 말을 그대로 옮겨서 트윗하는 계정이었다. 그 계정은 폭력 찬양에 반대하는 규정을 위반했다는 이유로 사흘간 정지되었지만 그동안에도 트럼프의 계정은 제재를 받지 않았다.[11]

유권자들을 그들이 선출하는 사람들과 다르게 대우하는 일은 치졸하고 반민주적이다. 트위터와 페이스북은 그런 지도자들의 콘텐츠를 자기네 플랫폼에 남겨두는 것을 '뉴스 가치'가 있다는 이유로 정당화했다. 그렇지만 전직 페이스북 직원들은 2020년 6월 〈뉴욕타임스〉에 보낸 서한에서 다음과 같은 점을 지적했다. 정치인이 하는 말이라면 당연히 뉴스 가치가 있고 뉴스 가치의 의미가 콘텐츠를 남겨두어야 한다는 뜻이라면 "세상에서 가장 강력한 권한을 가진 사람들이 세상에서 가장 거대한 플랫폼에서 넘지 말아야 할 선이란 없다"는 지적이었다.[12] 또한 그와 같은 특별 대우는 소셜온난화를 뒷받침하는 소요를 증가시킨다. 규정을 불평등하게 적용하는 행위만큼 저열한 분노를 일으키는 데 기여하는 건 없다. 클레그는 2019년 9월 연설에서 페이스북은 테니스 구장을 제공하며 표면을 고르고 선을 그리고 네트를 점검하기는 하지만, "테니스 라켓을 선택하지도 않고 경기 시작을 알리지도 않는다"라고 이야기했는데, 이런 발상은 대충의 조사도 받아들이지 않겠다는 뜻이다.[13] 두말할 것 없이 편파적인 심판이다.

2020년 말까지 그 어떤 플랫폼도 이 문제를 바로잡을 하등의 이유를 찾지 못했다. 실질적인 위협이라고는 아무것도 없었다. ISIS나 알카에다나 백인우월주의자들이 하나의 플랫폼 아니면 다른 플랫폼 아니면 모든 플랫폼에서 조직을 만들고 사람들을 모집했지만, 그냥 예전에도 그러지 않았던가? 게시판에서도 그들은 사람을 모으고 생각을 퍼뜨릴 수 있지 않았던가? (곰곰이 생각해보니 모니카 비커트가 단언한 말이다.) 하지만 플랫폼들이 훨씬 더 커져가고 알고리듬으로 가열되는 과정에서 이 두 가지 요소가 결합함에 따라, 이들의 네트워크효과와 그에 따른 문제가 기하급수적으로 증가하는 것을 피할 수 없다.

어떻게 하면 이 문제를 바로잡을 수 있을지 따져보기 전에, 어떻게 이 문제를 분류해야 할지 따져볼 가치가 있다. 이 문제는 지구온난화와 마찬가지로, 규모가 거대할 뿐 아니라 동시에 이루어지는 수십억 개의 사소한 개인적인 선택으로 발생하는가? 우리의 일상적인 행동을 바꾸라고 요구하는 대책은 너무 광범위해서 고려해보기도 어려운 것 같고, 개선 방안은 수십 년 동안 이어져온 궤도에서 한참 멀리 벗어나 있는 것 같다. 소셜온난화를 바로잡으려면 우리 모두 소셜네트워크를 덜 사용하도록 유념해야 하고, 그들이 분노를 불러일으킨다는 걸 인식해야 하고, 거기에 저항해야 한다는 뜻이다.

아니 어쩌면 이것은 오존구멍과 유사한 문제일까? 그 또한 엄청나게 많은 사람들이 개별적으로 내린 선택 때문에 일어난 일이었다. 그러나 1980년대에 각국 정부가 헤어스프레이와 냉장고 냉매에 사용되던 오염물질, 일명 프레온가스를 제조하던 소수의 기업들을 규제하면서 그 피해는 역전되었다.

모든 소셜네트워크 기업 임원들을 다 모아놓는다 해도, 틀림없이 보통의 이사회 정도밖에 안 될 것이다. 2020년에 사용자가 3억 명이 넘는 소셜네트워크는 열다섯 군데였고 총 사용자 수는 38억 명이었으며 그들 중 99퍼센트는 스마트폰으로 접속했다.[14] 규모 면에서 보면 서양에서 가장 큰 플랫폼은 페이스북(페이스북 자체도 그렇지만, 왓츠앱, 페이스북 메신저, 인스타그램도 각각 사용자가 10억 명 이상이다), 유튜브, 틱톡, 레딧, 스냅챗, 트위터, 핀터레스트 순이다. 실질적으로 중국 내에서만 쓰이는 다른 소셜네트워크들도 있다. 위챗, 더우인(틱톡의 중국 버전), 큐큐, 큐존, 시나 웨이보, 콰이쇼우 등.

사용자는 상당수 중복된다. 소셜네트워크 여섯 군데의 사용자는 각각 10억 명이 넘는다. 사용자 규모가 반드시 여론에 미치는 영향이나 소셜온난화에 미치는 영향에 비례하는 건 아니다. 레딧은 사용자 수가 트위터보다도 1억 명이나 많고, 트위터는 핀터레스트보다도 약간 더 많은 수준이지만, 셋 중 하나만이 끊임없이 미디어의 관심을 모은다.

소셜네트워크 기업들은 프레온가스 생산자와 닮았다. 그들이 없다면 우리가 목도하고 있는 이 문제들은 최소화될 것이다.

그리고 제조업자들이 후방에서 벌인 홍보 캠페인에도 불구하고 몇 년 만에 프레온가스가 기적의 화합물에서 화학적 악당이 되어버린 것과 마찬가지로, 과거 소셜네트워크에 우호적이었던 사람들 가운데 이들을 싫어하게 된 경우가 점점 더 많아지고 있다. 그중에는 유튜브의 샤슬롯이나 페이스북의 장처럼 전직 직원들도 있다. 또는 오랜 벤처 투자자이자 페이스북 초기에 개인 투자자이기도 했던 로저 맥너미Roger McNamee 같은 사람들도 있다. 2012년에 그는 〈블룸버그〉에 "마크 저커버그가 '바로 그 사람'이라고 생각합니다. 빌 게이츠나 스티브 잡스처럼, 그는 모든 사람의 지지를 받는 분위기를 만들어냈죠"라고 말했다.[15] 그로부터 4년 후 미국 선거에서 악의 집단들이 페이스북을 이용해 조작을 벌이는 과정을 아연실색해서 지켜본 그는 이 회사의―그리고 저커버그의―가장 눈에 띄는 비판자가 되었다. 2020년 6월 〈타임〉에서 그는 "인터넷 플랫폼들은 커다란 해악을 일으키고 있습니다. 그리고 [우리는] 마크 저커버그 같은 임원들이 더 잘하겠다는 약속을 충실히 지키지 않는다는 사실을 받아들여야 합니다"라고 단언했다.[16] "모든 사람을 연결한다"라는 사명이 그 무엇보다 중요한 도그마가 되어버린 탓에 집단 괴롭힘, 의도적인 허위 정보 유포, 음모론을 못 본 척한다고 설명했다.

다른 사람들은 한발 더 나아갔다. 애플의 매킨토시 프로젝트의 초기 구성원이자 스티브 잡스의 고문으로 일했던 조애나 호프먼Joanna Hoffman은 2020년 6월 한 콘퍼런스에서 페이스북이 "민주주의의 구조 자체를 파괴하고, 인간관계의 기본 구조를 파괴하고, 중독이라는 이름의 습관성 약물을 불법 판매하고" 있다고 말했다.[17] "아시다시피, 이건 담배 같은 거예요. 아편과 다를 게 없어요. 우리는 분노에 중독성이 있다는 걸 알고, 사람들을 충분히 열받게 만들면 우리 플랫폼에 끌어와서 참여하게 할 수 있다는 걸 압니다. 자, 그런데 우리가 할 일이 각각의 사람, 매 시간을 돈으로 바꾸는 거라면요?" 호프먼은 젊은 테크 리더들이 "스스로 세상에 무엇을 심고 있는지"에 놀랄 만큼 무지하다고 비난하면서 그들을 움직이게 하는 힘이 무엇인지 궁금하다고 했다. "제가 묻고 싶은 건 이겁니다. 얼마나 엉망이고, 얼마나 무지하고, 얼마나 기만적인 건가요?"

혹은 야엘 아이젠스탯의 사례도 있다. 전직 CIA 요원이었던 그녀는 페이스북의 '공정 선거 작전' 총책임자로 고용되었지만 여섯 달 만에 실망해서 그만두었다. 2020년에 그녀는 페이스북이 민주주의를 위협하는 조작을 허용하는 근본적인 결함을 결코 해결하지 못할 거라고 했다. 페이스북은 기관의 규제 가능성을 너무나 두려워했고 이와는 별개로 모든 면에서 규모의 경제를 실현하려 열망했기 때문에 여러 나라가 필요로 하는 세세한 관심을 기울이지 못할 것이다. 〈뉴욕타임스〉 기자 시라 오비드Shira Ovide는 2020년 6월에 이런 말을 남겼다. "페이스북에 대해 긍정적인 생각을 하려 할 때마다 이 회사가 입힌 심각한 피해가 함께 떠오릅니다. 그것 또한 결코 지워지지 않는 저커버그의 유산이 되어버렸죠."[18] 조지 플로이드 살해 사건처럼 경찰의 만행을 찍은 동영상을 올릴 수 있는 사이트가 있다는 사실은 중요했다. "하지만 그걸 갖기 위해 미얀마에서의 대학살이나 필리핀에서 기자 한 명을 표적으로 만들어버린 일을 용납해서는 안 됩니다."

2020년 10월에 저커버그는 문제가 있다는 사실을 어중간하게 인정하면서 홀로코스트의 현실을 "부인하거나 왜곡하는" 콘텐츠는 금지될 것이라고 발표했고, 부인을 일삼는 사람들에 대해 "의도를 문제 삼기는 어렵다"라고 말했던 2018년 인터뷰 이후로 자신의 생각도 "진화했다"라고 말했다. 혐오 발언에 대한 회사의 정책도 진화한 데다 "반유대주의 폭력이 증가하고 있음을 보여주는 데이터를 보았기" 때문에 마음을 바꿨다고 했다. 사람들은 궁금했다. 페이스북의 방만함이 폭력의 증가에 얼마나 기여했을까? 페이스북도 저커버그도 그에 대해서는 말하지 않았다. 그래도 그것은 소셜온난화에 맞서는 과정에서 가장 중요한 주연배우가 한 걸음을 내디딘 순간이었다.

그러니까, 엄연히 문제가 있고 이 회사를 운영하는 사람들을 포함해 많은 사람들이 뭔가 잘못되고 있음을 어느 정도 인지하고 있다는 것이다.

논리적으로 그다음에 필요한 것은 규제다. 그렇다면 이 플랫폼들의 어떤 면을 규제할까? 이 서비스들이 만들어지기 전으로 상황을 되돌려놓을 수는 없다. 미국에서 우익 세력에 대한 비난이 아무리 맹렬하다 해도, 이 사이트들에 올라오는 모든 내용에 대해 그들에게 책임을 지우는 것—사실상의 통신품위법 제230조 폐지—은 실현 불가능한 일이다.

새로운 법안을 마련하기에 앞서 자율 규제는 어떨까? 이 플랫폼들이 사용자에게 미치는 영향을 심각하게 받아들이고 있다는 기색이 중간중간 드러났다. 2018년 여름에 인스타그램은 지난 이틀 동안 또는 마지막에 앱을 사용한 이후에 올라온 신규 게시물을 모두 보았을 때 이를 표시해주는 정책을 도입했다. '최근 게시물 확인 완료'라는 조그만 메시지가 화면에 뜨는 방식이었다. 인스타그램의 공동 창업자이자 당시 CEO였던 케빈 시스트롬은 2018년 5월에 "[인스타그램에서 보내는] 모든 시간이 긍정적이고 의도적이어야 한다"라는 트윗을 올렸다.[19] 그리고 "온라인에서 보내는 시간이 사람들에게 얼마나 영향을 미치는지 이해하는 건 중요하며 이에 대해 정직해야 하는 것이 모든 기업의 책임이다. 우리는 해결책의 일부가 되고자 한다. 나는 이 책임을 심각하게 받아들이고 있다"라고 덧붙였다.[20] 2019년에 게시물에 붙는 좋아요 수가 눈에 덜 띄게 되었다. 남들과 비교하고 싶어 안달나는 일을 줄이려는 긍정적인 변화다.

모든 게 좋아 보였다. 인스타그램 개편 내용의 가장 중요한 부분이 2020년 중반에 원상복구되기 전까지는 말이다. 그리하여 '최근 게시물 확인 완료'를 넘어가면 팔로우를 '제안하는' 계정에서 올린 게시물을 보게 되었다. 이는 물론 알고리듬이 골라준 것이었다. 시스트롬은 사임했고 인스타그램의 경영 방침은 관심 끌기를 우선시하는 새로운 관리 체제로 바뀌었다.

페이스북은 그동안 몇 가지 변화를 뒤늦게 단행했다. 2020년 말에 (줄리아 캐리 웡이 지적했던 것과 같은) 백인우월주의자들이 사용하고 있는 그룹들은 공식적으로 페이스북에서 금지되었다. 이전에는 허용되었던 홀로코스트 부인에 대한 저커버그의 입장이 뒤집히면서 큐어논도 금지 대상이 되었다. (2018년 인터뷰에서 저커버그는 사람들이 어떤 주제에 대해 "틀린" 말을 하는 상황도 허용되어야 한다는 것이 자신의 생각이라고 말했다. 홀로코스트 부정론자들의 의도에 대한 몰이해를 드러내는 말이었다.) 다음으로 사람들의 백신접종을 말리는 광고가 금지되었다. (그렇지만 백신 관련 입법을 찬성하거나 반대하는 광고는 허용되었고, 많은 그룹들이 안티 백신에 대한 장황한 설명이나 거짓 정보를 내보냈다.) 그동안 트위터는 기사들을 읽어보지도 않고 반사적으로 리트윗하지 못하게 하려는 노력으로, '기사 제목만으로 전체 내용을 알 수 없습니다'라는 알림 메시지를 띄움으로써 먼저 기사를 읽어보라고 사람들을 독려하려 했다. 또한 리트윗하기가 약간 더 어려워졌다. 그 대신에 원래 트윗에 의견을 덧붙여서 인용하도록 권장되었다.

고무적인 일이긴 했지만 문제의 근본적인 원인을 없애기에는 역부족이었다. 2014년에 게이머게이트가 몇몇의 삶을 산산이 부서뜨리는 동안 트위터 관리자들은 기본적으로 한발 물러나 있었다. 2015년과 2016년에 유튜브, 트위터, 페이스북에서 벌어진 가장 큰 문제는 이슬람 극단주의자들의 콘텐츠처럼 보였고 소셜네트워크들은 이에 단호하게 대처했다. 하지만 동시에 그들은 극보수주의 콘텐츠의 급속한 증가, 러시아발 허위 정보, 미얀마의 들끓는 분노, 안티 백신 거짓 정보, 여론에 영향을 주려는 가짜 계정 사용에 대해서는 못 본 척 눈을 감아버렸다. 문제는 큐어논과 홀로코스트 부정이 2020년 말쯤에는 적극적인 관리가 필요한 주제일 수도 있지만(심지어 이 두 가지에 대해서도 아주 늦게서야 조치가 취해졌지만) 1~2년 후에 어떤 주제가 말썽을 일으킬지는 알 수 없다는 것이다. 중요한 변화가 생기지 않는다면 심각한 문제들이 널리 퍼질 것이라는 점만 온전히 확신할 수 있을 따름이다.

사용자들의 담론을 통제하고자 하는 과정에서 플랫폼들이 부질없는 시도를 하고 있을지도 모른다는 게 너턴의 생각이다. 그는 1954년에 영국의 인공두뇌학자가 내놓은 '애슈비의 필수 다양성의 법칙Ashby's Law of Requisite Variety'을 인용한다. "이 법칙에 담긴 뜻은 어떤 시스템이 실행 가능하려면—어떤 시스템이 되었든—주변 환경의 복잡성에 대처할 수 있어야 한다는 것입니다. 그리고 그렇게 할 수 없다면 그 시스템은 실행 가능하지 않죠. 대량생산이 한 예입니다. 알다시피 헨리 포드는 '원하는 색상의 자동차를 가질 수 있다, 그것이 검은색이기만 하다면'이라고 말했어요. 이것은 다양성을 축소한 사례입니다. 환경의 복잡성을 처리할 수 있는 하나의 층위로 축소하는 셈이에요. 또는 조직을 더 유연하고 더 잘 반응하도록 만들어서 복잡성을 처리할 수 있는 내부 역량을 높일 수도 있어요. 이 일을 처리하는 데에는 여러 가지 방법이 있습니다.

자, 예를 들어 이 테크 기업들에서 무슨 일이 벌어지고 있는지 살펴봅시다. 그들은 이렇게 말하고 있죠. '음, 네, 그건 아주 어려운 일입니다만, 우리는 28억 명이 우리에게 던져준 복잡성을 처리하는 방법을 찾을 겁니다.' 그들은 그런 일을 어떻게 할까요? 우선 그들은 사용자의 참여를 살피는 관리자들을 뽑는 데에 많은 비용을 쓸 겁니다. 하지만 설사 페이스북이 50만 명의 관리자를 둔다 해도 그건 불가능한 일입니다." 사람들은 너무나 다양하고 실제 세상이 페이스북과 기타 소셜네트워크에 던져주는 문제는 복잡하기 때문에, 이들은 사람들이 만들어내는 문제만큼이나 많은 수의 뉘앙스─또는 '다양성'─에 대응할 수 있어야 한다. 하지만 수백 개국에서 수십억 명이 다른 문화와 역사를 토대로 다른 언어를 쓰는 상황에서 그건 어마어마한 일이다. 혐오 발언을 없애겠다고 하는 것조차 너무나 까다롭고 어려운 일이다.

"애슈비의 법칙 때문에, 물론 그들은 이 용어를 쓰지는 않지만, 그들은 기본적으로 이렇게 말하겠죠. 'AI를 이용해 내부적으로 우리의 다양성을 증폭시킬 겁니다'라고요." 너턴의 말이다. "그건 지금 시점에서 그들의 짐작일 뿐이죠. 제 예상에는 제대로 되지 않을 것 같아요. 상상할 수 있는 어떤 종류의 AI도 그 일을 해낼 만큼 똑똑하지는 않을 테니까요. 그러니 망할 수밖에요."

페이스북이 자체 모순으로 무너질 거라는 의미에서 망한다는 걸까?

"페이스북 때문에 사회가 파괴될 거라는 의미에서 망한다는 겁니다." 너턴의 말이다.

2020년 봄, 미국 경제자유 프로젝트American Economic Liberties Project 연구소가 보고서를 발간했다. 만약 페이스북과 구글이 존재하지 않았고 누군가가 전 세계적인 논의와 지식에 대한 실질적인 통제권을 두 회사에 부여하자고 제안했다면 어땠을지 질문하는 내용이었다.[21] 하나는 가짜 뉴스가 열렬하게 증폭되는 한편, '개인별 맞춤한' 선전선동이 선거 결과에 영향을 끼치고 (팬데믹 기간에는) 공중보건에도 영향력을 행사하는 플랫폼이다. 다른 하나는 어른과 아이를 치밀하게 감시하고, 사용자들을 계속 빠져들게 하는 설계를 이용하고, 타깃별 광고를 통해 교묘한 형태의 차별을 허용하고, 이와 별도로 전국적으로나 지역적으로나 언론의 붕괴를 일으킨다.

이렇게 생각하면 이들은 별로 바람직해 보이지 않는다. 하지만 그게 우리가 처한 상황이라고 저자들은 논증하면서, 페이스북과 구글은 작게 쪼개져야 하고 그들이 다시는 독점적 지위를 차지하지 못하도록 새로운 규제를 도입해야 한다고 제언했다.

당연하게도 이 기업들은 규모를 축소해야 한다는 주장에 약간 경계심을 내비쳤다. "페이스북이든 구글이든 아마존이든 이 기업들을 쪼갠다고 해서 실질적인 문젯거리들이 해결되지는 않을 겁니다." 저커버그는 2019년 10월 전사 회의에서 직원들에게 이렇게 말했다.[22] 그렇게 되면 자신들의 리소스가 줄어들어 선거 개입이나 혐오 발언을 조직적으로 막아내지 못하게 될 거라고 주장했다.

이는 약간 정직하지 못한 말이었다. 특히 페이스북과 유튜브가 비판받은 이유는 그들의 거대한 규모를 이용해 악의적 이용자들이 일시에 더 많은 사람들에게 도달할 수 있게 되었기 때문이다. 소셜네트워크가 수십 군데 존재하던 시절에는 어떤 허위 정보 책략이라도 현재 페이스북 광고 캠페인 한 건으로 도달할 수 있는 사람들과 같은 수에 도달하려면 훨씬 더 많은 일을 해야만 했기에 더더욱 그랬다. 그렇지만 소셜네트워크들이 공조해서 그런 부당한 이용을 가려내려고 했다면 못할 이유가 전혀 없었을 것이다.

이 모든 것이 우선적으로 가능한 해법을 가리킨다. 바로 네트워크의 크기를 제한하는 것이다.

우리는 이미 효과적인 지표를 갖고 있다. 트위터가 케이티 홉킨스Katie Hopkins나 앨릭스 존스나 데이비드 듀크David Duke나 빌 미쳴Bill Mitchell 같은 개인들(위키피디아에 수집된 목록을 보면 우익 선전선동에서 몹시 중요한 사람들)을 영구히 퇴출시키자, 그들은 화를 내며 더 작은 소셜네트워크로 옮겨 갔고 실제로 더 넓은 세상에서 다시는 그들의 이야기가 들리지 않게 되었다.23 트위터와 페이스북이 트럼프의 계정을 갑자기 정지한 조치는 그만큼 효과적이지는 않았지만, 트럼프는 충격을 받아 며칠 동안 침묵을 지키면서 다른 매체를 멀리했다. 다른 매체들로는 같은 도달 효과를 얻을 수 없었기 때문이다. 우리는 페이스북, 인스타그램, 트위터 외에 다른 수많은 소셜네트워크—좀 더 작은 소셜네트워크로는 갭Gab, 팔러Parler, 카운터소셜CounterSocial, 마스토돈Mastodon, 핀터레스트, 텔레그램, (남아메리카의) 타링가!Taringa!, 텀블러 등이 있다—에서 벌어지는 일들을 몰라도 되고 걱정하지 않아도 된다. 이는 지구온난화나 오존구멍과는 다른, 소셜온난화만의 중요한 특징이다. 자동차의 수를 절반으로 줄인다면 지구온난화 효과도 절반으로 줄어든다. 하지만 소셜네트워크의 규모를 절반으로 줄인다면 상호 교류 가능성의 규모는 극적으로 줄어든다. 페이스북은 분명 너무 비대해져서 자사 사이트의 규모와 자유방임적 태도가 야기한 문제들을 처리하지 못한다. 페이스북이 강제로 여러 개의 별도 회사로 분리된다면, 각 회사가 이를테면 최대 사용자 2억 5000만 명, 대략 북아메리카(소셜네트워크에서 가장 중요한 지역)를 아우르는 정도로 제한을 둔다면, 사이트에 올라오는 콘텐츠를 통제할 수 있으면서도 이 사용자들을 잘 파악해 광고를 판매할 수 있다.[24] 세계는 연결되지 않고 분리되도록 강제된 작은 페이스북들로 채워질 수 있을 것이며 대개는 국가 단위가 될 것이다. 페이스북, 인스타그램, 왓츠앱, 트위터는 그러고 싶지 않을 것이다. 하지만 그들을 제외한 모두에게는 아마 이로울 것이다. 그런 조치는 거의 모든 국가에서 이미 시행되고 있는 미디어 소유권 집중을 제한—사람들이 듣게 되는 이야기를 좌우할 권한이 지나치게 집중되어 있으면 정부와 시민을 위험에 빠뜨릴 수 있다는 건 암시적으로 인정되고 있는 사실이다—하는 법률의 다른 버전이 될 것이다. 이 소셜네트워크들은 언론사가 아니다. 그런데도 그들은 독점 언론과 마찬가지로, 사회의 가장 나쁜 면을 끊임없이 증폭시킬 수 있다.

또한 더 작은 소셜네트워크들은 위험하고 오도하는 광고를 검토해서 걸러내는 데에도 더 나은 입장을 취할 것이다. 동료들과 임시로 그룹을 결성하여 함께 백신과 자폐증에 대한 거짓 정보에 맞서 싸워온 앤 보든 킹은 이렇게 말했다. "절대로 라디오에서 듣거나 TV에서 볼 수 없을 광고들이 규제 기관이나 감시 단체의 제재를 받지 않고 소셜미디어를 넘나듭니다." 광고를 조정하는 일을 AI에 맡기는 건 아주 큰 문제라고 그녀는 말한다. 그것이 책임 체계를 흐리고 엄청난 양의 해로운 광고들을 통과시키기 때문이다. "그들이 정말로 그런 일을 하고자 한다면, 일상적으로 흘러다니는 코로나19 관련 거짓 정보나 다른 유사과학을 중단시키고자 한다면요, 당장 내일부터 효과도 없는 AI 이용을 그만두고 그 대신에 사람들에게 광고 검토를 맡기면 됩니다." 엄격한 가이드라인이 주어진 사람들이 이 일을 훨씬 더 잘 해낼 것이라고 그녀는 말한다. 오늘날 AI의 한계에 관해 우리가 알고 있는 내용으로 짐작해보건대, 그것은 완전히 진실이다.

광고 검토 비용은 어떻게 마련한단 말인가? "올바른 일인데도 이익이 줄어든다는 이유로 하지 않는다면, 그건 합당한 변명이 될 수 없습니다." 킹은 반박한다. "올바른 일을 한다는 이유로 돈을 잃는 것은 많은 사람들이 살면서 매일 내리는 결정이기도 해요. 탈세나 폰지사기로 법정에 출두한 사람들 가운데 누구도 다음과 같은 변명을 늘어놓지 않습니다. '아, 하지만 제가 이 일을 그만두면 지금만큼 많은 돈을 벌 수 없게 될 텐데요.'"

또한 우리는 이 기업들이 정부가 행동에 나서면 주의를 기울인다는 사실을 알고 있다. 2015년에 독일에서 소셜미디어 기업들은 자율 규제 방안의 일환으로 자사 플랫폼에서 스물네 시간 이내로 혐오 발언을 없애달라는 요구를 받았다. 그런 일은 일어나지 않았다. 그래서 2017년 6월에 독일 정부는 네트워크 시행법Netzwerkdurchsetzungsgesetz을 통과시켜서 페이스북의 커뮤니티 가이드가 아니라 독일 형법을 기준으로 독일 네트워크상에서 무엇을 허용할지 정했다. 그리하여 스물네 시간 내로 혐오 발언을 삭제하지 못하고 일주일 내에 불법 콘텐츠를 삭제하지 못하면, 최고 5000만 유로(약 670억 원)까지 벌금을 물릴 수 있게 되었다.[25]

1년도 지나지 않아서 페이스북 관리자 가운데 6분의 1이 독일에서 일하고 있었다.

다른 변화들도 상당한 효과가 있었다. 플랫폼이 해로운 콘텐츠를 알고리듬으로 증폭하는 데 대해 사람들이 플랫폼을 고소할 수 있도록 통신품위법 제230조가 개정되어야 한다고 로저 맥너미는 제안한다. 그 조항은 사이트들이 하고 싶은 대로 자유롭게 관리할 수 있게 해주면서도 그들이 콘텐츠를 보여주고 선택하는 방식에 책임을 지게 할 것이다. "해로운 증폭은 사업적인 선택의 결과이며 변화될 수 있습니다"라고 그는 말했다.

그 같은 전면적인 변화가 이전에 시행되었다면, 페이스북은 필리핀 선거에서 일어난 사건들과 관련해 소송을 당할 위기에 처했을 것이고, 유튜브는 수많은 이슬람교 광신도들과 우익 살인자들의 과격화에 대해 경고를 받았을 것이다. 그리하여 사람들이 경찰이나 다른 사람들에 대한 공격을 모의하는 비공개 그룹들의 내부 활동에 페이스북이 더 많은 관심을 기울이게 만들었을 것이다. 콘텐츠를 최신순으로 보여주는 보통의 게시판들은 영향을 받지 않고 여전히 제230조의 보호를 받을 것이다. 하지만 알고리듬의 증폭에 의존하는 곳들은 자신들의 선택을 신중하게 살펴봐야만 할 것이다. 모든 소셜네트워크가 알고리듬의 증폭 없이 운영되던 시기가 있었다는 점을 기억할 필요가 있다. 트위터와 인스타그램은 2016년에야 알고리듬을 채택했다.

맥너미의 아이디어가 받아들여지지 않더라도, 규제 압박이 강화됨에 따라 구글과 특히 페이스북의 권한이 더욱 분명해졌다. 미국 상원의원 엘리자베스 워런은 완강하다. "오늘날 테크 대기업들은 지나치게 많은 권한을 갖고 있습니다. 우리 경제에, 우리 사회에, 우리 민주주의에 대한 권한이 너무 큽니다."[26] 이는 당파적인 입장이 아니다. 2020년 10월에 대통령 선거에 앞서 격전지인 아홉 개 주에서 이루어진 여론조사에 따르면, 유권자 중 74퍼센트가 "테크 대기업의 권한을 줄이고 경쟁과 혁신을 늘리기 위해" 정부 주도로 이들이 분할되는 것을 지지하겠다고 밝혔다.[27]

크레이그 실버먼은 버즈피드 뉴스에서 페이스북과 다른 소셜네트워크들이 자사 콘텐츠에 대한 일종의 분명한 법적 체계를 환영할지도 모른다는 생각을 밝혔다. 현재는 그들이 대부분 자체적으로 체계를 만들어야 하기 때문이다. "그들은 자신들이 가진 권한, 자신들이 가진 통제력과 책임 전부를 정말로 원하는 건 아니라는 점을 깨달았을 겁니다." 그는 말했다. "진짜 어려운 결정들은 다른 쪽에 넘겨주고 자기들 사업만 할 수 있게 되어 기쁠 겁니다. 규제가 그런 압박과 책임을 실질적으로 줄여줄 거라는 생각이 갑자기 좀 더 매력적으로 보였을 거예요. 이런 거죠, '이봐, 몇 가지는 다른 사람들한테 넘겨서 그들에게 책임지라고 할 수 있다면 좋을 거 같아. 괜찮지 않겠어, 그러면 우리는 광고만 팔아도 되잖아. 봐, 그게 좋을 거야.'"

소셜네트워크들의 광범위한 경험에 긍정적인 영향을 미칠 만한 또 다른 변화가 있다. 이런 문제들을 일으킨다고 알려진 시스템과 화면상 표시 기능을 덜 사용하는 것이다. 이상적인 방향은 친구들과 연락하거나 콘텐츠를 만들고 찾는 과정에서 누리는 이점은 없애지 않으면서, 소셜온난화로 이어지는 일들만 약간 더 어렵게 만드는 것이다.

누구든 좋아하는 사람을 모욕하고 짜증 나게 하고 괴롭히고 싶을 때, 이런 유혹이 쉽게 충족되지 않는 설계를 바랄 것이다. 분노가 아주 강력하게 바이럴된다는 사실은 이미 널리 알려졌다. 사람들은 '중립적'인 표현보다는 감정이나 도덕과 관련된 말들이 담긴 콘텐츠에 주목한다. 더 유익한 소셜네트워크라면, 다른 사람의 콘텐츠를 전달하는 일을 더 어렵게 만들거나 트윗 인용하기처럼 의견을 달도록 할 것이다. 우리 자신을 다른 사람들과 비교하게 하면서 우리의 경험을 게임 요소로 활용하지 않을 것이다. 그러는 대신 벤 그로서의 브라우저 확장 프로그램 디메트리케이터처럼, 어떤 게시물이 얼마나 인기 있는지, 어떤 사람에게 얼마나 많은 팔로워가 있는지 같은 세부 요소는 숨겨줄 것이다. 그러면 우리는 누구를 팔로우할지 결정할 때, 겉으로 드러난 명성이 아니라 콘텐츠의 질을 따져 볼 것이다.

2019년에 소셜네트워크들은 화면에서 일부 수치들을 가리는 조치를 취하기 시작했다. 벤 그로서가 꽤 만족스러워할 일이었다. 그해 4월에 인스타그램의 애덤 모세리는 개발자들에게 팔로워 숫자가 사용자 프로필에서 '덜 눈에 띄게' 하고, 팔로우하는 사람들의 게시물 아래 정확하게 표시되는 좋아요 숫자를 없애라고 지시했다. 트위터와 유튜브에도 비슷한 불만이 존재했다. 하지만 트위터는 따라 하지 않았고, 유튜브는 실시간 구독자 수 업데이트를 중단하고 화면에 뜨는 숫자를 반올림해서 표시하기로 했다. 그렇게 함으로써 전업 유튜버들이 구독자 수를 두고 '누가 가장 많은지' 겨루는 다툼이 줄어들었다.

물론, 때로는 불의에 맞서기 위해 분노가 필요할 때도 있다. 2020년 중반에 미국에서 조지 플로이드의 죽음을 두고 분노가 폭발한 일은 스마트폰과 데이터 네트워크가 어디에나 존재했기에, 그리고 페이스북이 사용자들에게 동영상(사람들이 치명적으로 해를 입고 있는 모습을 보여주는 내용인데도)을 올리고 퍼뜨릴 수 있게 해주었기에 가능했다. 분노가 시발점이 되었다. 몇 년 전, 그러니까 누구나 스마트폰과 데이터 요금제를 사용할 수 있게 되기 전, 소셜네트워크가 어디에나 있기 전에도 경찰은 똑같이 만행을 저질렀고 많은 사람들이 죽었다. 하지만 그런 일들을 더 넓은 세상에 보여주려면 TV 방송국이나 신문사의 주목을 끌어야만 했다. 경찰은

'지병'으로 인한 사망이라고 발표했을 것이고 지역신문에 한 줄 정도 기사가 실릴까 말까 했을 것이다. 어쩌면 한 기자는 이렇게 말했을지도 모른다, 그런 게 기삿거리가 되겠어?

그런 일이 불가능했을 거란 이야기는 아니다. 1992년 로스앤젤레스 폭동은 로드니 킹Rodney King을 집단 구타한 네 명의 경찰이 무죄 선고를 받으면서 촉발되었다. 집단 구타 현장은 촬영되어 TV에 나왔다. 폭동 과정에서 벌어진 수많은 잔혹한 사건들도 마찬가지로 방영되었다. 우리가 온라인에서 마주치는 집단 분노가 세상을 개선하는 과정에서 필요할 때도 있다. 페이스북 라이브나 트위터 동영상을 통해 무장하지 않은 흑인 남녀가 미국 경찰에 살해되는 장면을 보고 느낀 경악과 분노는 사람들의 눈을 번쩍 뜨이게 했다. 소셜온난화는, 극한 상황에서라면, 선한 결과로 이어질 수 있다.

"소셜미디어는 사람들을 급습하고 상황을 무너뜨리고 해체하는 데에 능숙하죠." 앞서 보았듯이 미얀마에서 이미 심각했던 인종 갈등이 페이스북 때문에 점점 더 걷잡을 수 없는 국면으로 나아가는 과정을 목격한 국제 감시 단체의 앨런 데이비스 기자는 이렇게 말했다. "하지만 과정을 차근차근 쌓아 올리거나 해결책을 내는 데에는 능숙하지 못합니다."

그렇지만 우리는 문제가 무엇인지 알고 있다. 소셜네트워크가 일으키는 왜곡이 문제를 일으킨다는 걸 알고 있다. 그들의 규모, 알고리듬, 콘텐츠 공유의 용이성이.

이들 중 어느 것도 자명하지는 않다. 소셜네트워크의 크기를 제한하면 영향력이 줄어든다. 소셜의 구조는 콘텐츠를 증폭시키는 알고리듬 없이도 존재했다. 지금도 여전히 온라인에서 토론이 벌어진다. 그리고 콘텐츠

공유의 용이성은 그것을 공유해야 할지 말지, 공유했을 때 어떤 이로움이 있을지를 생각해보는 데 걸리는 시간에 반비례하며, 광고와 엮여 있는 '참여'는 판단을 흐리게 만드는 척도다. 심지어 무장 세력에 의해 사용될때, 참여는 충돌을 의미한다. 때로 소셜네트워크는 글, 사진, 동영상을 무기로 삼는 전쟁처럼 보인다.

입법자들에게는 변화를 가져올 힘이 있다. 소셜네트워크들이 크기와 알고리듬의 증폭을 제한하도록 압박하는 건 인기 있는 일이 아니다. 소셜네트워크를 소유한 기가 막히게 부유한 사람들과 관련된 일이라 더욱 그렇다. 하지만 그들이 지배적인 위치에 오르기 전, 그들이 사회에 미치는 영향에 끊임없이 조마조마해하지 않았던 몇 년 전을 돌이켜 보면, 어떤 이로움이 있을지 일별할 수 있다.

그러므로 해결책은 우리에게 달려 있다. 우리가 소셜네트워크들을 사라지게 할 수는 없다. 그리고 많은 사람들이 그런 일을 바라지도 않을 것이다. 그 대신에 어떻게 하면 소셜네트워크에서 최대한의 가치를 얻어낼 수 있을지 의식하고 있어야 한다. 우리는 사회적 동물이고, 현재 우리가 살고 있는, 상호의존성이 아주 높은 문명으로 우리를 이끌어온 모든 진보는 집단행동 덕분에 성취되었다. 인류 역사에서 우리 종족이 가장 위태로웠던 시기는 분열되거나 서로 반대하는 입장에 섰을 때였다. 소셜네트워크는 우리를 통합할 거라는 약속을 내세우지만 그 설계는 반대 방향으로 작동한다. 소셜네트워크는 우리가 바라는 통합을 방해하는 도구가 되어버렸다.

옛날에 도구를 만들던 우리의 조상들은 필요에 맞게 작동하지 않는 도구를 어떻게 다뤄야 할지 알았다. 바라는 결과에 맞춰 재설계하거나 개조했다. 우리는 본성을 바꿀 수 없다. 하지만 도구를 바꿀 수는 있다. 소셜온난화가 진행된 정도를 고려하면, 우리가 의존해왔던 고장 난 도구를 재설계하고 개조해야 할 때가 되었다.

감사의 글

이 책에 대한 최초의 아이디어는 케임브리지대학교 '테크와 민주주의 센터'에서 2016년에 했던 연구에서 나왔습니다. 온라인에서 보내는 시간이 가져오는 양극화 효과를 고찰한 연구였습니다. 그곳에서 연구를 시작할 기회를 주신 존 너턴 교수님에게 감사드립니다. 덕분에 이 책이 나왔습니다. 나의 에이전트 더그 영, 대단히 고맙습니다. 만나서 책의 아이디어를 설명했던 자리에서 제 지루한 이야기를 한참 듣고 나더니 잠시 천장을 바라보고서 이렇게 말했죠. "다른 아이디어는 없나요?" 그래서 저는 이 책 내용을 플랜B로 제시했는데, 어쩌다 보니 이렇게 플랜A가 되었습니다.

원월드 출판사 팀 모두에게 감사드립니다. 특히 제 편집자 서실리아 스타인은 끈기 있게 글을 읽고 고칠 점들을 탁월하게 제안해주셨어요. 라이다 바쿠스, 줄리아나 파스, 마고 윌, 폴 내시, 재키 루이스는 이름들이 맞는지 확인하고, 잘못된 기타 등등의 문법을 모두 바로잡아주었습니다.

물론 물심양면으로 많은 분들의 도움과 응원이 있었습니다. 수많은 케이크들에 대해 시안 파월에게, 그 케이크들이 가져온 결과를 해결할 수 있도록 도와준 베키 맥그래스에게 특별한 감사를 전합니다.

마지막 감사의 말은 당연히 조조에게 드립니다. 아낌없이 베풀어준 친절함, 관대함, 인내심에 감사합니다. 조조 없이는 아무것도 할 수 없었을 겁니다.

모든 웹사이트 링크는 집필 시점에 확인된 것이다(2021년 1월).

1장 | 서문: 문제 구체화하기

1.   european-rhetoric.com/analyses/ikeynote-analysis-iphone/transcript-2007

2.   techcrunch.com/2008/04/29/end-of-speculation-the-real-twitter – usage-numbers

3.   theverge.com/2017/2/16/14642164/facebook-mark-zuckerberg-letter-mission-statement

4.   wearesocial.com/blog/2018/01/global-digital-report-2018

5.   thesun.co.uk/sport/football/12101685/wilfried-zaha-racist-abuse – crystal-palace

6.   sanfrancisco.cbslocal.com/2020/06/17/steven-carrillo-robert-alvin-justis-facebook-boogaloo-crackdown

7.   wearesocial.com/blog/2018/01/global-digital-report-2018; statista.com/statistics/617136/digital-population-worldwide

8.   todayinsci.com/D/DieselRudolf/DieselRudolf – DieselEngine.htm

2장 | 초기: 장밋빛 약속과 파워

1.   thoughtco.com/henry-ford-biography-1991814

2.   wired.com/1997/05/ff-well

3.   angelfire.com/bc3/dissident

4.   h2o.law.harvard.edu/cases/4540

5.   law.cornell.edu/uscode/text/47/230

6.   sifry.com/alerts/2006/08/state-of-the-blogosphere-august-2006

7.   web.archive.org/web/20010202020100/rebeccamead.com/20001113art_blog.htm

8.   fawny.org/decon-blog.html

9.   medium.com/@worstonlinedater/tinder-experiments-ii-guys-unless - you-are-
      really-hot-you-are-probably-better-off-not-wasting - your-2ddf370a6e9a

10.   web.archive.org/web/20100309222302/foresight.org/Updates/Update02/
      Update02.3.html

11.   archive.fortune.com/magazines/fortune/fortunearchive/2003/10/13/350905/
      index.htm

12.   eonline.com/news/506119/mark-zuckerberg-talks-facebook-s-10th-anniversary

13.   nytimes.com/2015/11/11/arts/international/rene-girard-french-theorist-of-the-
      social-sciences-dies-at-91.html

14.   twitter.com/jack/status/20

15.   reuters.com/article/us-myspace-idUSTRE7364G420110407

16.   ft.com/content/fd9ffd9c-dee5-11de-adff-00144feab49a

17.   pcworld.com/article/162719/socialnetworks.html

18.   news.bbc.co.uk/1/hi/programmes/clickonline/5391258.stm

19.   theguardian.com/media/pda/2009/nov/24/future-of-social-networks-twitter-
      linkedin-mobile-application-next

20.   web.archive.org/web/20090227043048/blog.facebook.com/blog.
      php?post=56566967130

21.   web.archive.org/web/20111207043554/http:/nytimes.com/2008/08/03/
      magazine/03trolls-t.html?hp=&pagewanted=all

22.   researchgate.net/publication/8451443TheOnlineDisinhibitionEffect

23.   web.archive.org/web/20131015201115/http:/nbcnews.com/id/26837911/ns/
      health-behavior/t/anonymity-opens-split - personality-zone

24.   techcrunch.com/2009/03/07/eric-schmidt-tells-charlie-rose-google-is-

unlikely-to-buy-twitter-and-wants-to-turn-phones-into-tvs

25. ted.com/talks/ambercaseweareallcyborgsnow/transcript

26. technosociology.org/?p=102

27. twitter.com/FawazRashed/status/48882406010257408

28. globalvoices.org/2007/08/30/arabeyes-who-is-using-the-tunisian-presidential-airplane

29. portland-communications.com/publications/the-arab-spring-and-the-future-of-communications

30. theguardian.com/world/2011/feb/25/twitter-facebook-uprisings - arab-libya

31. United Nations Conference on Trade and Development, *ICT Policy Review*: Egypt, Switzerland, United Nations Publication, 2011, p.2. United Nations Conference on Trade and Development, 2011, p.xiii.

32. Merlyna Lim, 'Clicks, Cabs, and Coffee Houses: Social Media and Oppositional Movements in Egypt, 2004 - 2011,' *Journal of Communication*, vol. 62, no. 2, 2012, pp.231 - 248 and cspo.org/legacy/library/1207150932F24192826YKlibLim JoC2012Egypt.pdf

33. jstor.org/stable/pdf/10.7249/j.ctt4cgd90.10.pdf

34. portland-communications.com/publications/the-arab-spring-and-the-future-of-communications

35. bbc.co.uk/blogs/newsnight/paulmason/2011/02/twentyreasonswhyits_kicking.html

36. reuters.com/article/us-technology-risk/insight-social-media-a-political-tool-for-good-or-evil-idUSTRE78R3CM20110929

37. paleycenter.org/assets/international-council/IC-2011-LA/Beyond-Disruption-Lo-Res-2011.pdf

38. money.cnn.com/2011/11/08/technology/zuckerbergcharlierose/index.htm

39. technologyreview.com/2011/08/23/117825/streetbook

40. ofcom.org.uk/data/assets/pdffile/0013/20218/cmruk2012.pdf

41. Ofcom 2012, p.221 - 50% takeup; p.35 - one-third use daily

42. ofcom.org.uk/about-ofcom/latest/features-and-news/uk-now-a – smartphone-society

43. pewresearch.org/global/2012/12/12/social-networking-popular – across-globe

3장 | 증폭과 알고리듬: 스크린 뒤에 숨은 감시자

1. wired.com/2012/06/google-x-neural-network
2. facebook.com/careers/life/the-impact-of-machine-learning-at-facebook-community-integrity-and-innovation
3. blog.twitter.com/enus/a/2016/increasing-our-investment-in-machine-learning.html
4. computerworld.com/article/3086179/heres-why-twitter-bought – machine-learning-startup-magic-pony.html
5. amazon.com/Making-Fly-Genetics-Animal-Design/dp/0632030488
6. michaeleisen.org/blog/?p=358
7. patents.google.com/patent/US9110953B2/en?q=(newsfeed+popularity+facebook)&assignee=Facebook%2c+Inc.&before=filing:20100101&after=filing:20090101
8. web.archive.org/web/20060911084122/blog.facebook.com/blog.php?post=2207967130
9. danah.org/papers/FacebookAndPrivacy.html
10. marketingland.com/edgerank-is-dead-facebooks-news-feed-algorithm-now-has-close-to-100k-weight-factors-55908
11. twitter.com/kevinroose/status/1306678570576523264
12. pnas.org/content/111/24/8788.full
13. medium.com/message/engineering-the-public-289c91390225
14. theguardian.com/technology/2014/jun/29/facebook-users-emotions-news-feeds
15. washingtonpost.com/news/morning-mix/wp/2014/06/30/facebook-responds-to-criticism-of-study-that-manipulated-users-news-feeds

16.　ideas.ted.com/need-to-know-about-facebooks-emotional -contagion-study

17.　arxiv.org/pdf/1803.03453.pdf

18.　money.cnn.com/2017/08/17/technology/culture/facebook-hate-groups/index. html

19.　buzzfeednews.com/article/craigsilverman/how-facebook-groups-are-being- exploited-to-spread

20.　about.fb.com/news/2018/04/keeping-terrorists-off-facebook

21.　whistleblowers.org/wp-content/uploads/2019/05/Facebook-SEC-Petition-2019. pdf

22.　whistleblowers.org/wp-content/uploads/2019/05/Facebook-SEC-Petition-2019. pdf (p.11 footnote)

23.　washingtonpost.com/news/the-switch/wp/2018/04/11/transcript-of-zuckerbergs -appearance-before-house-committee

24.　telegraph.co.uk/news/2018/05/05/facebook-accused-introducing-extremists- one-another-suggested

25.　fsi-live.s3.us-west-1.amazonaws.com/s3fs-public/stamoswrittentestimony_-_ house_homeland_security_committee_-_ai_and_counterterrorism.pdf

26.　apnews.com/f97c24dab4f34bd0b48b36f2988952a4

27.　apnews.com/3479209d927946f7a284a71d66e431c7

28.　reuters.com/article/us-facebook-boogaloo/facebook-moves-to-limit-spread-of- boogaloo-groups-after-charges-idUSKBN23C011

29.　menendez.senate.gov/news-and-events/press/menendez-colleagues-blast- facebooks-inaction-to-prevent-white-supremacist-groups-from-using-its- platform-as-a-recruitment-and-organizational-tool

30.　allthingsd.com/20131104/in-hatching-twitter-a-billion-dollar-company-that- almost-wasnt

31.　web.archive.org/web/20160315223405/blog.instagram.com/post/1411070 34797/160315-news

32.　engadget.com/2017/08/08/instagram-algorithm

33.   slate.com/articles/technology/coverstory/2017/03/twitterstimelinealgorithmanditse
        ffectonusexplained.html

34.   twitter.com/maplecocaine/status/1080665226410889217

35.   techcrunch.com/2011/06/19/youtube-counts-video-ads-regular-views

36.   youtube-creators.googleblog.com/2012/08/youtube-now-why-we-focus-on-
        watch-time.html

37.   web.archive.org/web/20110202122438/lri.fr/~teytaud/mogo.html

38.   storage.googleapis.com/pub-tools-public-publication-data/pdf/45530.pdf

39.   youtube.com/yt/about/press

40.   fool.com/investing/2018/02/06/people-still-spend-an-absurd-amount-of-
        time-on-fac.aspx

41.   nytimes.com/2018/03/10/opinion/sunday/youtube-politics-radical.html

42.   medium.com/@MediaManipulation/unite-the-right-how-youtubes-
        recommendation-algorithm-connects-the-u-s-far-right-9f1387ccfabd

43.   youtube.googleblog.com/2017/07/bringing-new-redirect-method-features.html

44.   medium.com/@guillaumechaslot/how-youtubes-a-i-boosts-alternative-facts-
        3cc276f47cf7

45.   journals.sagepub.com/doi/pdf/10.1177/0392192116669288

46.   youtube.googleblog.com/2019/01/continuing-our-work-to-improve.html

47.   threadreaderapp.com/thread/1150486778090086400.html

48.   farid.berkeley.edu/downloads/publications/arxiv20.pdfandnytimes.com/
        interactive/2020/03/02/technology/youtube-conspiracy-theory.html

49.   arxiv.org/pdf/1902.10730v1.pdf

50.   twitter.com/DeepMind/status/1101514121563041792

51.   nytimes.com/2019/06/03/world/americas/youtube-pedophiles.html

52.   theverge.com/2017/11/15/16656706/youtube-videos-children-comments

53.   youtube.googleblog.com/2017/11/5-ways-were-toughening-our-approach-
        to.html

1.   ncbi.nlm.nih.gov/pmc/articles/PMC2504725

2.   scn.ucla.edu/pdf/fairnessnzherald.pdf

3.   psychology.yale.edu/news/molly-crockett-join-psychology-department-faculty-2017

4.   doi:10.1038/s41562andstatic1.squarespace.com/static/538ca3ade
      4b090f9ef331978/t/5a53c0d49140b7212c35b20e/1515438295247/
      Crockett_2017_NHB_Outrage.pdf

5.   researchgate.net/publication/265606809_Morality_in_everyday_life

6.   nytimes.com/2020/02/21/us/white-supremacist-guilty-of-killing-2-who-
      came-to-aid-of-black-teens.html

7.   archive.indianexpress.com/news/what-akhilesh-yadav-wont-tell-inaction-
      administrative-failure-in-muzaffarnagar/1167448/0

8.   archive.indianexpress.com/news/what-akhilesh-yadav-wont-tell-inaction-
      administrative-failure-in-muzaffarnagar/1167448/0

9.   archive.indianexpress.com/news/muzaffarnagar-rioters-used-whatsapp-to-fan-
      flames-find-police/1168072/0

10.   firstpost.com/india/pune-muslim-techie-killed-by-rightwing-mob-over-
      morphed-fb-posts-1555709.html

11.   web.archive.org/web/20140702194511/jana.com/blog/facebook-can-juice-
      whatsapp-billions-from-emerging-markets

12.   wsj.com/articles/the-internet-is-filling-up-because-indians-are-sending-
      millions-of-good-morning-texts-1516640068

13.   whatsapp.com/research/awards

14.   blog.whatsapp.com/more-changes-to-forwarding

15.   downloads.bbc.co.uk/mediacentre/duty-identity-credibility.pdf

16.   indianexpress.com/article/cities/delhi/northeast-delhi-riots-whatsapp-
      group-6488320

17.   newslaundry.com/2020/07/04/delhi-riots-inside-the-kattar-hindu-whatsapp-group-that-planned-executed-murders

18.   cjr.org/towcenter/whatsapp-doesnt-have-to-break-encryption-to-beat-fake-news.php

19.   economictimes.indiatimes.com/news/politics-and-nation/lynch-mobs-are-an-indian-problem-not-whatsapps/articleshow/65034017.cms

20.   web.archive.org/web/20141218033302/slatestarcodex.com/2014/12/17/the-toxoplasma-of-rage

21.   nytimes.com/2020/05/30/opinion/sunday/trump-twitter-jack-dorsey.html

22.   bengrosser.com/projects/facebook-demetricator

23.   rhizome.org/editorial/2012/nov/15/dont-give-me-numbers-interview-ben-grosser-about-f

24.   computationalculture.net/what-do-metrics-want

25.   medium.com/message/my-name-is-danah-and-im-a-stats-addict-93f7636320bb

26.   theguardian.com/uk-news/2017/jul/13/viscount-jailed-for-offering-money-for-killing-of-gina-miller

27.   blog.twitter.com/official/enus/a/2009/retweet-limited-rollout.html

28.   buzzfeednews.com/article/alexkantrowitz/how-the-retweet-ruined-the-internet

29.   deadspin.com/the-future-of-the-culture-wars-is-here-and-its-gamerga-1646145844

30.   researchgate.net/publication/314092336MeasuringGamerGateATaleofHateSexismandBullying

31.   medium.com/message/72-hours-of-gamergate-e00513f7cf5d

32.   presenttensejournal.org/wp-content/uploads/2018/06/TricePotts.pdf

33.   theatlantic.com/magazine/archive/2018/04/the-case-against-retweets/554078

34.   quora.com/How-many-users-did-Twitter-have-after-its-first-year

35.   medium.com/@Luca/how-to-turn-off-retweets-for-everyone-99dd835c10f8

36.   twitter.com/luca/status/974190006729412608

37.   theringer.com/tech/2018/5/2/17311616/twitter-retweet-quote-endorsement-
       function-trolls

38.   psyarxiv.com/3n9u8

39.   wsj.com/articles/facebook-knows-it-encourages-division-top-executives-nixed-
       solutions-11590507499

40.   vulture.com/2017/08/the-toxic-drama-of-ya-twitter.html

41.   newyorker.com/books/under-review/in-ya-where-is-the-line-between-
       criticism-and-cancel-culture

42.   twitter.com/smorganspells

43.   twitter.com/briandavidearp/status/1090350858989195265

44.   medium.com/@monteiro/twitters-great-depression-4dc394ed10f4

45.   web.stanford.edu/~gentzkow/research/facebook.pdf

5장 | 최악의 시나리오: 페이스북은 미얀마를 어떻게 혼란에 빠뜨렸나

1.   data.worldbank.org/indicator/IT.CEL.SETS.P2

2.   economist.com/asia/2014/03/28/too-much-information

3.   web.archive.org/web/20090429182629/minorityrights.org/3546/briefing-papers/
       minorities-in-burma.html

4.   economist.com/banyan/2014/09/04/the-leftovers

5.   linkedin.com/pulse/rise-anti-muslim-hate-speech-shortly-before-outbreaks-
       nickey-diamond

6.   ericsson.com/assets/local/about-ericsson/sustainability-and-corporate-
       responsibility/documents/download/communication-for-all/myanmar-report-
       2012-13nov.pdf

7.   data.worldbank.org/country/myanmar

8.   iflr.com/pdfs/newsletters/Asia%20Telecoms%20-%20Myanmar-an%20
       untapped%20telco%20market%20(14%20Mar%202012).pdf

9.   gsma.com/publicpolicy/wp-content/uploads/2012/11/gsma-deloitte-impact-

mobile-telephony-economic-growth.pdf

10. themimu.info/sites/themimu.info/files/documents/PresentationWhyStopZawgyiUseUnicodePhandeeyarAug2016.pdf

11. frontiermyanmar.net/en/features/battle-of-the-fonts

12. irrawaddy.com/news/4-killed-24-injured-as-buddhists-and-muslims-clash-in-central-burma.html

13. academia.edu/9587031/NewTechnologiesEstablishedPracticesDevelopingNarrativesofMuslimThreatinMyanmar

14. foxnews.com/tech/google-chairman-urges-myanmar-to-embrace-free-speech-and-private-sector-telecom-development

15. aljazeera.com/programmes/101east/2013/09/201393134037347273.html

16. Melissa Crouch (ed) *Islam and the State in Myanmar: Muslim–Buddhist Relations and the Politics of Belonging* global.oup.com/academic/product/islam-and-the-state-in-myanmar-9780199461202

17. iri.org/sites/default/files/wysiwyg/publicopinionsurveyburmajune-july2019english.pdf

18. cbsnews.com/news/rohingya-refugee-crisis-myanmar-weaponizing-social-media-main/;adb.org/sites/default/files/publication/176518/ewp-462.pdf

19. pri.org/stories/2014-08-08/newly-liberated-myanmar-hatred-spreads-facebook

20. wired.com/story/how-facebooks-rise-fueled-chaos-and-confusion-in-myanmar

21. refworld.org/docid/559bd57b28.html

22. news.un.org/en/story/2014/07/473952-myanmar-un-rights-expert-warns-against-backtracking-free-expression-association

23. wired.com/story/how-facebooks-rise-fueled-chaos-and-confusion-in-myanmar

24. adb.org/sites/default/files/linked-documents/49470-001-so.pdf

25. ifes.org/sites/default/files/Myanmar-2015-2016-National-Election-Survey.pdf

26. reuters.com/investigates/special-report/myanmar-facebook-hate

27. statista.com/statistics/489191/average-daily-cellular-usage-by-country

28. nytimes.com/2015/07/20/world/asia/those-who-would-remake – myanmar-find-that-words-fail-them.html

29. web.archive.org/web/20160607094422/ericsson.com/res/docs/2016/mobility-report/emr-raso-june-2016.pdf

30. Suspicious Minds: user perceptions of privacy on Facebook in Myanmar lirneasia.net/wp-content/uploads/2018/07/ITS2018_Hurulle_Suspicous-minds_paper.docx

31. mmtimes.com/national-news/21787-how-social-media-became – myanmar-s-hate-speech-megaphone.html

32. mmtimes.com/business/technology/20816-facebook-racks-up-10m-myanmar-users.html

33. iri.org/sites/default/files/8.25.2017burmapublicpoll.pdf

34. pbs.org/wgbh/frontline/film/facebook-dilemma/transcript

35. rayms.github.io/2018-05-09-twitter-s-myanmar-hate-machine

36. theguardian.com/world/2018/apr/03/revealed-facebook-hate-speech-exploded-in-myanmar-during-rohingya-crisis

37. buzzfeednews.com/article/sheerafrenkel/fake-news-spreads-trump – around-the-world

38. uk.reuters.com/article/us-myanmar-rohingya-facebook/u-n – investigators-cite-facebook-role-in-myanmar-crisis-idUKKCN1GO2PN

39. bbc.co.uk/news/technology-43385677

40. bbc.co.uk/news/technology-43385677

41. reuters.com/investigates/special-report/myanmar-facebook-hate

42. buzzfeednews.com/article/meghara/facebook-myanmar – rohingya-genocide

43. about.fb.com/news/2018/11/myanmar-hria

44. about.fb.com/wp-content/uploads/2018/11/bsr-facebook-myanmar-hriafinal.pdf

45.   data.worldbank.org/indicator/NY.GDP.MKTP.CD?end=2018&locations=MM&
mostrecentvaluedesc=false&start=2000&type=points&view=chart&year=2003

46.   ericsson.com/en/blog/2016/10/making-solar-power-economically-viable-for-
our-children

6장 | 분열된 선거: 소셜미디어는 어떻게 정치를 양극화하는가

1.   statista.com/statistics/515599/connected-services-whatsapp-usage-penetration-
uk

2.   standard.co.uk/comment/comment/leaving-politics-was-gutwrenching-enough-
without-being-booted-out-of-the-tory-mps-whatsapp-group-a4314551.html

3.   theguardian.com/politics/blog/2009/jul/29/cameron-swearing-interview

4.   twitter.com/DavidCameron/status/254625004321386496

5.   thetimes.co.uk/article/brexit-backing-mps-plot-their-attacks-on - whatsapp-
sw5gp7680

6.   skwawkbox.org/2020/04/12/leaked-document-accuses-senior-right - wing-
labour-staff-working-against-corbyn-and-reveals-their-dismay-at - electoral-
surge

7.   papers.ssrn.com/paper.taf?abstractid=199668

8.   buzzfeed.com/alexspence/these-leaked-whatsapp-chats-reveal-just - how-
brexiteer

9.   markpack.org.uk/2450/another-twitter-first

10.   theguardian.com/business/2012/nov/21/wonga-apologises-stella-creasy-abusive-
twitter-messages

11.   pewresearch.org/fact-tank/2017/08/21/highly-ideological-members-of-
congress-have-more-facebook-followers-than-moderates-do

12.   people-press.org/2017/02/23/partisan-conflict-and-congressional-outreach

13.   twitter.com/patel4witham/status/1200792218749022213

14.   twitter.com/TonyKentWrites/status/1200819605243138050

15. ribbonfarm.com/2016/09/15/crowds-and-technology

16. fowler.ucsd.edu/massiveturnout.pdf

17. politico.com/news/2019/10/30/facebook-twitter-political-ads-062297

18. bloombergquint.com/opinion/the-2-8-million-non-voters-who-delivered-brexit

19. bbc.co.uk/news/uk-politics-44966969

20. lordashcroftpolls.com/2019/02/how-the-uk-voted-on-brexit-and-why-a-refresher

21. buzzfeed.com/laurasilver/the-tories-are-buying-google-ads-to-squeeze-the-lib-dems-in

22. wired.com/2016/11/facebook-won-trump-election-not-just-fake-news

23. theguardian.com/us-news/2016/dec/09/trump-and-clintons-final-campaign-spending-revealed

24. npr.org/2016/12/06/504520364/how-trump-waged-an-under-the-radar-ground-game

25. washingtonpost.com/politics/how-brad-parscale-once-a-nobody-in-san-antonio-shaped-trumps-combative-politics-and-rose-to-his-inner-circle/2018/11/09/b4257d58-dbb7-11e8-b3f0-62607289efeestory.htmlf

26. buzzfeednews.com/article/ryanhatesthis/mueller-report-internet-research-agency-detailed-2016

27. digitalmarketingcommunity.com/researches/paid-media-benchmark-report-q4-2019-adstage

28. c-span.org/video/?465293-1/facebook-ceo-testimony-house-financial-services-committeeat4'18'andcnet.com/news/facebook-rejected-biden-request-to-pull-false-trump-ad-about-ukraine

29. bbc.co.uk/news/technology-42402570

30. washingtonpost.com/technology/2020/06/28/facebook-zuckerberg-trump-hate

31. adl.org/news/article/sacha-baron-cohens-keynote-address-at-adls-2019-never-is-now-summit-on-anti-semitism

32.   politico.com/news/2020/09/26/facebook-conservatives-2020-421146

33.   pnas.org/content/pnas/117/1/243.full.pdf

34.   onezero.medium.com/russian-trolls-arent-actually-persuading-americans-on-twitter-study-finds-d8fd6bcacaba

35.   stanford.edu/~dbroock/published%20paper%20PDFs/kallabroockmanminimalpersuasiveeffectsofcampaigncontactingeneralelectionsevidencefrom49fieldexperiments.pdf

36.   gq.com/story/russian-trolls-targetting-black-voters

37.   warner.senate.gov/public/cache/files/5/7/57d1657c-7e9c-46ce-be61-8a4ed1499e2c/D4801DCE15F2026882E1D6219F00DFB7.10.6.20-facebook-honest-ads-letter.docx.pdf

38.   warner.senate.gov/public/cache/files/0/2/0283bfb8-93f0-42e4-9a7d-dc4864e51547/A027982BADA652B832485E16640641A9.10.6.20-google-honest-ads-act-letter.docx.pdf

39.   warner.senate.gov/public/cache/files/3/a/3afc73bd-d03f-43be-801d-85417c6c55e6/0589911AC5097909F38E0FA5B772FEB2.10.6.20-twitter-honest-ads-act-letter.docx.pdf

7장 | 팩트에서 페이크로: 미디어 생태계는 어떻게 붕괴되었나

1.   twitter.com/jkrums/status/1121915133

2.   cnbc.com/2014/01/15/the-five-year-anniversary-of-twitters-defining-moment.html

3.   edition.cnn.com/2009/TECH/01/22/social.networking.news

4.   arstechnica.com/tech-policy/2009/06/twitter-from-statedept-delay-upgrade-to-aid-iran-protests

5.   web.archive.org/web/20090619022828/news.sky.com/skynews/Home/World-News/Iran-Election-Coverage-On-Twitter-Social-Media-Becomes-Vital-Tool-For-Iranian-Citizens/Article/200906315307209

6. web.archive.org/web/20000131092232/shirky.com/writings/informationprice.html

7. web.archive.org/web/20140331235717/shirky.com/writings/payingattention.html

8. journalism.org/fact-sheet/newspapers

9. web.archive.org/web/20051211131216/fortune.com/fortune/technology/articles/0,15114,1135386,00.html

10. statista.com/statistics/266206/googles-annual-global-revenue

11. daringfireball.net/thetalkshow/2020/03/26/ep-280

12. digiday.com/media/facbeook-twitter-ferguson

13. cjr.org/towcenterreports/thetrafficfactoriesmetricsatchartbeatgawkermediaandthenewyorktimes.php

14. riaa.com/u-s-sales-database

15. buzzfeednews.com/article/mathonan/why-facebook-and-mark-zuckerberg-went-all-in-on-live-video

16. youtube.com/watch?v=iROUSLUUgzE2'05

17. techcrunch.com/2015/11/04/facebook-video-views

18. facebook.com/business/news/facebook-video-metrics-update

19. mercurynews.com/2019/10/07/facebook-agrees-to-pay-40-million-over-inflated-video-viewing-times-but-denies-doing-anything-wrong

20. slate.com/technology/2018/10/facebook-online-video-pivot-metrics-false.html

21. buzzsumo.com/blog/facebook-video-engagement-learned-analyzing-100-million-videos

22. theonion.com/christ-article-a-video-1819595653

23. theatlantic.com/technology/archive/2018/10/facebook-driven-video-push-may-have-cost-483-journalists-their-jobs/573403

24. usnewsdeserts.com/reports/expanding-news-desert/loss-of-local-news/loss-newspapers-readers

25. facebook.com/business/news/news-feed-fyi-bringing-people-closer-together

26. nytimes.com/2016/10/31/business/media/publishers-rethink-outbrain-taboola-

ads.html

27. forbes.com/sites/kalevleetaru/2019/03/04/visualizing-seven-years-of-twitters-evolution-2012-2018

28. techonomy.com/conf/te16/videos-conversations-with-2/in – conversation-with-mark-zuckerberg

29. theguardian.com/technology/2016/nov/10/facebook-fake-news – election-conspiracy-theories

30. buzzfeednews.com/article/craigsilverman/top-fake-news-of-2016

31. ipsos.com/en-us/news-polls/ipsosbuzzfeed-poll-fake-news

32. niemanlab.org/2016/05/pew-report-44-percent-of-u-s-adults-get-news-on-facebook

33. news.gallup.com/poll/1597/confidence-institutions.aspx

34. pewresearch.org/internet/fact-sheet/social-media

35. facebook.com/zuck/posts/a-lot-of-you-have-asked-what-were-doing-about-misinformation-so-i-wanted-to-give/10103269806149061

36. facebook.com/formedia/blog/working-to-stop-misinformation-and – false-news

37. theguardian.com/technology/2017/mar/22/facebook-fact-checking-tool-fake-news

38. buzzfeednews.com/article/brookebinkowski/fact-checking – facebook-doomed

39. about.fb.com/news/2017/09/information-operations-update

40. facebook.com/zuck/posts/10104067130714241

41. techcrunch.com/2017/09/27/mark-zuckerberg-responds-to-anti – trump-claim

42. buzzfeednews.com/article/craigsilverman/these-are-50-of-the-biggest-fake-news-hits-on-facebook-in

43. buzzfeednews.com/article/craigsilverman/facebook-just-shared-the-first-data-about-how-effective-its

44. researchgate.net/publication/321887941_The_Implied_Truth_Effect_Attaching_Warnings_to_a_Subset_of_Fake_News_Headlines_Increases_Perceived_Accuracy_of_Headlines_Without_Warnings

45.   dailycaller.com/2018/03/02/facebook-snopes-fact-checks-demonitize-christian-satire

46.   archive.is/snopes.com/fact-check/cnn-washing-machine

47.   poynter.org/fact-checking/2018/snopes-is-feuding-with-one-of-the-internets-most-notorious-hoaxers

48.   politifact.com/article/2017/may/31/If-youre-fooled-by-fake-news-this-man-probably-wro

49.   politifact.com/factchecks/2017/may/15/blog-posting/liberal-troll-behind-tucker-carlson-death-hoax-spr

50.   poynter.org/fact-checking/2017/a-satirical-fake-news-site-apologized-for-making-a-story-too-real

51.   buzzfeednews.com/article/craigsilverman/facebook-fake-news-hits-2018

52.   psyarxiv.com/9qdza

53.   bbc.co.uk/news/technology-47098021

54.   poynter.org/fact-checking/2019/snopes-pulls-out-of-its-fact-checking-partnership-with-facebook

55.   snopes.com/disclosures

56.   web.archive.org/web/20170709135912/changeadvertising.org/the-clickbait-report

57.   nytimes.com/2016/10/31/business/media/publishers-rethink-outbrain-taboola-ads.html

58.   wired.co.uk/article/fake-news-outbrain-taboola-hillary-clinton

59.   digiday.com/media/shift-publishers-can-no-longer-count-content-recommendation-guarantee-checks

60.   gmfus.org/blog/2020/10/12/new-study-digital-new-deal-finds-engagement-deceptive-outlets-higher-facebook-today

61.   washingtonpost.com/blogs/erik-wemple/wp/2017/09/08/politico-editor-we-discard-dozens-of-potential-hires-over-toxic-twitter-feeds

62.   edition.cnn.com/2020/06/07/us/pittsburgh-newspaper-black-journalist-looting-

tweet/index.html

63. int.nyt.com/data/documenthelper/7010-recommendations-for-social-med/
a5c91e59333f4fa0c8bf/optimized/full.pdf#page=1

64. washingtonpost.com/lifestyle/style/washington-post-suspends-reporter-who-
tweeted-about-kobe-bryant-rape-allegations-following-his-death/2020/01/27/
babe9c04-413b-11ea-b5fc-eefa848cde99story.html

65. yorkshireeveningpost.co.uk/news/people/it-was-chaos-shocking-photo-shows-
leeds-four-year-old-suspected-pneumonia-forced-sleep-floor-lgi-due-lack-
beds-1334909

66. theguardian.com/media/2019/dec/10/woman-says-account-hacked-to-post-
fake-story-about-hospital-boy

67. twitter.com/tnewtondunn/status/1204077603356852225

68. firstdraftnews.org/latest/how-two-disinformation-campaigns-swung-into-
action-days-before-the-uk-goes-to-the-polls

69. twitter.com/davidyelland/status/1204299182691037185

70. twitter.com/bbclaurak/status/1204110491242643457andtwitter.com/
tnewtondunn/status/1204097378170626048

71. newhistories.group.shef.ac.uk/wordpress/wordpress/the-1992-election-the-nhs-
and-the-%e2%80%98war-of-jennifer%e2%80%99s-ear%e2%80%99

72. twitter.com/JayMitchinson/status/1204344653174181888/photo/1

73. thetimes.co.uk/edition/news/emily-maitlis-bbc-hires-ex-news-chief-to-ensure-
stars-stay-impartial-on-social-media-kbd0qsxnt

74. thetimes.co.uk/article/bbc-journalists-addicted-to-toxic-twitter-says-boss-
flxgzr6k3#:~:text=Some%20BBC%20journalists%20have%20become,use%20
the%20%E2%80%9Ctoxic%E2%80%9D%20platform

8장 | 위험에 빠진 민주주의: 소셜미디어가 선거를 망치는 이유

---

1. npr.org/2011/02/16/133775340/twitters-biz-stone-on-starting-a-revolution?t

=1593517727343

2.	newsbusters.org/blogs/nb/kyle-gillis/2010/07/22/facebook-ceo-defends-company-abc-interview-advocates-democracy

3.	fredturner.stanford.edu/wp-content/uploads/Turner-Trump-on-Twitter-in-PJB-ZZP.pdf

4.	washingtonpost.com/technology/2020/06/28/facebook-zuckerberg-trump-hate

5.	brown.edu/Research/Shapiro/pdfs/cross-polar.pdf

6.	digitalsocietyproject.org/wp-content/uploads/2019/05/DSPWP01-Introducing-the-Digital-Society-Project.pdf

7.	theconversation.com/why-the-oromo-protests-mark-a-change-in-ethiopias-political-landscape-63779

8.	advox.globalvoices.org/2018/01/20/leaked-documents-show-that-ethiopias-ruling-elites-are-hiring-social-media-trolls-and-watching-porn

9.	hrw.org/news/2020/03/09/ethiopia-communications-shutdown-takes-heavy-toll

10.	abcnews.go.com/International/wireStory/ethiopias-pm-warns-longer-internet-cutoff-amid-unrest-64712610

11.	advox.globalvoices.org/2019/08/07/in-ethiopia-disinformation-spreads-through-facebook-live-as-political-tensions-rise

12.	nobelprize.org/prizes/peace/2019/abiy/109716-lecture-english

13.	technology.inquirer.net/8013/more-filipinos-now-using-internet-for-news-information-study

14.	rappler.com/life-and-style/technology/41959-globe-free-facebook-access

15.	prnewswire.com/news-releases/facebook-ceo-mark-zuckerberg-philippines-a-successful-test-bed-for-internetorg-initiative-with-globe-telecom-partnership-247184981.html

16.	web.archive.org/web/20160313143504/rappler.com/brandrap/profile-internet-users-ph

17.	news.abs-cbn.com/business/01/25/17/filipinos-lead-the-world-in-social-media-use-survey

18.   advox.globalvoices.org/2017/07/27/can-facebook-connect-the – next-billion

19.   advox.globalvoices.org/2017/07/28/philippines-on-facebooks-free-version-fake-news-is-even-harder-to-spot

20.   facebook.com/papalvisitph/photos/a.321295728024881.1073741828.321279424693178/566912616796523/?type=3

21.   newmandala.org/how-duterte-won-the-election-on-facebook

22.   rappler.com/newsbreak/investigative/fake-accounts-manufactured – reality-social-media

23.   rappler.com/nation/148007-propaganda-war-weaponizing-internet

24.   edition.cnn.com/2020/06/30/opinions/maria-ressa-facebook-intl-hnk/index.html

25.   vox.com/world/2018/10/29/18025066/bolsonaro-brazil-elections-voters-q-a

26.   public.tableau.com/profile/zeroratingcts#!/vizhome/zeroratinginfo/Painel1

27.   nytimes.com/2019/08/11/world/americas/youtube-brazil.html

28.   nytimes.com/2019/08/15/the-weekly/how-youtube-misinformation-resolved-a-whatsapp-mystery-in-brazil.html

29.   arxiv.org/abs/1804.00397

30.   buzzfeednews.com/article/ryanhatesthis/brazils-congressional-youtubers

31.   newsweek.com/jailed-politician-leads-polls-brazils-presidential-election-1081643

32.   bbc.co.uk/news/world-latin-america-45380237

33.   aaai.org/ojs/index.php/ICWSM/article/view/3271

34.   nytimes.com/2018/10/17/opinion/brazil-election-fake-news-whatsapp.html

35.   bnnbloomberg.ca/facebook-whatsapp-step-up-efforts-in-brazil-s-fake-news-battle-1.1157003

36.   theguardian.com/world/2019/oct/30/whatsapp-fake-news-brazil-election-favoured-jair-bolsonaro-analysis-suggests

37.   washingtonpost.com/world/theamericas/brazil-bolsonaro-fake-news-

coronavirus/2020/06/03/60194428-a4de-11ea-898e-b21b9a83f792story.html

38. folha.uol.com.br/opiniao/2018/10/como-o-whatsapp-combate-a-desinformacao-no-brasil.shtml(trGoogleTranslate)

39. theconversation.com/whatsapp-skewed-brazilian-election-proving-social-medias-danger-to-democracy-106476

40. atlanticcouncil.org/wp-content/uploads/2020/06/operation-carthage-002.pdf

41. medium.com/dfrlab/facebook-disabled-assets-linked-to-egypt-and-uae-based-firms-a232d9effc32

42. timeslive.co.za/news/south-africa/2017-09-04-how-the-gupta-campaign-weaponised-social-media

43. dc.sourceafrica.net/documents/118115-Manufacturing-Divides.html

44. timeslive.co.za/news/south-africa/2017-09-04-analysis--so-did-the-gupta-familys-fake-news-campaign-workanddc.sourceafrica.net/documents/118115-Manufacturing-Divides.html

45. washingtonmonthly.com/2006/09/25/did-he-or-didnt-he

46. youtube.com/watch?v=dJ1wcpsOtS4

47. edition.cnn.com/2020/06/30/opinions/maria-ressa-facebook-intl-hnk/index.html

48. edition.cnn.com/2019/07/09/media/maria-ressa-media-press-freedom-conference-intl/index.html

49. theguardian.com/technology/2020/jul/26/yael-eisenstat-facebook-is-ripe-for-manipulation-and-viral-misinformation

50. buzzfeednews.com/article/craigsilverman/facebook-ignore-political-manipulation-whistleblower-memo

51. cigionline.org/articles/maria-ressa-facebook-broke-democracy-many-countries-around-world-including-mine

1. un.org/en/un-coronavirus-communications-team/un-tackling-'infodemic'-misinformation-and-cybercrime-covid-19

2. uk.finance.yahoo.com/news/mark-zuckerberg-touts-broad-power - 174405399.html

3. blog.twitter.com/enus/topics/company/2020/covid-19.html

4. web.archive.org/web/20200131070919/about.fb.com/news/2020/01/coronavirus

5. hughhewitt.com/mark-zuckerberg-on-facebook-shops-a-challenge-to - amazon-presidents-xi-and-trump-and-ccp-disinformation-fbs-oversight-board - amd-joe-bidens-dislike-of-him

6. thelancet.com/pdfs/journals/lancet/PIIS0140-6736(20)30461-X.pdf

7. pubmed.ncbi.nlm.nih.gov/27776823

8. nytimes.com/2019/08/15/the-weekly/how-youtube-misinformation - resolved-a-whatsapp-mystery-in-brazil.html

9. wired.com/story/the-rise-and-spread-of-a-5g-coronavirus - conspiracy-theory

10. twitter.com/NWOforum/status/1223870765893857281

11. usafacts.org/visualizations/coronavirus-covid-19-spread-map; twitter.com/fbnewsroom/status/1239703497479614466

12. msn.com/en-us/news/world/china-fuels-coronavirus-conspiracy - theory-blaming-us-army/ar-BB117UEx

13. web.archive.org/web/20200317200104/blog.twitter.com/enus/topics/company/2020/An-update-on-our-continuity-strategy-during - COVID-19.html

14. about.fb.com/wp-content/uploads/2020/03/March-18-2020-Press-Call-Transcript.pdf

15. huffingtonpost.co.uk/entry/david-clarke-twitter-coronavirus_n_5e7008d3c5b60fb69ddc921d?ri18n=true

16. theverge.com/2020/3/16/21181617/twitter-coronavirus - misinformation-

tweets-removed-accounts-covid19

17. twitter.com/elonmusk/status/1240753430001356801

18. twitter.com/elonmusk/status/1240754657263144960

19. twitter.com/elonmusk/status/1240758710646878208

20. nytimes.com/2020/03/17/health/coronavirus-childen.html

21. theverge.com/2020/3/20/21187760/twitter-elon-musk-tweet-coronavirus-misinformation

22. techcrunch.com/2020/03/25/twitter-federalist-coronavirus

23. twitter.com/TwitterSafety/status/1240418440982040579

24. theverge.com/2020/3/30/21199845/twitter-tweets-brazil-venezuela-presidents-covid-19-coronavirus-jair-bolsonaro-maduro

25. researchgate.net/publication/321887941

26. pewresearch.org/fact-tank/2020/04/08/nearly-three-in-ten-americans-believe-covid-19-was-made-in-a-lab

27. theguardian.com/technology/2020/apr/06/at-least-20-uk-phone-masts-vandalised-over-false-5g-coronavirus-claims

28. reutersinstitute.politics.ox.ac.uk/types-sources-and-claims-covid-19-misinformation

29. blog.whatsapp.com/Keeping-WhatsApp-Personal-and-Private

30. techcrunch.com/2020/04/27/whatsapps-new-limit-cuts-virality-of-highly-forwarded-messages-by-70

31. twitter.com/FoldableHuman/status/1244361971572428800

32. facebook.com/zuck/posts/10111806366438811

33. themarkup.org/coronavirus/2020/04/23/want-to-find-a-misinformed-public-facebooks-already-done-it

34. s21.q4cdn.com/399680738/files/docfinancials/2019/q4/Q4-2019-Earnings-Presentation-final.pdf

35. doi.org/10.1177/0392192116669288

36. kclpure.kcl.ac.uk/portal/en/publications/the-relationship-between-conspiracy-

beliefs-and-compliance-with-public-health-guidance-with-regard-to-
covid19(734ca397-6a4d-4208-bc1a-f3da12f04628).html

37. searchenginejournal.com/google-facebook-ban-ads-for-face-masks-as-
coronavirus-spreads/354402

38. bbc.co.uk/news/technology-52517797

39. buzzfeednews.com/article/janelytvynenko/coronavirus-plandemic-viral-harmful-
fauci-mikovits

40. theguardian.com/world/2017/feb/14/bill-gates-philanthropy-warren-buffett-
vaccines-infant-mortality

41. buzzfeed.com/cameronwilson/coronvirus-antivaxxers-facebook – instagram-boost

42. facebook.com/communitystandards/recentupdates/regulatedgoods

43. books.google.co.uk/books/about/HealingtheSymptomsKnownAsAutism.
html?id=OwibnQEACAAJ

44. wsls.com/health/2019/05/21/meet-the-moms-who-are-battling-droves-of-
parents-who-believe-bleach-will-cure-their-childs-autism

45. counterhate.co.uk/anti-vaxx-industry

46. telegraph.co.uk/technology/2020/10/14/facebook-ban-anti – vaccination-adverts

47. nature.com/articles/s41586-020-2281-1.pdf

48. cdc.gov/nchs/fastats/immunize.htm

49. humanetech.com/about-us

50. twitter.com/alistaircoleman/status/1336388520827613188

51. youtube.com/watch?v=E5yyInwI7tw

10장 | 규제: 문제를 적당한 크기로 나누기

1. washingtonpost.com/archive/politics/1988/04/10/cfcs-rise-and-fall-of-
chemical-miracle/9dc7f67b-8ba9-4e11-b247-a36337d5a87b

2. businessinsider.com/mark-zuckerberg-interview-with-axel-springer-ceo-
mathias-doepfner-2016-2

3. zephoria.com/top-15-valuable-facebook-statistics

4. zephoria.com/twitter-statistics-top-ten

5. about.fb.com/news/2020/07/facebook-does-not-benefit-from-hate

6. theguardian.com/commentisfree/2020/jul/01/facebook-hate-speech-policy-advertising

7. news.yahoo.com/fbi-documents-conspiracy-theories-terrorism-160000507.html

8. platformer.news/p/why-did-facebook-ban-qanon-now

9. zephoria.com/twitter-statistics-top-ten

10. theverge.com/2018/10/24/18018486/twitter-presence-indicators-activity-status-ice-breakers

11. forbes.com/sites/carlieporterfield/2020/06/03/twitter-suspends-account-copying-trumps-tweets-for-glorifying-violence

12. nytimes.com/2020/06/03/technology/facebook-trump-employees-letter.html

13. about.fb.com/news/2019/09/elections-and-political-speech

14. smartinsights.com/social-media-marketing/social-media-strategy/new-global-social-media-research

15. bloomberg.com/news/articles/2012-05-17/how-mark-zuckerberg-hacked-the-valley

16. time.com/5855733/social-media-platforms-claim-moderation-will-reduce-harassment-disinformation-and-conspiracies-it-wont

17. cnbc.com/2020/06/12/joanna-hoffman-facebook-is-peddling-an-addictive-drug-called-anger.html

18. nytimes.com/2020/06/16/technology/facebook-philippines.html

19. twitter.com/kevin/status/996543082899226624

20. twitter.com/kevin/status/996543333097865216

21. economicliberties.us/our-work/addressing-facebook-and-googles-harms-through-a-regulated-competition-approach

22. theverge.com/2019/10/1/20892354/mark-zuckerberg-full-transcript-leaked-facebook-meetings

23. en.wikipedia.org/wiki/Twittersuspensions

24. statista.com/statistics/247614/number-of-monthly-active-facebook-users-worldwide

25. bbc.co.uk/news/technology-42510868

26. medium.com/@teamwarren/heres-how-we-can-break-up-big-tech-9ad9e0da324c

27. publicpolicypolling.com/wp-content/uploads/2020/10/Senate-Battleground-Oct-2020-Results.pdf

옮긴이 **이승연**

서울대학교 언어학과를 졸업했다. 여러 광고 회사에서 일했으며 프리랜서 번역가, 편집자로 일하고 있다. 《아날로그의 반격》 《생각을 빼앗긴 세계》를 공역했고 《부당 세습》 《사장의 탄생》 《코로나 이후의 세상》을 번역했다. 바쁨과 일 없음, 즐거움과 두려움, 자긍심과 무력감을 오르내리는 롤러코스터를 탄 일상 속에서도 좋아하는 일을 계속 찾아서 하고 있다. 누가 시키지도 않았는데.

소셜온난화

더 많은 사람들이 연결될수록
세상이 나아진다는 착각

초판 1쇄 인쇄 2022년 1월 25일 **초판 1쇄 발행** 2022년 2월 9일

지은이 찰스 아서
옮긴이 이승연
펴낸이 이승현

편집2 본부장 박태근
W&G 팀장 류혜정
편집 남은경
디자인 조은덕

펴낸곳 ㈜위즈덤하우스 **출판등록** 2000년 5월 23일 제13-1071호
주소 서울특별시 마포구 양화로 19 합정오피스빌딩 17층
전화 02) 2179-5600 **홈페이지** www.wisdomhouse.co.kr

ISBN 979-11-6812-216-1 03300

Social Warming

The Dangerous and Polarising Effects of Social Media